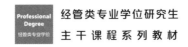

丛书编写委员会

主　　任　张金清

编　　委（按姓名笔画排序）

　　　　陈　钊　程大中　陈冬梅　陈学彬　杜　莉
　　　　封　进　黄亚钧　李心丹　刘红忠　刘莉亚
　　　　束金龙　沈国兵　杨　青　张晖明

经管类专业学位研究生
主干课程系列教材

INVESTMENTS

投资学

张宗新 编著

复旦大学出版社

内容提要

本书以资产定价、投资管理与资产配置为主线，从机构投资者的研究视角，加强证券投资分析与传统经典理论应用，实现投资理论和投资实践的融合与对接。

在内容安排上，基本框架结构分为三部分共十章。第一部分，专业化投资基础（第一至三章）。这部分重点从专业投资理论视角出发，对资产组合理论、资产组合最优化与分散化、资本资产定价模型（CAPM）、套利定价理论（APT）和因子模型进行解析。第二部分，证券分析（第四至七章）。这部分重点从"自上而下"的研究视角建立了证券分析的研究框架，内容包括宏观经济与产业分析、上市公司财务价值与公司治理、股票估值模型应用、利率期限结构理论与应用、金融衍生产品定价模型与应用等。第三部分，投资管理（第八至十章）。在构建证券分析框架后，接下来程序实施投资策略并配置资产，重点包括投资策略、资产配置、套保套利与对冲交易。

总　序

社会经济的发展对应用型专业人才的需求呈现出大批量、多层次、高规格的特点。为了适应这种变化，积极调整人才培养目标和培养模式，大力提高人才培养的适应性和竞争力，教育部于2009年推出系列专业学位硕士项目，实现硕士研究生教育从以培养学术型人才为主向以培养应用型人才为主的历史性转型和战略性调整。复旦大学经济学院于2010年首批获得金融硕士专业学位培养资格，经济学院专业学位项目依托强大的学科支持，设置了系统性模块化实务型课程，采用理论与实践结合的双导师制度（校内和校外导师），为学生提供从理论指导、专业实践到未来职业生涯设计的全面指导。目前，已经形成了金融硕士、国际商务硕士、保险硕士、税务硕士、资产评估硕士五大专业学位硕士体系，招生数量与规模也逐年增长。

专业学位（Professional Degree）相对于学术型学位（Academic Degree）而言，更强调理论联系实际，广泛采用案例教学等教学模式。因此，迫切需要编写一套具有案例特色的专业学位核心课程系列教材。本套教材根据专业学位培养目标的要求，注重理论和实践的结合。在教材特色上，先讲述前沿的理论框架，再介绍理论在实务中的运用，最后进行案例讨论。我们相信，这样的教材能够使理论和实务不断融合，提高专业学位的教学与培养质量。

复旦大学经济学院非常重视专业学位教材的编写，2012年就组织出版了金融硕士专业学位核心课程系列教材。经过五年的探索和发展，一方面是学院的专业学位硕士由金融硕士扩展到了五大专业硕士学位体系；另一方面，对如何进行学位培养和教材建设的想法也进一步成熟，因此有必要重新对教材的框架、内容和特色进行修订。2015年4月，我院组织专家审议并通过了专业学位研究生课程教材建设方案。2015年12月,完成了专业学位核心课程的分类,初步设定建设《程序化交易中级教程》《投资学》《公司金融》《财务分析与估值》《金融风险管理实务》等核心课程教材。2016年10月,组织校内外专家制定了《复旦大学经济学院专业学位核心课程教材编写体例与指南》,2016年11月,组织教师申报教材建设并召开我院专业学位研究生教指委会议,针对书稿大纲进行讨论和修订,删除了目前教材之间的知识点重复现象,提高了教材理论的前沿性,修改和增加了教材中每章的案例,突出教材知识点的实务性。教材初稿完成以后,邀请校外专家进行匿名评审,提出修改意见和建议;再要求作者根据校外专家的匿名评审意见进行修改;最后,提交给我院专业学位研究生教指委进行评议并投票通过后,才予以正式出版。

最后,感谢复旦大学研究生院、经济学院以及学院专业学位研究生教指委提供的全方位支持和指导,感谢上海市高峰学科建设项目的资助,感谢校外专家对书稿的评审和宝贵意见,感谢复旦大学出版社的大力支持。本套教材是复旦大学经济学院专业学位教材建设的创新工程,我们将根据新形势的发展和教学效果定期修正。

经管类专业学位硕士核心课程系列教材编委会

2017 年 6 月

前言

自2012年出版《投资学——证券分析与投资管理》教材以来,一直从事金融硕士专业必修课程投资学的教学实践。在教学实践中,深切体会到金融专硕的投资学教学尤其需要加强证券投资分析与传统经典理论应用,以机构投资者的视野,培养科学的投资理念,注重证券分析能力的提升。

本次《投资学》教材是按照金融专业硕士案例型教材的要求,在传统经典投资理论和定价策略基础上,加强投资理论和投资实践的融合,实现投资策略应用和中国证券市场实践对接,是对《投资学——证券分析与投资管理》一书的延续与扩充。本书以证券分析与投资管理为主线,在内容安排上将基本框架结构分为三部分:

第一部分,专业化投资基础(第一至三章)。这部分重点从专业投资理论视角出发,对资产组合理论(MPT)、资产组合最优化与分散化、资本资产定价模型(CAPM)、套利定价理论(APT)和因子模型进行解析,强调经典投资理论与投资实践的有机结合。

第二部分,证券分析(第四至七章)。这部分重点从"自上而下"的研究视角建立了证券分析的研究框架,内容包括"自上而下"的证券投资体系、股票估值模型应用、利率期限结构理论与应用、金融衍生产品定价模型与应用等。

第三部分,投资管理(第八至十章)。在构建证券分析框架后,接下来实施投资策略并配置资产,同时应用金融工程技术对投资组合进行套保套利与对冲交易。因此,投资管理重点包括投资策略、资产配置、套保套利与对冲交易。

基于案例型和实务型研究生教材的编写思路,在《投资学》设计和撰写过程中,力图体现以下三方面的研究特色:

一是强调证券投资理论的应用性。注重 MPT、CAPM、因子模型、APT、证券估值与资产定价理论在证券投资实践中的应用。结合中国证券市场探讨投资风格管理、沪深300股指期货套保与套利分析、上证50ETF定价、股权风险溢价(ERP)、衍生产品风险对冲等。

二是突出投资实践的案例分析,体现案例型教学。本书每章都安排案例分析与专栏分析,对资本市场尤其是中国证券市场的现实案例进行解析。如光大证券"8·16"事件剖析、中国A股市场系统性风险与因素分析、中国石油的WACC估计和EVA计算、2013年"钱荒"事件、A股"股灾"中沪深300股指期货功能与分析、华润入主东阿阿胶对公司价值影响、Berkshire Hathaway的投资组合解析、耶鲁捐赠基金资产配置与绩效解析、美国长期资本管理公司(LTCM)的对冲交易策略及模型风险等。

三是国际经典投资理论或投资理念的中国引入。引入美林(Merrill Lynch)、高盛(Goldman Sachs)等国际投行的"投资时钟"(Investment Clock)理论与GARP策略、Morning Star投资风格分类方法;对沃伦·巴菲特、乔治·索罗斯、彼得·林奇等投资大师相关投资理念或策略进行解析。

总之,本书在内容设计上,注重投资理论与证券市场实践结合,注重案例分析和证券投资的市场运作;在结构安排上,将国际上主流的经典案例和投资实务相结合,有利于读者或学生对证券分析和投资理论的学习与掌握。

本次教材编写,得到经济学院《投资学》课程组的田素华教授、常中阳博士的大力支持,在此表示特别感谢。在本次编写过程中,柯杰参与了第十章撰写,朱炜、胡林依同学参与了部分案例编写工作;此外,《投资学——证券分析与投资管理》教材编写过程中,王栋、丁卉、胡恺欣、兰安、杨勇、林河等参加了撰写工作,一并感谢。本次教材编写得到复旦大学经济学院专业硕士教材项目的资助,同时得到国家自然科学基金(71473043)的资助支持,在此表示感谢。在教材出版过程中,复旦大学出版社的编辑为本书付出大量辛勤劳动,在此感谢。

本书是金融学专业硕士研究生核心教材,也可作为证券投资实务部门工作者的重要参考书。本教材相关配套资源(教学课件PPT),请到复旦大学经济学院网站作者主页获得,网址为 http://www.econ.fudan.edu.cn/teacherblog.php?pid=249&tid=121。作为投资学领域的探索,本书的设计难免存在一定不足,敬请谅解,欢迎批评指正。

张宗新

2017年7月于斯坦福大学

目 录

第一章 证券投资的专业化基础 ... 1
第一节 投资专业化和机构投资者的兴起 ... 1
一、证券市场快速发展是专业化投资分析的基本前提 ... 1
二、机构投资者的兴起是专业化投资分析的市场需求 ... 2
第二节 证券投资与投资分析 ... 4
一、投资行为的内涵解析：基于证券分析的视角 ... 4
二、证券投资分析的三大功能 ... 6
三、内在价值和市场价格 ... 8
四、证券分析师 ... 8
第三节 专业化证券投资管理方式 ... 11
一、自上而下 vs.自下而上 ... 11
二、积极投资 vs.消极投资 ... 11
三、定性分析 vs.定量分析 ... 12
【案例分析】光大证券"8·16"事件与量化投资风险 ... 14
本章小结 ... 16
重要概念 ... 16
习题与思考题 ... 17

第二章 资产组合理论及应用 ... 18
第一节 资产收益与风险 ... 18
一、收益率的度量 ... 18
二、风险的度量 ... 22
三、资产组合的收益率与方差 ... 25
四、投资者风险偏好及其投资选择 ... 27
五、风险溢价与超额收益 ... 30

第二节　资产组合分散化与最优化 ……………………………………………… 32
　　一、资产组合分散化 ……………………………………………………… 32
　　二、资产组合的最优化 …………………………………………………… 36
第三节　资产组合模型和有效前沿 …………………………………………… 39
　　一、马科维茨投资组合模型 ……………………………………………… 39
　　二、资产组合边界 ………………………………………………………… 41
　　三、有效前沿 ……………………………………………………………… 43
【案例分析】分散化投资为何被称为"华尔街唯一免费的午餐"？ ……… 45
本章小结 …………………………………………………………………………… 49
重要概念 …………………………………………………………………………… 50
习题与思考题 ……………………………………………………………………… 50

第三章　资本资产定价模型及其投资应用 …………………………………… 51
第一节　资本资产定价模型 …………………………………………………… 51
　　一、从资产组合理论到资本资产定价模型 …………………………… 51
　　二、CAPM 界定的风险收益关系：CML 与 SML ……………………… 52
　　三、CAPM 模型的检验及其投资含义 ………………………………… 56
第二节　投资风险分解 ………………………………………………………… 63
　　一、β 风险 ………………………………………………………………… 63
　　二、证券市场系统风险与非系统风险 …………………………………… 66
　　三、Alpha 的含义及其在投资管理中的应用 …………………………… 67
第三节　套利定价理论与因子分析 …………………………………………… 69
　　一、套利定价理论 ………………………………………………………… 69
　　二、APT 模型的应用：因子识别和萃取 ……………………………… 69
　　三、APT 的实证检验 …………………………………………………… 70
　　四、因子模型在投资中的应用 …………………………………………… 72
【案例分析】中国 A 股市场系统性风险的估计 ……………………………… 73
本章小结 …………………………………………………………………………… 75
重要概念 …………………………………………………………………………… 75
习题与思考题 ……………………………………………………………………… 75

第四章　"自上而下"的证券投资分析体系 ………………………………… 77
第一节　宏观经济：投资的顶层驱动因素 …………………………………… 77

一、宏观经济分析 ……………………………………………… 77
　　二、宏观经济指标 ……………………………………………… 78
　　三、宏观经济周期 ……………………………………………… 79
　　四、宏观经济政策 ……………………………………………… 82
第二节　行业分析：投资的中层驱动因素 ……………………………… 84
　　一、行业分析基础 ……………………………………………… 85
　　二、行业的生命周期 …………………………………………… 89
　　三、行业对经济周期的敏感度 ………………………………… 91
　　四、行业景气度 ………………………………………………… 92
　　五、行业分析：关注持续竞争力 ……………………………… 93
第三节　公司财务：投资的微观基础 …………………………………… 94
　　一、公司财务报表的主要解读 ………………………………… 94
　　二、公司财务分析的指标关注 ………………………………… 99
　　三、公司财务政策 ……………………………………………… 101
【案例分析】上汽集团财务的杜邦分析 ………………………………… 104
本章小结 …………………………………………………………………… 106
重要概念 …………………………………………………………………… 107
习题与思考题 ……………………………………………………………… 107

第五章　权益证券估值模型及投资应用 …………………………… 108
第一节　权益证券价值评估模型概论 …………………………………… 108
　　一、权益证券估值模型分类 …………………………………… 108
　　二、内在价值法和相对价值法比较 …………………………… 109
　　三、常用估值模型优点和缺点分析 …………………………… 110
第二节　内在估值模型及其应用 ………………………………………… 112
　　一、股利贴现模型 ……………………………………………… 112
　　二、自由现金流贴现模型 ……………………………………… 117
　　三、超额收益贴现模型：经济附加值模型 …………………… 120
第三节　相对估值模型及其应用 ………………………………………… 121
　　一、市盈率模型 ………………………………………………… 121
　　二、市净率模型 ………………………………………………… 125
　　三、企业价值倍数 ……………………………………………… 126
　　四、市价/现金流比率 …………………………………………… 127

五、市销率模型 ·· 128
第四节　估值模型以外的讨论：通货膨胀和公司治理对股票价值的影响 ·········· 129
　　一、通货膨胀对股票价值的影响 ·· 129
　　二、公司治理对公司价值的影响 ·· 131
【案例分析】中国石油的 WACC 估计和 EVA 计算 ·· 136
本章小结 ·· 138
重要概念 ·· 138
习题与思考题 ·· 139

第六章　固定收益证券投资理论及策略应用 ·· 140
第一节　债券市场投资基础 ··· 140
　　一、货币的时间价值与利率 ·· 140
　　二、利率 ·· 141
　　三、债券投资的主要风险 ··· 145
　　四、中国债券交易市场体系 ·· 149
第二节　债券估值与定价分析 ·· 150
　　一、债券的估值模型 ··· 150
　　二、当前收益率、到期收益率与债券价格之间的关系 ···························· 151
　　三、久期和凸度 ··· 152
第三节　债券收益率曲线与投资策略 ··· 154
　　一、债券收益率曲线 ··· 154
　　二、利率期限结构的传统理论假说 ··· 155
　　三、收益率曲线变化的推动因素 ·· 158
　　四、收益率曲线拟合方法 ··· 161
　　五、收益率曲线投资策略 ··· 165
第四节　债券组合投资管理策略 ··· 167
　　一、债券组合管理策略的类型 ··· 167
　　二、积极债券组合管理策略 ·· 168
　　三、消极债券组合管理策略 ·· 170
　　四、债券组合投资免疫策略 ·· 171
【案例分析】2013 年"钱荒"vs.2017 年"债市暴跌"：流动性对债券市场的冲击
　　··· 173
本章小结 ·· 178

重要概念 ··· 178
　　习题与思考题 ··· 179

第七章　金融衍生品与投资应用 ··· 180
第一节　远期与互换 ·· 180
　　一、远期合约产品 ·· 180
　　二、互换产品 ··· 182
第二节　期货产品定价与投资应用 ······································ 187
　　一、期货合约发展及其功能 ··· 187
　　二、期货合约产品的定价原理 ·· 191
　　三、股指期货合约产品及其定价 ·· 193
　　四、利率期货产品及风险对冲 ·· 195
第三节　期权产品定价与投资应用 ······································ 201
　　一、二项式期权定价模型 ··· 201
　　二、Black-Scholes 模型及其求解 ·· 204
　　三、上证 50TEF 期权定价 ·· 207
　　四、期权波动率及其指数化产品 ·· 210
　　五、期权的衍生物及其风险对冲 ·· 214
　【案例分析】2015 年 A 股"股灾"过程中股指期货角色分析 ················ 217
　　本章小结 ··· 221
　　重要概念 ··· 221
　　习题与思考题 ··· 222

第八章　基金投资风格与绩效评价 ··· 223
第一节　共同基金类型和产品创新 ······································ 223
　　一、基金投资类型分析 ·· 223
　　二、交易所基金(ETF)：迅猛发展的基金产品 ························· 227
　　三、新型创新产品——分级基金 ·· 229
第二节　基金投资风格 ·· 231
　　一、投资风格分类 ·· 231
　　二、投资风格类型划分——基于投资组合角度衡量的新晨星风格箱法
　　　　··· 232
　　三、基金投资风格漂移 ·· 235

第三节 基金投资绩效评价 ······ 238
- 一、单一参数度量模型 ······ 238
- 二、多因素绩效评估模型 ······ 242
- 三、投资绩效归属分析 ······ 244
- 四、投资基金绩效的持续性 ······ 250

【案例分析】晨星公司基金业绩评价体系 ······ 257

本章小结 ······ 262

重要概念 ······ 262

习题与思考题 ······ 263

第九章 资产配置与投资策略 ······ 264

第一节 资产配置 ······ 264
- 一、资产配置及其演变阶段 ······ 264
- 二、资产配置的重要性：70∶20∶10 的思维模式 ······ 265
- 三、资产配置的程序 ······ 266
- 四、资产配置策略选择 ······ 268

第二节 经济周期与大类资产配置 ······ 271
- 一、经济周期、政策周期与股市周期 ······ 271
- 二、经济周期对类别资产收益的影响 ······ 272
- 三、经济周期与行业周期 ······ 274
- 四、国际投行的投资理论：美林"投资钟"和高盛股市周期理论 ······ 275

第三节 投资组合管理策略 ······ 278
- 一、投资组合管理目标的确立 ······ 278
- 二、投资管理策略 ······ 279
- 三、投资组合策略实施 ······ 283

第四节 投资风格策略 ······ 285
- 一、价值型股票和成长型股票的特征比较 ······ 286
- 二、成长股投资策略 ······ 286
- 三、价值股选择策略 ······ 292
- 四、GARP 策略：筛选成长性且估值合理的股票 ······ 294

【案例分析】耶鲁捐赠基金的资产配置与绩效解析 ······ 297

本章小结 ······ 305

重要概念 ······ 305

习题与思考题 ······ 305

第十章　套保套利与对冲交易 ··· 306
第一节　套期保值 ·· 306
一、套期保值的基本原理 ·· 306
二、套期保值比率 ·· 307
三、股指期货套期保值 ·· 310
四、国债期货套期保值 ·· 312
第二节　套利 ·· 313
一、期现套利 ·· 313
二、跨期套利 ·· 316
第三节　对冲交易策略 ·· 318
一、宏观对冲交易策略 ·· 319
二、量化对冲交易策略 ·· 327
【案例分析】美国长期资本管理公司的对冲交易策略及其模型风险 ········· 333
本章小结 ·· 337
重要概念 ·· 337
习题与思考题 ·· 338

参考文献 ·· 339

第一章

证券投资的专业化基础

学习目标

本章是中国证券市场专业化投资的基础内容,重点介绍我国证券投资机构化和投资专业化相关内容。通过本章教学,重点掌握以下内容:

1. 从中国证券市场快速崛起和投资者机构化的视角,对中国专业化证券分析的市场基础和专业要求进行把握;

2. 掌握证券投资与投资分析的基本框架、内在价值和市场价格,证券投资分析的三大功能,证券分析师工作及其价值;

3. 掌握专业化的证券投资管理方式,熟悉自上而下与自下而上、积极投资与消极投资、定性分析与定量分析的应用。

第一节 投资专业化和机构投资者的兴起

一、证券市场快速发展是专业化投资分析的基本前提

自中国资本市场诞生 20 多年来,证券市场规模得到快速发展,上市公司数量超过 3 000 家,股票市值仅次于美国、日本,2016 年末股票市场市值规模达到 6.56 万亿美元,排名全球第二,证券化率达到 60.38%,但仍低于全球 91.41% 的世界平均水平。从融资功能看,2016 年证券市场直接融资金额达 5.32 万亿元(其中,股权融资额为 1.95 万亿元,企业债与公司债融资额为 3.37 万亿元),直接融资比重已经达到 29.89%(2016 年社会融资总量为 17.8 万亿元)。

在中国证券市场规模迅速扩张的同时,证券市场运行质量也不断提高。衡量一个国家或地区证券市场质量的重要指标就是市场定价效率。证券市场的信息定价和资源配置,很大程度上依赖证券分析的有效性,从而进一步引导定价的有效性。一个价格失真的市场不可能得到资产有效配置的效果。从大量的实证研究和实践证明,近年来中国资本市场的定价效率已经大大提高,价值投资理念已经得到越来越多投资者的认可和青睐,中国股市已经

从20世纪90年代的"投机市场"和"赌博场所"[①],正在向投资市场和资源配置场所转变。可见,中国资本市场的迅速发展为专业化证券分析提供市场基础的同时,中国证券市场质量提高的内在需求,也要求构建科学的证券投资分析体系及相应专业化的分析师队伍。

表1-1 中国股票市场市值规模全球第二

	市值排名	市值(亿美元)	证券化率(%)
美 国	1	256 999.72	135.72
中 国	2	65 598.84	60.38
日 本	3	52 394.23	127.07
中国香港	4	41 991.18	1 312.63
英 国	5	31 880.36	111.55
加拿大	6	20 908.65	134.85
法 国	7	19 931.40	69.05
德 国	8	19 405.85	57.69
巴 西	9	17 747.25	69.21
印 度	10	16 459.82	73.41
瑞 士	11	14 934.17	222.63
韩 国	12	12 781.16	92.76
澳大利亚	13	12 442.19	92.91
中国台湾	14	10 023.62	191.61
俄罗斯	15	6 009.78	67.53
全 球		687 450.45	91.41

注:(1) 证券化率=市值/GDP;(2) 数据截至2017年1月25日。
资料来源:Bloomberg。

二、机构投资者的兴起是专业化投资分析的市场需求

如果说中国证券市场的迅猛发展为专业化投资分析提供了市场基础,则机构投资者的兴起为这种专业化的投资分析提供了主体需求。投资者结构的机构化是我国证券市场投资者结构优化的必然路径,也是一个国家或地区证券市场逐步成熟的规律和趋势。随着我国证券市场的快速成长,证券投资基金已成为资本市场最重要的机构投资者之一[②]。

---

① 2000年10月,《财经》杂志发表震惊中国资本市场的"基金黑幕"报道,揭露了当时中国证券投资基金行为与散户追涨杀跌类似,肆无忌惮地违法操作手段如对倒、对敲、关联交易、内幕交易、高位接货等行为与庄家也并无不同。这在中国基金业、证券界、乃至整个财经业界,甚至政府监管部门的反响巨大。2001年1月,中国著名经济学家吴敬琏在中央电视台访谈中指出"中国的股市很像一个赌场,而且很不规范。赌场里面也有规矩,比如你不能看别人的牌。而我们这里呢,有些人可以看别人的牌,可以作弊,可以搞诈骗。"这些言论概括为"赌场论"。此后,经济学家厉以宁联合萧灼基、董辅礽、吴晓求和韩志国,对吴敬琏的观点进行公开回应,从而掀起了中国资本市场"赌场论"的大讨论。

② 在我国,除了证券投资基金等公募基金以外,机构投资者还包括券商自营、资产管理公司(保险公司或券商控股)、私募基金、对冲基金、投资公司、社保基金等。在海外,由于许多国家属于金融混业经营,商业银行也属于重要的机构投资者,如德意志银行、汇丰银行、法国兴业银行、苏格兰皇家银行等。

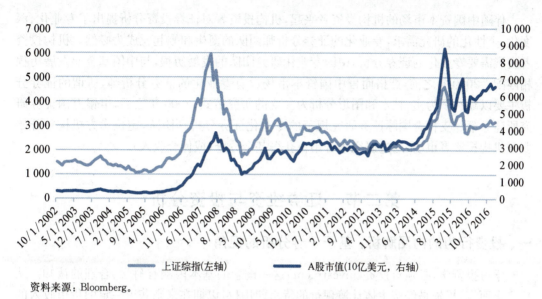

资料来源:Bloomberg。

图1-1 中国证券市场指数与市值增长情况

与我国资本市场发展历程相似,我国的证券投资基金行业起步较晚,但是发展非常迅速。1998年3月,我国第一家基金管理公司国泰基金管理有限公司成立,2007年A股"牛市"环境中我国基金业获得迅猛式发展,基金份额从5 000万份跳跃至2万亿份以上;2015年A股"杠杆牛",证券投资基金规模又经历了一次爆发性增长,基金数量与净值突破8万亿元。截至2016年12月,我国共有115家基金管理公司,管理基金3 888支,发行份额达到8.87万亿份,管理资产净值9.11万亿元(见图1-2)。2007年以来,以证券投资基金为代表的机构投资者已经成为资本市场的主力,证券资产机构化特征趋势已经形成。

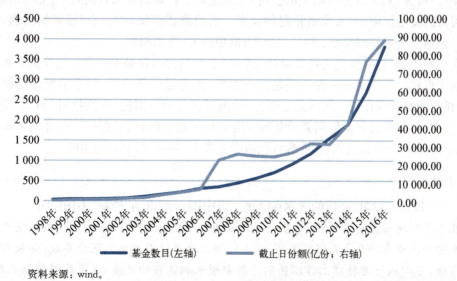

资料来源:wind。

图1-2 中国证券投资基金数目与份额增长情况

伴随中国资本市场的机构投资者兴起,机构投资者对证券投资分析提出了专业化、深度化、个性化的研究需求,专业化的证券分析师团队的诞生和崛起就成为必然。机构投资者发展需要专业化的证券分析,中国专业化研究团队的发展历程,与中国基金业发展历程相匹配。2000年之前,严格而言中国资本市场没有专业化的证券分析师,所谓的证券分析主要以"股评"为主,技术和图形分析为主要的研究范式;2000年之后,申银万国证券研究所建立第一支符合国际证券研究规范的专业化证券分析师团队,定位卖方机构并开始服务机构投资者市场,通过研究报告销售获得基金分仓(或佣金收入)。

第二节　证券投资与投资分析

一、投资行为的内涵解析:基于证券分析的视角

学习投资学,必须对投资(investment)这一概念的基本内涵有科学、合理的认知。从广义上而言,投资是经济主体让渡现行的货币使用权,以期在未来获得一定的货币收入的经济行为。从不同的角度,我们可以对投资有不同的理解,从企业商业投资的角度,投资可以理解为实物投资,通过购买厂房、机器等生产要素以期价值创造;从金融投资的角度,主要通过购买股票、债券、基金、金融衍生品等金融工具以期获取一定数量的收益。现代投资学主要从金融投资的角度出发,通过合理选择投资工具以此获得必要的投资报酬。可见,按照经济学或金融学的经典理念,将投资过程定义为让渡现行货币使用权获取未来收益,投资即延期消费期望在将来能够获得比期初投入更多的资金。

为强调证券投资理论的分析和应用,我们对投资的理解更主要的是从证券分析的视角,尤其是关注证券分析对投资过程和投资行为的影响,在此借鉴格雷厄姆的经典著作《证券分析》的投资定义,即投资行为是"通过彻底的分析,保障本金安全并能获得满意的回报率"。可见,对于证券市场上的投资,尤其应赋予特定的含义,即指经过充分的研究,本金可得到安全保障,未来收益稳定的投资。按照格雷厄姆对"投资"投资的内涵,认为"投资"包括三个重要的要素:彻底的分析;避免损失;适当期望。

在金融市场上,对投资的定义相对的市场"投机"行为,凡是不符合上述投资要求的操作即属于投机行为。无论在海外还是国内市场,无论是股票市场、债券市场还是衍生市场,投机行为都普遍存在。从形式上而言,投机可区分为所谓的"理性投机"和"非理性投机"。其中,理性投机是衡量利弊后觉得风险值得承担,这以国际投机大师乔治·索罗斯(George Soros)为典型代表;而非理性投机则是尚未弄清形势就承担风险。

专栏 1-1

投资与投机、赌博的区别在哪里?以中国A股市场"炒新"为例说明

在证券市场买卖有价证券,经常会遇到这样的问题:这种行为是投资、投机还是赌博游戏?它们三者有什么差别呢?其实,很多时候三者并没有严格的区分界线,如果对三者进行区分,可以从行为特征上作以区别。若期望承担适当的风险,未来能够赚取长期、稳定的报酬,其行为可称为投资。相反,投机则注重短期追求高额回报,且需承担较高的风

险。至于赌博,则是在公平游戏(fair game)前提下,其行为结果完全取决于运气的好坏。在此,表1-2对投资与投机、赌博的行为特征进行比较分析。

表1-2 投资与投机、赌博的行为特征比较

	投资	投机	赌博
持有期的长短	长	短	最短
风险的大小	小	大	最大
报酬的来源	着眼长期股利或利息收入	追求短期资本利得	追求短期暴利
投资分析的重点	着重基本分析和价值投资	着重技术分析	盲目投资
所需资料的多少	全面、系统数据与资料	少且不完全	侥幸心理或凭谣言
投资者的操作特征	相对保守	积极	胆大妄为

与海外市场相比,中国新股市场投机气氛浓厚,投资者热衷的在上市首日热炒新股(即"炒新"现象),是一种典型的投机现象。据统计,1990—2010年中国IPO折价率(underpricing ratio)高达140%,远超海外成熟市场而居全球首位。2009年中国证监会实施新股发行市场化改革(取消市盈率15—30倍限制),新股折现率大幅降低但仍高达40%,"炒新"方式转变为"高发行市盈率、高发行价和高集资额"的"三高"现象。2010年,沪深市场发行市盈率则大都在30倍以上,相当多的公司在50倍以上,超过100倍市盈率的有11家公司。在欧洲资本市场,平均发行市盈率为13倍;在美国市场,TMT(Technology, Media, Telecom)行业发行市盈率仅为25倍左右。针对询价制度存在的"三高"弊端,2014年1月IPO重启,监管层又进行了一系列改革,包括限定首日44%的最高涨幅、发行市盈率23倍隐形红线。由于实施控制市盈率发行以来,此前备受市场诟病的"三高"现象被另一种扭曲所替代。即"一刀切"的定价模式下,市场自主定价空间有限,从而导致新股低于市价发行,新股上市首日达到44%限幅后,上市后连续涨停成为一种"新常态",平均涨停板达到12个,"打新"赚钱效应明显。统计2014年6月至2016年末,发行并上市的566家上市企业的平均发行市盈率为21.51,而这类次新股在2017年1月的平均市盈率为51.32,平均中签率0.3%,极低的新股中签演绎成一种"中彩"幸运成分。A股IPO显示了投资者尤其是中小散户对新股的狂热和非理性,以博取短期收益的行为,其上市"炒高"后的价值回归过程必然导致中小投资者亏损过程。

其实,中国证券市场的投资者行为的过度投机,与中国A股市场的投资者结构密切相关。中小投资者价值投资理念缺乏,博取短线收益的投资思想主导其投资行为。据中国证券登记公司数据,2016年11月末,50万市值以下的中小投资者结构占投资者结构的95.03%。据上海证券市场所统计,2015年上海证券市场自然人交易占市场占交易量的86.91%,而专业机构占10.47%,证券投资基金仅占2.32%。可见中小投资者交易行为主导化与过度投机化是当前我国股票市场运行的重要特征。

表 1-3 A股市场投资者市值分布

	自然人		机构		合计	
	投资者数	比重(%)	投资者数	比重(%)	投资者数	比重(%)
1万以下	13 939 639	27.83	4 648	7.18	13 984 287	27.80
1万—10万	24 516 911	48.81	8 616	13.32	24 525 527	48.76
10万—50万	9 275 908	18.47	11 290	17.45	9 287 198	18.47
50万—100万	1 410 999	2.81	5 903	9.12	1 416 902	2.82
100万—500万	931 727	1.85	12 276	18.97	944 003	1.88
500万—1 000万	71 626	0.14	4 313	6.67	75 939	0.15
1 000万—1亿元	39 441	0.08	9 956	15.39	49 397	0.10
1亿元以上	3 592	0.001	7 704	11.91	11 296	0.002
合计	50 229 843	100.00	64 706	100.00	50 294 549	100.00

数据来源：《中国结算统计月报》，2016年11月。

二、证券投资分析的三大功能

证券投资分析的内涵，是通过科学、专业化分析，对影响证券价值或价格的各种信息进行综合分析，以判断证券价值或价格及其变动行为。这是证券价值分析的内在要求，也是证券投资过程中不可或缺的一个重要环节。

按照格雷厄姆的观点，证券投资分析具有三大功能，即描述功能、选择功能和评判功能。

1. 描述功能

这一功能是将于某一证券相关的重要事实分类列出，并用一种连贯一致且易于理解的方式表达出来。包括各种公司指标、业绩，等等。在证券描述过程中，力求揭示某一证券的优缺点，比较其与其他类似证券（如同一行业或板块）的表现，并评价哪些因素会影响其未来的业绩。

2. 选择功能

这一功能比描述分析更进一步，要求证券分析师必须形成自己独立的观点或判断，以此指导投资者是否应该购买、出售或持有某一证券，或换成另一种证券。在证券分析报告中，选择功能体现为证券分析师研究报告的"买入""增持""推荐""持有""中性""减持""卖出"等观点。

3. 评判功能

对于影响证券的重要事项或相关条款，证券分析尽可能表达出批评性的判断，力避错误，纠正不良行为，以此更好地保护证券持有人（或投资者）。这就要求证券分析师必须关注上市公司财务报表相关科目的会计处理方式，以及必须关注投资者所持有证券的企业政策或管理政策，如投资项目决策、非盈利资产的处理、股利分红政策、管理层收购，等等。

证券分析过程,通常针对上述三方面的内容进行展开。如2016年11月推出中国联通的混合所有制改革方案,中金公司针对中国联通国企改革发布《拥抱互联网,开启新篇章》推荐报告,调升该公司的投资评价,将中国联通A股的评级由回避上调为推荐;并大幅提高目标价格,上调目标价118%由3.3人民币上调至7.2人民币。该研究报告,首先对事件进行描述,即"公司的合作项目,其中与BAT的合作尤为引人注目。联通分别与百度和阿里巴巴签订战略合作协议,计划在基础通信服务、移动互联网及产业互联网等领域展开深入合作"。在描述事件后,研究报告对中国联通混合所有制改革进行评价,"电信市场的用户争夺战日趋白热化,与强势的移动和电信相比,联通始终处于弱势,在价格战中也显实力不足,而与互联网的深度合作可以开发出定制化的产品,更好地迎合消费者需求,从而减少联通的用户流失。我们预计通过差异化的竞争策略,联通在未来有望提振收入增速。""新的竞争策略成本更低。运营商以往的市场推广手段都是面向终端用户的补贴,成本高、效果差,并没有通过提高产品竞争力来提升用户忠诚度。但是与互联网公司的合作可以有效地利用互联网公司现有的用户基础,实现流量批发的效果,帮助联通节省可观的市场费用,从而改善利润率水平。"上述评价侧重对联通与BAT合作的策略价值,提出影响公司价值和未来业绩的理由。接下来,该研报提出对该证券"推荐"评级的依据和评判,主要基于两点:一是财务回暖。在3季报后率先下调全年盈利预测并提示短期财务风险,认为现价已完全反映短期风险,该适时将目光转向2017年,和互联网公司合作有助于联通财务反弹。二是估值转换。考虑到联通拥有优质网络基础设施资产,应用市净率估值,给予该公司2倍2016年市净率的目标价。从而得出该公司的投资目标价为7.2元。中金公司在2016年11月18日发布《拥抱互联网,开启新篇章》研报时中国联通A股股价为5.97元,研报发布后股价大幅上升并在12月23日达到年内最高价8.05元,较沪深300指数获得较高超额回报。从以上分析,中金公司对2016年11月中国联通混合所有制改革的推荐报告是成功的。

资源来源:Bloomberg。

图1-3 中国联通在中金公司"推荐"前后的股价表现

三、内在价值和市场价格

证券分析师的主要工作就是挖掘证券的内在价值。此外,分析师应关注市场价格,发现市场价格低于或高于内在价值的证券,并对市场价格与内在价值偏离(低估或高估)进行及时反应,以此向投资者或服务客户进行传递。

1. 内在价值

所谓内在价值,即由资产、收益、股息和确定性的前景等事实证明,与被市场操纵或无节制的欲望所左右的市场报价截然不同的价值。权益类资产的内在价值不等于账面价值,它主要是企业的内在盈利能力所决定。

2. 市场价格

证券的市场价格是由市场供求关系所决定,市场价格不仅受到资产内在价值与未来价值因素的影响,还可能受到市场情绪、技术、投机等因素的影响。图1-4刻画了市场价格形成的每一个步骤,揭示了市场价格和内在价值之间的关系。从该图可以看出,所谓的技术因素是市场价格具有间接或部分的影响,而证券价格的内在驱动力主要是投资性因素。

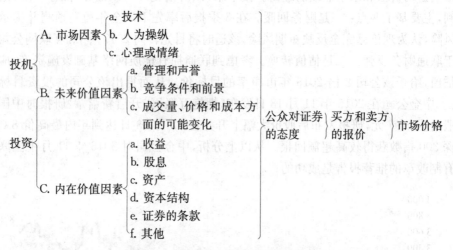

图1-4 市场价格和内在价值的关系

从投资实践看,由于数据不足或不准确、未来的不确定性、市场的非理性行为等因素,造成了证券分析的主要障碍,导致证券的市场价格经常与内在价值偏离。尽管市场的理性的投资力量会推动这些偏离能够得到自我纠正,但是仍存在价格向价值回归迟缓的危险。以沃伦·巴菲特(Warren Buffett)购买华盛顿邮报(Washington Post)为例,在其价值分析并理性投资购买4年后该股股价依然低于当初买入价格。直到1977年底,该股5年的投资回报率为214%;2004年,巴菲特持有该股市值17亿美元,是其原始投资资本的160倍。

四、证券分析师

科学的证券投资管理,离不开专业化的投资、研究团队。其中,研究部门向投资决策部门提供策略、行业和股票筛选,投资决策部门实施资产配置策略,投资经理或基金经理负责构建证券组合,实施投资策略执行,具体如图1-5所示(蔡明超和杨朝军,2009)。

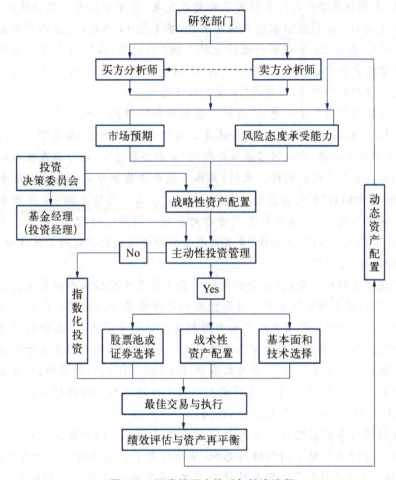

图1-5 证券投研究体系与投资流程

在投资研究团队中,具体又分为买方分析师和卖方分析师,其中:

买方分析师(buy-side analyst)是向投资决策委员会或投资经理提供投资决策等投资信息的专业化研究人员。如基金公司研究团队的研究人员就是买方分析师。

卖方分析师(sell-side analyst)是通过出售研究报告来获取收益的研究人员,主要是券商、投资银行等研究部门的研究人员。卖方分析师主要通过发表研究报告为机构投资者的投资提供指导意见,其主要的观点可以分为对市场或股价走势的研判和标的公司业绩的研判。由于受到利益冲突约束,卖方分析师则必须执行向所有客户同时提供报告信息的原则发布研究报告,绝不能在报告公开发布前让特定客户(如自己公司的投资部门或资产管理部门)先买入股票。同时,严格执行信息隔离墙制度,避免卖方分析师"跨墙"操作(重点在研究部门、自营部门、投行部门之间信息隔离);若证券分析师服务投行等部门,则必须按照合规部门要求履行"跨墙"程序并执行监管部门静默期的相关规定。

专栏 1-2

"新财富最佳分析师"评选与分析师行为质疑

近年来,我国证券分析师行业经历了跨越式发展,卖方分析师队伍快速膨胀,覆盖的股票数量快速增加。根据朝阳永续数据库统计,截至2014年底,我国卖方证券分析师数量达到2 026人,覆盖28个申万一级行业的1 982只股票,占所有上市公司的77.30%。卖方分析师市场竞争十分激烈,一年一度的"新财富最佳分析师"评选是我国证券市场最有影响力的卖方分析师评价,又号称"中国资本市场奥斯卡"。

中国证券市场上的每年一度的"新财富最佳分析师评选",已经成为证券分析师行为导向的风向标。"新财富最佳分析师"评选是由财经媒体《新财富》杂志于2003年发起,截至2016年共举办十四届。"新财富最佳分析师"是由公募基金、部分私募基金和保险资产管理公司等相关资产管理机构评出来的,具体一般是由基金公司的基金经理或研究员评分。2016年,第十四届"新财富最佳分析师"评选,50家券商的1 600余位卖方分析师参评,1 100余家机构的4 000多位机构投资者对参评分析师进行投票,投票机构管理资产规模达到35万亿元。不同"水晶球"等其他类分析师评选机制,"新财富最佳分析师"评选堪称"资本话语权"的投票。

作为价值投资的驱动者,证券分析师的重要职责在于挖掘证券内在价值和捕捉市场机会。实践证明,证券分析师未来的盈余预测和对投资品种的推荐已经成为投资者投资决策的重要依据。但受外部因素制约和自身利益的驱动等原因,证券分析师行为存在许多局限,经常出现定价偏差以及受市场情绪影响行为非理性,因而引发关于证券分析师行为的质疑。例如,《漫步华尔街》作者马尔基尔(Malkiel, 2010)曾明确指出"许多证券分析师基本不称职";曾任UBS大中华区研究主管张化桥将证券分析师行为异化归纳为四部曲:"抵赖、修正、狡辩、再修正"(张化桥,2010)。

证券分析师自身的不理性和行为异化的具体表现在:(1)投资者(买方)的压力:买方机构的急躁行为会对分析师造成影响,从而改变了证券分析师的行为方式。例如,"新财富最佳分析师"由买方机构直接投票产生,因而卖方分析师如何满足买方需求并引起其关注,就成为分析师工作的直接动力,以致出现我国证券市场的"网红"荐股、"桃子姐"等现象。(2)产能过剩和过度竞争:证券分析师行业是产能严重过剩、分析师身价又奇高的行业,竞争压力导致分析师"为吸引客户眼球"日复一日忙得不可开交:写报告、给客户打电话、办讲座、举办午餐会,甚至大型研讨会。(3)为吸引眼球"放他一炮":分析师所研究的几支股票,如果该股票评级一直是买入或卖出,分析师会担心这些股票被人遗忘。尤其是竞争者调高或调低公司利润预测或评级对股价会产生金手指的作用,自己也会有压力有必要提出"可操作的建议"(actionable idea)而"放他一炮"。(4)发表牵强附会甚至噪声报告:证券分析对经济数据或重大事件有时做出牵强附会的反应,找出哪些公司将收益或受损,从而给出一系列股票买卖的建议。正如张化桥在《一个证券分析师的醒悟》所言,"我在做分析的那些年,发表的纯粹噪声类不可谓不多。每想到此,我就惭愧。"

第三节 专业化证券投资管理方式

按照巴菲特的观点,证券市场是一个复杂多变的适应性系统。在复杂多变的市场环境中,需要专业化的证券投资策略和投资管理方式。在证券分析和投资决策过程中,经常会面对不同投资理念的投资选择:采取"自上而下"还是"自下而上"的投资方式?是采取"战胜市场"为导向的主动积极,还是选择跟踪指数的被动投资?是定性分析还是数量化投资管理?

一、自上而下 vs.自下而上

证券投资分析与投资管理,可以使用"自上而下"(top-down)方法,也可以使用自下而上(bottom-up)的方法。自上而下的方法是按照"宏观—中观(行业或板块)—微观(公司或企业)"体系,对证券价值的驱动因素进行系统性的剖析,强调宏观分析和行业分析,首先从宏观经济环境驱动因素进行分析,将宏观经济作是投资决策的顶层驱动因素,考虑在特定宏观因素或政策背景下如何在大类资产层面配置资产;其次,关注特定宏观经济背景下行业因素,对投资行业或板块进行剖析,判断行业竞争态势、行业景气与周期、行业盈利能力、行业政策等进而进行行业筛选和配置,这体现了投资的"中观"层次;最后关注个股基础要素分析,将资产在股票、债券或现金中进行选择,然后根据行业状况即将资金在不同行业间进行分配,最后在特定行业中选择最好的证券品种。

"自下而上"的方法则更偏重对公司的分析,关注最有潜力的个股,并不是十分关注市场状况或行业特质。借助自上而下的宏观和行业分析,在大类资产配置以及规避股票市场系统性风险具有较大的实用性;而在市场或行业不存在系统性投资机会,同时市场也不存在系统性风险的条件下,自下而上的投资方法则更有效,尤其是投资景气子行业的龙头股或高成长性股票。

可见,"自上而下"与"自下而上"体现了不同的投资哲学理念,同时两种策略的实施环境和条件也不尽相同。因此,在投资实践中,许多机构投资者往往强调将"自上而下"和"自下而上"的方法结合起来,以实施投资决策过程。两者的比较见图1-6。

二、积极投资 vs.消极投资

自有效市场假说提出以来,金融经济学一直沿着两个并行的领域发展:一是强调有效市场假说(EMH),认为市场有效,从而采取消极型投资管理。二是认为EMH不成立并且市场无效,投资决策的目标是"战胜市场"(beat the market),因而采取数量型积极投资管理方式。由金融经济学理论发展的两个分支,延伸出两种重要的投资理念:积极投资和被动投资方式。

1. 积极投资

积极投资是基于所选择的投资组合能够市场,即强调证券选择和投资机会选择能力。这方面的投资体现在:(1)积极资产配置,即根据不同时期的市场预期或风险估计,改变股票、债券、现金等类别资产的配置比例;(2)积极风格切换,即根据不同时期市场特征进行特定特质类型公司选择,如大公司或小公司的风格切换、价值型或成长型的风格切换;

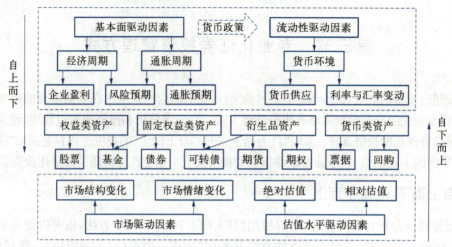

图 1-6　证券投资分析：自上而下 vs.自下而上

（3）积极板块和行业选择，注重行业前景或板块机会的选择能力，并通过行业或板块积极地组合调整期望获得超常收益。

2. 消极投资

消极投资则是认为投资组合不能战胜市场，从而投资选择简单地复制一个包括所有证券的市场指数，即指数化投资。目前，指数化目前演化为以下四种方式：（1）完全复制，指数中的所有证券按照相应权重进行购买复制；（2）分层抽样，即通过持有一个代表性的证券样本来复制指数；（3）优化抽样，即在满足其他投资约束条件下，最小跟踪误差为目标；（4）合成复制，即通过使用指数期货合约加上一个现货头寸复制，期货合约的公平定价保证了可以很好地跟踪指数，同时交易成本很低。近年来，我国指数基金逐渐得到投资者青睐并呈现迅速增长态势。

关于积极与消极投资的证券投资分析方法，具体如图 1-7 所示（蔡明超和杨朝军，2009）。

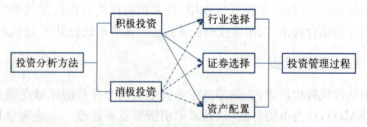

图 1-7　证券投资的积极与消极投资

三、定性分析 vs.定量分析

从投资方法论的角度而言，定性投资分析和定量投资分析是投资管理发展的另外两个分支。定性投资分析是以深入的基本面分析研究为核心基础，辅以对上市公司的调研和管理层的交流。其组合决策过程是基金经理在综合了所有信息后，依赖主观判断及直觉来精选个股，构建组合，以产生超额收益。

定量投资分析则是注重量化分析方法在投资管理中的应用，强调定量投资分析与数量化投资。数量化投资是将投资理念及策略通过具体指标、参数设计体现到具体的模型中,让模型对市场进行不带任何情绪的跟踪;相对于传统投资方式来说,具有快速高效、客观理性、收益与风险平衡和个股与组合平衡等四大特点。量化投资技术几乎覆盖了投资的全过程,包括估值与选股、资产配置与组合优化、订单生成与交易执行、绩效评估和风险管理等,在各个环节都有不同的方法及量化模型。数量化投资策略有很多种类,包括自上而下的资产配置、行业配置和风格配置,以及自下而上的数量化选股,其中数量化选股可以从价值、成长、市值等基本面因素或者波动率、换手率、市场情绪等市场面因素入手,也可以基于上述多个因素构建多因素模型。

最近10年来,量化投资逐渐在全球资本市场兴起和发展。目前,指数类投资几乎全部使用定量技术,主动投资中逐渐使用广泛定量技术。从2013—2016年,美国市场中量化投资比重从全部股票交易量占比的13.6%提升到27.1%①。"宽客"(Quants)成为金融工程师的代名词。定量投资较定性投资获得了更多投资者的青睐,而我们知道基金规模持续扩张的背后离不开投资业绩的支撑。定量投资方法以其多元分散,纪律化的投资风格在全球范围尤其获得了机构投资者更广泛的认可。

从全球视野看,量化投资鼻祖BGI(Barclays Global Investors,巴克莱投资管理公司)的投资管理规模更是从1977年的30亿美元发展到2008年末的1.5万亿美元,高居全球资产管理规模榜眼。从国内量化投资实践看,量化基金已成为基金发展的新趋势,众多基金管理公司已经发行数量化投资基金产品。自2004年7月20日国内第一只量化基金——光大保德信量化核心发行,2009年之后,多家基金公司大力打造量化投资团队,多只量化基金产品随之面市。量化基金的运作思路各有不同,采取不同的"全量化"或"半量化"策略,其量化的程度差异明显:有的基金无论是"择时"和"选股"均采用量化模型,有的则是只进行量化选股;有的基金采取"全量化"在模型确立后就基本不对模型参数做修改,有的根据市场环境的不同动态调节因子权重,强调主动投资管理与数量化投资结合。量化投资技术覆盖了投资的整个过程,包括量化选股、量化择时、股指期货套利、商品期货套利、统计套利,等等。在量化选择中,广泛应用人工智能(artificial intelligence,简称AI)、算法交易(algorithm)、数据挖掘(data mining)等金融工程技术与方法(见图1-8)。

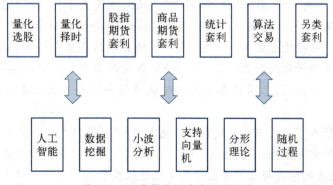

图1-8 证券量化投资类型或技术

---

① What's an Algorithm, and How Do Quants Use Them? *The Wall Street Journal*, 21 May, 2017.

案例分析

光大证券"8·16"事件与量化投资风险

一、事件过程概述

2013年8月16日,对于中国证券市场的广大投资者而言,这是不平凡的一天,因为在这一天,众多投资者见证了中国证券史上最大的"过山车"。在上午11点前,上证指数一直围绕2070点窄幅震荡。11点04分开始,上证指数开始直线拉升,中石油、中石化、工商银行纷纷暴涨,并瞬间触及涨停。之后,银行板块、钢铁板块、地产板块集体跟进,使上证迅速摸高至2199点,然后迅速回落,全天上证指数振幅6.19%(见图1-9)。

数据来源:Bloomberg。

图1-9 "光大8·16事件"对上证指数的冲击

上午11点多的市场"暴动"过程,关于"市场到底发生了什么?""监管部门是否出台重大利好政策"等种种猜测和市场疑问纷沓而至,各种信息和市场传言不断,然而没有任何官方机构给投资者答案。午后,关于市场异动的消息面逐渐明朗。经核查,光大证券衍生品部门量化投资团队的一个ETF套利产品下单失误,此举直接导致了上证指数瞬间暴涨。此后,上海证券交易所确认市场异动是光大证券的技术系统问题引发。

作为我国资本市场的极端个别事件,"光大8·16"事件对证券市场发展和市场监管提出了诸多思考和挑战。"光大8·16"事件之后,量化投资和程序化交易引起人们的关注,越来越多的学者与监管者也开始反思量化投资有何风险?证券公司内控风险体系有何缺陷?监管部门如何应对量化投资风险?

"光大证券异常交易事件是我国资本市场成立以来的首例极端个别事件,对市场发展和市场监管提出了许多新的课题"①。高达五亿元的罚单以及四位负责人的终身市场禁入处罚,被认为是A股历史上最严重的处罚措施。"光大8·16"事件虽然以严厉的处罚而宣告结束,但该事件中仅仅因为一个订单操作出错而导致的严重后果表现出的量化投资操作风险之大,给市场和监管部门带来惨痛的教训。

二、"光大8·16"事件原因剖析

2013年8月16日晚,光大证券发布信息披露公告,称"策略投资部门自营业务在使用其独立的套利系统时出现问题,公司正在进行相关核查和处置工作"②。经调查发现触发原因是技术系统缺陷,该公司策略投资部使用的套利策略系统出现了问题,该系统包含订单生成系统和订单执行系统两个部分。核查中发现,订单执行系统针对高频交易在市价委托时,对可用资金额度未能进行有效校验控制,而订单生成系统存在的缺陷,会导致特定情况下生成预期外的订单。

由于订单生成系统存在的缺陷,导致在11时05分08秒之后的2秒内,瞬间重复生成26 082笔预期外的市价委托订单,累计申报买入权重股234亿元,由于订单执行系统存在的缺陷,上述预期外的巨量市价委托订单被直接推送至交易所,由此造成了上证指数短时间内大幅震动。

光大证券乌龙事件的问题源自系统的订单重下功能,错误订单的产生过程是:11点2分时,第三次180ETF套利下单,交易员发现有24支个股申报不成功,就想使用"重下"的新功能,于是程序员在旁边指导着操作了一番,没想到这个功能没实盘验证过,程序把买入24支成分股,写成了买入24组180ETF成分股,结果生成巨量订单,从而引发市场巨大订单需求。

"光大8·16"事件暴露了传统风险控制体系面临挑战,并在新型量化投资风险管理的"失效"。光大证券量化投资部门系统完全独立于公司其他系统,甚至未置于公司风控系统监控下,因此深层次原因是多级风控体系都未发生作用,多级风险管理体系"形同虚设",暴露了传统风险管理体系在极端事件条件下的极其脆弱性,"光大8·16"事件堪称是多层级风险控制体系的"系统性失灵"所引致。

三、从"光大8·16"事件反思量化投资风险

量化投资策略是由"机器"来执行,由计算机程序进行自动化交易,发散着人工智能(AI)的靓丽光环,具有传统投资策略不具有以下优势:(1)量化投资的投资视角广泛性。通过借助电脑高效、准确处理浩如烟海的信息,可以在寻找包括大类资产配置、股市、债市等多种市场中存在的投资机会。(2)量化投资的高效及时性。针对投资市场瞬息万变,高效捕捉投资机会,为投资者抓住每一次可能的盈利机会提供了保证。(3)量化投资的自动程序性。量化投资坚决执行数量化投资模型所给出的投资建议,可以克服人性的弱点,如贪婪、恐惧、侥幸等。(4)量化投资的投资分散型。量化投资者在构建投资组合时,不仅考虑到对收益率的追求,也关注对风险的控制。

---

① 《上海证券交易所就光大证券乌龙指事件答记者问》,2013年8月25日。
② 《光大证券股份有限公司提示性公告》,光大证券〔临2013—032〕公告,2013年8月16日。

从"光大 8·16"事件,折射出量化投资的存在以下主要风险:

第一,量化投资模型风险。在证券市场上,针对不同的投资市场,投资平台和投资标的,量化策略师(Quant)按照自己的设计思想,设计了不同的量化投资模型。这些量化投资模型,一般会经过海量数据仿真测试,模拟操作等手段进行试验,并依据一定的风险管理算法进行仓位和资金配置,实现风险最小化和收益最大化。但潜在风险是,量化模型测算数据的完整性都可能导致模型对行情数据的不匹配,市场数据自身风格转换,也可能导致模型失效。这一点是目前量化界最难克服的,历史上著名的美国长期资本管理公司(Long-Term Capital Management,简称 LTCM)破产倒闭及其市场冲击,就是量化模型失效风险。

第二,量化策略风险。在量化模型设计中没有考虑投资仓位和资金配置,考虑安全的量化的交易过程、策略测试、资金增长曲线量化的交易过程,存在策略测试、资金增长曲线、风险评估和预防措施不匹配,可能导致资金、仓位和模型的不匹配,而发生投资爆仓现象。

第三,市场风险。主要针对非预期事件给量化投资造成的风险冲击,其冲击属于全面性的,主要包括经济周期、金融风险或政治因素的干扰等。美国长期资本管理公司(LTCM)破产倒闭的触发事件正是 1998 年亚洲金融危机。

第四,操作风险。量化投资操作是投资人员错误执行投资指令导致的风险,"光大 8·16"事件典型是"乌龙指"操作风险。

第五,硬件和软件风险。由于量化投资高度依赖程序化交易和算法交易,交易环境、计算硬件和软件的缺陷可能引致难以评估的后果和风险。软件漏洞或缺陷、网络中断、硬件故障也可能对量化投资产生影响。光大乌龙指事件中的订单执行系统供应商——上海铭创软件,缺乏有关认证是导致事件风险的重要原因。

本章小结

本章重点从机构投资者视角介绍证券投资专业化基础,首先从中国证券市场快速崛起和投资者机构化的视角,提出专业化证券分析的市场基础和内在需求;其次从证券分析的内涵解析投资行为,从投资角度对证券内在价值和市场价格进行重新诠释。在此基础上,深入剖析专业化的证券投资管理方式,即自上而下与自下而上、积极投资与消极投资、定性分析与定量分析,对不同专业化投资管理方式的内涵及其应用进行了重点介绍。本章最后,以 2013 年发生在中国证券市场上的光大证券"8·16"事件为例,对量化投资风险进行案例分析和说明。

重要概念

机构投资者　证券化率　证券投资分析　投资　投机　证券分析师　内在价值　市

场价格　自上而下分析　自下而上分析　积极投资　消极投资　定性分析　定量分析
量化投资

习题与思考题

1. 证券投资分析的主要功能有哪些？
2. 如何理解证券内在价值和市场价格之间的关系？
3. 如何认识证券市场的投资和投机行为？理性投机和非理性投机有何不同？
4. 什么是买方证券分析师和卖方分析师？如何理解卖方分析师的局限性？
5. "自上而下"与"自下而上"的证券分析方法有何不同？
6. 如何认识积极投资和消极投资？两者的理论基础有何差异？
7. 量化投资有何优势？如何认识量化投资的风险？

第二章

资产组合理论及应用

学习目标

1952年,马科维茨(Markowitz)发表的经典论文——《资产组合选择》,开创了现代金融学的开端,同时也标志着现代资产组合理论的诞生。本章重点介绍马科维茨资产组合理论(modern portfolio theory, MPT),通过本章教学,重点掌握以下内容:

1. 资产风险与收益的度量与计算,算术平均收益率、几何收益率与期望收益率的内涵及其区别,资产方差、斜方差与相关系数及其投资应用;资产组合的收益率与方差的计算。
2. 投资者风险偏好与风险溢价(risk premium)。
3. 资产组合分散化和最优化理论及其应用,均值-方差准则(mean-variance criterion, MVC)及其投资应用。
4. 资产组合的边界和有效前沿理论解析及其数值模拟。

第一节 资产收益与风险

一、收益率的度量

(一)持有期收益率

一项投资被拥有的时间称为持有期。在此期间内,从现金收入和资产价格变中获得的收益称为持有期收益。假设单一资产 i 的期末价格为 P_1,购买时的期初价格为 P_0,I 为投资者在投资期间所得到的收入(如股息或债券利息等),则该项资产的收益率(rate of return)可表达为:

$$r = \frac{P_1 - P_0 + I}{P_0} \tag{2.1}$$

对于一项资产组合,MV_1 表示组合的期末市场价值,MV_0 表示组合的期初市场价值,组合收益率可表达为:

$$r_p = \frac{MV_1 - MV_0 + I}{MV_0} \tag{2.2}$$

这种方法计算出来的收益率称为持有期收益率(holding period yield),因为该计算方法与资产持有期的时间长度无关。由于我们只知道投资的期初和期末,计算出来的收益率可能是年收益率也可能是周收益率,但为比较方便,通常对收益率进行年化处理。

根据持有期收益公式,我们很容易看出资产的时间价值:

$$r_p = \frac{MV_1 - MV_0}{MV_0} + \frac{I}{MV_0} \tag{2.3}$$

可见,资产收益率=资本增益(或损失)率+现金流入收益率,即持有期收益率包括两部分:(1) 资本增益或损失率;(2) 现金流入收益率。第一部分是资本利得或损失与初始投资额的比率,第二部分是现金流入量(如现金股息)与初始投资额的比率。这里,资本利得或损失是在期末实现的,但该公式同时假定收入 I 也是期末才取得的。很显然,如果公司在期中发放了股息,那么投资者则可以用这些股息进行再投资获得更多的收益。这样,持有期收益率计算方法就忽略了收入实现的日期问题,即忽略了期中实现的收入的时间价值。

有时我们需要比较具有不同持有期的投资的表现,为了测量和比较这些投资的绩效,我们可以通过计算来按年调整收益从而得到有效年收益率(effective annual return),即按每年 365 天的标准平均化持有期间收益而得到的收益率。用公式表示为

$$EAR = (1 + HPY)^{\frac{365}{t}} - 1 \tag{2.4}$$

其中 HPY 为持有期收益率,t 为持有期天数。

(二) 历史收益率的测量

在若干年中,一项投资很可能在某些年获得高收益率,而在另一些年份获得低收益率或负收益率。投资分析应该考虑每一种收益率,为了实现这一目标,我们需要计算某段时期内一项投资的平均收益率。一般而言,有以下两种方法。

1. 算术平均收益率

算术平均收益率是将各期收益率(记为 r_t)加起来,然后再除以时期数(记为 n),即

$$\bar{r} = \frac{1}{n} \sum_{t=1}^{n} r_t \tag{2.5}$$

这里,$\bar{r}$ 表示算术平均收益率,即用算术平均法所得到的平均收益率(arithmetic mean yield)。在术语上,这一收益率也称均值(mean),并可常用来代表预期收益率。

图 2-1 给出了在上海证券交易所上证综合股票指数 2016 年 1 月 4 日—2016 年 12 月 31 日的收益率时间序列图。纵轴表示收益率,横轴表示时间,样本数为 244 个,均值为 -0.051%。

2. 几何收益率

几何收益率(geometry yield)的计算是一种使用复利思想的计算方法,即考虑了资金的时间价值。也就是说,投资者获得的报酬会继续投入,使得原始投资金额不断变化。例如,在期初所投入的 1 元钱,到第一期期末它的价值则是 $(1 + r_1)$ 元。几何收益率计算

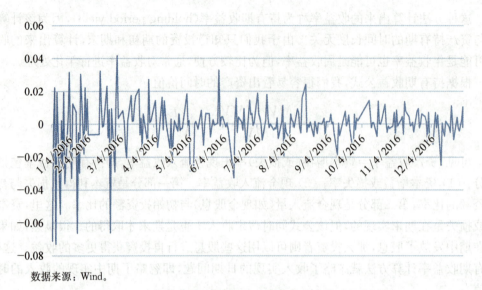

数据来源：Wind。

图 2-1　上证综合股票指数 2016 年日收益率的时间序列

时，假定投资者在第二期会将这 $(1+r_1)$ 元进行再投资，这样在第二期期末它的价值则是 $(1+r_1)(1+r_2)$ 元。重复这种投资过程，那么在第一期投入的 1 元资金，在第 n 期期末它的价值是 $(1+r_1)(1+r_2)\cdots(1+r_n)$ 元，即 $\prod_{t=1}^{n}(1+r_t)$ 元。再将这个总收益开 n 次方根，则得几何平均值，其数学表达式为

$$\bar{r} = \left[\prod_{t=1}^{n}(1+r_t)\right]^{1/n} - 1 \tag{2.6}$$

在此需要指出的是，在证券收益率的波动很大时，两种收益率的差异随之增加。应用几何收益率计算方法的一个显著优点是，它能够减少无意义的收益率出现的可能性。在此可以举一个简单的例子进行说明，假设一个投资者在期初购买某只证券，价格为每股 20 元，在第 1 年年末该股票价格为每股 10 元，第 2 年年末价格又达到每股 20 元，并且整个投资期间该证券没有任何分红派息。这样，该投资者第 1 年的收益率为 -50%，第 2 年的收益率则为 100%，那么算术平均收益率为 $(-50\%+100\%)/2=25\%$，而几何收益率为 $[(1-50\%)(1+100\%)]^{1/2}-1=0\%$。在这里，几何收益率 0% 真实地反映了该投资者资产价格的变化，而用算术收益率计算方法则是毫无意义的。

（三）期望收益率

上文介绍的资产收益率度量方法，主要是针对资产的历史收益进行计算的。然而，由于市场是不断变化的，各种证券的收益率在不同时期是不一致的，因此在投资者作出证券投资决策之前，还要对各种证券的未来收益作出预测，即要计算各种证券的预期收益率。

对于某项资产而言，该资产的预期收益率是证券各种可能的收益率与其对应概率的乘积的加权平均值。用公式表达如下：

$$E(r) = \sum_{i=1}^{n} r_i p_i \tag{2.7}$$

式 2.7 中，r_i 代表各种状态下可能的收益率，p_i 代表各收益率的发生概率。由于期末的收益是不确定的，所以期末的资产收益率为随机变量。例如，假设 A 公司股票当前价格 10 元，经过分析，我们预测一年后 A 公司股票的价格上升为 15 元的概率为 0.25，上升为 12 元的概率为 0.50，下降为 9 元的概率为 0.25。这三种情形可以用图 2-2 表示。

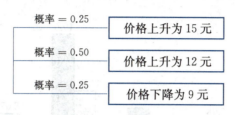

图 2-2 三种情形的概率

面对三种可能的情形，我们无法预先确切地知道 A 公司股票的收益率是多少，而只能根据三种情形的概率，计算出投资收益的期望值。将上述数据代入式 2.7 可得 A 公司股票期望收益率为

$$E(r) = 0.25 \times 50\% + 0.50 \times 20\% - 0.25 \times 10\% = 20\%$$

（四）投资者应"适当期望"

在证券投资管理中，投资者的"适当期望"对投资行为和决策行为具有重要的影响。投资者要把握"适当期望"，关键在于对证券市场"适当期望"的理解和运用。在此，我们认为投资者应该把握以下四点。

第一，"适当期望"来自市场的合理预期，理性的投资者应寻求市场一致性预期下的确定性机会。在有效率的市场体系中，资本市场存在的一致性预期收益或风险（consensus expected return or risk），这是市场上证券分析师或投资者对未来的预期采用的预期模型 CAPM 等进行估计。一致性预期对投资者具有重要的意义。由于预期是投资者对于未来股价变动的一种期望，而预期的产生则是投资者对信息处理的结果。在不确定性的投资市场环境中，如何寻找市场一致性预期并对一致性预期进行分析和决策，无论对机构投资者还是普通投资者都具有重要的意义。正如金融大师乔治·索罗斯（George Soros）的"反射性"理论所强调的那样，市场永远反映了一个会有偏差的预期，并最终将这一偏差的预期实现。对于理性的投资者而言，寻找市场一致性预期下的确定性机会，也许是最需要坚持的投资哲学。

第二，合理"适当期望"应严格遵循所投资资产的风险-收益相匹配原则，根据"投资者期望"进行动态管理。不同市场条件下，随着经济金融形势和市场环境变化，投资者的"适当期望"应该动态调整和修正，牛市环境、熊市环境以及震动市场的投资预期和风险都不同，投资者应该根据自身风险承受能力、风险容忍度以及市场环境等因素制订不同投资战略并在市场条件变化时进行策略动态调整。

第三，不同投资工具的风险-收益关系不同，投资者在战略资产配置过程中对不同风险资产应不同的"适当期望"，切忌贪婪地追逐所谓的"超额收益"。对于不同的投资工具而言，高风险总是伴随着高收益，不会有高收益和低风险并存的例外。图 2-3 是 1899—

1998年100年美国证券市场上不同类别证券的风险收益特征。其中最后一列的投资组合,是将资金一半配置在公司债券,一半配置在普通股票,此组合的收益率为8.67%,其收益介于股票和公司债券之间,其风险为12.19%,也是介于两种投资工具之间。

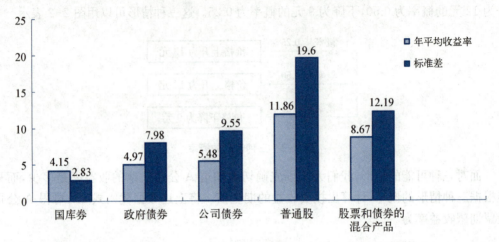

资料来源:www.Globalfindata.com。

图2-3　1899—1998年不同证券资产的风险和收益

第四,"适当期望"是投资者理性状态的一种体现,而在特定市场环境下会存在"期望异常"或"期望逆转"的情况。大量研究表明,投资者的"适当预期"在特定的投资环境情绪等因素作用下会发生扭曲和异化,投资者行为呈现非理性,从而导致市场风险溢价水平大幅偏离历史均值而呈现异常特征。此外,当投资者一致性预期发生变化,则容易导致投资者"期望逆转"的情况发生。例如,大量的实证表明,证券分析师的盈余预测已经成为广大投资者对公司未来盈余水平的代表,当证券分析师调整未来盈余水平预期时,投资者的期望水平往往相应随之改变,甚至导致一致性预期逆转进而造成证券市场的波动性冲击。因此,在投资管理过程中,证券分析师和投资者一定要关注"一致性预期",并且应做到动态识别并监测影响证券的关键因素[①]。

二、风险的度量

(一) 方差与标准差

在现实中,实际的收益率可能高于期望收益率,也可能低于期望收益率。一般而言,我们将投资预期收益率的波动性定义为风险,在统计上,风险的大小即预期收益率的波动性可以用方差或标准差来表示。

方差(variance),作为风险测度的一种方法,可以用来估计实际收益率与预期收益率之间可能的偏离程度。也就是说,收益率的方差是一种衡量资产的各种可能收益率相对

---

① James J. Valentine在《证券分析师的最佳实践指南》中特别强调识别并监测影响证券的关键因素的重要性,指出这个工作最艰难的部分就是按照一定标准从繁杂的信息中过滤出重要信息,并建议5%和50个基点可以作为标准进行最佳投资实践的诠释。例如,分析财务报表对市场预期影响时,可以考虑监测每股盈利(EPS)或每股现金流(CFPS)发生5%的改变;投资资本回报率(ROIC)或净资产收益率(ROE)超过50个基点的改变。

预期收益率的分散化程度的指标。

方差通常用 σ^2 表示，其计算公式如下：

$$\sigma^2 = \sum_{i=1}^{n} p_i [r_i - E(r)]^2 \qquad (2.8)$$

式中，p_i 代表收益率 r_i 发生的概率；r_i 表示资产在 i 种状态下的收益率；n 表示资产有可能产生 n 种不同的收益率，$E(r)$ 表示资产的期望收益。

标准差（standard deviation），是方差的平方根，常用 σ 来表示。计算公式为

$$\sigma = \left[\sum_{i=1}^{n} p_i (r_i - \bar{r})^2\right]^{1/2} \qquad (2.9)$$

（二）风险资产之间关联性——协方差与相关系数

资产组合关联程度对投资组合管理具有重要意义，例如资产组合负相关的优势在于不一定增加收益，但能减低风险（标准差）。在投资学中，利用协方差与相关系数描述证券间的关联程度，并用一些方法估计协方差和相关系数，进而对两种特定证券间的联动程度做出估计。

1. 协方差

如果已知证券 i 和证券 j 的收益率的联合分布，则其协方差记作 σ_{ij} 或 $Cov(r_i, r_j)$。协方差（covariance）是测算两个随机变量之间相互关系的统计指标。

如前所述，σ_{ij} 为证券 i 与证券收益 j 之间的协方差。协方差也可以表达为

$$\sigma_{ij} = E[(r_i - \bar{r}_i)(r_j - \bar{r}_j)] \qquad (2.10)$$

在投资组合理论中，协方差测度的是两个风险资产收益的相互影响的方向的程度，协方差 σ_{ij} 可以为正，可以为负，也可以为零。如果两个收益率变量之间协方差为零，即 $\sigma_{ij}=0$，我们称这两个收益率变量之间不相关（uncorrelated），这意味着两个随机变量相互独立。在这种情况下，我们不能从一个随机变量的信息中得出另一个随机变量的任何信息。正的协方差，即 $\sigma_{ij}>0$ 表示两种资产收益同向变动，则称两个收益率变量 r_i 和 r_j 之间呈正相关（positively correlated）；相反，负的协方差，即 $\sigma_{ij}<0$ 表示资产收益反向变动，则称两个收益率变量 r_i 和 r_j 之间呈负相关（negatively correlated）。

2. 相关系数

与协方差密切相关的另一统计变量是相关系数（correlation coefficient）。它是从资产回报相关性的角度对协方差进行重新标度，以便于不同组对随机变量得相对值之间进行比较分析。

由于两个随机变量间的协方差等于这两个变量之间的相关系数与他们标准差的乘积，即 $\sigma_{ij} = \rho_{ij} \sigma_i \sigma_j$，从而可得：

$$\rho_{ij} = \frac{\sigma_{ij}}{\sigma_i \sigma_j} \qquad (2.11)$$

ρ_{ij} 就为证券 i 和证券 j 的收益回报率之间相关系数。

相关系数比较两个证券收益率之间相关性的大小,如果 a 与 b 证券之间相关系数比 a 与 c 之间相关系数大,则说明前者的相关性比后者强。

相关系数 ρ_{ij} 总处于 +1 和 -1 之间,即 $|\rho|\leqslant 1$。这样,我们就可以得到协方差边界(covariance bound),这时两个随机变量满足:

$$|\sigma_{ij}|\leqslant \sigma_i\sigma_j \qquad (2.12)$$

在上述等式中,若 $\sigma_{ij}=\sigma_i\sigma_j$,则表示 r_i 和 r_j 完全正相关,此时 $\rho_{ij}=1$;相反,若 $\sigma_{ij}=-\sigma_i\sigma_j$,则表示 r_i 和 r_j 完全负相关,此时 $\rho_{ij}=-1$。如果两个变量间完全独立,无任何关系,即零相关,则它们之间的相关系数等于零。

图 2-4 总结了不同相关系数对应的"收益率对"分布情况:

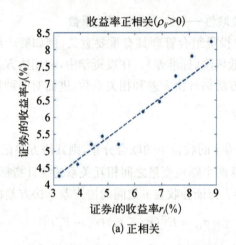

(a) 正相关

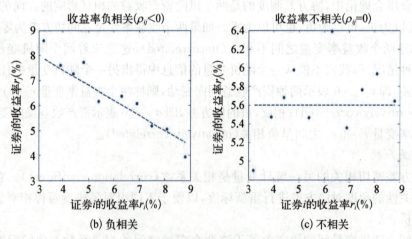

(b) 负相关　　　　　　　　　　(c) 不相关

图 2-4　相关系数与收益率分布的关系

市场上的不同证券之间经常会显示出明显的相关性。我们以 A 股市场的股票为例,分别选取 2013 年 1 月 1 日—2014 年 4 月 30 日之间共 317 个交易日的中国工商银行(简称"GS")、中国银行(简称"ZG")、中石油(简称"ZSY")与宝钢股份(简称"BG")四只股票的每日收盘价数据,对比分析它们的走势后发现,工商银行与中国银行的股价高度正相关,相关系数达到 0.89;而中石油与宝钢股份的股价高度负相关,相关系数达到 -0.72。如图 2-5 所示。

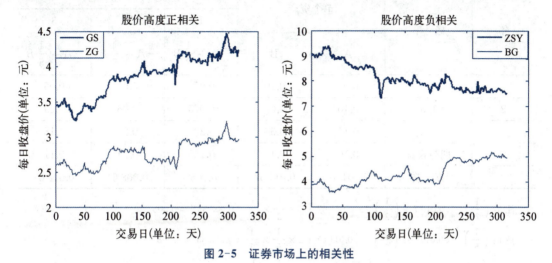

图 2-5 证券市场上的相关性

三、资产组合的收益率与方差

资产组合(或证券组合)是由几种资产(如有价证券)构成的组合。投资者可以按照不同比例或权重(weight)将其财富分散投资在不同资产上,一般而言投资比重之和等于 1 (或 100%),即 $w_1+w_2+\cdots+w_n=\sum_{i=1}^{n}w_i=1$。这里,$n$ 代表资产组合所包括的资产种类的数量,i 代表特定某种资产,w_i 代表第 i 种资产的比重。当然,如果市场允许卖空,则 w_i 可以为负值。

1. 资产组合收益率

资产组合的预期回报率等于证券组合中各种证券的平均收益率与各自投资比重乘积之和,即

$$E(R_p)=\overline{R}_p=\sum_{i}^{n}w_i\overline{r_i} \tag{2.13}$$

其中,n 代表证券组合中所包含资产类别的数量;$\overline{r_i}$ 代表第 i 种资产的期望收益率;w_i 代表第 i 种资产的投资权重。

2. 资产组合的方差

证券组合的方差是利用单个资产的方差和资产间的协方差进行计算,即先计算单个资产的方差和资产间的协方差,然后再计算资产组合的方差。

如表 2-1 所列示的相关数据,我们可以利用单个资产方差的定义和计算公式以及资产之间协方差的定义和计算公式,则在计算由证券 A、B 组成的证券组合的方差时,其公式为:

$$\sigma_p^2=w_A^2\sigma_A^2+w_B^2\sigma_B^2+2w_Aw_B\sigma_{A,B} \tag{2.14}$$

其中,σ_p^2 为证券组合的方差。在此,应用公式(2.15)对资产组合的方差进行计算,计算结果见表 2-1。

表 2-1 资产 A、B 以及三种组合的收益率

年	概率	单个资产		资产组合		
				1	2	3
		A	B	$\frac{1}{2}A+\frac{1}{2}B$	$\frac{1}{5}A+\frac{4}{5}B$	$\frac{4}{5}A+\frac{1}{5}B$
1	1/3	0.05	0.10	0.075	0.09	0.06
2	1/3	0.10	0.05	0.075	0.06	0.09
3	1/3	0.15	0.30	0.225	0.27	0.18
	期望收益	0.10	0.15	0.125	0.14	0.11
	方差	0.001 67	0.011 67	0.005[a]	0.008 6[b]	0.002 6[c]

注 a: $\left(\frac{1}{2}\right)^2 \times 0.016\ 7 + \left(\frac{1}{2}\right)^2 \times 0.011\ 67 + 2 \times \frac{1}{2} \times \frac{1}{2} \times 0.003\ 33^a = 0.005$

注 b: $\left(\frac{1}{5}\right)^2 \times 0.016\ 7 + \left(\frac{4}{5}\right)^2 \times 0.011\ 67 + 2 \times \frac{1}{5} \times \frac{4}{5} \times 0.003\ 33 = 0.008\ 6$

注 c: $\left(\frac{4}{5}\right)^2 \times 0.016\ 7 + \left(\frac{1}{5}\right)^2 \times 0.011\ 67 + 2 \times \frac{4}{5} \times \frac{1}{5} \times 0.003\ 33 = 0.002\ 6$

可见,资产组合的方差不能简单地将组合中每种证券的方差进行加权平均。对于两种资产而言,即利用方差和协方差计算的投资组合为

$$\sigma_p^2 = w_1^2 \sigma_1^2 + w_2^2 \sigma_2^2 + 2 w_1 w_2 \sigma_{1,2} \tag{2.15}$$

这里,$\sigma_{1,2}$ 表示两证券间的协方差。比较公式(2.14)和(2.15),两公式实质上是一样的。即对于两种资产构成的资产组合而言,其组合方差的计算公式表达为

$$\sigma_p^2 = \sum_{i=1}^{2} \sum_{j=1}^{2} w_1 w_2 \sigma_{1,2} \tag{2.16}$$

然后,再将上式进行推广到 n 种资产构成的资产组合的方差为

$$\sigma_p^2 = \sum_{i=1}^{n} \sum_{j=1}^{n} w_i w_j \sigma_{i,j} \tag{2.17}$$

上式说明,资产组合的方差是该组合中各单个资产的方差及资产间的协方差的组合,且协方差越小,通过资产分散化使得资产波动性降低的幅度也就越大(这一性质我们在接下来的投资组合风险分散中将深入分析)。

根据协方差和相关系数的计算公式,我们还可以将公式(2.17)进行变形,即

$$\sigma_p^2 = \sum_{i=1}^{n} w_i^2 \sigma_i^2 + 2 \sum_{i=1}^{n} \sum_{\substack{j=1 \\ i \neq j}}^{n} w_i w_j \sigma_i \sigma_j \rho_{i,j} \tag{2.18}$$

式(2.18)看似比较复杂,但它却清楚地表明,资产组合的方差的大小依赖于单个资产的方差、各资产间的相关系数以及投资比重的选择。式(2.18)可以写成矩阵形式如下:

$$\sigma_p^2 = (\omega_1, \omega_2, \cdots, \omega_n) \sum (\omega_1, \omega_2, \cdots, \omega_n)^T \tag{2.19}$$

其中 $\sum$ 是 n 种证券的协方差矩阵：

$$\sum = \begin{pmatrix} \sigma_1^2 & \cdots & \sigma_1\sigma_n \\ \vdots & \ddots & \vdots \\ \sigma_n\sigma_1 & \cdots & \sigma_n^2 \end{pmatrix} \tag{2.20}$$

四、投资者风险偏好及其投资选择

在金融市场上，投资者对待风险的态度可以分为三类：风险厌恶型(risk averse)、风险中性型(risk neutral)和风险偏好型(risk seeker)。下面，我们通过例子来说明这三种风险态度的数学特性。

在不确定性效用分析中，经常用彩票为例说明问题。假设有两种彩票 A 和 B，彩票 A 到期可以得到 100 元；彩票 B 到期可得 500 元，但可能为之付出 100 元为代价。面对上述情况，投资者有三种选择：

(1) 风险厌恶型投资者会选择 A，这类投资者不喜欢风险，承担风险必须有相应的风险补偿。相对期望收益，则选择风险较小的资产；或相同的风险，选择收益最大资产。尽管这类投资者收益可能少一些，但不会去冒什么风险，即采取风险规避的态度。

(2) 风险中性型投资者对选择 A 或 B 采取无所谓态度，他们根据最大期望收益率准则进行资产选择，购买风险资产以后也得不到风险补偿，因而呈现风险中性特征。

(3) 风险偏好型投资者会选择 B。这类投资者喜欢风险，为获取高收益而甘愿承担高风险。尽管可能付出 100 元作为代价，但也有可能获得 500 元收益，因此风险高一些也值得。

以上分析比较直观，不同类型的投资者选择结果也是不同的。理性的投资者要考虑获得 500 元的概率有多大，付出 100 元代价的可能性又是多大，从而决定这个风险值不值得去冒。这可以从数学上对此加以分析。假设获得 500 元的概率是 p，付出 100 元的概率为 $1-p$，所得的期望值是：

$$500p - 100(1-p) = 600p - 100$$

因此，当 $600p - 100 = 100$，即 $p = 1/3$ 时，从理论上讲这两种彩票的效用才是等同的。

下面，我们将用效用函数 $U(X)$ 具体分析这三种类型投资者行为选择的数学特性。选择 A 的投资者效用为 $U(100)$，选择 B 的投资者的效用为期望效用，$U(500)$ 的概率为 $1/3$，$U(-100)$ 的概率为 $2/3$，因此选择 B 的效用的均值为 $\frac{1}{3}U(500) + \frac{2}{3}U(-100)$。

选择 A 的投资者认为：

$$U(100) > \frac{1}{3}U(500) + \frac{2}{3}U(-100)$$

这也就是说，这类投资者的风险态度为

$$U[E(x)] > p \cdot U(500) + (1-p)U(-100) = E[U(x)]$$

其中，$E(U)$ 表示效用函数 $U(X)$ 的期望值，上式表明期望的效用大于效用的期望。

选择 B 的投资者认为：

$$\frac{1}{3}U(500)+\frac{2}{3}U(-100)>U(100)$$

也就是

$$U[E(x)]<p\cdot U(500)+(1-p)U(-100)=E[U(x)]$$

这表明这类投资者的效用的期望大于期望的效用。

同时,对于选择 A 或 B 均可的风险中性投资者而言,$U[E(X)]=E[U(X)]$。

图 2-6 表明,如果效用函数 $U(X)$ 是严格凹的,则该投资者是风险厌恶者(见图 2-4a);如果效用函数 $U(X)$ 是线性的,则该投资者是风险中性者(见图 2-4b);如果效用函数 $U(X)$ 是严格凸的,则该投资者是风险偏好者(见图 2-6c)。

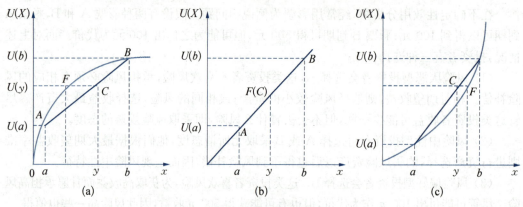

图 2-6 不同风险偏好示意图

专栏 2-1

不同风险承受和资产组合选择

评估投资者的风险承受力是投资决策的一个基础性步骤,但学术界和金融实务界对风险评估方法是不同的。学术界对风险评估首先是假设投资者是风险厌恶型,进而通过数理模型进行建模分析或数据实证。然而,行为金融理论却对投资者理性假设前提提出质疑,投资者面对损失厌恶(loss aversion)和风险厌恶(risk aversion),从而造成投资者对风险与收益的非对称性反应。

财富管理经理采用调查问卷和打分方式对客户风险态度进行分类,调查问卷内容一般涉及投资者收入状况、投资支出计划、知识结构、年龄、投资经验、投资选择、风险收益的态度等评价投资者风险类型与状况。国际上比较权威的投资者风险评价体系,是澳大利亚 Finametrica 咨询公司基于美国心理学家研究方法对全球 520 000 名投资者反馈进行采集编制的风险容忍度指标数据库,该风险容忍度指标(Finametrica Risk Tolerance Scores)已经成为证券研究界和实务界关于投资者风险态度的重要参考指标。近年来,我国证券监管部门也非常重视投资者风险评价与分类,中国证监会陆续颁布系列的证券期货投资者适当管理办法,就是我国证券监管部门对投资者风险承受能力的评价。2008 年美国金融危机期间,随着股票市场的大幅波动,投资者风险容忍度出现大幅波动(见图 2-7)。图 2-7 中,刻画投资者风险容忍度指标即 Finametrica Risk Tolerance Scores,该

资料来源：Peter Stanyer. The economist guide to investment strategy：How to understand markets. *Risk Rewards and Behavior*. *Third Edition*. Public Affairs，New York，2014，pp.10-11.

图 2-7　投资者风险容忍度 vs.市场变化

指标伴随股票市场波动而相应出现动态变化。

根据不同投资者愿意承受的风险水平，美林公司设计了一系列资产组合类型，满足投资者的不同投资需求（见图 2-8）。其中，基准证券组合代表一个资产规模庞大的、均衡的退休基金或慈善基金。请从风险承受与资产组合选择的视角，分析和讨论美林公司的资产组合设计。

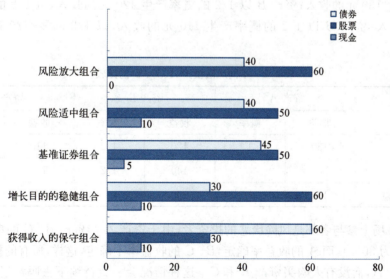

资料来源：William Power. Merrill Lynch to ask investors to pick a Risk Category. *Wall Street Journal*，July 2，1990.

图 2-8　美林证券的资产组合设计

五、风险溢价与超额收益

对于风险厌恶的投资者而言,资产本身隐含的风险愈多,相应地必须提供更多的预期报酬作为投资者承担风险的补偿,这一补偿称为风险溢价,或风险报酬(risk premium,RP)。在本节"风险种类"种所列举的数种风险,事实上也都必须提供相应的风险溢价,例如投资者承担了市场风险,就有所谓的市场风险溢价(market risk premium),流动性风险就有流动性风险溢价。

可见,风险溢价为市场上促使风险厌恶的投资者购买风险资产而向他们提供的一种额外的期望收益率,即风险资产(收益率不确定的资产)的期望收益率由两部分构成,这可表达为:

风险资产期望收益率(Ke)=无风险资产收益率(Rf)+风险溢价(RP)

将上式转换可得:

风险溢价=风险期望资产收益率—无风险资产收益率

式中,无风险收益率即无风险利率(risk-free interest rate),是指的实际利率与通货膨胀率之和,是投资者进行投资活动是必须获得的基准报酬。无风险收益为金融市场的投资活动提供了一种标尺收益(benchmark return),成为资本市场均衡分析基础。影响无风险收益的因素,主要是货币的时间价值、通货膨胀率等因素。

在此,为进一步论证投资者承担风险的溢价,在此举一个不同风险资产的例子进行说明,见表2-2。例如,存在 A、B、C 三种资产,对三种资产的初始投资额均为100元,资产 A 肯定产生130元的收入;资产 B 以 1/2 的概率产生120元的收入,以 1/2 的概率产生140元的收入;资产 B 以 1/2 的概率产生110元的收入,以 1/2 的概率产生150元的收入。

表 2-2 不同风险资产 A、B、C 的比较

	资产 A		资产 B		资产 C	
	收益	概率	收益	概率	收益	概率
	130	1	120	1/2	110	1/2
			140	1/2	150	1/2
期望收益	130		130		130	

假定市场上参与者都是风险厌恶的投资者,由于资产 A 与资产 B、C 的期望收益率都相等(均为30%),而 A 的收益率确定,B、C 的收益率不确定,这样,所有的投资者都将去购买资产 A,而没有人购买资产 B 和 C。这种情况会一直持续下去吗? 当然不可能。因为有些人肯定在市场机制下去购买资产 B 和 C。这一市场机制运作如下:因为资产 B 和 C 需求为零,所以这两种资产的市场价格会下跌,直至这两种资产下跌到具有投资价值,从而在供求作用下形成新的市场均衡。当然,在下跌过程中,资产 C 的价格相对于资产 B 而言会下跌的更厉害。因为投资者对资产 C 的厌恶程度高于资产 B,这就导致资产

C 的市场均衡价格低于资产 B，投资者要求的风险补偿（风险溢价）要大于资产 B 的风险补偿。例如，若资产 A 的价格为 100 元，资产 B 的价格可能降至 98 元，而资产 C 的价格则可能降至 95 元。假设在上述价格时，市场上三种资产价格达到市场均衡，此时三种资产的期望收益率分别为：

资产 A：$\dfrac{130}{100} - 1 = 30\%$

资产 B：$\left(\dfrac{1}{2} \times \dfrac{120}{98} + \dfrac{1}{2} \times \dfrac{140}{98}\right) - 1 \approx 32.5\%$

资产 C：$\left(\dfrac{1}{2} \times \dfrac{110}{95} + \dfrac{1}{2} \times \dfrac{150}{95}\right) - 1 \approx 37\%$

由于三种资产风险不同，导致购买 A、B、C 三种资产的投资者所得到的风险补偿也就存在差异。对于购买 A 资产的投资者而言，由于将来收益确定，故风险溢价为零；对于购买 B 资产的投资者而言，风险溢价为 $32.5\% - 30\% = 2.5\%$；对于购买 C 资产的投资者而言，风险溢价为 $37\% - 30\% = 7\%$。

以上分析可见，资产的风险程度越大，资产价格就越低，投资者获得的风险溢价也就越多。当然，由于资产类别不同和期限不同，风险溢价的程度也存在很大差异。例如，股票、公司债和国债的资产性质不同，风险来源也有很大的差异，股票风险相对最大，其要求的风险溢价也就最高；同时国债的长、中、短期的期限差别，由于到期较远的长期国债风险较高，因此长期国债必须付出更高的利息，提供所谓的到期风险溢价（maturity risk premium），以补偿投资者所承担的额外风险。

专栏 2-2

股权风险溢价及其投资策略应用

股权风险溢价 ERP（equity risk premium）是指市场投资组合或具有市场平均风险的股票收益率与无风险收益率的差额。ERP 存在两个内涵：一是股票平均收益率是投资者是市场参与投资活动的预期"门槛"，若当期收益率低于平均收益时，理性投资者会放弃它而选择更高收益的投资；二是市场平均收益率是一种事前预期收益率，这意味着事前预期与事后值之间可能存在差异。

对于股票长期风险溢价，Mehra 和 Prescott（1985）通过对美国 1889—1978 年的历史数据进行分析，发现股票的平均年收益率为 6.98%，而同期的无风险证券（国库券，treasury bills）的收益率却只有 0.8%，股票的超额报酬达到 6.18%。股票市场的收益率远远超过债券市场的收益率，基于传统的资本资产定价模型无法对如此高的股权溢价进行解释，因此形成所谓的"股权溢价之谜"（equity premium puzzle）。其实，股权溢价之谜并非美国特有的现象，Campbell（2003）指出，许多发达国家如英国、德国、意大利、法国等都存在相似的股权溢价之谜。根据美国 Ibbotson 公司的统计结果，股票相对长期国债的风险溢价率在 5% 左右（几何平均）。2006 年 Elroy Dimson 等使用 1900 年以来数据，对全球 16 个国家计算得到平均股票风险溢价率为 3.8%。虽然绝对数值上有差别，但股票风险溢价的普遍存在（见图 2-9）。

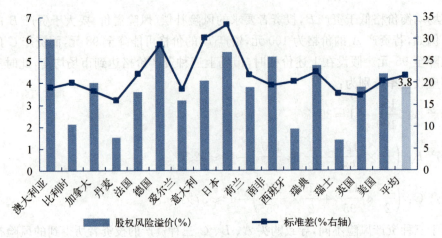

图 2-9 世界各国历史股权风险溢价水平(1900—2005)

预测 ERP 对于资产配置和投资决策具有重要的意义。投资者可以根据所获得的相关风险与收益的估计值,比较各种资产风险溢价水平,制定资产分配决策,即如何将他们的资金分配于股票、固定收益债券或其他资产中,这有助于提高投资者决策的效率。同时,跟踪和判断 ERP 趋势可以来预测判断市场的未来趋势。由海外股市的发展经验表明,历史 ERP 预测 ERP 出现较大偏差,则股市波动较大。预测 ERP 出现逆转,则股市向相反的方向逆转。

第二节 资产组合分散化与最优化

一、资产组合分散化

(一) 分散化理论

当资产组合仅有几项资产构成时,投资组合会有比较高的风险,这主要体现在这个组合的收益有一个相对较大的方差。通常而言,在投资组合中加入新的资产会使投资组合收益的方差下降,这个过程称为分散化(diversification)。这就如同我们所熟悉的一句格言:"不要把所有的鸡蛋放在一个篮子里。"

分散化的效果可以结合方差的公式来论证。这又涉及组合资产的相关程度,如果投资组合中的资产之间不相关,则资产组合的风险分散效果很好;相反,如果资产收益正相关,则组合风险分散效果并不佳。

首先分析资产不相关的情形。在此假定某投资组合中存在 n 项资产,任何一项资产与组合内的其他资产不相关。同时假定每项资产期望收益率为 m,方差为 σ^2,投资组合中各项资产权重相等,即 $w_i = \dfrac{1}{n}$,于是投资组合的收益率为

$$r = \frac{1}{n}\sum_{i=1}^{n} r_i \tag{2.21}$$

由于各资产不相关,可得到均值 $\bar{r}=m$,与资产个数 n 无关。相应的,资产组合的方差为:

$$\sigma_p^2 = \frac{1}{n^2}\sum_{i=1}^n \sigma^2 = \frac{\sigma^2}{n} \tag{2.22}$$

从式(2.22)可见,资产组合方差随着资产数目 n 的上升而迅速下降,如图 2-10(a)所示。

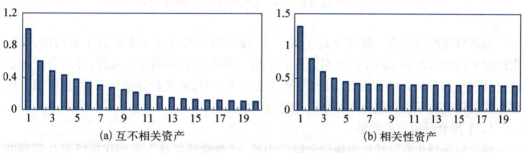

(a) 互不相关资产　　　　　　　　　　(b) 相关性资产

图 2-10　资产组合分散化效果

现在分析组合内资产相关性的情形。假设各项资产的期望收益率和方差仍为 m 和 σ^2,而每两项资产之间的协方差都是 $Cov(r_i, r_j) = 0.3\sigma^2 (i \neq j)$。然后我们依然构造一个各项资产权重相等的投资组合,于是有:

$$\begin{aligned}
\sigma_p^2 &= E\left[\sum_{i=1}^n \frac{1}{n}(r_i - \bar{r})\right]^2 \\
&= \frac{1}{n^2} E\left\{\left[\sum_{i=1}^n (r_i - \bar{r})\right]\left[\sum_{j=1}^n (r_j - \bar{r})\right]\right\} \\
&= \frac{1}{n^2} \sum_{i,j} \sigma_{ij} = \frac{1}{n^2}\left\{\sum_{i=j} \sigma_{ij} + \sum_{i \neq j} \sigma_{ij}\right\} \\
&= \frac{1}{n^2}[n\sigma^2 + 0.3(n^2 - n)\sigma^2] \\
&= \frac{\sigma^2}{n} + 0.3\sigma^2\left(1 - \frac{1}{n}\right) = \frac{0.7\sigma^2}{n} + 0.3\sigma^2
\end{aligned} \tag{2.23}$$

上式结果表明,无论 n 取值多大,都不可能将组合方差降至低于 $0.3\sigma^2$ 的水平。这个结果如图 2-10(b)所示(当 $\sigma^2 = 1$ 时)。

通过以上两种情形的分析,我们可以得出一个重要结论。也是就说,只要各项资产的收益不相关,当组合中资产 n 取值很大时,则可以通过多样化使投资组合收益的方差大体降低到零;然而,如果各项资产收益正相关,则降低组合方差变得比较困难,并且所降低的幅度也很小。

现在,我们推广到一般情况。假设投资组合由 n 个资产构成,资产收益率的协方差矩阵为 $\sum = (\sigma_{ij})_{n \times n}$,投资权重为 $\vec{\omega} = (\omega_1, \omega_2, \cdots \omega_n)'$。为了方便表述,我们依旧假设投资组合为等权重投资,即 $\omega_i = \frac{1}{n}$,则投资组合的方差为

$$\sigma_p^2 = \sum_{i=1}^n w_i^2 \sigma_i^2 + \sum_{i \neq j} w_i w_j \sigma_{ij}$$

$$= \frac{1}{n}\left(\frac{1}{n}\sum_{i=1}^n \sigma_i^2\right) + \frac{n^2-n}{n^2} \frac{1}{n^2-n}\sum_{i \neq j}\sigma_{ij}$$

$$= \frac{1}{n}(\text{平均方差}) + \frac{n^2-1}{n^2}(\text{平均协方差}) \qquad (2.24)$$

随着投资组合中资产数量 n 趋于无穷大，投资组合的方差将无限趋于平均协方差。资产的平均协方差表示的是资产组合中各个资产的共同的不确定性部分，即组合中无法通过分散化投资消弭的那部分。因此，从理论上说，当投资充分分散化以后，投资组合的方差将仅仅取决于投资组合中各个资产之间的协方差。

（二）组合分散化的效果

风险的分散化原理被称为现代金融学中唯一"免费的午餐"，是现代投资组合管理的关键所在。资本市场理论指出，只有当投资者承担必要的风险时才会获得风险报酬，而可分散的风险则是不必要的。也就是说，理性投资者总是应该进行分散化投资，因为分散化可以消除大部分不必要的风险。

1968 年，John L. Evans 和 Stephen N. Archer 在《金融时报》上发表论文《组合和降低离差：一个实证分析》，是目前可考证的对投资组合构建最重要的学术研究之一。他们在论文中详细说明了幼稚分散化（naive diversification）怎样在股票投资组合中降低收益的离散程度。他们的主要研究成果有以下三项。

（1）数量的力量。以投资组合收益率的方差来度量的总风险随着投资组合中包含的证券数量的增加而降低。也就是说，一般情况下，当我们随机挑选 20 只证券组成一个投资组合，这个组合的风险总是比 5 只证券组成的投资组合更小。

（2）最大效应。随着投资组合中资产成分的增加，证券数量增加所带来的风险降低的边际效应是逐渐减小的。通俗地说，如果投资者仅持有一只证券，那么再多持有一只证券会大幅降低组合的风险。然而，如果投资者已经持有十只证券，再多持有一只证券所带来的好处往往比较小。

（3）过度分散化。一个已经充分分散化的投资组合加入了不必要的成分，这并不能够有效地改善投资组合的风险，而投资者又不得不因为分散化而承担投资组合收益率降低的损失。具体地说，过度分散化带来两方面的问题。一方面，当组合股票数目不断增加至一定程度，虽然增加股票数目依然能够有效地降低非系统性风险，但在提高组合收益的效果上已不明显，而随之带来的较高交易费用及管理成本问题（管理费用和信息搜寻费用等）却已开始蚕食组合收益率；另一方面，数目众多的证券组合中可能包含一些无法及时得到相关信息且收益较低的证券，从而增加了及时有效进行投资组合调整的难度。

因此，我们需要在过度分散和过分集中这两个极端之间进行权衡，既控制组合的有效风险分散化，又能有效节约交易成本，以达到证券组合的效能最大，为组合管理人取得超额收益。那么，一个充分分散化的投资组合应该包括多少只证券呢？表 2-3 给出了一些典型的等权重投资组合的年标准差，这些投资组合包含了从纽约股票交易所随机选择的数量不等的证券。该表的第二列,我们可以看到只包含一种证券的"组合"的标准差为49.2%,而随着证券数量的增加而下降,其极限是下降至19.2%。当一个投资组合包含30—40只证券时,组合的标准差趋于稳定,可认为此时非系统性风险逐渐趋于零。

表 2-3 投资组合的标准差

组合中股票数量	组合年收益率标准差	组合标准差与单个股票标准差的比率
1	49.24	1.00
2	37.36	0.76
4	29.69	0.60
6	26.64	0.54
8	24.98	0.51
10	23.93	0.49
20	21.68	0.44
30	20.46	0.42
40	20.87	0.42
50	20.20	0.41
100	19.69	0.40
200	19.42	0.39
300	19.34	0.39
400	19.29	0.39
500	19.27	0.39
1 000	19.21	0.39

资料来源:Meir Statman. How many stocks make a diversified portfolio? Journal of Financial and Quantitative Analysis, 1987, 22, pp.353-364.

专栏 2-3

中国证券市场风险分散化的监管规定

根据《证券投资基金法》和《证券投资基金运作管理办法》等有关方面的规定,基金公司在进行分散化投资时面临的限制主要有:① 股票型基金60%以上资产投资于股票,债券型基金80%以上资产投资于债券,货币市场基金只能投资于货币市场工具。② 一只基金持有一家上市公司的股票,其市值不得超过基金资产的10%;同一基金经理人管理的全部基金持有同一家公司的证券,不得超过该证券的10%。③ 开放式基金应当保持不低于基金资产净值5%的现金或到期日在1年以内的政府债券。根据中国证监会颁布的《证券自营业务管理办法》,证券公司自营业务面临的限制主要有:① 上市公司或其关联公司持有证券经营机构10%以上的股份时,该证券经营机构不得自营买卖该上市公司股票。② 证券经营机构从事证券自营业务,其流动性资产占净资产或证券营运资金的比例不得低于50%。③ 证券公司自营业务账户上持有的权益类证券按成本价计算的总金额，不得超过其净资产或证券营运资金的80%。④ 证券经营机构买入任一上市公司股票按当日收盘价计算的总市值不得超过该上市公司已流通股总市值的20%。

二、资产组合的最优化

我们以只有两种风险资产为例，来解释最优投资组合的构建过程。最优化问题可以主要分为三步：第一，使用风险资产构建可行的风险-收益组合，即描绘出投资组合的风险机会集(risky opportunity set)；第二，通过计算投资组合中各风险资产的权重，找到最优风险组合(optimal risky portfolio)，与此同时，资本配置线(capital allocation line)达到最大斜率；第三，我们在投资组合中引入无风险资产，通过投资者效用最大化来确定资产组合中风险资产的比例，从而确定最优完全组合(optimal complete portfolio)。

(一) 投资组合的风险机会集

假设资产 A 和资产 B 是两种风险资产，其预期收益率分别为 $E(r_1)$ 和 $E(r_2)$，收益率标准差分别为 σ_1 和 σ_2，在资产组合中的权重分别为 w_1 和 w_2，两者的相关系数为 ρ_{12}。

利用资产 A 和资产 B 来构建风险投资组合，组合预期收益率为

$$E(r_p) = w_1 E(r_1) + w_2 E(r_2)$$

资产组合的方差为

$$\sigma_p^2 = w_1^2 \sigma_1^2 + w_2^2 \sigma_2^2 + 2 w_1 w_2 \rho_{12} \sigma_1 \sigma_2$$

因为组合中仅包含资产 A 和资产 B，所以两者权重之和为1，即 $w_1 + w_2 = 1$。

我们只要调整 w_1 和 w_2 的大小，便可以得到特定相关系数下由资产 A 和资产 B 组成的投资组合风险机会集。

现在假定资产 A 的预期收益率为1.5%，收益率标准差为10%，资产 B 的预期收益率为0.8%，收益率标准差为5%，两者相关系数为0.4，则投资组合机会集合如图2-11所示。

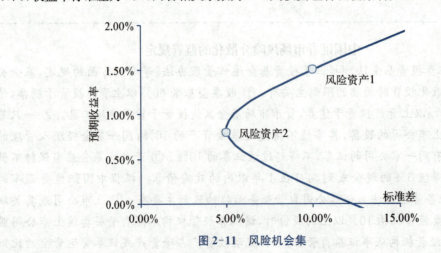

图2-11 风险机会集

如图 2-11 所示，风险机会集中存在一个最小方差投资组合（minimum-variance portfolio），其求解过程如下：

$$\begin{cases} \min \sigma_p^2 = w_1^2 \sigma_1^2 + w_2^2 \sigma_2^2 + 2w_1 w_2 \rho_{12} \sigma_1 \sigma_2 \\ s.t.\ w_1 + w_2 = 1 \end{cases} \tag{2.25}$$

$$\frac{\partial \sigma_p^2}{\partial w_1} = 0$$

解得，

$$w_1^* = \frac{\sigma_2^2 - Cov(r_1, r_2)}{\sigma_1^2 + \sigma_1^2 - 2Cov(r_1, r_2)} \tag{2.26}$$

（二）不允许无风险借贷时的资产组合最优化

投资者的目标是投资效用最大化，假设不存在无风险借贷，且风险厌恶系数为 A，则资产组合最优化求解过程如下：

$$\begin{cases} \max U = E(r_p) - \frac{1}{2} A \sigma_p^2 \\ s.t.\ w_1 + w_2 = 1 \end{cases}$$

$$E(r_p) = w_1 E(r_1) + w_2 E(r_2)$$

$$\sigma_p^2 = w_1^2 \sigma_1^2 + w_2^2 \sigma_2^2 + 2w_1 w_2 \rho_{12} \sigma_1 \sigma_2$$

解得，

$$w_1 = \frac{E(r_1) - E(r_2) + A(\sigma_2^2 - \rho_{12}\sigma_1\sigma_2)}{A(\sigma_1^2 + \sigma_1^2 - 2\rho_{12}\sigma_1\sigma_2)} \tag{2.27}$$

（三）允许无风险借贷时的资产组合最优化

引入无风险借贷后，投资者的资产组合可分为两部分：无风险资产和风险资产组合。风险资产组合是由资产 A 和资产 B 按一定比例构建而成的。风险机会集上面的任意一点，都代表着一种特定的风险资产组合。选定风险机会集上的一点，就代表着投资者已经决定了投资组合中资产 A 与资产 B 的相对权重。随后，投资者只要决定无风险资产和风险资产组合的权重就可以得到最终的完全资产组合。

资本配置线就是一条连接无风险利率与风险机会集上特定一点的直线。资本配置线代表特定风险资产组合与无风险资产按照不同权重配比所形成的组合。

为了确定最优的投资组合，我们需要找到无差异曲线与 CAL 的切点，并且使得切点位置尽可能靠近坐标系西北方向。因为理性投资者一般都是风险厌恶的，无差异曲线越靠近坐标系西北方向，则表示投资者效用越大，这样才能实现投资者的效用最大化目标。

如图 2-12 所示，图中的资本配置线可以继续向左上方转动，从而得到具有更高的效用水平的投资组合。因此，引入无风险资产后，最优风险组合的确定是通过最大化 CAL

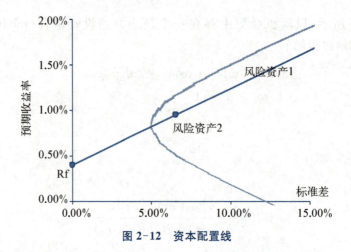

图 2-12 资本配置线

斜率来实现的。资本配置线的斜率也成为报酬——风险比率(reward-to-variability ratio)或者夏普比率(Sharp ratio),其公式为

$$S = \frac{E(r_p) - r_f}{\sigma_p} \tag{2.28}$$

引入无风险资产后资产组合最优化分为如下两步:

第一步,确定最优风险组合,其过程如下,

$$\begin{cases} \max S = \dfrac{E(r_p) - r_f}{\sigma_p} \\ s.t.\ w_1 + w_2 = 1 \end{cases}$$

$$E(r_p) = w_1 E(r_1) + w_2 E(r_2)$$

$$\sigma_p^2 = w_1^2 \sigma_1^2 + w_2^2 \sigma_2^2 + 2w_1 w_2 \rho_{12} \sigma_1 \sigma_2$$

解得,

$$w_1 = \frac{[E(r_1) - r_f]\sigma_2^2 - [E(r_2) - r_f]Cov(r_1, r_2)}{[E(r_1) - r_f]\sigma_2^2 + [E(r_2) - r_f]\sigma_1^2 - [E(r_1) - r_f + E(r_2) - r_f]Cov(r_1, r_2)} \tag{2.29}$$

现在假定资产 A 的预期收益率为 1.5%,收益率标准差为 10%,资产 B 的预期收益率为 0.8%,收益率标准差为 5%,两者相关系数为 0.4,无风险利率为 0.4%,如图 2-13 所示,可以画出最优风险组合和资本配置线。

第二步,确定无风险资产与风险资产组合的比例,即找到无差异曲线与 CAL 的切点。假设最优完全资产组合中风险资产组合的比例为 x,求解过程如下:

$$\max U = E(r_c) - \frac{1}{2}A\sigma_c$$

$$E(r_c) = (1-x)r_f + xE(r_p)$$

$$\sigma_c^2 = x^2 \sigma_p^2$$

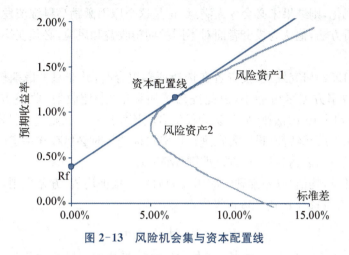

图 2-13 风险机会集与资本配置线

解得,

$$x = \frac{E(r_p) - r_f}{A\sigma_p^2} \tag{2.30}$$

进一步假定投资者风险厌恶系数 $A=2.2$,如图 2-14 所示,画出最优完全资产组合和无差异曲线。

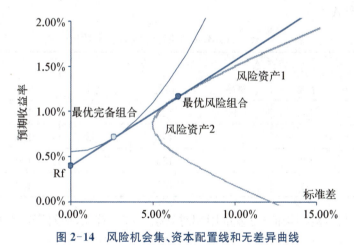

图 2-14 风险机会集、资本配置线和无差异曲线

第三节 资产组合模型和有效前沿

一、马科维茨投资组合模型

马科维茨投资组合模型思想的核心是均值-方差准则(MVC)。一般而言,分散化在降低方差的同时也降低了预期收益率,大多数投资者都不会愿意为了方差很小的下降而牺牲较大的预期收益率。因此,如果不考虑其对预期收益率和方差共同的影响而盲目地

进行资产的多元化,则结果未必会令人满意,正是这个原因激励马科维茨发展了一般的均值——方差分析方法,他认为投资者面对不同的期望收益和风险,必须在均值和方差之间进行权衡。

马科维茨(1952)研究发现,投资者在选择证券组合时,并非只考虑期望收益率最大,同时还考虑收益率方差尽可能小,由此提出了所谓的"期望收益-收益方差"(expected return-variance of return)法则,并且认为投资者应该按照这一法则进行投资。这样,针对理性投资者的风险厌恶特征,投资者在进行投资目标选择时必然存在一定的风险约束,这种风险收益关系可以表达为均值-方差准则(MVC)。

针对单只证券,均值-方差准则的应用较为简单。根据均值-方差准则,当满足下列任一条件时,投资者可选择 a 资产进行投资:

$$\overline{R}_a \geqslant \overline{R}_b \text{ 且 } \sigma_a^2 < \sigma_b^2$$
$$\overline{R}_a > \overline{R}_b \text{ 且 } \sigma_a^2 \leqslant \sigma_b^2 \tag{2.31}$$

均值-方差准则表明,投资者存在风险厌恶偏好,同时追求高的期望收益,而不喜欢高的方差(高风险)。但是从 A 到 B 到 C 三种资产的收益结果却越来越分散,风险(方差)越来越大。因此均值-方差准则,风险厌恶的投资者将优先选择资产 A。例如,表 2-4 所示的三种资产 A、B、C,尽管三者的期望收益率相同(均为 30%),但是从 A 到 B 到 C 三种资产的收益结果却越来越分散,方差越来越大。因此均值-方差准则,风险厌恶的投资者将优先选择资产 A。

表 2-4 资产 A、B、C 的期望收益和方差的比较

	资产 A		资产 B		资产 C	
	收益	概率	收益	概率	收益	概率
	130	1	120	1/2	120	1/2
			140	1/2	150	1/2
期望收益	130		130		130	
方　　差	0		100		400	

针对资产组合,应用均值-方差准则相对复杂一些。首先,应对资产组合的风险进行度量:

$$\begin{aligned}\sigma_p^2 &= E\Big[\Big(\sum_{i=1}^n w_i r_i\Big) - \sum_{i=1}^n w_i E[r_i]\Big)^{1/2}\Big] \\ &= \sum_{i,j=1}^n w_i w_j E[(r_i - E[r_i])(r_j - E[r_j])] \\ &= \sum_{i,j=1}^n \sigma_{ij} w_i w_j \end{aligned} \tag{2.32}$$

均值-方差准则核心就是如何确定 w_i,证券组合的期望收益率一定时,风险(收益率的方差或标准差)最小。为简洁起见,此处可以用矩阵进行表达:

$$w = (w_1, w_2, \cdots, w_n)^T$$
$$\mu = (\mu_1, \mu_2, \cdots, \mu_n)^T, \mu_i = E[r_i], i = 1, 2, \cdots, n \quad (2.33)$$
$$\sigma = \sigma_{ij} = (Cov[r_i, r_j])_{i, j=1, 2, \cdots, n}$$

在此,不妨将 w 称为组合,$\mu_w = w^T \mu$ 称为组合的收益,$\sigma_w = (w^T \sigma w)^{1/2}$ 称为组合的风险。这样,马科维茨的均值-方差证券组合选择问题可以表达为:

$$\begin{cases} \min \sigma_w^2 = w^T \sigma w = \sum_{i,j=1}^n \sigma_{ij} w_i w_j \\ s.t. \quad w^T = w_1 + w_2 + \cdots + w_n = 1, \text{即} \sum_{i=1}^n w_i = 1 \\ \mu_w = w^T \mu = \bar{\mu} \end{cases} \quad (2.34)$$

这里,min 表示资产组合收益率方差 σ_w^2 的最小值,其中约束条件其解 $\bar{w}$,所对应的组合期望收益为 $\bar{\mu}$。其实际上是数学上的二次规划,即它是在两个线性等式约束条件下的二次函数的求最小极值问题。

二、资产组合边界

在对资产组合边界分析中,我们考虑两种证券所构成的所有可能的组合。假定资产组合 p 由两种证券组成,即 $w_i + w_j = 1$,其组合线由下述方程确定:

$$\bar{r}_p = w_i \bar{r}_i + (1 - w_i) \bar{r}_j \quad (2.35)$$

$$\sigma_p = [w_i^2 \sigma_i^2 + (1 - w_i)^2 \sigma_j^2 + 2w_i (1 - w_i) \sigma_i \sigma_j \rho_{ij}]^{1/2} \quad (2.36)$$

分下面三种情形进行讨论。

情形 1:证券 i 和证券 j 完全正相关,即 $\rho_{ij} = 1$。
此时,(2.35)式和(2.36)式变为:

$$\bar{r}_p = w_i \bar{r}_i + (1 - w_i) \bar{r}_j \quad (2.35a)$$

$$\sigma_p^2 = [w_i \sigma_i + (1 - w_i) \sigma_j]^2 \quad (2.36a)$$

显然,(2.35a)式和(2.36a)式所确定的是两条直线,其中一条是连接点 $(\sigma_i, \bar{r}_i)$ 和点 $(\sigma_j, \bar{r}_j)$ 的直线。并且,在 $\rho_{ij} = 1$ 的前提下,随着 w_i 从 0 到 1 的变化,均值和方差的变化都与 w_i 同比例。也就是说,随着 w_i 从 0 到 1 的变化,代表投资组合的点沿着 $w_i = 0$ 及 $w_i = 1$ 两点之间的一条直线运动,即图 2-15 中连接点 A 和点 B 的一条直线段,这条线段就是两种资产组合的上界。

情形 2:证券 i 和证券 j 完全负相关,即 $\rho_{ij} = -1$。
此时,(2.35)式和(2.36)式变为:

$$\bar{r}_p = w_i \bar{r}_i + (1 - w_i) \bar{r}_j \quad (2.35b)$$

$$\sigma_p^2 = [w_i \sigma_i - (1 - w_i) \sigma_j]^2 \quad (2.36b)$$

显然,(2.35a) 式和(2.36a)式所确定的是两条直线,这两条直线分别通过点 $(\sigma_i, \bar{r}_i)$

和点 $(\sigma_j, \bar{r}_j)$，即构成了组合的下界。

情形 3：证券 i 和证券 j 不完全相关，即 $-1 < \rho_{ij} < 1$。

此时，(2.35)式和(2.36)式不能有任何简化，它们所表示的是通过点 $(\sigma_i, \bar{r}_i)$ 和点 $(\sigma_j, \bar{r}_j)$ 的双曲线。凹形的曲度取决于相关系数：相关系数小于 0，更加向左弯曲；相关系数大于 0，凹形的曲度变缓，即弯曲程度减弱。由于 ρ_{ij} 总处于 $+1$ 和 -1 之间，这表明这两种证券的一切组合的组合集将一定程度地向左弯曲。

以上三种可以参看图 2-15。在此注意，曲线中的实线部分表示两项资产的权重均为正的组合，虚线部分表示卖空某项资产(实线另一端所代表的资产)。

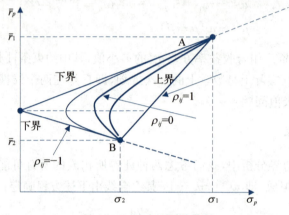

图 2-15 组合边界的凸性

为更直观地说明两种资产的组合边界性质，在此我们引入本章第二节"均值-方差准则"的资产组合进行说明，即该资产组合有两种资产 A 和 B，期望收益率分别为 0.2 和 0.1，标准差分别 0.2 和 0.1，两种资产的相关系数为 -0.5。在此，我们利用 Matlab6.5 对两种资产组合的边界拟合如 2-16 所示。

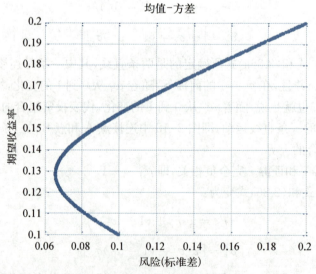

图 2-16 两种资产组合边界拟合

三、有效前沿

(一) 均值-方差有效前沿的形成

假设图 2-17 中的每一点代表一种证券,如点 A 表示预期收益率为 8%、标准差为 15% 的证券。这些单个证券可以构成组合,如证券 A 和证券 B 之间可以构成虚线上任何点的组合。通过持有这些证券某些证券的多头和另一些证券的空头,可以在图上找到不同的点来代表不同的组合,这些所有可能的组合就构成了投资者拥有的投资机会。当然,这些组合具有不同的风险收益关系,面对这些不同的资产组合,投资者会更愿意选择其中的某些组合。例如,按照均值方差准则,在一定的风险水平下选择收益率更高的组合;或在一定的收益率水平下选择风险更低的组合。在任何情况下,当已知可投资的所有证券的特征,在投资可行集上存在一条边界(即可行集的左边界),图中用子弹形式的曲线表示,我们将这一边界称为最小方差集(minimum-variance set),因为在可行集左边界的点都是在任意的均值水平下方差(标准差)最小的点,如图 2-17 所示。最小方差集上的每一点都表

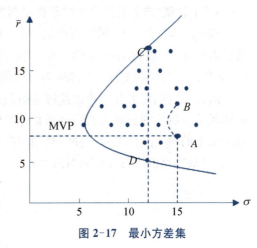

图 2-17 最小方差集

示一个投资组合,区别只是组合中各只证券的权重不同。这些组合遵循一个共同原则:在一定的预期收益率水平下,最小方差集上的组合的风险(标准差)在可投资的所有证券中是最低的。

在最小方差曲线上有一个特殊的点,这一点具有最小的方差,被称为最小方差组合 (minimum-variance portfolio, MVP)。由于曲线这一点形状如同子弹的顶部,因此我们称最小方差组合为弹头(bullet)。由于方差最小的组合等于标准差最小的组合,最小方差集和最小标准差集可以换用。

最小方差集满足了投资者风险最小的约束条件,它是否符合均值方差准则成为有效集呢?答案是否定的。例如,尽管 $\bar{r}-\sigma$ 平面上的 C、D 两个组合均满足最小方差集的要求(在一定的预期收益率标准差最低),但却只有组合 C 才能够满足有效集的要求(在一定标准差下预期收益率最高),而组合 D 在一定标准差下预期收益率最低。

为此,我们必须按照有效集定理的两个约束条件,即风险最小与预期收益最大的角度从 $\bar{r}-\sigma$ 平面寻求有效集。假定投资者被限定在 $\bar{r}-\sigma$ 平面上的一条水平线上进行投资选择,在这条线上的任意投资组合都有相同的期望收益率,但是标准差却是不同的,理性的投资者一定选择在此线上的最左边的点进行投资,即在给定均值下标准差最小的点,这一选择符合理性投资者的风险厌恶特征。为进一步分析,我们将视角旋转 90°,考虑在对应于垂直直线上的点的所有投资组合,即标准差相同而均值不同的投资组合,理性投资者会倾向选择这条线上的最高点进行投资。换句话说,在给定标准差时他们会选择均值最大的投资组合,投资者的这种性质被称为非满足性(nonsatisfication),即给定其他条件相

同,投资者希望得到更多的收益。这样,同时考虑投资者的风险厌恶和非满足性行为特征,投资者只会对最小方差集上半部分感兴趣,即同时符合最大预期回报率或最小风险两个条件的组合集,这一部分被称为有效边界或有效前沿(efficient frontier)。

有效前沿的产生,是对均值-方差求解。对于每一个给定的期望收益 $\bar{r}$,可以解出相应的标准差 σ,每一对 $(\bar{r},\sigma)$ 构成了标准差预期收益图上的一个坐标点,这些点就连成图2-17中的曲线。同样在数学上可以证明,这一条曲线是一条双曲线,即最小方差曲线(minimum-variance curve)。

(二)均值-方差有效前沿的表达及其求解

在 $\bar{r}_p - \sigma_p$ 平面上,风险资产组合 w_p 的收益 $\bar{\mu}$ 和风险 σ 之间的关系表现为一条双曲线的右半支,它被称为组合的前沿。其中,该双曲线的顶端对应的就是最小方差组合(MVP)。右支双曲线的上半部称为有效前沿,有效前沿上的每一点所对应的组合被称为有效组合。它们代表着一种收益特定时风险最小以及风险特定时收益最大的资产组合,表明风险与收益的相对应关系的最优组合。右支双曲线的下半部,称为无效前沿。在无效前沿上的每一点代表着一种收益固定时的风险最小,但他们的收益在风险固定时并不是最大(最大点恰恰落在有效前沿上)。

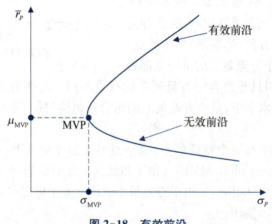

图 2-18 有效前沿

为进一步说明均值-方差有效前沿,在此我们将以实例进行说明。我们假设三种风险资产的相关系数矩阵、预期收益率和标准差如表 2-5 所示,利用 Matlab 绘出投资组合有效前沿及其可行集如图 2-19 所示。

表 2-5 三种资产的相关系数矩阵、预期收益率和标准差

		资产 A	资产 B	资产 C
相关系数矩阵	资产 A	1	0.8	0.4
	资产 B	0.8	1	0.3
	资产 C	0.4	0.3	1
预期收益率		0.1	0.15	0.2
标准差		0.2	0.25	0.18

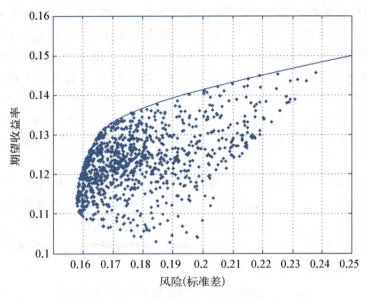

图 2-19 均值方差有效前沿与可行集

案例分析

分散化投资为何被称为"华尔街唯一免费的午餐"？

根据有效市场假说(efficient-market hypothesis，EMH)理论,公开信息投资者已经难以在市场中获得超额回报。无论是西方发达市场还是中国新兴市场,市场效率水平已经达到相对有效程度,即投资者依据公司信息已不存在获得超额回报的机会。而投资管理中,投资组合分散化可以优化投资组合的风险-收益关系,分散化投资也即成为"华尔街唯一免费的午餐"。

作为"华尔街唯一免费的午餐",分散化投资如何实现资产最优组合构建？在此,我们以股票与债券为大类资产配置对象的投资组合。表 2-6 列出了 1976—2005 年股票和债券的年度总收益率。在此用标准普尔 500 指数的总收益(含股利分配)来代表股票市场的总收益,用雷曼集合债券指数(Lehman Aggregate Bond Index)总收益来代表美国投资级债券的总体收益情况,用 90 日短期国债的年度总收益情况(即无风险投资的收益率)。最后一列中列示了无杠杆投资于股票与债券组合的收益情况。债券的权重用雷曼集合债券指数的总收益来衡量。在构建的资产组合中,资产配置包括债券和股票,其中债券的配置权重为 56%,股票的权重为 44%。

为说明资产配置效果,该表同时显示了一个衡量风险调整后的业绩的指标——夏普比率。构建股票与债券投资组合的目标之一是使夏普比率最大化。在债券占 56%,股票占 44% 时(每年调整一次)风险和收益达到最佳均衡状态。股票/债券投资组合的夏普比率高于单独投资股票或债券的夏普比率,这表明投资组合战略优于单项投资战略。

从组合投资效果看，最优的股票/债券组合使夏普比率从0.48（单纯投资于股票）升至0.54（56%投入债券、44%投入股票），这究竟意味着什么？为解释这个问题，一种方法是将最优组合与风险相同的仅含股票和现金（短期国债）的投资组合相比较。在夏普比率中，风险用投资收益的标准差来衡量。结果显示，无论是56%的股票/44%的现金的组合还是44%的股票/56%的债券的组合，其风险是相同的；但是股票/现金组合的收益却低于股票/债券组和的收益。两种组合的收益分别为每年10.4%和每年11.1%。每年0.7%的收入差距表明，股票/债券组合可在不增加风险的情况下提高收益。

那么那些仅愿意持有债券的保守投资该怎么办呢？历史风险为100%的纯债券组合（年收益的标准差为7.5%），其风险等同于82%的债券/18%的股票的组合的风险。在样本考察的30年里，18%的股票/82%的债券的组合的收益率为每年9.8%，而纯债券组合的收益率却只有每年9.0%。在此例中，分散投资于股票和债券在不增加额外风险的情况下，将收益每年提高了0.8%。

表2-6 1976—2005年投资组合构建与效果对比

年 份	S&P500	雷曼组合	90日短期国债	股票/债券投资组合
1976	23.9	15.6	5.0	19.3
1977	−7.2	3.0	5.4	−1.4
1978	6.6	1.4	7.4	3.7
1979	18.6	1.9	10.5	9.3
1980	32.5	2.7	12.1	15.8
1981	−4.9	6.3	15.0	1.3
1982	21.6	32.6	11.4	27.7
1983	22.6	8.4	9.0	14.6
1984	6.3	15.2	10.0	11.2
1985	31.7	22.1	7.8	26.3
1986	18.7	15.3	6.2	16.8
1987	5.3	2.8	5.9	3.9
1988	16.6	7.9	6.9	11.7
1989	31.6	14.5	8.2	22.1
1990	−3.1	9.0	7.8	3.6
1991	30.4	16.0	5.6	22.3
1992	7.6	7.4	3.5	7.5
1993	10.1	9.8	3.0	9.9
1994	1.3	−2.9	4.4	−1.1
1995	37.5	18.5	5.7	26.9

续　表

年　份	S&P500	雷曼组合	90日短期国债	股票/债券投资组合
1996	23.0	3.6	5.2	12.1
1997	33.4	9.7	5.2	20.1
1998	28.6	8.7	4.9	17.4
1999	21.0	−0.8	4.8	8.8
2000	−9.1	11.6	6.0	2.5
2001	−11.9	8.4	3.5	−0.5
2002	−22.1	10.3	1.6	−4.0
2003	28.7	4.1	1.0	14.9
2004	10.9	4.3	1.4	7.2
2005	4.9	2.4	3.3	3.5
夏普比率	0.48	0.37		0.54
平均收益率(%)	13.8	9.0	6.3	11.1
收益的标准差	15.7	7.5	3.3	9.0

数据来源：Marvin Appel(2008)。

在全球机构投资者享有盛誉的耶鲁捐赠基金(The Yale Endowment)，被誉称为把现代金融理论和价值投资完美结合的机构[①]。耶鲁基金以风险投资(venture capital)、外国股票、私募股权(private equity)等标的区别于传统基金配置，创造了资产配置的"耶鲁模式"。在耶鲁基金的资产组合中的许多资产之间的相关性是很小的，这帮助基金能够更好地分散风险，尤以新兴国家的股权投资和另类资产(绝对收益、实物资产和私募股权)的投资为主要的风险分散化投资策略，因为它们与其他资产都有着很低的相关性。

表2-7　耶鲁大学基金各资产相互间的相关系数

资产类别	美国股票	美国债券	发达市场股票	新兴股票	绝对收益	实物资产	私募股权	现金
美国股票	1							
美国债券	0.45	1						
发达市场股票	0.6	0.3	1					
新兴股票	0.3	0.2	0.5	1				
绝对收益	0.3	0.35	0.3	0.3	1			
实物资产	0.4	0.25	0.25	0.1	0.25	1		
私募股权	0.15	0.25	0.2	0.1	0.4	0.15	1	
现金	0	0.5	0	0	0	0	0.2	1

资料来源：大卫·史文森，《机构投资者的创新之路》，2015。

---

① 关于耶鲁基金资产配置的具体分析，见本教材第九章案例分析《耶鲁捐赠基金(The Yale Endowment)的资产配置与绩效解析》。

耶鲁基金不仅注重分散化投资，更注重通过资产配置优化资产前沿。1985年史文森接手耶鲁大学基金后，经过不断优化资产组合配置策略，努力运用资产定价模型CAPM模型朝着有效前沿对资产进行优化动态配置，可以看出资产组合投资绩效的风险-收益效果不断优化，其资产配置确是不断朝着更有效前沿（Efficient Frontier）的方向发展着，并于2001年起，资产配置在接近有效边界后开始进入良性发展通道，并不断逼近有效前沿。除此之外，自2001年起，耶鲁大学基金的风险也是在不断地提高的，资产波动率由2001年的12.5%左右提高到了2010年之后的15%左右。

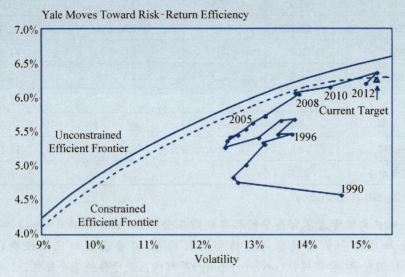

资料来源：耶鲁大学投资办公室（Yale Investments Office）。

图2-20　耶鲁基金分散化投资的动态优化前沿

结合到我国资本市场实际，资产组合分散化同样具有较强的适用性。在2015年我国A股市"股灾"后，2016年投资者仅配置传统类金融类资产的有效前沿并不理想。但是，进一步将配置扩展至另类投资和海外投资，例如大宗商品和港股等，其有效前沿不仅有所提高，也就是说通过分散配置能够创造更大的回报空间，改善组合的风险收益特征。

为说明分散化投资在中国证券市场的有效性，在此我们利用Mean-Variance理论和中国证券市场的数据，通过有效前沿优化进行说明。第一种投资组合的情形，选择三类传统资产，股票、债券和货币，在此分别选取上证指数、债券指数和货币基金作为三种传统资产的替代并等权重构建投资组合；第二种投资组合的情形，是将三类传统资产，股票、债券和货币基础上扩展至五类资产，加入商品和港股（随着"沪港通"和"深港通"政策启动，内地投资者可以购买部分香港上市公司股票），即选取上证指数、债券指数、货币基金、商品指数和港股恒生指数作为五种资产的替代并等权重构建投资组合。

从 2016 年中国大类资产市场表现看,不同大类资产风险-收益关系差异较大。2016 年,中国 A 股市场整体处于熊市状态,上证指数回报率为 -12.30%,债券类资产回报为 6.01%,货币基金回报率为 1.50%;而香港恒生指数与商品资产指数的回报率分别为 0.39%、24.60%。通过模拟有效前沿,第一种投资组合情形,构建股票、债券和现金三类传统资产的投资组合,可以适当降低投资资产风险,但三类传统类资产组合的组合风险收益并不理想。而第二种投资组合情形,加入商品资产和港股资产后,将三类传统类资产组合扩展至五种资产组合,投资者的有效前沿可以得到大大优化,即通过分散化资产配置大大提升了的投资回报率水平(具体见图 2-21)。

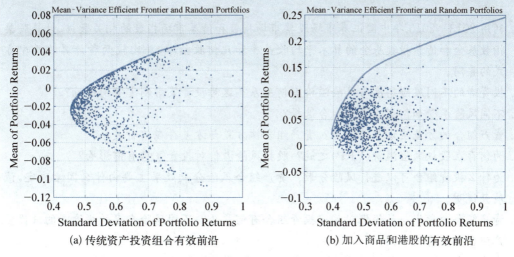

(a) 传统资产投资组合有效前沿　　(b) 加入商品和港股的有效前沿

图 2-21　2016 年中国资本市场的不同资产组合有效前沿

本 章 小 结

本章重点介绍马科维茨资产组合理论,并应用统计方法对资产风险与收益的度量,在此基础上从风险与风险偏好出发,对资产的均值-方差进行分析,以及对资产组合分散化和最优化理论及其应用进行探讨。均值-方差准则(MVC)是投资者在期望收益和风险之间的权衡法则,有效前沿的求解实质是应用均值-方差分析方法讨论最优证券组合选择问题。本章最后一部分,对马科维茨资产组合的边界和有效前沿理论进行解析,同时应用计量软件对资产边界和有效前沿进行数值模拟。本章最后的案例分析部分,为论证投资组合分散化可以优化投资组合的风险-收益关系,利用华尔街大类资产组合、耶鲁大学捐赠基金投资组合以及中国证券市场资产组合等经验数据,说明分散化投资如何实现资产最优组合构建如何优化有效前沿,解析分散化投资为何被称为"华尔街唯一免费的午餐"。

重 要 概 念

期望收益率　几何收益率　方差　协方差　相关系数　风险容忍度　风险厌恶型　风险中性型　风险偏好型　风险溢价　股权风险溢价　超额收益　资产组合分散化　资产组合最优化　资产组合边界　有效前沿

习题与思考题

1. 利用 2013—2016 年中国证券市场股票市场指数和债券市场指数的相关数据,计算股票指数基金和债券指数基金的算术平均收益率和几何收益率,并比较两种计算收益率方式的异同。
2. 投资者的不同风险态度与风险溢价有何关系?这对投资策略制定有何影响?
3. 不同风险承受如何影响资产组合选择?
4. 资产组合的方差应该如何计算?资产组合协方差与方差存在何种关系?
5. 为何存在股权风险溢价(ERP)之谜?股权风险溢价对投资策略有何影响?
6. 为什么投资组合可以进行风险分散?资产组合风险分散效果主要由什么因素决定,试展开说明。
7. 资产组合分散化与最优化对构建投资组合有何意义?不同风险态度的投资者的最优资产组合选择有何不同?
8. 资产组合有效前沿是如何产生的?资产组合分散化如何优化有效前沿?
9. 根据 2014—2016 年三年间的美国道琼斯工业指数、中国 A 股上证综合指数和香港恒生指数的风险-收益数据,应用 Matlab 对三个指数基金等权重配置资产的投资组合进行有效前沿拟合。

第三章

资本资产定价模型及其投资应用

学习目标

资本资产定价模型(CAPM)是现代金融学的重要基石,该模型是在严格限定条件下单期静态对投资组合的最优求解,它对资产收益和风险关系给出了一种强大而易于接受的预测工具,但遗憾的是传统 CAPM 的实证结果并不能为实践运用提供有说服力的证据。因此,如何拓展 CAPM 在实践领域的应用,这将对资产定价、风险评估、组合管理、Alpha 投资策略等领域具有重要价值。正是基于上述思路,本章在介绍资产定价模型的基础上,重点拓展了资产定价模型的投资应用。通过本章教学,重点掌握以下内容:

1. 资本资产定价模型(CAPM)风险收益关系的界定,资本市场线(CML)与证券市场线(SML)的联系、区别及其投资应用。

2. CAPM 的适应性及其投资风险的分解,Alpha 的含义及其在投资管理中的应用,Beta 系数的争论及其现实意义。

(3) CAPM 的 BJS 与 FM 检验,Fama-French 三因素以及涵盖动能因子的四因素模型检验。

(4) APT 模型和因子分析,因子模型在投资中的应用。

第一节 资本资产定价模型

一、从资产组合理论到资本资产定价模型

资本资产定价模型(capital asset pricing model,CAPM)是关于资本市场理论的模型,它是在马科维茨的投资组合理论基础上发展起来的。马科维茨的投资组合理论是通过数学规划的原则,系统阐述了如何通过有效的分散化来选择最优的投资组合。但这一理论具有一定的局限性,即偏重规范性分析(投资者应该如何去行动),而缺乏实证性分析(投资组合的风险收益如何度量)。例如,在资产投资组合分析中,投资者最关心的资产的收益-风险关系,但从马科维茨投资组合分析中却无法确定最高收益和所能承担的最大风险。此外,投资者也无从知道证券该分散到何种程度才能达到高收益、低风险的最佳组

合。为解决这些问题,夏普(W. Sharp)在马科维茨投资组合理论的基础上对证券价格的风险-收益关系进行了深入研究,并于1964年提出了资本资产定价模型(CAPM)。此后,林特纳(Lintner, 1965)、莫森(Mossin, 1966)又分别独立提出资本资产定价模型。CAPM较好地描述了证券市场上投资者行为准则,这些准则形成了证券均衡价格、证券收益-风险的均衡线形关系,该模型是在严格限定条件下单期静态对投资组合的最优求解,它对资产收益和风险关系给出了精确的分析与预测。后来,罗斯(Ross, 1976)把CAPM扩展为套利定价理论(arbitrage pricing theory, APT)。

CAPM的吸引力在于,它提供了一个关于风险度量以及期望收益与风险之间的较为直观的预测,因此该理论在投资领域(如资产定价、风险评估、投资组合管理等)得到广泛的应用。正是对金融投资领域的这一突出贡献,夏普获得1990年诺贝尔经济学奖。

CAPM通过引入风险指标β系数,努力提供投资收益是如何决定的完善性描述,并通过风险收益关系提供了资本市场投资收益的一种预测方法。但遗憾的是,该模型的实证效果并不理想,尤其是20世纪80年代以后,大量实证研究表明传统的CAPM存在一些无法解释的异常现象,系统性风险指标β系数并不是解释资产收益率的唯一因素,一些其他变量,如公司规模、账面市值比等上市公司相关特征以及市场特征(包括投资者行为特征)对资产收益率的变化具有较强的解释能力。CAPM存在的实证问题主要反映在两个方面:一方面是理论的不足,因为该模型存在过于严格的假设(包括投资者持有有效组合、投资者都是风险厌恶的且具有同质预期、市场无税收与交易费用等交易成本、资本市场处于均衡状态、对无风险接待没有限制等);另一方面,实践应用中存在困难,CAPM的风险收益预测模型与真实世界存在较大偏差,CAPM的适应性存在较多质疑。然而,以下两个理由对于透彻理解CAPM模型至关重要:首先,CAPM是经典资产定价理论的基石;其次,尽管CAPM在实践中的缺点非常鲜明,但这并不阻碍这个理论是实践领域的拓展,如资产定价、风险评估、组合管理、Alpha投资策略等。

二、CAPM界定的风险收益关系:CML与SML

(一) 资本市场线

资本市场线(capital market line, CML)的概念很早就在金融界流传,它说明"高风险带来高收益"。但是,人们并不知道如何从理论上进行阐述。直到1964年,夏普提出了资本资产定价模型(CAPM),才给资本市场线一个完整的理论解释。

资本市场线是经过无风险资产r_f和有效前沿切点M的一条射线。图3-1(a)中,经过无风险资产r_f和有效前沿的AMB射线(机会线)有无数条,但只有经过r_f和M点的斜率是最高的。选择这条线,投资者就能达到最高的可能的无差异曲线。落在线$r_f M$上的投资组合是由证券组合M和无风险资产混合而成。r_f和M的连线是斜率最大的机会线,证券组合M被称为市场证券组合(market portfolio)或市场化风险资产的最优证券组合①。当允许以无风险利率借贷资金时,这种市场证券组合使所有的投资者——无论其风险偏好如何——都能达到最高的效用。当然,这里证券组合M并非单一资产,而是一

---

① 在均衡市场状态中,证券投资组合m必须包括市场上所有可能获得的资产,因而它被称为市场证券组合。

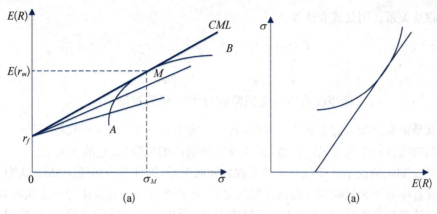

图 3-1 资本市场线

种证券投资组合,因此把它和无风险资产混合起来就可形成一种包含风险资产和无风险资产的投资组合。这种投资组合在图 3-1(a)中,就表现为线 r_fM。用方程可以表达为

$$E(R)=r_f+[E(R_m)-r_f]\sigma_R/\sigma_m \tag{3.1}$$

根据均值-方差准则,所有位于 CML 上的投资组合都是有效的。其他的任何资产组合或单项资产都是无效的。斜率最大的机会线被称为资本市场线(CML),它是一条包含市场投资组合和无风险资产 r 的所有可能组合构成的直线。由上可见,资本市场线实质上是一个新的有效前沿,它是从无风险利率出发通过市场资产组合 M 的延伸线。投资者间的差别只是他们投资于最优风险资产组合与无风险资产的比例不同。

图 3-1(b)则是夏普(1964)论文中所描述的资本市场线,与图 3-1(a)的区别仅在于坐标轴的标识差异。在夏普(Sharp,1964)的经典文献中,他对 CAPM 的证明基于这样的思想:对于任何市场中的证券(或证券组合),它与市场证券组合所形成的风险-收益双曲线必定与资本市场线相切于市场组合所对应的切点上。应用托宾分离定理,引入无风险资产 r_f 通过资金的借入或借出,可以很容易导出资本市场线公式。

(二)证券市场线

资本市场线代表有效组合预期回报率和标准差之间的均衡关系,它说明了有效投资组合风险和回报率之间的关系及衡量其风险的适当方法,但没有说明对于无效投资组合及单个证券的相应情况。夏普(1964)在他的研究中指出,分析可以通过一种相关但不相同的方法得到扩展。大家熟悉的 β 系数概念可以用于衡量所有投资组合的风险,无论是有效投资组合还是无效投资组合。

为此,夏普提出了证券市场线(security market line,SML),界定了风险与回报率之间的关系,适用于所有资产与证券,无论是有效的还是无效的。

$$E(R_i)-r_f=\frac{\sigma_{iM}}{\sigma_M^2}[E(r_M)-r_f] \tag{3.2}$$

式(3.2)中,系数 $\dfrac{\sigma_{iM}}{\sigma_M^2}$,即为 β 值,这样 β 值度量的是资产 i 与整个市场的共同走势。这样,CAPM 的主要成果被总结为 SML 线性关系,它描述的是单个资产和证券组合的风

险——收益关系。用公式表达如下：

$$E(r_i) = r_f + \beta_i [E(r_M) - r_f] \quad (3.3)$$

期望收益率 = 无风险收益率 + 风险报酬

这就是证券市场线的表达式。其中，$E(r_i)$ 为第 i 种资产的期望收益，$E(r_m)$ 为市场组合的期望收益；r_f 为无风险收益；β_i 为第 i 种资产的风险（或它的 β 系数）。

图 3-2 刻画的就是预期收益与 β 系数之间的关系，即证券市场线。SML 认为，资产 i 的期望收益率等于无风险利率和风险报酬之和，即资产的预期收益率等于无风险利率（投资者推迟消费的补偿）加上该项资产的风险溢价（承担投资风险的补偿）。风险报酬又可以分解为两部分，即市场组合的风险报酬和特定资产的风险 β 系数。这样，风险报酬就等于市场风险报酬 $[E(r_m) - r_f]$ 乘以这种资产的 β 系数。其中，$[E(r_m) - r_f]$ 是证券市场线的斜率。由于 $[E(r_m) - r_f]$ 对所有的资产都是相同的，所以 β 系数是决定资产 i 的必要风险报酬大小的唯一因素。

与此同时指出，由于 CAPM 模型的单期静态性，决定了其前提条件就是市场的风险补偿应该是不变的。但事实上由于受到投资者预期变化，CAPM 要求的市场风险补偿可能发生变化而趋于复杂。若市场要求的风险补偿变大，SML 线就会发生逆时针转动，这意味着市场趋于保守，风险溢酬增大；相反，市场风险补偿变小，则 SML 线就会发生顺时针转动。

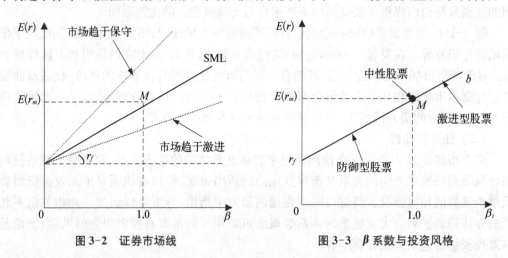

图 3-2 证券市场线　　　　图 3-3 β 系数与投资风格

图 3-3 表示的是资产期望收益率与风险系数 β 之间的关系。首先，若 $\beta_i = 0$，说明这种资产是无风险的，则可用零代替公式 (3.3) 中的 β，即可得 $E(r_i) = r_f$；其次，若 $\beta_i = 1$，说明这一资产与市场具有相同的风险，因而资产价格与市场同等变动，这一资产收益率就等于市场组合的收益率，即 $E(r_i) = E(r_m)$；若 $\beta_i < 1$，说明这一资产为防御型资产，其期望收益率将小于市场组合收益率，即 $E(r_i) < E(r_m)$。如基础设施类、消费类等股票就属此类资产。若 $\beta_i > 1$，说明这一资产为激进型的，其期望收益率将大于市场组合收益率，即 $E(r_i) > E(r_m)$。如科技类等股票就属此类资产。

以上分析可见，β_i越高，风险越大，资产要求的风险报酬也就越高；对于较高的β_i而言，与之相应的期望报酬$E(r_i)$也将相对较大。

β系数的一个重要特征就是线性可加性。若一投资组合中各项资产比重为w_i，则组合的β系数为

$$\beta_p = \sum_i^n w_i \beta_i \tag{3.4}$$

投资组合的预期收益率可表达为

$$E(r_p) = r_f + \beta_p [E(r_m) - r_f] \tag{3.5}$$

证券市场线说明，一项有价证券的风险补偿应当是它的β系数乘以风险资产的市场组合的风险补偿。如果证券市场线的斜率变大，即CML绕着r_f点逆时针旋转，这说明整个市场对风险的厌恶程度提高，对同样的风险水平则要求更高的风险补偿。

(三) CML 与 SML 的关系

CAPM实际上体现的是证券资产的风险收益关系，证券市场线和资本资产定价模型在本质上是一样的，可以统称为资本资产定价模型。CML与SML之间的关系可以表达为：

(1) 资本市场线反映的是有效资产组合(市场资产组合与无风险资产构成的资产组合)的风险溢价，是该资产组合标准差的函数，标准差测度的是投资者总的资产组合的风险。

(2) 证券市场线反映的是单个资产的风险溢价是该资产风险的函数，测度单个资产风险的工具不再是该资产的方差或标准差，而是该资产对于资产组合方差的影响程度或贡献度，用β值来测度这一贡献度。在均衡市场中，所有的证券都将落在证券市场线上。CAPM的几何形式就是证券市场线。

(3) 资本市场线实际上是证券市场线的一个特例。当单个资产或资产组合有效率时，该项资产与市场组合M的相关系数为1，此时的证券市场线和资本市场线是相同的(见图3-4)。因为：

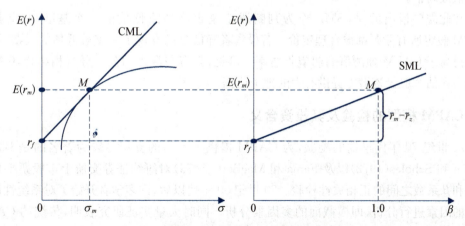

图 3-4　资本市场线和证券市场线之间的关系

$$r_p = r_f + (r_m - r_f) \frac{\sigma_{pm}}{\sigma_m^2} = r_f + (r_m - r_f) \frac{\beta_p \sigma_p \sigma_m}{\sigma_m^2}$$

$$= r_f + (r_m - r_f) \frac{\beta_p \sigma_p}{\sigma_m} = r_f + (r_m - r_f) \frac{\sigma_p}{\sigma_m} \tag{3.6}$$

而该公式 $r_p = r_f + (r_m - r_f) \frac{\sigma_p}{\sigma_m}$ 即为资本市场线。

(四) 利用 CAPM 寻找被低估的股票

CAPM 最适合用于确定已知风险的股票的预期收益率,进而判断股票的高估或低估。根据 CAPM,β 系数测度的风险,是能够带来收益补偿的系统风险,这部分风险并不能通过证券组合进行消除。如果 β 系数越大,这一证券或证券组合要求的风险报酬越高;反之亦然。如果证券收益超过风险报酬,则这一证券或证券组合则被市场高估;同样,如果证券收益低于风险报酬,则这一证券或证券组合则被市场低估。如果某种资产的回报与其承担的风险不匹配,如图 3-5 中的 A 或 B 资产的情形,就意味着资产高估或低估。首先考虑资产 A,由于 A 和 A' 的 β 系数相同,即两资产的风险相等,但是前者比后者具有更高的预期收益,因此投资者愿意买入 A 而卖出 A',这样 A 的价格上升,A'(包含市场组合)的价格下降,直到重建均衡位置。可见,证券 A 位于证券市场线的上方,它的价值被低估了,这是因为在系统性风险水平给定的条件下,它提供的预期回报率比投资者所要求的更高。相反,证券 B 则位于证券市场线的下方,这意味着它们的价值被高估。

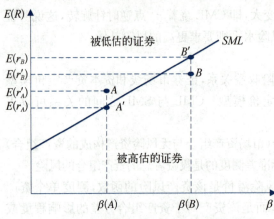

图 3-5 利用 SML 判断股票高估或低估

在此需要指出的是,SML 作为判断股票是否高估或低估的一个基准,其前提是 CAPM 假定所有股票都被合理定价。若投资者确信自己发现了一支被低估的股票,那么将获得高于 CAPM 预测值的期望收益率。可见,只有与深入的公司分析相结合,CAPM 才能为评估个股投资潜力提供有力的理论依据。

三、CAPM 模型的检验及其投资含义

20 世纪 70 年代早期的检验,为 CAPM 提供了有力的支持。较为著名的是 Black、Jenson 和 Scholes(1972)以及 Fama 和 MacBeth(1973)对纽约证券交所上市股票平均收益率和 β 系数之间的正相关性检验。20 世纪 80 年代以后,许多学者开始了对系统性风险以外的因素进行分析,即横截面的多因素分析。同时大量实证研究表明,传统的 CAPM 存在一些无法解释的异常现象,系统性风险指标 β 系数并不是解释资产收益率的唯一因

素,一些其他变量,如公司规模、账面市值比等上市公司相关特征和投资者行为特征因素对资产收益率的变化具有较强的解释能力。这方面的代表性研究是 Fama 和 French(1992,1993)提出的三因素模型和 Titman(1993)提出的四因素模型。

(一) CAPM 可检验的含义

对于给定的资产组合,如果它们的期望收益和市场组合的 Beta 是已知的,一个很自然的检验 CAPM 的方法就是估计期望收益率和 Beta 之间的经验关系,并判断这一关系是否为线性关系。然而,在判断两者关系之前,Beta 和期望收益率都是不可观测的,两者都必须通过估计给出。金融文献首先用两阶段时间序列和横截面的方法解决这一问题。

考虑以下与公式(3.3)相对应的形式:

$$R_i = a_0 + a_1 b_i + \varepsilon_i, \quad i=1,2,3,\cdots,N \tag{3.7}$$

这是 R_i 关于 b_i 的横截面回归,回归系数为 a_0 和 a_1。在公式(3.7)中,R_i 表示资产 i 的样本平均收益,b_i 是一段时间内 R_{it} 对市场指数收益 R_{mt} 的 OLS 回归斜率系数,它是一个常数。令 $u_i = R_i - E(R_{it})$,$v_i = \beta_i - b_i$,并替代公式(3.3)中的 $E(R_{it})$ 和 β_i,就可得到(3.11),并设误差项 $\varepsilon_i = u_i + a_1 v_i$。这一替代就会产生古典的变量误差(errors in variables)问题,因为在横截面回归模型(3.10)中的 b_i 的回归存在计量误差。用时间序列小样本估计 b_i,回归方程就会产生 a_0 和 a_1 的不一致估计。然而,当时间序列样本容量 T(用于第一步估计 Beta 系数 β_i)变得非常大时,横截面回归可使得系数的一致估计。这是因为当样本容量 T 变得非常大时,β_i 的第一步估计就是一致的,第二阶段回归的变量误差问题就会消失。

单个证券的 Beta 测量误差可能很大,但组合的 Beta 误差要小得多。据此,20 世纪 70 年代 CAPM 早期的实证研究主要集中在创建证券组合上,以使得组合的 Beta 可以精确估计。因此,解决变量误差问题的一个方法就是用组合来替代单个证券。但是,这会产生另一个问题,即随机选择组合的 Beta 显示出很小的差异性,若在计量过程中所有组合都选择近似的 beta,那么方程(3.3)的横截面关系就不存在实证的必要。于是,Black、Jensen 和 Scholes(BJS,1972)提出一个创新的方法解决这一问题,即在每个时点上都进行横截面回归,可以估计出单个证券的以历史数据为基础的 beta,然后再根据 Beta 的估计值对证券进行分类并将单个证券分配到 Beta 组中。这样处理后的证券组合,Beta 就有很大的差异性,目前,这种类似的组合分组方法已经成为实证金融的重要计量技术。

按照上述方法创建资产组合后,我们仍需要决定如何评估是否存在 CAPM 的实证支持。在实证检验中,一个重要的方法是考虑设定有关变量的备选假设,该变量是确定的资产期望收益。根据 CAPM,任何证券或证券组合的期望收益率都仅与其存在线性关系。因此,一个自然的检验就是验证任何其他横截面变量是否能够解释方程(3.3)的偏差。这就是 Fama 和 MacBeth(FM,1973)提出的检验方法,即把 beta 的平方以及非市场变量(或残差)平方作为附加变量加入到横截面回归方程之中。近期,Fama 和 French(1992)等则将公司的相对规模、股权的市场价值、股权的账面价值与市场价值纸币以及其他相关的变量纳入回归方程。例如,可以设定如下模型:

$$E(R_{it}) = a_0 + a_1 \beta_i + a_{size} LME_i \tag{3.8}$$

这里，LME_i 是公司 i 股权资本总市值的自然对数。

(二) BJS 和 FM 估计方法

1. 经典 CAPM 检验的条件

如果经典 CAPM 成立，对于市场中所有的证券 $i(i=1, 2, 3, \cdots, N)$，其检验模型必须符合以下两个条件：

(1) 回归方程的截距项必须等于或接近于零。对于某一证券 i 或证券组合而言，当以市场指数的超额收益率 $(R_{mt} - r_{ft})$ 作为解释变量，对个股或组合的收益率 $(R_{it} - r_{ft})$ 进行回归时，即回归方程的截距项 a_i 必须等于或近似于零。相反，若截距项 a_0 与零存在很大偏差，则说明仅考虑 Beta 因素的 CAPM 遗漏了其他影响资产收益率的重要因素。这一步通常称为 CAPM 的时间序列检验。

(2) 对于不同的证券或证券组合而言，其超额收益率 $(R_{it} - r_{ft})$ 的差异应该只能用各自的 β 进行解释，即对 CAPM 模型进行回归时，$(R_{it} - r_{ft})$ 和 β_i 应该存在线性关系。回归直线的斜率应该为 $(R_{mt} - r_{ft})$，且从长期看，斜率应该为正，即市场组合收益大于无风险收益率。同时，证券或证券组合的 β 应是解释证券收益率的唯一因素，若存在其他因素，如公司规模、市盈率、股利政策、公司治理等加入资产风险收益率的解释，这要么说明经典的 CAPM 不成立，要么是这些因素的回归系数不显著。这一步通常称为 CAPM 的横截面回归。

前面是经典 CAPM 进行检验的两个条件，若存在上述条件的违背，则说明 Beta 并不是解释证券或证券组合收益率的唯一因素，即证券或证券组合的超额收益并不是 Beta 所带来的。对于经典 CAPM 检验条件的违背，主要是回归方程的截距项 a_i 显著异于零，以及证券或证券组合超额收益率的多因素解释。

2. 布莱克、詹森和舒尔斯检验

布莱克、詹森和舒尔斯 (Black-Jenson-Scholes，1972) (BJS) 以 1926—1965 年 NYSE 交易的所有股票为样本，对证券市场线的性质进行检验。在实证检验过程中，BJS 采取分段的两步回归法，从 1926 年开始每五年构建一个子区间，然后根据贝塔因子对股票进行排序，构建 10 个组合。依此类推一直到 1965 年，不断构造 10 个组合，计算 10 个组合的一系列的月收益率。BJS 试图通过从收益率中取出样本估计值来估计每一个组合的预期收益率和贝塔因子。

预期值的样本估计值是收益率的算术平均值。在每一个月初这是预期收益率的无偏估计。BJS 通过将组合收益率对市场指数进行回归得到每一个组合的贝塔因子。图 3-6 是 BJS 检验的贝塔因子和平均收益率之间的关系。该图与横截面关系拟合效果很好，可以解释为对整个区间证券市场线的估计。

BJS 的检验结果，看来为 CAPM 提供了强有力的经验支持。在他们估计的证券市场线中几乎不存在非线性，斜率显著为正。此外，几乎 100% 组合平均收益率的横截面差异都可以用 β 系数的差异来解释。至少从检验结果看，几乎不存在解释预期收益率差异的其他变量。在 CAPM 模型中，贝塔因子是预期收益率差异的唯一决定因素。

3. 法玛-麦克贝斯检验

法玛-麦克贝斯 (Fama-MacBeth，1974) (FM) 研究了证券市场线的性质。与 BJS 不

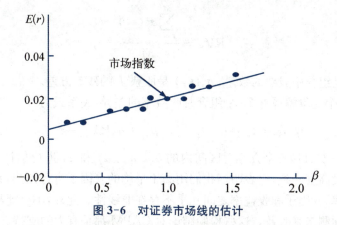

图 3-6　对证券市场线的估计

同，FM 试图根据前期估计的风险变量来预测组合的未来收益率。

FM 所用的数据和 BJS 一样，同样用 NYSE 作为市场组合。对于每一个月，FM 将组合的月收益率对贝塔因子进行回归得到证券市场线的月估计值。图 3-7 是 1935 年 1 月（J35）的证券市场线，图中的每一个观测值表示 20 个组合的其中之一。根据由这些观测值组成的证券市场线，组合收益率的公式，可以表示为

$$r_{P,J35} = a_0 + a_1\hat{\beta}_P + \varepsilon_{P,J35} \tag{3.9}$$

在等式中，左边表示组合 P 在 1935 年 1 月的收益率，$\hat{\beta}_P$ 表示 1930—1934 年组合 β 因子的估计值，$\varepsilon_{P,J35}$ 为该月与每一个组合相关的误差项。

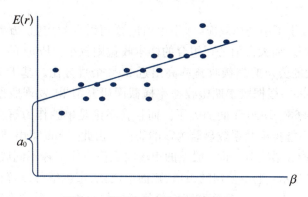

图 3-7　β 因子和预期收益率的关系

为检验证券市场线是否存在非线性，FM 在公式（3.9）中再加入一项贝塔因子的平方。这样，这 20 个观测值的最优拟合线的组合收益率等式为

$$r_{P,J35} = a_0 + a_1\hat{\beta}_P + a_2\hat{\beta}_P^2 + \varepsilon_{P,J35} \tag{3.10}$$

检验表明系数 a_2 并不显著异于零，并且加入贝塔平方后该式并不能更好解释组合收益率的变动。为进一步检验残差方差是否影响股票价格及其所构成的组合的预期收益率，FM 在关系式中又加入一项每一个组合种股票的平均残差方差项，该变量通过下式计算：

$$RV_P = \frac{\sum_{J=1}^{M} \sigma^2(\varepsilon_J)}{M}$$

其中，M 是组合中股票的数量，$\sigma^2(\varepsilon_J)$ 是股票 J 的残差方差。

这样，用三个变量解释这 20 个组合月收益率的差异，关系式为

$$r_{P,J35} = a_0 + a_1 \hat{\beta}_P + a_2 \hat{\beta}_P^2 + a_3 RV_P + \varepsilon_{P,J35} \tag{3.11}$$

根据(3.9)—(3.11)三个方程对区间内的 a_0、a_1、a_2 和 a_3 进行估计。FM 的检验结果与理论的假设高度一致，它表明当我们用高于平均的 β 因子进行预测，在下期将得到高于平均的收益率。β 因子和收益率之间几乎不存在非线性。此外，不可能根据组合中股票的残差方差来预测未来收益。这些检验结论对 CAPM 都是有力的支持。

(三) 三因素资产定价模型

在早期多数人对 CAPM 模型进行实证验证得出了几乎都是正面的结果后，Roll (1977,1978)却对 CAPM 模型的实证检验方法提出质疑，这就是著名的"罗尔批评"。罗尔批评主要从以下观点提出质疑：(1) 资本资产定价模型的实证检验，(2) 将 β 作为风险度量，(3) 将证券市场线作为衡量组合业绩的标准。

Roll 认为，CAPM 在实际中是不可检验的，原因在于：其一，任何计算手段都无法真正表达市场组合。其二，用以上 BJS 的分组方法对股票 β 系数进行检验，其实是一种同义反复检验。CAPM 唯一可以检验的假设是真正的市场组合位于有效边界。"罗尔批评"对于 CAPM 模型的验证历史是一个转折点，在此之后，认为 CAPM 模型不可行的实证结果越来越多。

Banz (1981)提出了小公司效应，即小市值的公司组合与均值-方差有效的组合相比具有较高的样本收益，而大市值公司组合的样本收益则较小。Banz 的结论是规模最小的公司要比规模最大的公司的超额收益率高出近 20% 个百分比。基于 Benz 的研究结果，Fama 和 French(1992)根据股票期望收益率横截面研究结果，发现股票平均收益和 β 之间的线性关系在 1963—1990 年间消失了。而且 β 不论是单独作为解释变量还是和其他变量一起回归，均不能拒绝其系数显著为零的假设。由此 Fama 得出结论说，CAPM 不能说明近 50 年的平均股票收益。即：股票的市场的 β 值不能解释不同股票回报率的差异。但是验证结果同时显示：上市公司的市值、账面市值比、市盈率可以解释股票回报率的差异。Fama 和 French 在加入了市值和账面价值的横截面数据检验中发现以上两个因素的回归判定系数要比单因素模型高得多。

因为在 Fama 和 French 的研究中，他们发现了其他因素对股票收益率有很大的解释作用，他们希望将这些因素进一步分离，从而他们在 1993 年提出了三因素模型。该模型使用 1962—1989 年之间的历史数据对美国股票市场决定不同股票回报率差异的因素（系统风险、市值、市净率等）的研究发现，这些能解释股票回报率差异的因素具有很强的相关性，可以建立一个三因子模型来解释股票回报率。模型认为，一个投资组合（包括单个股票）的超额回报率可由它对三个因子的暴露来解释，这三个因子是：市场资产组合风险溢价因子、市值因子、账面市值比因子。该三因子回归模型是：

$$R_{it} - R_{ft} = \alpha_{it} + b_{1i}(R_{mt} - R_{ft}) + b_{2i}SMB_t + b_{3i}HML_t + \varepsilon_{it} \quad (3.12)$$

其中，SMB 为小规模公司的收益率与大规模公司的收益率之差。HML 是市净率高的公司收益率和市净率较低的公司收益率之差。

Fama 和 French 的实证检验，是用许多反映公司特征的因素成功地预测了股票的未来收益率（Fama and French，1992）。而对风险的衡量，包括贝塔因子，则是对未来收益率预测能力最差的因素（见表 3-1）。相反地，低估因素的衡量，比如每股收益除以股票价格，则是预测能力最强的。这些研究结论沉重打击了资本资产定价模型。Fama 和 French 的研究表明，一旦投资者了解了公司的主要特征，如公司规模、市场价值与账面价值的比率等重要指标，该公司的 β 系数就没有多大意义了。这无疑对传统的资本资产定价模型提出了严峻的挑战。

表 3-1　Fama-French 三因素检验结果

β	ln(ME)	ln(BE/ME)	ln(A/ME)	ln(A/BE)	E/P	E+/P
0.15 (0.46)						
	−0.15 (−2.58)					
−0.37 (−1.21)	−0.17 (−3.41)					
			0.50 −5.71			
			0.50 (5.69)	−0.57 (−5.34)		
					0.57 (2.27)	4.72 (4.57)
	−0.11 (−1.99)	0.35 (4.44)				
	−0.11 (−2.06)		0.35 (4.32)	−0.50 (4.56)		
	−0.16 (−3.06)				0.06 (0.38)	2.99 (3.04)
	−0.13 (−2.47)	0.33 (4.46)			−0.14 (−0.90)	0.87 (1.23)
	−0.13 (−2.47)		0.32 (4.28)	−0.46 (−4.45)	−0.08 (−0.56)	1.15 (1.57)

注：ME 为股票规模或市值；A 为总账面资产；BM 为账面市值比率（book-to-market ratio）；E/P 为市盈率的倒数。截面回归系数后的括号内为 t 值。

(四) 四因素模型：动量因子的引入

传统的 CAPM 遇到的经验估计问题并不能有效解释投资组合的预期收益率和风险之间的关系，而一些行为金融学家试图研究一些潜在的重要行为风险因素纳入风险收益方程。通过对投资者行为的研究表明，股票上涨得越多，就有也越多的投资者认为它继续上涨，因而股价的上涨存在一种自我实现机制，即存在动量效应(momentum effect)。在股价的正反馈机制中，噪声交易这对股价上涨起到推动作用，而明智的专业投资者将从噪声交易者的追逐动能效应策略的过程中获取收益。大量的实证研究表明，无论是专业机构投资者还是散户的大众投资者，都更倾向于从短期价格波动中获利，而非逆势而为。

作为一种资产定价方程，四因子模型就是将上述投资者行为因素加入资产定价模型，即在 Fama-French 基础上加行第四个因子——动量效应因子，从而得到：

$$R_{it} - R_{ft} = \alpha_{it} + b_{1i}(R_{mt} - R_{ft}) + b_{2i}SMB_t + b_{3i}HML_t + b_{4i}MOM_t + \varepsilon_{it} \quad (3.14)$$

其中，MOM 为动量因子，可用在过去时间窗（如 12 个月）表现最好的股票组合减去表现最差的组合收益。

以下是应用四因素模型对 1994—2004 年对冲基金的数据进行的实证检验结果（见表 3-2）。从检验结果看，市场因子(Mkt-RF)和规模因子(SML)是解释对冲基金收益最显著的两个因子。其中，市场因子为 S&P500 指数的市场超额收益，规模因子为小盘指数收益(Wilshire Small Cap 1750)与大盘指数收益(Wilshire Large Cap 1750)的收益率之差。动能因子 MOM 对投资组合存在正并且显著的贡献度。

表 3-2 四因素检验结果

截距项	Mkt-RF	SMB	HML	MOM	|Mkt-RF|	|SMB|	R^2	调整 R^2
0.011 0 (0.012)	0.580 3 (0.027 9)	0.302 3 (0.051 1)					0.867 0	0.864 4
0.010 5 (0.012)	0.619 3 (0.031 1)	0.338 6 (0.046 3)	0.087 6 (0.041 6)				0.872 0	0.868 3
0.009 7 (0.011)	0.643 1 (0.028 9)	0.327 8 (0.042 4)	0.103 6 (0.035 3)	0.060 3 (0.024 8)			0.880 8	0.876 1
0.007 8 (0.002 5)	0.584 8 (0.029 4)	0.287 5 (0.040 4)			0.014 2 (0.049 0)	0.084 3 (0.062 0)	0.872 5	0.867 6

注：回归系数后的括号内为显著性水平。
资料来源：William Fung, David A. Hsieh, 2004. Extracting Portable Alphas From Equity Long-Short Hedge Funds, Journal of Investment Management, 2004 (2), 57-75.

专栏 3-1

有关 β 系数的种种争论

资本资产定价模型认为收益能反映风险。该模型将 β 系数作为某种资产与整个市场之间进行风险比较的工具，并将不同的 β 值来衡量资产风险的大小。然而，β 系数能否预测收益却是经济学家长期以来争论的主要问题之一。

β系数的争论实质上是关于资本资产定价模型真实世界的探讨。芝加哥学派Fama & French(1992)提出的"评估风险与收益的资产定价模型并不能有效解释股票收益之间的差异"。实证研究表明,市场规模、市盈率(P/E)、杠杆比率、账面价值/市场价值(Book value/Market value,B/M)都能够预测股票收益。与此相对应,β系数在预测收益率方面却并不十分理想,尤其是按照公司市场规模和β系数两个指标对股票进行组合时,就会发现β系数难以说明收益。

那么,资本资产定价模型的β系数对收益率的解释能力有限,是否意味着我们应该放弃这一理论模型呢?其实问题并不这样简单。虽然Fama和French的研究结论十分新颖,但是他们缺乏解释这一结论的理论基础。他们希望是公司规模和账面价值/市场价值可以取代一切指标。例如,账面价值/市场价值较高说明公司经营状况不佳,收益对经济环境的反应十分敏感,因此,这一公司的股票必须提供比β系数所预测的收益率更高的收益率。

资本资产定价模型的支持者,尤其是诺奖获得者夏普(W. Sharp)、准诺奖获得者布莱克(F. Black)(不幸在1995年去世)等人,认为新的研究成果并不能说明CAPM失效。投资者可能没有理由地支持大公司,或没有更多的资金购买更多的股份,从而使得风险-收益关系的规律在市场上没有得到完全的体现。一些经济学家曾试图寻求能够取代资本资产定价的理论,包括曾经一度流行的套利定价理论(APT),都没有表现出比CAPM更明显的优势。这就使得投资者处于一种两难的境地:要么相信法玛和弗伦奇没有理论支持的结论,用规模与账面价值/市场价值比率来说明收益;要么坚持被证明存在种种缺陷的资本资产定价模型。针对这种投资实践的困境,后来的经济学家对资产收益率的归因问题进行了大量研究,后续的大量研究表明,尽管β系数没有失效,但β系数并不能反映风险的全部内容,除了衡量市场敏感度的β系数以外,还存在影响风险的其他因素,于是发展了以多元风险要素为基础的风险溢价理论。

第二节 投资风险分解

一、β风险

(一) β系数——投资风险的衡量指标

由于β系数刻画的是资产与整个市场组合之间的趋势关系,如果某一时期内某以资产与市场指数的回报率之间相联系,即如果市场行情上涨则该证券价格可能会上升,若行情下降则该证券价格可能会下跌。根据这种证券(或某一证券组合)与市场组合之间的这种关联性,可以构建一个回归方程来刻画两者之间的这种线性关系:

$$r_{it} = a_i + \beta_i r_{mt} + \varepsilon_{it} \tag{3.14}$$

其中,r_{it}是t期证券i的实际收益率;r_{mt}是t期市场指数的收益率;a_i为线性方程的截距项;β_i为线性方程的斜率;ε_{it}为误差项,表示证券i的实际收益率与回归线的偏离程度。误差项不能直接观测到,但可以通过公式(3.14)计算出来,因为 r_{it}、r_{mt} 是直接观测到的,a_i 和 β_i 也可以估计的。描述 r_i 和 r_m 之间关系的回归线被称为特征线。这条回归线的斜率等于 β_i,它度量的是资产 i 对市场波动的敏感性。例如,当 $\beta_i=1.5$ 时,表明当市场指数上涨 1%,这种资产的收益率将上升 1.5%;当市场指数下跌 1%,这种资产的收益率也将下降 1.5%,这说明该资产对市场波动的敏感性更强,风险也更高一些。同样,若 $\beta_i=0.5$,那么这种资产的波动性是市场波动性的一半,可以认为它的风险性并不很大,这种股票也被称为防御型股票。最后,若 $\beta_i=1$,则说明这种股票同市场一起波动,这种股票也被称为中性股票。

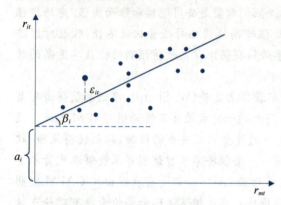

图 3-8 证券 i 与市场组合的回归拟合

市场组合的 β 系数是多少呢？在资产组合理论中我们曾学过,某种资产同自身的协方差就是它的方差,因此,对于市场组合而言,其 β 系数就等于 1。因为

$$\beta_m = \frac{\text{Cov}(r_m, r_m)}{\sigma_m^2} = \frac{\sigma_m^2}{\sigma_m^2} = 1。$$

图 3-8 列出了证券 i 的收益率和市场组合的收益率,同时对这种证券与市场组合之间的关联性进行了回归,这条回归线即为相应的特征线。这条线的截距为 a_i,斜率为 β_i,证券 i 的实际收益率与回归线的垂直离差即为误差项 ε_{it},$E[\varepsilon_{it}]=0$。误差项越小,表明拟合效果越好。图 3-9 是 2014 年 1 月—2016 年 12 月上市公司"上海机场"(股票代码:600009 SH)收益率与上证指数的回归,从拟合结果看,截距项(即 α 值)等于 0.29;β 系数为 0.86。

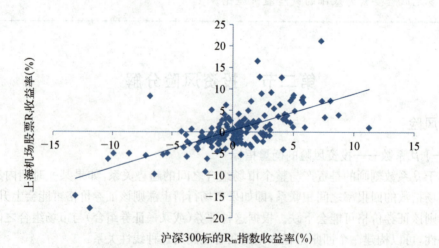

图 3-9 上海机场的 β 系数回归(2014—2016)

(二) β 系数的计算

通常,我们在预测证券的收益时,需要估计 β 系数。计算单一资产或资产组合的 β

值,可以根据 CAPM 模型对历史收益率数据进行测量。在此,表 3-3 列举了 3 种股票和市场指数的历史收益率,对这 3 只股票的 β 系数进行计量。

表 3-3 β 系数的测算

年 份	股票的收益率			市场指数的收益率
	证券 A	证券 B	证券 C	
1993	10%	11%	−6%	11%
1994	8%	4%	18%	7%
1995	−4%	−3%	4%	−2%
1996	22%	−2%	−5%	8%
1997	8%	14%	32%	9%
1998	−11%	−9%	−7%	−5%
1999	14%	15%	24%	12%
2000	12%	13%	−17%	11%
2001	−9%	−3%	2%	3%
2002	12%	4%	27%	10%
$\bar{r}_i$	6.2%	4.4%	7.2%	6.4%
σ_i^2	0.011 44	0.007 249	0.002 837 3	0.003 427
σ_i	10.7%	8.51%	16.84%	5.85%
Cov_{im}	0.005 258	0.004 209	0.002 791	0.003 427
β_{im}	1.53	1.24	0.81	1.00

利用斜方差的计算公式,表 3-3 中证券 A 的斜方差等于:

$$Cov_{im} = \frac{1}{n-1} \sum_{t=1}^{n} (r_{it} - \bar{r}_i)(r_{mt} - \bar{r}_m)$$

$$= \frac{1}{9}[(10\% - 6.2\%)(11\% - 6.4\%) + (8\% - 6.2\%)(7\% - 6.4\%) + \cdots$$

$$+ (12\% - 6.2\%)(10\% - 6.4\%)]$$

$$= \frac{1}{9} \times 0.047\ 322 = 0.005\ 258$$

上式中分母 $n-1$ 表示样本方差的无偏估计。利用 CAPM 模型中协方差和 β 系数的关系,证券 A 的 β 系数等于:

$$\beta_A = \frac{Cov_{im}}{\sigma_m^2} = \frac{0.005\ 258}{0.003\ 427} = 1.53$$

同样方法,可以求出证券 B 和 C 的 β 系数。

在此需要注意的是,我们根据历史收益率数据计算出的 β 系数,并不能预示 β 未来的变动趋势。根据经验，β系数有向均值1.0"回归"的统计特征，这说明β值在一段时间内较高（$\beta>1$），在另一段时间β值可能较低（$\beta<1$）。正是这个原因，我们在运用β系数时，往往需要对其进行调整。

（三）关于β系数应用过程中的问题

1. β系数的时变性问题

根据历史数据估计出的β系数只是过去的β值，过去的β值要能用来反映资产价格现在或未来波动特征的基本前提，就是β值必须具有稳定性。然而，大量的实证研究表明，无论海外市场还是国内市场，无论单个股票还是股票组合，衡量市场系统风险的β系数的不稳定。

根据回归方程计算的β值存在"均值回归"特征，这说明同一证券或证券组合的β值存在波动性，在一段时间内可能变大，在另一段时间内可能变小，即具有时变性问题（nonstationary beta problem）。当β值随着时间而随机且不可预测地变化，β值就不能作为一个可以有效用于投资组合管理风险评估的工具。β随时间随机变化的性质降低了CAPM在实践中作为风险评估工具的作用。

2. 投资收益是否是β风险的补偿

根据CAPM模型，市场投资组合是均值-方差有效的，这就意味着：

（1）股票的预期收益与这些股票的β值（股票收益与市场收益回归所得的斜率）呈正的线性相关；

（2）β值足以解释横截面的预期股票收益。

然而，大量的实证结果表明，β值并非投资收益的唯一风险补偿，即传统的单因子CAPM对资产的预期收益难以提供有说服力的解释。这就是多因子模型和套利定价理论（APT）的发展，试图对资产风险定价提供另一种解释的根本原因。

二、证券市场系统风险与非系统风险

根据证券市场线的特性，β_i是决定资产i必要风险报酬的唯一因素，这样，证券i本身的方差对风险报酬的确定就十分有限。为了说明这一点，在此根据公式（3.17）对r_i的方差求解：

$$\sigma_i^2 = \beta_i^2 \sigma_m^2 + \sigma_{\varepsilon i}^2 \tag{3.15}$$

可见，任意证券或证券组合的风险，即方差σ_i^2可以分解为两部分，其中第一部分$\beta_i^2\sigma_m^2$称为证券i的系统风险（systematic risk），这部分风险是由于整个市场的波动引起的；第二部分$\sigma_{\varepsilon i}^2$称为非系统风险（unsystematic risk），这部分风险与整个市场波动无关，它是与公司的特质相联系的。$\sigma_{\varepsilon i}^2$大小表明资产收益在回归线周围的分散程度，如果所有的点都落在回归线上，则$\sigma_{\varepsilon i}^2=0$；点距回归线越远，则$\sigma_{\varepsilon i}^2$值越大。

在证券或证券组合的风险结构中，影响整个市场波动的系统性风险因素，主要是宏观经济、政治以及整个社会环境等因素的变化所造成的，主要包括经济周期波动风险、市场风险、利率风险、通货膨胀风险以及政策风险等。对投资者而言，这部分风险是不可避免的，因为不管投资者如何分散他们的投资组合，市场的总体风险都是无法消除的。与系性风险相对应,非系统性风险则是由公司的特质所引起的,公司的经营状况或财务状况直接决定了非系统性风险的高低(见图 3-10)。

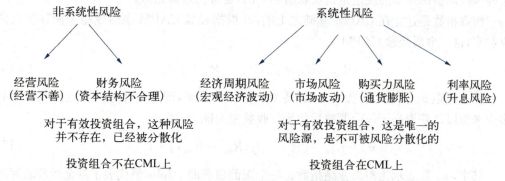

图 3-10　系统性风险与非系统性风险

针对系统性风险和非系统性风险的不同特点,投资者可以建立一个分散化的投资组合,来消除总风险中的部分风险,即可分散化的风险或非系统性风险。图 3-11 说明了组合投资对于投资风险分散的效果。随着证券种类的增多,非系统风险变得越来越小,投资组合的总风险接近于系统性风险。既然分散化投资不能降低系统性风险,投资组合的总风险也就不可能降低到市场资产组合的总风险之下。因此,分散化投资实际上降低了投资组合的特质风险,却不可能消除系统性风险。这在图 3-11 中,表现为证券投资组合中非系统风险递减和总风险逐渐变平。

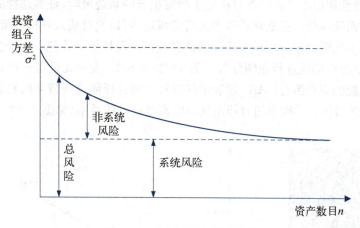

图 3-11　组合投资与风险分散

三、Alpha 的含义及其在投资管理中的应用

(一) Alpha 的理论基础

对于 CAPM 回归方程截距项显著异于零问题,是詹森在 Sharp 等提出 CAPM 不久就发现的,其研究结论是截距项(即 α 值)可以来解释投资组合报酬差异的来源,这就是著名的詹森 Alpha,它有效结合了主动投资管理与数量化组合管理,并成为投资业绩评价的

重要方法之一。

詹森的 Alpha 方法,即业绩风险调整的方法是差异回报率(differential return)方法,这种风险调整回报率的度量是由詹森所创立的,也称为詹森指数。

詹森指数是建立在 CAPM 基础之上的,并根据经验 CAPM 事后模型来测算实现的收益率,这一事后经验 CAPM 为

$$R_{pt} - R_{ft} = \beta_p(R_{mt} - R_{ft}) + \varepsilon_{pt} \tag{3.16}$$

加入截距 α_p 代表组合投资业绩,转变为下面的式子,即基金经理投资组合收益率有多少来源以及获取高于风险调整后的平均收益率的能力,即

$$\alpha_p = R_{pt} - [R_{ft} + \beta_p(R_{mt} - R_{ft})] + \varepsilon_{pt} \tag{3.17}$$

其中,α_p 就表示为詹森业绩指数。一个正的显著的 Alpha 值代表了基金经理较好的市场预测能力,或者较好的证券选择能力,或者同时具备上述两者能力使得所评价的基金高于平均业绩的程度。在基金之间比较时,詹森指数越大越好。

(二) Alpha 策略在积极组合管理中的应用

在金融市场上,资产收益分为两类,即来源于市场风险暴露的 Beta 收益和超额的 Alpha 收益。其中,Alpha 来源于基金经理的管理能力;Beta 则是风险补偿。尽管 Alpha 收益和 Beta 收益的来源不同,但 Alpha 没有和 Beta 真正分离,即 Alpha 和 Beta 是相关的(见图 3-12)。

为获取 Beta 收益,通常是通过实施主动投资策略实现的。为此,有必要对主动策略进行业绩分解。根据资产组合理论,投资组合总体业绩是由资产组合管理的业绩所共同决定,其中战略性和战术性资产配置决定了投资组合的系统风险,证券选择的过程决定了投资组合的非系统风险。在战略性资产配置完成后,可以通过买入并持有策略进行投资,也可以通过战术性资产配置以单个证券的选择进行主动性投资管理。对于投资组合的业绩,可以根据证券市场线进行业绩分解。图 3-12 中 SML 表示无风险资产和风险资产所组合的所有可能的资产组合。AA' 段表示的投资经理选择能力所带来的收益,该"选择收益"即 Alpha,此指标表示投资组合经系统风险调整后的收益率(见图 3-13)。

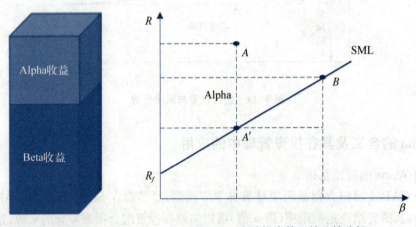

图 3-12 Alpha 和 Beta 收益　　图 3-13 主动投资管理的业绩分解

在量化投资盛行的今天,攫取 Alpha 值已经成为积极投资组合管理的"圣杯"。获取 Alpha 的手段有很多,其基本思路是实施积极策略或市场中性投资策略生成正的 Alpha 值。近年来,海外市场最热门策略之一就是"可转移阿尔法"(portable alpha)策略,该策略又称为"α 和 β 分离法",其基本思路是在赚取市场收益的同时,追求超额收益最大化。按照摩根斯坦利的定义,"可转移阿尔法"是在不影响组合战略资产配置的前提下,利用金融衍生工具将一种投资战略产生的超额收益转移到另一种投资战略的基准收益之中。其具体操作过程,首先是利用部分资金购买股指期货或其他金融衍生品,以实现系统风险 Beta 带来的市场收益,然后利用剩余资金进行低风险投资来获取 Alpha 带来的超额收益。

第三节　套利定价理论与因子分析

一、套利定价理论

CAPM 的主要困境在于过于严格的假设与复杂计算量,导致预期收益与现实世界的偏离。套利定价理论(the arbitrage pricing model,APT)的提出,正式基于对 CAPM 预测预期收益替代,即 APT 是另一种可替代 CAPM 的有力工具。套利定价理论是一个关于超额收益的多因子模型,假定有 K 个因子,从而将超额收益表达为

$$r_n = \sum_{k=1}^{K} X_{nk} b_k + \varepsilon_n \tag{3.18}$$

式中,X_{nk} 为 n 对因子 k 的头寸,该头寸通常被称为因子载荷(factor loadings);n_k 为因子 k 的因子收益;ε_n 为残存收益。

$$f_n = E\{r_n\} = \sum_{k=1}^{K} X_{nk} m_k \tag{3.19}$$

式中,m_k 是因子 k 的因子预测值。

套利定价理论的一个基本假设是:证券的收益率主要受一个或多个市场因子的影响,并且证券收益率和因子之间具有线性关系。APT 告诉我们,证券的预期超额收益是由证券的因子头寸所决定的。预期超额收益和股票因子头寸之间的联系由公式(3.19)所给出。对于每一个因子,都存在一个权重(或称为因子预测),而证券的预期超额收益则等于所有的因子头寸与因子预测的乘积之和。

APT 与 CAPM 相比,需要较少的假设,但得到相似的结果。与资本资产定价理论(CAPM)中的单因素市场风险决定论不同,套利定价理论(APT)认为证券的系统风险是由 K 个普遍存在的共同因子一起决定的,每一证券对这 K 个共同因子的反应系数(敏感程度)不同,从而导致不同证券之间的收益率差别。

二、APT 模型的应用:因子识别和萃取

APT 理论仅告诉我们这个因子预测值存在,但未告诉我们如何寻找这个因子。因

此，对于 APT 模型而言，关键预测寻找影响资产组合预期收益的因子成为一项重要工作。获取与每个因子相关的预期超额收益的数值，即公式(3.19)中的 m_k。

（一）因子识别

因子识别对于 APT 而言是至关重要的。要利用因素模型进行资产定价，首先必须识别市场中重要因子的类别，对影响证券收益率的因子进行合理选择。APT 中的因子可以是多方面的，包括宏观因子、基本面因子、技术指标、投资行为因子等。

1. 外部因子

一般而言，模型中的因子选取会选择那些与证券本身没有内部相关性，但影响证券回报率的变量。经验证明，这些因子主要是宏观经济变量，主要包括经济总量的指标，如 GDP、工业生产的增长率、通货膨胀率（CPI）、利率与汇率、能源价格、失业率等。直观上来说，因为股票的价格应视为将来红利的折现值，而将来的红利与总的经济行为有关，折现率与通货膨胀率和利率等因子有关。

2. 基本面因子

基于公司与行业的基本面因子，是传统因子模型的重要变量。企业的财务状况可以用一些企业特有的财务指标来衡量，如市盈率、分红率、盈利能力预测以及其他一些财务指标。这些财务指标可以用来构建因子模型。此外，某一只股票的收益率可以用作解释其他股票收益率的因子。这样，就可以把证券市场上每一种产业的相关证券的平均收益率作为一个因子，例如可构造出工业因子、公用事业因子、医药业因子等。

3. 市场因子

在分析收益率的影响因素时，投资者越来越关注市场与之相关的投资者行为因素，并逐渐将相关因素纳入资产定价模型。最典型的市场因子就是动量因子，我们在介绍四因素模型时已经详细说明。在量化投资和对冲基金模型中，已经有诸多的市场变量纳入定价模型，这些市场因子包括市场技术指标、证券分析师预期调整指标、投资者情绪指标、动量因子等。

（二）主成分分析：因子萃取的重要方法

从有关证券收益的已知信息中提取因子，称之为萃取因子(extracted factors)。比较常用的萃取因子是市场投资组合的收益率，这个因子是直接从市场上所有证券的收益率生成。

在实际中如何进行萃取因子呢？我们主要应用主成分分析方法(principal component analysis, PCA)，即利用证券收益率的协方差矩阵找到那些具有较大方差的证券组合。实际上，萃取因子是找出具有较大方差证券组合中单个证券收益率的线性组合。

三、APT 的实证检验

同资本资产定价模型一样，APT 也面临实证检验的问题。因此，对套利定价的实证检验主要检验影响证券收益的因素个数，以及验证 APT 模型对股票收益率预测的有效程度如何。

经典的 APT 的实证检验是由罗尔(Roll)和罗斯(Ross)提出来的(R&R, 1980)，他们"关于套利定价的实证研究"首次从实证的角度验证了套利定价理论。

他们的方法在某种程度上与布莱克、詹森和舒尔斯检验 CAPM 的方法很相似：首先估计证券的因素 β，然后估计证券 β 和平均收益率之间的横截面关系。

Roll-Ross 检验使用一种叫因素分析法的统计方法来估计因素 β。因素分析法需要先输入样本中证券收益率之间的协方差矩阵。

Roll-Ross 检验分两个步骤：

(1) 从单个资产收益率的时间序列数据估计预期收益率和各因素系数；

(2) 使用这些估计值检验 APT 隐含的基本定价结论。具体而言，这些资产的收益率是否与步骤(1)中得出的共同因素一致？

Roll 和 Ross 检验了下列定价关系：

$$E_1 - E_0 = \lambda_1 b_{i1} + \lambda_2 b_{i2} + \cdots + \lambda_k b_{ik} \tag{3.20}$$

特殊系数 b_1 是因素分析法估计出来的，研究者指出该估计程序通常使用于该模型，但其对小样本结果的性质知道甚少。因此他们强调结论具有不确定性。

在 Roll-Ross 检验中，所选取的数据是从 1962 年 7 月—1972 年 12 月的日收益率。对 1 260 种股票分成 42 个组合。因素模型估计值表明最大的合理因素数量是 5，继而将得出的因素应用到 42 个组合，对组合中的定价因素进行分析。

在该方法检验过程中，是把收益率和证券自身的标准差联系在一起的。如果 APT 有效，标准差不会影响预期收益率，因为一种证券的可分散风险会在分散过程中消除，而不可分散风险可由因素负荷量来解释。该检验分析了收益率和 5 个因素再加上证券自身的标准差。最初的结果表明证券自身的标准差在统计上显著，它是反对 APT 的证据。随后，他们调整了偏态的结果，发现证券自身的标准差并不显著，这支持了 APT。最后，实证结果表明，至少有 3 个重要共同因素对证券评价具有重要影响，但这一研究没有告诉我们哪 3 个因素是重要的评价因素：是 GDP、工业生产还是通货膨胀？

为对 APT 理论进行实证以决定真正影响证券评价的重要因素，陈、罗尔和罗斯 (Chen，Roll and Ross，1983) 采用假设存在一系列具体的因素来解释证券之间协方差的方法，使用大样本估计因素 β 和因素价格，并发现用下列 4 个具体因素的未预期变化可以解释大部分证券之间的协方差：长期和短期政府债券的收益率差异；通货膨胀率；BB 级债券和政府债券之间的收益率差异；工业市场增长率。

之后，陈、罗尔和罗斯 (Chen，Roll and Ross，1986) 通过先辨认哪些宏观经济因素对公司股票价值造成广泛或系统性的影响，然后构建模型对 APT 进行实证的方法对证券评价的影响因素进行估计。由股利贴现模型的股票价值的评估可知，任何对折现率及未来期望现金流造成广泛影响的宏观经济因素都是重要共同因素。7 种因素分别是：工业生产；通货膨胀；风险报酬与贴水 (risk premium)；利率期限结构 (the term structure of interest rates)；证券市场指数；实质消费 (real consumption)；原油价格 (oil prices)；其中，前 4 种因素应是 APT 模型内的重要评价因素。

CRR 所采用的多变量回归分析法，对 APT 的实证相当简便。但采取 7 个经济因素回归时，会产生统计学上多重共线性问题，从而使得回归系数的估计值误差较大，而且估计值的标准误差也较大，这就降低了研究结论的可靠性。同时，他们所辨认的 4 种经济因素未符合 APT 理论的一个重要假设前提,即若以此 4 种因素作为报酬率产生的重要因素,则所有股票的误差项 ε(非因素回报)必须相互独立不相关,但 CCR 并没有提供这方面的检验。

总体而言,CRR 研究结论表明,宏观经济因素(工业生产或 GNP)、通货膨胀、利率结构、风险报酬和能源因素等都是评价股票价值的重要因素。

四、因子模型在投资中的应用

多因子模型最大的优点之一在于大大降低了大规模资产组合的风险度量、估计和预测难度,方便投资经理对资产组合风险进行分解,从因素角度解析资产组合的风险和收益来源(包括潜在和实现的),从而建模进行评价、调整组合业绩。

因子模型在量化投资和对冲基金中已得到广泛性应用。应用 APT 的因子分析设计统计模型时,其假设前提如下:资产收益由因素模型描述;存在众多资产选择,即投资者可创建特定的公司风险被消除的分散化组合;在分散化投资组合中,投资者不存在套利机会。当这些假设成立时,可以构建合适的因子模型。在应用因子分析法制定量化投资策略时,因子分析方法检验分两个步骤进行:

(1) 根据单个资产收益率的时间序列估计期望收益率和因子载荷(因子系数),验证因子存在的可能性。当特征值 λ 大于 1 为标准提取的因子个数;同时有必要观测卡方显著性检验以及残差是否显著性。

(2) 用这些估计量对 APT 模型进行检验,说明因子存在和模型设定的合理性。

在此强调的是,进行数量化投资过程中关键是建立基于预测资产的因子模型,然而围绕这个模型和其他包含风险的因子(如行业变化)来建立自己的实用性模型。如果不能得到因子预测,即使建立世界上最强大的 APT 模型也毫无用处。

专栏 3-2

摩根士丹利华鑫基金的多因子精选策略

为说明因子模型在中国证券市场量化投资中的应用,在此我们引用摩根士丹利华鑫基金管理公司旗下的多因子精选策略股票型证券投资基金(基金代码:233009)进行说明。该基金采用数量化模型驱动的选股策略为主导投资策略,结合适当的资产配置策略。该基金数量化模型是建立在已为国际市场上广泛应用的多因子阿尔法模型基础上,根据中国资本市场的实际情况,由金融工程团队开发的更具针对性和实用性的修正的多因子阿尔法选股模型。在股票投资过程中,基金经理保持模型选股并构建股票投资组合的投资策略,同时,为降低资本市场系统性风险对基金的影响,基金经理在综合分析国内外宏观经济形势以及资本市场环境等因素的基础上,在对证券市场中长期走势判断的基础上,采取适度的资产配置策略。从 2014 年上半年,摩根士丹利华鑫多因子精选策略基金业绩与基准比较看,量化投资基金业绩显著战胜基金业绩基准,即中证 800 指数×80%+中证债券指数×20%,获得 13% 的超额收益率。从本案例可以看出,多因子模型对于量化投资的意义不仅在于追求相对稳定的投资回报,而且在有效控制风险的基础上可以获取超额收益。

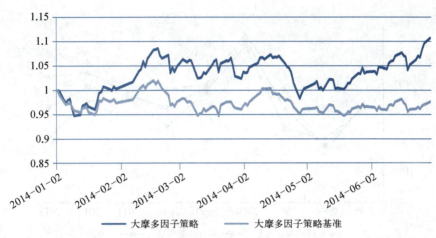

数据来源：Wind。

图 3-14　摩根士丹利华鑫多因子精选策略基金业绩与基准比较

案例分析

中国 A 股市场系统性风险的估计

为了衡量我国证券市场的系统性风险，在此以沪深上市公司为研究对象。我们对 A 股市场上系统性风险占股票全部风险的平均比例的变化趋势进行考察。为此，选取 2005—2013 年每年全部沪深两市上市公司的股票构建等市值权重的投资组合，并选取沪深 300 指数作为基准，分别以周收益率和月收益率来测算每年的系统性风险平均占比。这种方式构造的投资组合覆盖了市场全部行业和全部规模的上市公司，因而可以完整地体现我国证券市场上的风险结构状况。

以收益率为例，假设市场上 2005 年共有 N 只已在沪深两市上市的股票（并且均是在 2005 年 1 月 1 日之前上市），2005 年共有 W 周；第 j 只股票第 k 周的开盘价和收盘价分别为 p_0、q_0，采用对数收益率法，该股票当周的周收益率为

$$r_{jk} = \ln q_0 - \ln p_0$$

沪深 300 指数在第 k 周的开盘价和收盘价分别为 p_1、q_1，指数在当周的周收益率为

$$r_{mk} = \ln q_1 - \ln p_1$$

则第 j 只股票的全部股价风险中系统性风险占比为

$$\rho_j = \rho_{jm} = \frac{Cov(r_{jk}, r_{mk})}{\sigma_{mk}^2}$$

于是 2005 年年度系统性风险占总风险比例为

$$\rho = \frac{1}{N} \sum_{j=1}^{N} \rho_j$$

对其他年份的数据和月收益率数据也做类似的处理之后，我们得到图 3-15。

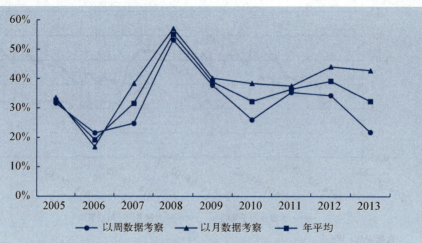

图 3-15　中国 A 股市场个股平均系统性风险衡量

表 3-4　2005—2013 年我国证券市场系统性风险占风险的比例　　（单位：%）

年　份	2005	2006	2007	2008	2009	2010	2011	2012	2013
以周数据考察	31.63	21.51	24.77	53.08	37.74	26.00	35.33	34.26	21.75
以月数据考察	33.54	16.84	38.36	56.90	40.15	38.43	37.56	44.07	42.79
年平均	32.59	19.17	31.57	54.99	38.95	32.21	36.44	39.17	32.27

通过对数据的统计分析可以看出，在 2005—2013 年这 9 年之间，我国证券市场的平均系统性风险占总系统性风险的比例为 35.26%，处于比较低的水平，说明我国证券市场上的非系统性风险比重较大，投资者投资单只证券面临严重的特质风险。系统性风险占比在 2008 年达到峰值 54.99%，在 2006 年跌至最低点 19.17%，在年份之间分布较为均匀，也无明显趋势。我国证券市场的明显特质风险，说明挖掘个股对证券投资具有非常重要的实践意义。

图 3-15 显示了 2005—2013 年这 9 年间的 A 股市场平均 β 系数的变动趋势，可以看出其轨迹与图 3-16 是基本一致的。系统风险占比较高的年份个股的平均 β 系数也

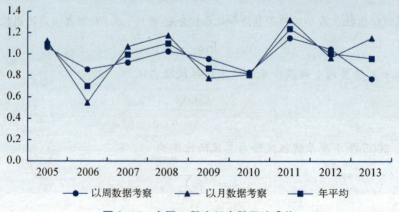

图 3-16　中国 A 股市场个股平均 β 值

较大,反之亦然。同样在2006年,系统风险占比与个股平均β系数均跌至最低点(见表3-5),原因在于个股收益风险与整体市场环境之间的弱相关性。

表3-5　2005—2013年我国证券市场个股平均β值

年份	2005	2006	2007	2008	2009	2010	2011	2012	2013
以周数据考察	1.06	0.86	0.92	1.03	0.96	0.83	1.15	1.05	0.77
以月数据考察	1.13	0.55	1.07	1.18	0.78	0.81	1.32	0.97	1.15
年平均	1.09	0.70	1.00	1.10	0.87	0.82	1.24	1.01	0.96

本章小结

本章在介绍传统资产定价模型基础上,重点拓展了资产定价模型的投资应用。首先对资本资产定价模型风险收益关系(CML与SML)进行解析;然后重点介绍CAPM的适用性及其投资应用,将投资风险分解为系统性风险与非系统性风险,并对Alpha和Beta系数在证券投资中的含义进行说明;在此基础上,对证券资产定价理论进行实证检验,这包括传统BJS与FM检验,Fama-French三因素以及涵盖动能因子的四因素模型检验,这些CAPM检验方法对证券投资实证研究以及量化投资实践的因子模型构建,都有重要理论意义和实践价值;第三节,对APT模型和因子分析,提出因子模型在投资中的应用,这是量化投资模型和因子模型的重要内容。本章最后的案例分析部分,是应用CAPM模型,对中国A股市场2005—2013年的系统性风险的估计,估计结果表明我国证券市场的平均系统性风险占总系统性风险的比例为35.26%,处于比较低的水平,而非系统性风险比重较大,这说明我国股票市场的特质风险明显,挖掘个股对证券投资具有非常重要的实践意义。

重要概念

资本资产定价模型　资本市场线　证券市场线　β系数　系统风险　非系统风险　BJS估计　FM估计　三因素模型　四因素模型　动量因子　Alpha值　套利定价理论　主成分分析　Roll-Ross检验

习题与思考题

1. 资本资产定价模型(CAPM)刻画证券市场线和资本市场线有何异同?

2. 什么是 Alpha 策略？如何理解超额收益的来源？
3. 资本资产定价模型（CAPM）的传统检验方法有哪几种？试用 2005—2010 年深圳股票市场的收益率数据进行检验。
4. 利用上述深圳股票市场的收益率数据进行 Fama-French 三因素检验。
5. 如何理解 Beta 并非决定资产收益（或预期收益）的唯一因素？这对资产定价理论的发展和投资实践有何重要意义？
6. 什么是市场系统性风险和非系统风险？利用 2005—2016 年上证 50 指数样本估计的日收益率数据和上证综合指数的日收益率数据，计算出每只股票的系统风险、非系统风险和总风险。
7. 什么是套利定价理论（APT）？如何对 APT 进行检验？
8. 如何理解因子分析在量化投资中的应用？

第四章
"自上而下"的证券投资分析体系

学习目标

"自上而下"分析法已成为证券价值分析的主流分析方法。"自上而下"分析是按照"宏观—中观(行业或板块)—微观(公司或企业)"体系,对证券价值的驱动因素进行系统性的剖析。本章重点对证券投资的"自上而下"的证券投资分析体系进行讲解,通过本章学习,掌握以下重点内容:

1. 宏观经济分析与证券投资之间的关系,宏观经济指标体系与宏观经济政策如何影响证券投资?
2. 行业生命周期和行业景气度如何影响股票市场价值?
3. 公司财务报表重点解读信息含量和指标,以及公司财务政策与公司价值之间的内在关联机制。

第一节 宏观经济:投资的顶层驱动因素

一、宏观经济分析

如前分析,证券分析师对公司价值进行评估必须预计该公司的盈利前景及股利水平,这是证券基本分析的核心。这也就说,分析价值的决定因素,如盈利前景,由于公司的盈利前景与宏观及国内经济状况存在密切相关,因而价值分析首先必须考虑公司所处的宏观经济环境。对许多公司而言,宏观经济和产业环境对公司利润的影响比自身在产业内的相对经营水平对利润的影响更大。

宏观经济分析是"自上而下"分析法的第一步。在分析一家公司经营前景时,证券分析师有必要首先从经济状况出发,考察公司经营所处产业的外部环境对公司的影响,然后才考察公司在业内的经营状况,这即通常所说的"自上而下"的分析方法。在这一分析体系中,"上"即从宏观经济分析出发,讨论与公司业绩相关的宏观影响因素。作为投资的顶层驱动因素,宏观分析重点关注与宏观经济环境相关的任何因素,包括GDP增长趋势、企业盈利状况、利率、货币供应、信贷与投资活动、收益率曲线分析、货币政策和财政政策等,哪些经济力量可能推动经济增长？宏观经济处于经济周期哪个阶段？利率的前景以及对各行业或板块影响如何？通胀膨胀运行态势以及相关的政策倾向如何？

按照"自上而下"的权益证券分析法，宏观经济与股票市场之间应该存在密切的正相关性，并且股票市场能够提前反映宏观经济状况，因此，股票市场有时被称为是宏观经济的"晴雨表"。对宏观经济分析，主要分析宏观经济指标、预测经济周期和宏观经济政策变化。

大量经验表明，宏观信息对我们预测一个企业未来的发展前景，判断其盈利能力和投资价值有重要的影响。为此，无论是证券分析师还是投资经理必须对宏观因素具有良好的理解，对宏观经济运行及其变化高度关注，紧密跟踪并判断这些因素的变化及其对证券市场运行的影响。例如，经济状况变化和企业盈利能力上升，股票市场可能存在系统性上升的投资机会；相反，经济状况恶化，则投资机会相对变差，例如 2008 年的中国 A 股市场。除关于经济增长率外，还应关注经济周期（或商业周期）、通胀膨胀、大宗商品价格、利率汇率等宏观指标（见表 4-1）。如提高利率，则对股票和债券价格造成下跌；同样，大宗商品价格上涨，会对不同行业和公司造成影响，对资源类则是有利，而对多数行业则面临原材料上升风险，因此证券分析师有必要深入、细致分析。只有这样，分析师才能把基于财务报表的公司价值评估置于宏观经济大背景下，才能有效把握行业和公司的趋势和方向。

表 4-1 证券投资应予重点监控的宏观经济风险因素

1	经济增长率	5	长期利率变化
2	通货膨胀	6	短期利率变化
3	贸易（经济）周期阶段	7	汇率变化
4	大宗商品价格	8	信用风险（经济领域）

资料来源：Clay Singleton，2007。

二、宏观经济指标

对一个国家或地区的宏观经济进行评估，首先要对该国家或地区的主要宏观经济指标（变量）进行分析。在此，我们将描述宏观经济的关键经济统计量，主要包括以下经济变量。

（1）国内生产总值：衡量一个国家或地区的综合经济状况的常用指标是国内生产总值（GDP）。它是指某一特定时期内在本国（或本地区）领土上所生产的产品和提供的劳务的价值综合，它是衡量整体经济活动的总量指标。国内生产总值由四部分构成：消费、投资、净出口（出口额减进口额）和政府支出。通常表达为

$$GDP = C + I + (X - M) + G \tag{4.1}$$

其中，C 代表消费，I 代表投资，$X - M$ 代表净出口，G 代表政府支出。快速增长的 GDP 表示该国经济正在迅速扩张，公司的经营环境较为有利。另一个应用较广的经济产出测度指标的工业增长率，它表示工业生产总值的增长速度，这个指标与经济景气密切相连。

（2）通货膨胀率：是指物价全面上涨的程度，通常用居民消费物价指数（CPI）表示。

通货膨胀一般与经济过热相联系,也就是说,当产品与劳务的需求超过该经济的生产能力时,它会导致价格升高的压力。按照弗里德曼的经典观点,"通货膨胀永远是一个货币现象",通货膨胀率的趋势完全取决于中央银行的货币政策。

(3) 利率:高利率会减少未来现金流的现值,因而减少投资机会的吸引力。正是基于这种原因,真实利率才成为企业投资成本的主要决定因素。

(4) 汇率:它指的是按照购买力平价测度的两国货币的比例关系,汇率的变动直接影响着本国产品在国际市场的竞争能力,从而对本国经济增长造成一定影响。

(5) 预算赤字:政府的预算赤字是政府支出和政府收入之间的差额。任何一个预算差额都会通过政府借债进行消除。而大量的政府借债会抬高利率,因为这样就会增加经济中的信贷需求。一般认为,过量的政府借债会对私人部门的借债产生"挤出"效应,从而使得利率上升,进一步阻碍企业投资。

(6) 失业率:这是一个评价一个国家或地区失业状况的主要指标,它测度了经济运行中生产能力极限的运用程度。虽然失业率是一个仅与劳动力有关的数据,但从失业率可以得到有关其他生产要素的信息,从而对该经济生产能力进行深入评价。

(7) PMI 指数:此指标可谓是制造业的"体检表",是衡量制造业在生产、新订单、商品价格、存货、雇员、订单交货、新出口订单和进口八个方面状况的指数,是经济先行指标中一项非常重要的指标。

三、宏观经济周期

经济指标不仅表明经济各领域当前的状态,而且还能揭示经济发展的方向。因此,将经济指标仅仅理解为一种度量是错误的,是典型的静态分析。要充分经济指标包含的信息,需要将它置入经济周期和金融市场周期的框架中。

经济周期(business cycle)是根据实际国内市场总值将宏观经济运行划分为扩张期和收缩期。如图 4-1 所示,经济周期包括经济扩张期和经济收缩期。从长远经济走势看,总体经济增长随时间推移而向上移动,代表长期经济增长趋势。当经济处于收缩期,实际国民生产总值低于长期正常增长率,最低点称为波谷(trough),最终经济扩张达到经济周期的最高点,即波峰(peak)。从波谷到波峰,经济处于扩张阶段;从波峰到波谷,经济处于收

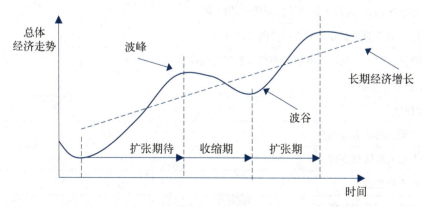

图 4-1 经济周期

缩阶段。由于证券市场与经济周期存在密切关系,如果投资者不能准确预测经济周期,就可能会遭受投资损失。尤其投资者购买随经济周期变动的股票(通常称为"周期性股票"),一旦经济不景气,这些股票就会使投资者损失惨重。

尽管经济周期分析对股票投资决策具有重要影响,但是经济周期的变化是不规则的。因而如何对经济周期进行预测和判断,成为投资者证券分析的重要环节。一般而言,国际经济研究机构通过构建综合指数来衡量经济周期,综合指数是根据其目的选择的特定经济指标编制而成。预测经济周期制表方法是基于这样的一个基本前提:宏观经济的扩张时期和收缩时期是可以辨别的。这种经济观点是美国国家经济研究局(National Bureau Economic Research,NBER)进行研究调查后提出来的,该机构试图用科学、公正的态度来解释各种重要的经济现象。NBER检验了众多与过去经济周期相关的经济时间序列性态,在此基础上,将不同的经济序列根据他们的经济周期划分为以下三个主要类型:领先指标(leading indicators)是指那些通常在总体经济活动到达高峰或低谷前,先达到高峰或低谷的经济序列;同步指标(coincident indicators)是指那些高峰或低谷与经济周期的高峰或低谷几乎同步的经济序列;滞后指标(lagging indicators):是指那些高峰或低谷滞后于经济周期的高峰或低谷的经济序列(具体见表 4-2)。

表 4-2 NBER 经济周期预测指标序列

	领先(—)或滞后(＋)(以月为单位)		
	高峰	低谷	所有转折点
A. 领先指标序列			
1) 制造业工业每周平均工作小时数	—2	—3	—3
2) 平均每周初次申请失业保险的人数(反向指标)	—5	—1	—3
3) 制造业新订单,包括消费品和原材料	—2	—2	—2
4) 地方建筑部门批准建造的私人住房单位指数	—9	—6	—7
5) 500 种普通股票价格指数	—4	—4	—4
6) 货币供应量	—5	—4	—5
7) 卖方状况(未按时发出货物的公司所占的比重)	—3	—2	—3
8) 为偿付的商业贷款和消费者信贷的变动状况	—4	—6	—5
9) 利息差,即 10 年期国库券收益率减去联邦基金收益率	—2	0	—1½
10) 消费者期望指数	—4	—3	—3
B. 同步指标序列			
1) 工资册上的非农业雇员	—2	0	0
2) 个人收入减转移支付	0	—1	—1/2
3) 工业产量指数	—3	0	—1/2
4) 制造业和商业销售额	—3	0	—1/2

续表

	领先(-)或滞后(+)(以月为单位)		
	高峰	低谷	所有转折点
C. 滞后指标序列			
1) 以周计算的平均事业持续时间(反向指标)	+1	+8	+3½
2) 制造业和商业存货/销售额比率	+2	+3	+3
3) 银行收取的平均优惠利率	+4	+14	+5
4) 未偿付的商业和工业贷款	+2	+5	+4
5) 消费者未偿付的分期付款和个人收入比率	+6	+7	+7
6) 制造业中单位产量的劳动成本(以百分比表示)	+8½	+11	+10

资料来源:Geoffrey H. Moore. "The Leading Indicator Approach — Value, Limitations, and Future". Conference Board, 1984.

在经济周期的框架中,领先指标、同步指标、落后指标三者此起彼伏,把经济发展趋势和金融市场的转折试点、当前的趋势强弱、趋势持续时间都描绘出来。图4-2是美国1998年3月—2016年11月期间这三组综合指标数据与股票市场指数的时间序列图。与真正的经济周期相比,各组指数的转折点都是提前期或滞后期。先行综合经济指数早于其他经济指标,同时它对于波峰的提前期总是大于波谷的提前期。2006年中期开始,美国先行指标已经见顶,到2007年中期已经下行,而滞后和同步指标却依然上行,从2007年底到2008年的美国经济衰退走势已经证明了经济先行的先导性。在表4-2中,股市的价格指数是一个先行指标,这是因为股价本身就是公司未来盈利能力的预报器。但对于投资决策而言,这大大缩小了先行经济指标的作用:当先行指标预测经济上升时,股市往

数据来源:Bloomberg。

图4-2 美国不同经济指标与股指关系(1998—2016)

往先行一步。因此,根据综合指标可以对经济周期进行预测,但对股市的周期而言却是更难预测。这也是对有效市场假说的进一步证明。货币供应量是另一种先行指标,但货币政策对经济运行的影响却相当滞后。这是因为货币政策的扩张或紧缩,需要在今后半年左右时间才能影响经济。所以,现在的扩张性货币政策很可能预示着经济活动的复苏。

四、宏观经济政策

除了关注宏观经济运行外,证券分析师还必须对宏观经济政策密切关注。宏观经济政策对行业和公司的影响也是巨大的,尤其是对中国这样的经济转型国家,政府控制资源能力相当强,政策导向对产业发展的影响直接决定着行业与公司的投资机会。例如,传统产业面临结构性分化;机械中先进制造业投资机会较多;化工行业的技术性子产业存在机会;信息技术、生物技术等新兴产业等高成长性存在投资机会。

(一) 宏观经济政策

在市场经济体制下,财政政策和货币政策是政府宏观经济调控的最重要的两大政策工具。政府通过运用财政政策和货币政策"熨平"经济周期波动对经济运行的负面冲击,促进国民生产总值的稳定增长,从而实现充分就业和物价稳定的宏观经济目标。

财政政策是指政府的支出和税收行为,通常采用的宏观财政政策为扩大或缩减财政支出、减或增税,政府希望通过这种方法能扩大或控制社会的投资和消费水平,从而提高经济增长的比率,增加就业水平或降低通货膨胀率。作为需求管理的一部分,财政政策可能是刺激或减缓经济发展的最直接的方式。政府支出的上升直接增加了对产品和劳务的需求;同样,税率的下降也会立即增加消费者的收入,从而导致消费水平的快速提高。

货币政策是另一种重要的需求管理政策,它是通过控制货币供应量和影响市场的利率水平对社会总需求进行管理。中央银行的货币政策采用的三项政策工具:(1) 公开市场运作,其主要内容是央行在货币市场上买卖短期国库券;(2) 利率水平的调节;(3) 法定准备金比率的调节,法定准备金是商业银行和储蓄机构按照有关法律的要求将存款的一定百分比存入中央银行的专门账户中以应付银行和储蓄机构可能出现的资金流动性问题。在上述三种主要货币政策工具中,利率是最重要的调节工具。

在经济调控过程中,政府往往运用货币政策与财政政策组合搭配,进行"逆经济周期"调控。针对经济不同特点,政府常常采取财政政策与货币政策"双紧""双松"或"一松一紧"的政策搭配组合,对宏观经济变量进行调节。

央行货币政策对证券市场行情有重大影响,在此建议投资者尤其关注货币政策拐点(turning point),即央行改变原来的货币政策操作方向,通过调整基准利率、存款准备金率或者改变基础货币规模来实现由宽松政策转为紧缩或由紧缩政策转为宽松政策。

(二) 宏观经济变量对股价的影响

股价的运动表面是股票供求因素所决定,但背后是各种因素共同影响的结果。从宏观经济角度而言,股价变化能够及时反映甚至提前反映宏观经济变量的变化,体现股市是"宏观经济的晴雨表"的作用。图 4-3 显示了宏观经济指标变化及其宏观经济政策因素,对股票价格变动的影响方向和作用机制。

在此需要指出的是,图 4-3 所涉及的利率政策对股市的作用机制是单因素进行分析

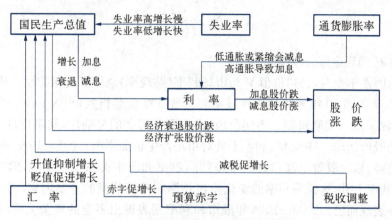

图 4-3　宏观经济指标变化对股价的影响

的。从单因素而言，上调利率确实具有负面效应（如资本成本、贴现率提高），然而，利率上调往往具有复杂的宏观背景，因此不同经济情景与政策工具的搭配组合，既体现着宏观管理层的决策艺术，也是影响股市的重要的变量。对于利率下降，则通常可以确认经济形势不好，此时对股市影响相对单一，即不存在机会。但此时债券类资产相对具有投资价值。

对于宏观政策紧缩而言，可将之归纳为三种形态。

第一种情形，"经济不断过热＋政策持续收紧"，公司 ROE 上升幅度大于政策收紧的负面冲击，投资者不用担心（直至压弯 ROE 的最后一根政策稻草出现前）；2006—2007 年，中国 A 股和 2004—2006 年的美国股市，就是这种情形。

第二种情形，"经济下滑＋政策收紧"，这种情况出现在经济周期发生向下拐点的初期，经济出现下滑但通胀周期滞后经济周期，通胀与经济下滑并存的"糟糕组合"导致公司 ROE 持续下降，"雪上加霜"的利率政策使得股市不存在任何投资机会；2008 年 1—3 季度中国 A 股就是这种典型情形。20 世纪 80 年代末的日本股市，错误的货币政策正是在 ROE 下降背景下被动提高利率，终于导致股市泡沫破裂。

第三种情形，"经济复苏＋政策收紧"，自 2010 年开始的 1 年多时间，经济复苏和政策收紧微妙组合，复苏初期政策宽松支持经济，但随着复苏推进政策可实施空间逐渐收窄并向收紧切换。"经济复苏基础好＋政策主动收紧"，退出策略对股市影响不大；相反，"经济复苏基础弱＋政策被动收紧"，则导致市场风险较大。2010 年 10 月份，中国通胀率上升而小周期回落，导致货币政策导向的首要目标从"保增长"转向"防通胀"，10 月 19 日、12 月 24 日，2011 年 2 月 8 日连续多次加息，从准备金率调整转向利率和准备金率调整的搭配组合。

为说明利率变化和股市走势之间复杂关系。在此，我们借助美国利率走势和股市的数据进行说明（具体见图 4-4）。总体而言，利率政策对股市的作用机制是，市场利率下降，权益证券的内在价值上升。按照权益证券的现金流贴现模型，公司价值等于公司未来自由现金流量的折现值。即选定恰当的贴现率，将公司未来的自由现金流折算到现在的价值之和作为公司当前的估算价值。该方法的基本原理是一项资产的价值等于该资产预期在未来所产生的全部现金流量的现值总和。即公司内在价值 V 表达为：

$$V = \sum_{t=1}^{n} \frac{CF_t}{(1+r)^t} \qquad (4.2)$$

其中，CF 为现金流，r 为贴现率。

当其他因素不变时，公司价值 V 与市场利率（贴现率）总体呈负相关性。从图 4-4，即 1990—2016 年美国 10 年国债到期收益率和标普 500 股票指数（SPX index）之间的关系图，基本体现了这一关联机制。不同阶段，由于股价运动的复杂性，利率变量经常与多因素一起驱动股价运动。1994 年，利率上升对市场产生负面影响；1995—1998 年，利率处于整体下降趋势，推动股价上涨；1998—2003 年，利率和股市关系发生变化，熊市时利率下降，牛市时利率上升，这说明利率的变化不再是影响经济环境的主要因素，而仅仅是经济状况的一种表现而已。2003—2006 年股市和利率则表现出多变的复杂关系；2007—2008 美国遭遇次贷危机，利率下降与股市下降表现为同步关系；2009 年美国次贷危机之后总体经济呈现弱复苏，利率下降和股价上升呈现反向关系；随着美联储退出量化宽松的 QE 刺激政策，2016—2017 年 1 月，美国利率上升与股市震荡上升又呈现复杂关系。但总体而言，从 20 世纪 90 年代以来，美国市场利率总体呈下行趋势，对权益证券的内在价值起到明显提升。

数据来源：Bloomberg。

图 4-4　美国利率走势和股市的复杂关系（1990.1—2017.1）

第二节　行业分析：投资的中层驱动因素

行业因素（industry factor），又称产业因素，其影响范围只涉及某一特定行业或产业中所有上市公司的股票价格。这些因素包括行业生命周期、行业景气变动、行业法令措施，以及其他影响行业价值面发生变化的因素。

一、行业分析基础

1. 行业信息

在基于财务报表的证券分析中,行业信息和宏观信息(包括宏观政策信息)一样具有重要的作用。行业信息包括公司所处的行业前景、企业在行业的地位、行业内部的竞争态势、行业盈利状况和风险等。显然,朝阳行业所处的行业空间更大,在行业竞争力所处优势地位的企业价值更高,投资者愿意支付较高溢价;若某些企业已经在行业内建立了垄断地位,则这些企业的未来发展将更有保障。

2. 行业分析师

行业分析师(industry analyst)针对某行业或行业内公司进行深入调研、分析,准确定位市场现状、动态,对行业状况和公司进行预测。

多数行业分析公司覆盖一个或多个市场领域,包括医药、通信、证券、化工、汽车、旅游、电信、能源、交通运输、地产等。据此,行业分析师可分为医药行业分析师、通信行业分析师、证券行业分析师、化工行业分析师、汽车行业分析师等。

3. 行业划分:证监会

2001年4月,中国证监会首次发布了《上市公司行业分类指引》,按照这份指引,目前沪深交易所的上市股票划分为以下十三类(见图4-5),分别是:(1)农、林、牧、渔业;(2)采掘业;(3)制造业;(4)电力、煤气及水的生产和供应业;(5)建筑业;(6)交通运

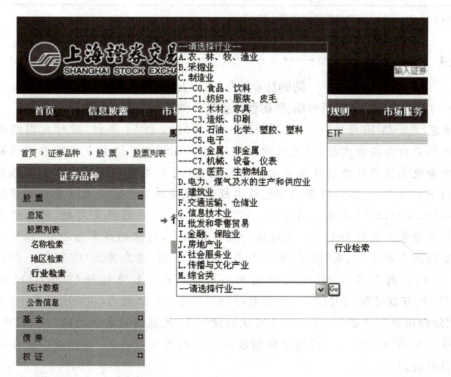

资料来源:http://www.sse.com.cn。

图4-5 中国证监会行业划分

输、仓储业;(7)信息技术业;(8)批发和零售贸易;(9)金融、保险业;(10)房地产业;(11)社会服务业;(12)传播与文化产业;(13)综合类。

行业板块是投资组合构建的重要基准。在投资组合构建的过程中,一个重要的步骤就是对特定投资周期的各行业板块特征进行评估,包括板块比重、市值和估值。然后分析各个板块的预期风险和收益,对具有投资吸引力的板块进行超配,对投资价值偏弱的板块进行减持或低配。表 4-3 显示了 MSCI 世界指数所体现的各板块特征。

表 4-3 上证综合指数板块构成

板 块	比 重	板 块	比 重
金融	28.54%	医疗保健	4.44%
工业	19.40%	房地产	4.25%
信息技术	3.80%	电信业务	0.11%
能源	9.46%	公用事业	4.67%
可选择消费	10.83%	原材料	9.13%
日用消费品	5.37%		

资料来源:Bloomberg。数据截至 2017 年 5 月 4 日。

专栏 4-1

防御行业组合的"十大金股"

4-1(A) 宏观经济转折时期,防御型行业是一种不错的投资选择。

首先,先介绍 10 年前《投资学》教材的一个案例①。2004 年初,针对我国经济运行过热和部分行业投资失控,中央政府开始进行宏观调控。证券分析师普遍预期宏观调控将会使高位运行的宏观经济运行面临调整,周期类公司遭到投资经理抛售。在宏观经济面临转折时期,避开周期型股票投资,投资防御型资产无疑是一种理性的选择。在此,我们以 2004 年 7 月 1 日—2005 年 7 月 20 日为投资周期,随机选择经济周期调整背景下的防御型资产构建防御型投资组合,选择的样本为酒类、机场、港口、医药等防御型行业"龙头"公司,即贵州茅台(600519)、青岛啤酒(600600)、伊利股份(600887)、云南白药(000538)、恒瑞制药(600276)、上海机场(600009)、天津港(600717)、百联股份(600827)、首创股份(600008)、长江电力(600900)等 10 只股票构成"防御组合"(见图 4-6)。经过宏观调控一年,发现防御组合远远"战胜"市场,防御组合收益率为 6.9%,而同期市场指数的收益率为 -15.1%,因此防御组合超过市场收益率达到 22%。

---

① 张宗新,《投资学》(第一版),复旦大学出版社,2006 年版。

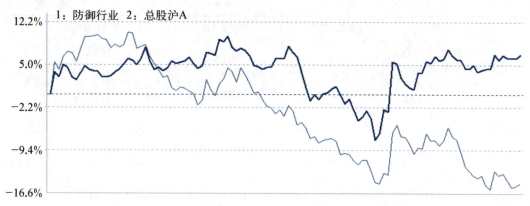

图 4-6 "十大金股"防御组合和上证指数收益对比(2004.7—2005.7)

4-1(B) 经济下行时期,稳定增长的防御型行业是机构投资者"最爱"。

2008年美国次贷危机之后,尽管我国实施"四万亿刺激政策"对冲全球金融危机的负面冲击,2009年经济出现了V型反转。但2010年之后,中国经济面临经济转型的大背景,经济增长动力处于换档期,经济增长率处于整体下行阶段,2010—2016年的经济增长率分别为10.6%、9.5%、7.9%、7.8%、7.3%、6.9%、6.7%。经济下行时期,股票市场指数受到企业盈利能力制约,总体表现欠佳,但防御型行业的相关公司营业收入增长,尤其稳定增长的酒类、食品饮料、医药行业、公用事业的公司业绩增长稳定,而受到机构投资者"最爱",尤其是贵州茅台、云南白药、恒瑞制药、伊利股份等公司营业收入在2010—2016年出现年均超过30%的增长,业绩"白马"特性造就了这些公司的持续高投资回报率。2009年末上证指数收报于3277.14点,2017年4月13日收报于3275.96点,市场处于7年的大幅振荡格局,2010年1月1日—2017年4月13日市场指数总回报率为 −0.036%,而"十大金股"防御组合期间回报率达到127.53%,战胜市场127.56%(见图4-7)。

表 4-4 "十大金股"防御组合与市场指数主要指标比较

	股价指标		营业收入指标			净利润指标			股票回报率指标		
	2004/6/30股价(前复权,元)	2017/4/13股价(元)	2009年营收(亿元)	2016年营收(亿元)	2010—16年均增长率(%)	2009年净利(亿元)	2016年净利(亿元)	2010—16年均增长率(%)	2004.7.1—2017.4.13期间总回报率(%)	2010.1.1—2017.4.13期间总回报率(%)	2004.7—17.4期间年均回报率(%)
贵州茅台(600519)	5.19	398.39	87.29	336.46	40.78	43.1	167.4	41.20	7 576.11	212.25	582.78
青岛啤酒(600600)	6.51	32.85	164.78	238.75	6.44	13.1	12.4	−0.76	404.61	−12.66	31.12
伊利股份(600887)	0.82	18.47	242.14	601.89	21.22	6.4	56.6	112.05	2 152.44	318.53	165.57
云南白药(000538)	2.56	84.66	71.34	222.57	30.28	5.9	29.1	56.17	3 207.03	173.32	246.69

续 表

	股价指标		营业收入指标			净利润指标			股票回报率指标		
	2004/6/30股价(前复权,元)	2017/4/13股价(元)	2009年营收(亿元)	2016年营收(亿元)	2010—16年均增长率(%)	2009年净利(亿元)	2016年净利(亿元)	2010—16年均增长率(%)	2004.7.1—2017.4.13期间总回报率(%)	2010.1.1—2017.4.13期间总回报率(%)	2004.7—17.4期间年均回报率(%)
恒瑞制药(600276)	1.1	54.16	29.83	108.91	37.87	5.9	25.8	48.18	4 823.64	285.56	371.05
上海机场(600009)	7.79	34.08	32.04	68.91	16.44	7.07	28.1	42.49	337.48	95.63	25.96
天津港(600717)	3.54	16.72	96.24	129.80	4.98	6.5	12.8	13.85	372.32	34.51	28.64
百联股份*(600827)	3.8	15.97	289.88	466.70	8.71	1.9	9.0	53.38	320.26	−14.32	24.64
首创股份(600008)	1.54	8.33	25.87	78.01	28.79	4.4	5.0	1.95	440.91	130.11	33.92
长江电力(600900)	3.15	13.57	108.20	478.65	48.91	40.5	208.2	59.15	330.79	52.35	25.45
"十大金股"回报率									1 996.56	127.53	153.58
上证指数表现	1399点	3275点							134.10	−0.036	10.32

*百联股份(600827)由原上海友谊集团股份有限公司于2011年8月吸收合并上海百联集团股份有限公司组建而成,旧"百联股份"(600631)退市。

资料来源:Bloomberg。

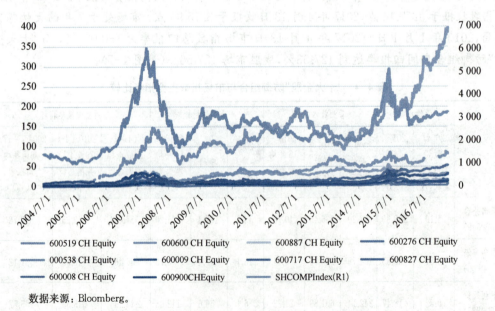

数据来源:Bloomberg。

图4-7 "十大金股"防御组合和上证指数收益对比(2004.7—2017.4)

二、行业的生命周期

任何一个行业都要经历如同公司发展一样的生命周期,包括:初创期、成长期、平台期(成熟期)和衰落期。同行业不同的公司的业绩虽有不同,但与该行业所处的整体发展阶段有很大关联。当公司所处行业处于上升阶段时,该行业所有公司的成长性都看好;相反,当公司所处行业开始衰退时,即使有些公司能够做到经营有方,但行业内的大多数公司的整体状况则并不乐观。可见,投资于不同周期的公司,获得的回报是完全不一样的,证券分析师必须非常有必要关注行业周期的信息及其变化趋势。

1. 初创期

在初创期,大量的新技术被采用,新产品被研制但尚未大批量生产。这一阶段,销售收入和收益急剧膨胀。公司的垄断利润很高,但风险也较大,公司股价波动也较大。在此,有两点需要注意:一是关注行业的动态分析,例如多晶硅行业从初创到过剩的迅速转化,导致产业的投资风险加大;二是关注不同区域或不同国家的分析。随着全球制造业的转移,某些(如汽车产业等)产业从发达国家向新兴市场尤其是中国市场转移,产生不同产业周期的地域梯度。

2. 成长阶段

在行业扩张期,各项技术已经成熟,产品的市场也基本形成并不断扩大,公司利润开始逐步上升,公司股价逐步上涨。在成长阶段,行业的领导者开始出现。整个成长期,可以进一步再细分成高速成长期、稳健成长期和缓慢成长期。在此,有四个指标有助于投资者判断:第一,要看市场容量,有时候还要看细分市场的容量,不妨借鉴韦尔奇"数一数二"策略,即寻求细分市场中数一数二的企业;第二,看核心产品的市场份额,如果份额已经很高,那就意味着成长起来就比较困难,如果比较低,业绩增长的潜力就大些;第三,要看公司新产品储备,具备市场潜力;第四,要看它的并购策略,是否具备扩张潜力。

3. 成熟阶段

在成熟阶段,市场基本达到饱和,但产品更加标准化,公司的利润可能达到高峰。由于行业竞争激烈,边际利率逐渐降低,对利润产生压力,增长缓慢甚至停滞。这个阶段的公司成为"现金牛",即拥有稳定的现金流。

4. 衰退阶段

在这个阶段,行业的增长速度低于经济增速,或者萎缩。这个能是产品过时、新产品的竞争或低成本的供应商竞争所导致。

既然行业周期分为不同阶段(见图4-8),那么生命周期在哪个阶段最具有投资吸引力?传统观点认为,投资者应寻找高成长性行业,然而这个秘方似乎过于简单,因为证券价格已经充分反映了高增长的可能性,甚至在一定程度上

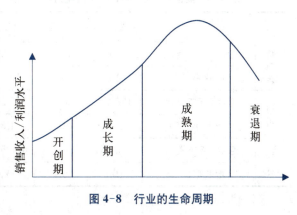

图4-8 行业的生命周期

进行透支。投资大师彼特·林奇在《战胜华尔街》(One Up on Wall Street)所指出的,许多人偏好投资高增长行业,但他喜欢投资成长率低的行业,如殡仪公司和修补油桶的行业(彼得·林奇,2011)。

专栏 4-2

美国特斯拉与传统汽车巨头 GM、福特汽车的比较

为说明行业的不同生命周期,在此我们以美国汽车行业不同细分市场为例。在美国市场,通用汽车(GM)与福特汽车(Ford)是传统动力汽车厂商代表,而特斯拉(Tesla Inc., TSLA)则是全球新能源企业的代表,致力打造移动互联和技术创新的新能源汽车。根据汽车制造工艺与技术划分,以汽油、柴油为燃料动力的汽车属于传统动力汽车,行业周期进入成熟期;而以电池为动力的新能源则是新兴行业,行业周期属于成长期。2010 年 6 月,特斯拉在美纳斯达克上市,挂牌当天收盘价 19 美元。2011 年末,通用汽车市值是特斯拉市值的 22.26 倍,福特汽车是特斯拉市值的 25.32 倍。2012 年初,特斯拉产能维持在每周 5 辆左右。2012 年推出 Model S 后,产能开始爬坡,年底达到每周生产 400 辆。2013 年第一季度,实现上市后的首次财务季度报表盈利,取得净利润 1125 万美元。随着企业进入成长阶段,产能和销售收入实现迅速突破,单季销量从 2012 年三季度的 250 辆快速上升到 2016 年三季的 2.5 万辆左右,销售收入从 2010 年的 1.16 亿美元快速攀升 2016 年的 70 亿美元。从 2010 年至今,特斯拉汽车正是经历了从开创到快速成长的过程。从 2011 年开始,特斯拉股价已经上升超过 10 倍,股价从 2010 年末的 26 美元增长到 2017 年 4 月末的 314 美元。2017 年 4 月,特斯拉 Tesla, Inc.(TSLA)的市值一度超通用汽车公司(GM),成为美国市值最大的汽车制造商。同时,图 4-9 显示的 2010 年—2017 年 4 月期间特斯拉(TSLA)与通用汽车(GM)、福特汽车(Ford)市值变化,也充分说明了不同行业的生命周期对股票投资的重大影响。2010 年底,TSLA 股票市值仅为 25.27 亿美元,伴随企业快速成长市值迅猛增长到 2017 年 1 季度末的 484.62 亿美元。而 2010 年底,GM 和福特汽车的市值分别为 552.92 亿美元与 635.11 亿美元,而在 2017 年 1 季度末两家传统汽车巨头的市值则分别为 500.35 亿美元与 463.50 亿美元,较 2010 年呈现不同程度的市值缩水。

表 4-5 美国特斯拉(TSLA)与传统汽车巨头通用汽车(GM)、福特汽车营业收入比较

		2010	2011	2012	2013	2014	2015	2016
特斯拉	营收(百万美元)	116.7	204.2	413.3	2 013.5	3 198.4	4 046.0	7 000.1
	增长率(%)	4.3	74.9	102.3	387.2	58.8	26.5	73
通用	营收(百万美元)	135 592	150 276	152 256	155 427	155 929	152 356	166 380
	增长率(%)	29.6	10.8	1.3	2.1	0.3	−2.3	9.2
福特	营收(百万美元)	128 954	136 264	133 559	146 917	144 077	149 558	151 800
	增长率(%)	10.9	5.7	−2.0	10	−1.9	3.8	1.5

资料来源:Bloomberg。

资料来源：Bloomberg。

图4-9　特斯拉(TSLA)与通用汽车(GM)、福特汽车(Ford)市值变化比较

三、行业对经济周期的敏感度

在确定宏观经济周期后，证券分析师需要判断不同行业对经济周期的敏感性。由于不同行业对经济周期的敏感不同，这直接关系投资策略不同。如宏观经济形势好，则选择强周期性行业，银行、地产、钢铁、石油石化、有色、化工、机械制造业、证券、保险等；若宏观经济不确定或恶化，则弱周期甚至逆周期行业相对安全，如医药、消费类(食品饮料、旅游等)等。

一家公司对经济周期敏感度，主要是销售收入或利润的敏感度。必需品对经济周期不敏感，如食品饮料、医疗医药等；相反，周期性则敏感性强，如机械、钢铁、交通运输等，这类公司一般具有高Beta值特征。

表4-6　按主要部分划分行业

增长类	非增长类		
	周期类	稳定类	能源类
传媒	钢材	食品饮料	石油
网络	机械	商业(零售连锁业)	煤炭
电子信息	有色金融	公用事业	天然气
软件	原材料	电信	煤炭
旅游	建筑	金融	
酒店娱乐	化工	医药	
电器	纺织		
	电器设备		

四、行业景气度

(一) 经济周期与行业景气度

证券分析师在行业价值评估有必要关注经济周期对产业的影响,并在投资分析中常常引入"部门转换"(sector rotation)的概念。这种分析是建立在对经济周期状况的评估基础之上,其主要思想是将投资组合更多地转向预期高收益的产业或部门(这其实与"投资时钟"理论相一致)。例如,经济复苏,企业购买设备,设备投资需求增长,设备、建设产业相对是理想的投资的选择;经济扩张,迅速增长,选择周期性行业(尤其是银行业,贷款业务迅速扩张,违约风险敞口却很低);经济过热,商品价格上涨压力大,选择能源、矿业开采等;经济收缩或衰退,选择防御性行业,如食品、医药以及必需品产业。

股市对行业关注的热点会随着行业景气变化而发生变化。不同行业经营对经济周期的敏感度以及经营环境不同,其各种经济指标和增长速度经常呈起伏波动之态。如何正确识别各行业指标波动的幅度和频率,识别行业运动动态变化,是科学投资决策的一项重要内容。而景气度调查方法正是应运而生的识别和预测行业动态变化的重要而有效途径。

景气度又称景气指数,它是对企业景气调查中的定性指标通过定量方法加工汇总,综合反映某一特定调查群体或某行业的动态变动特性。景气度最大的特点是具有信息超前性和预测功能,可靠性很高。这种景气调查方法起源于20世纪20年代,最早由德国伊弗研究所(IFO)研究创立,法国经济研究所(L'INSEE)对景气调查方法的发展有很大的贡献,日本在第二次世界大战后学习IFO的经验也建立起景气调查制度。现在,世界上有50多个国家都在进行企业景气调查,并把它作为一项重要的统计调查制度,已形成规范的景气调查体系。如法国有16项景气调查制度,包括工业、投资、国外竞争力、批发零售贸易业和餐饮业、社会服务业、房地产业等;调查频率有月度、季度、半年度;有专题调查、财务调查以及大企业集团的景气调查等。我国主要是国务院发展研究中心和国家统计局对行业和企业的景气指数进行调查和定期公布。

(二) 产业政策与行业景气度

政策扶持与行业景气度的关系非常密切,尤其是中国这样新兴市场国家,发改委等政府部门对产业的导向直接影响到行业的景气程度。政府颁布的产业政策或法令,有些是针对所有企业的,也有一些是针对不同行业的。这些针对特定行业的政策措施将会对该行业的上市公司股价产生重要影响。

任何一个产业政策对经济发展都有长期规划,会采取不同的产业政策对市场经济运行进行调节,在一定时期内会重点发展某些行业,限制发现另一些行业。如果政府重点发展某行业,就会在税收、信贷、原材料供应等方面进行优惠或鼓励,以扶持这些行业优先发展,这会刺激相关公司股价的上涨。相反,政府对于抑制的行业,则会通过提高税率、增加税种、缩减信贷、限制项目审批等措施压制该行业的发展,这必然导致与这些行业有关的上市公司股价下跌。例如,2004年我国政府针对"经济过热"实施的宏观调控,重点对"3+1"个行业进行控制,即对钢铁、水泥、电解铝和房地产行业过度投资进行控制。2008年,针对全球性金融危机,我国推出"四万亿投资计划",加快交通、水利等重大基础设施建设,相应行业景气度大幅提升,例如水泥建材、机械类行业等。以铁路设备公司为例,在高铁建设政策的推动下,对应的铁路车辆和城市轨道交通车辆采购也大幅增加,从而给高铁行业和相关公司带来投资机会,图4-10是铁路设备(Wind代码:850936)公司指数和市场基准指数沪深300的比较,从2008年1月—2010年12月铁路设备板块与沪深300指数走势看,中国南车、中国北车、晋西车轴等高铁设备类相关上市公司的走势大幅战胜沪深300指数。2010年,中共中央颁布国民经济和社会发展"十二五"规划,提出经济转型和对新兴战略产业进行政策支持,对七大战略新兴产业发展形成政策驱动,从而带来节能环保、新兴信息产业、生物产业、新能源、新能源汽车、高端装备制造业和新材料等战略新兴产业的投资机会。

数据来源:Wind。

图4-10 铁路设备板块与沪深300指数走势比较

五、行业分析:关注持续竞争力

按照"自上而下"分析体系,有两种投资机会可以挖掘,第一种是准确预测影响行业或公司群体的高层面的宏观主题,这就是"投资组合驱动器";第二种,就是找到如果这些高层面主题和驱动器发挥作用的行业或公司,这就需要寻找具有竞争优势的企业群体。可见,在宏观高层次的大背景下,从中观的产业视角挖掘具有竞争力的行业或公司,是从自上而下分析法较高层次的决策中获取超额收益的基本要领。

(一)关注行业竞争力

中观的投资分析,其实是关注行业竞争力的问题。关注行业竞争力,目标是投资者要找到最有可能超越同行的公司,就必须找到拥有竞争优势的公司(又称为战略属性)。其中,真正的持续竞争优势只有两种,即成本优势和品牌优势,如沃尔玛、GEICO保险和Costco超市那样保持低成本,可口可乐、吉列和美国运通公司那样拥有强大的全球性品牌。这种令人望而生畏的高门槛对企业获得持续成功至关重要。

巴菲特认为,持续竞争优势是投资分析的最关键之处。他在1999年给《财富》杂志写的文章中说:"对于投资来说,关键不是确定某个产业对社会的影响力有多大,或者这个产业将会增长多少,而是要确定任何一家选定的企业的竞争优势,而且更重要的是确定这种优势的持续性。那些所提供的产品或服务具有强大的竞争优势的企业能为投资者带来满意的回报"。①

(二) 波特的"五种力量模型":经典的竞争能力评估方法

投资者在对行业进行评估时,不仅要分析影响行业发展的因素,还必须了解行业的核心竞争能力。对行业竞争力进行评估,在国际投资银行界具有重要影响力的是"五种力量模型"(five-forces model)。该模型是迈克尔·波特(Michael Porter)在20世纪80年代初提出,它对行业评估和公司战略产生了深远影响。波特从竞争结构角度出发,认为有五种力量决定着某行业的盈利能力,即:同行业的竞争力;供应商的谈判能力;消费者的谈判能力;来自新加入者的威胁;来自替代品的威胁(见图4-11)。

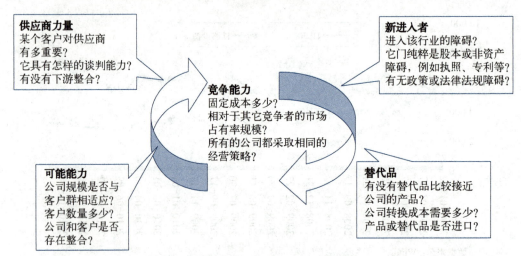

图 4-11 波特的"五种竞争力量模型"

这一方法有效地分析了这些力量在某行业中的当前影响,然后继续考察这些力量怎样随时间而变化,以此获得未来产业演化的竞争优势。产业的演化受到公司、供应商和买方所采取的致力于提升各自影响力的战略计划的影响,也随改变基本经济生活现实的新技术和政府新政策的变化而变化。例如,随着竞争对手更有效地生产个人电脑,20世纪80年代末90年代初IBM迅速衰退;当竞争对手追赶时,曾经作为SUV汽车的领先者克莱斯勒在1999—2000年前后业绩迅速下滑;20世纪90年代随着移动业务的兴起,固定电话电信公司逐步被移动公司所超越(阿诺德,2010)。

第三节 公司财务:投资的微观基础

一、公司财务报表的主要解读

(一) 资产负债表

资产负债表(balance sheet)是被称为企业的"第一会计报表"。资产负债表报告了企

---

① Warren Buffett:"Mr. Buffett on the Stock Market", Fortune, Nov.22, 1999.

业在某一时点的资产、负债和所有者权益的状况,报告时点通常为会计季末、半年末或会计年末。资产负债表反映了公司在特定时点的财务状况,是公司经营管理活动结果的集中体现。通过分析公司的资产负债表,能够揭示出公司资产要素的信息、长期或短期偿还债务能力、资本结构是否合理、公司经营稳健与否或经营风险的大小以及股东权益结构状况等。

按照会计恒等式,资产负债表的基本逻辑关系表述为

$$资产 = 负债 + 所有者权益 \tag{4.3}$$

资产部分表示公司所拥有的或掌握的,以及被其他公司所欠的各种资源或财产。负债表示公司所应支付的所有债务;股东权益又称净资产,是指公司总资产中扣除负债所余下的部分,表示公司的资产净值,即在清偿各种债务以后,公司股东所拥有的资产价值。股东权益包括以下五部分:一是股本,即按照面值计算的股本金。二是资本公积。包括股票发行溢价、法定财产重估增值、接受捐赠资产、政府专项拨款转入等。三是盈余公积,又分为法定盈余公积和任意盈余公积。四是未分配利润,指公司留待以后年度分配的利润或待分配利润。

以国内 A 股上市公司上汽集团的 2016 年度资产负债表为例(表 4-7),上汽集团流动资产由货币资金、应收账款、存货以及其他流动资产构成,2016 年末流动资产达到 3 309.455 6 亿元;该公司的非流动资产固定资产、无形资产、长期股权投资以及其他非流动资产构成,2016 年末非流动资产达到 2 596.825 8 亿元,由流动资产与非流动资产构成了该公司 2016 年末的总资产,即 5 906.281 4 亿元。2016 年末,公司总负债为 3 555.317 6 亿元,其中短期借款、应付账款、应付票据以及其他流动负债构成的公司流动负债为 2 974.813 7 亿元,长期借款、应付债券以及其他非流动负债构成的公司非流动负债为 580.503 9 亿元。公司的所有者权益由实收资本(股本)、资本公积、盈余公积、未分配利润等构成,即 2 350.963 8 亿元。根据会计恒等式,总负债+所有者权益=总资产,即 3 555.317 6+2 350.963 8=5 906.281 4(亿元)。

表 4-7 上汽集团 2016 年度资产负债表 (单位:百万元)

资产	年末数	负债和所有者权益	年末数
流动资产:		流动负债:	
货币资金	105 932.54	短期借款	8 728.15
应收账款	30 662.08	应付账款	104 730.64
应收票据	30 038.46	应付票据	11 740.91
存货	37 039.78	其他流动负债	172 281.67
其他流动资产	63 583.54	流动负债合计	297 481.37
流动资产合计	330 945.56	非流动负债:	
非流动资产:		长期借款	4 285.99
固定资产	47 053.91	应付债券	14 160.13

续 表

资　产	年末数	负债和所有者权益	年末数
无形资产	10 794.05	其他非流动负债	39 604.27
长期股权投资	62 677.19	非流动负债合计	58 050.39
其他非流动资产	139 157.43	负债总计	355 531.76
非流动资产合计	259 682.58	所有者权益：	
资产总计	590 628.14	实收资本（股本）	11 025.57
		资本公积	39 807.25
		盈余公积	32 254.58
		未分配利润	96 792.96
		其他所有者权益	55 216.02
		所有者权益合计	235 096.38
		负债与所有者权益总计	590 628.14

数据来源：Wind。

资产负债表通常有以下四方面的基本作用：

（1）列出了企业占有资源的数量和性质。对于正常运作的企业而言，资产负债表所列示的资源，正是企业获得回报的基础。在市场环境中，企业不占有资源就意味着失去竞争生存的能力和获得利润的机会。

（2）资产负债表上的资源为分析收入来源性质及其稳定性提供了基础。资本成本（投入资金）与公司盈利和收入存在重要关联，远远超过公司资本成本的收入往往不具有持续性。若公司盈利离开了资产价值的支持，盈利预期的可靠性和准确性就值得怀疑。

（3）资产负债表的资产项可以揭示公司资金的占用情况，负债项则说明公司的资金来源和财务状况，有利于投资者分析企业长期债务或短期债务的偿还能力，是否存在财务困难以及违约风险等。

（4）资产负债表可以为收益把关。作为"第一会计报表"的资产负债表与企业的另外两个报表——利润表和现金流量表密切相关。从某种意义上而言，由于资产负债表是某一特定时刻的资产和负债的简要描述，可以大大限制资产和负债的操纵程度，与利润表相比更加规范和准确。

（二）利润表

利润表（income statement）反映了一定时期（如一个会计季度或会计年度）的总体经营成果，揭示了公司财务状况发生变动的直接原因。利润表是一个动态报告，它展示公司的损益账目，反映公司在一定时间的业务经营状况，直接明了地揭示了公司获取利润能力的大小和潜力以及经营趋势。

利润表由三个主要部分构成。第一部分是营业收入；第二部分是与营业收入相关的生产性费用、销售费用和其他费用；第三部分是利润。利润表的起点是公司在特定会计期间的收入,然后再减去与收入相关的成本费用;利润表的终点是本期的所有者盈余。利润表的基本结构是收入减去成本和费用等于利润(或盈余)。

利润表分析是分析公司如何组织收入、控制成本费用支出以实现盈利的能力,用于评价公司的经营绩效。同时还可以通过收支结构和业务结构分析,评价各部类业绩成长对公司总盈余的贡献度。通过利润表分析,可直接了解公司的盈利状况和获利能力,并通过收入、成本费用的分析,解析公司获利能力高低的原因,进而评价公司是否具有可持续发展能力。由于公司盈余水平的高低是资本市场投资的基准"风向标",因此投资者应高度关注利润表反映的盈利水平及其变化。

在评价公司的整体业绩时,重点在于公司的净利润,即息税前利润(earnings before interest and tax,EBIT)减去利息费用和税费。这其实是从普通股股东角度去评价公司业绩。投资者若需要预测未来盈余和现金流量,则重点分析持续性经营利润。盈余稳定的增长是推动股价上升的持续动力。

以上汽集团为例,2016 年度,该公司的 2016 年营业收入达到 7 462.367 4 亿元,扣减营业成本、销售费用、管理费用、财务费用等成本或费用后即可得到营业利润 484.330 0 亿元,考虑到营业外收入与支出项,即得到公司利润总额 504.924 6 亿元。公司缴纳税费后的利润即净利润,从表 4-8 可以看出,上汽集团 2016 年度全年实现的净利润就是利润表中最后一项"净利润",即 439.619 6 亿元(见表 4-8)。

表 4-8　上汽集团 2016 年度利润表　　　　　　　　(单位:百万元)

项　　目	本年累计数
一、营业收入	746 236.74
减:营业成本	650 218.11
营业税金及附加	7 520.72
销售费用	47 503.42
管理费用	28 258.36
财务费用	−332.32
加:其他营业利润调整项	35 364.55
二、营业利润	48 433.00
加:营业外收入	3 313.77
减:营业外支出	1 254.31
三、利润总额	50 492.46
减:所得税费用	6 530.50
四、净利润	43 961.96

数据来源:Wind。

(三) 现金流量表

现金流量(cash flow)是现代理财学中的一个重要概念,是指企业在一定会计期间按照现金收付实现制,通过一定经济活动(包括经营活动、投资活动、筹资活动和非经常性项目)而产生的现金流入、现金流出及其总量情况的总称。

现金流量表(cash flow statement)也叫账务状况变动表,所表达的是在特定会计期间内,公司的现金(包含现金等价物)的增减变动等情形。该表不是以权责发生制为基础编制,而是根据收付实现制(即实际现金流量和现金流出)为基础编制。

现金流量表的作用包括反映公司的现金流量,评价企业未来产生现金净流量的能力;评价企业偿还债务、支付投资利润的能力,谨慎判断企业财务状况;分析净收益与现金流量间的差异,并解释差异产生的原因;通过对现金投资与融资、非现金投资与融资的分析,全面了解企业财务状况。由于现金流量表反映的是公司在某一会计期间内的现金收入和现金支出的情况,分析现金流量表,有助于投资者估计今后企业的偿债能力、获取现金的能力、创造现金流量的能力和支付股利的能力。

现金流量表的基本结构分为三部分,即经营活动产生的现金流量(cash flow from operations,CFO)、投资活动产生的现金流量(cash flow from investment,CFI)和融资活动的现金流量(cash flow from financing,CFF)。其中,经营活动现金流量是与生产商品、提供劳务、缴纳税金等直接相关的业务所产生的现金流量;投资活动产生的现金流包括为正常生产经营活动投资的长期资产以及对外投资所产生的股权与债权;融资活动现金流量反映的是企业长期资本(股票和债券、贷款等)筹集资金状况。

三部分现金流加总则得到净现金流:

$$净现金流(NCF) = CFO + CFI + CFF \tag{4.4}$$

表 4-9 是上汽集团 2016 年度的现金流量表,该表详细列示了 2016 年度该汽车制造业公司的经营现金流、投融资的现金流量状况。

表 4-9　上汽集团 2016 年度现金流量表　　　　　　　　(单位:百万元)

项　　　目	本年累计数
一、经营活动产生的现金流量:	
销售商品、提供劳务收到的现金	891 624.15
收到的其他与经营活动有关的现金	19 854.29
经营活动现金流入小计	911 478.44
购买商品、接受劳务支付的现金	771 545.92
支付给职工以及为职工支付的现金	27 911.57
支付的各项税费	31 307.76
支付的其他与经营活动有关的现金	69 336.26
经营活动现金流出小计	900 101.51
经营活动产生的现金流量净额	11 376.93

续 表

项　　目	本年累计数
二、投资活动产生的现金流量	
取得投资收益收到的现金	28 538.89
收到的其他与投资活动有关的现金	308 693.33
投资活动现金流入小计	337 232.22
购建固定资产、无形资产和其他长期资产支付的现金	17 266.52
支付的其他与投资活动有关的现金	293 529.19
投资活动现金流出小计	310 795.71
投资活动产生的现金流量净额	26 436.51
三、筹资活动产生的现金流量	
取得借款收到的现金	12 741.53
收到的其他与筹资活动有关的现金	19 336.17
筹资活动现金流入小计	32 077.70
偿还债务支付的现金	12 469.53
分配股利、利润或偿付利息支付的现金	24 753.28
支付的其他与筹资活动有关的现金	996.64
筹资活动现金流出小计	38 219.45
筹资活动产生的现金流量净额	−6 141.75
四、汇率变动对现金及现金等价物的影响	305.98
五、现金及现金等价物净增加(减少)额	31 977.67
加：年初现金及现金等价物余额	62 107.49
六、年末现金及现金等价物余额	94 085.16

数据来源：Wind 数据库。

二、公司财务分析的指标关注

比率分析可用于比较公司间的财务情况，也可用于比较某一公司的各期变化情况。通过比率分析，投资者对不同规模、不同行业的公司情况进行比较，从而分析某一特定公司的风险和潜在获利能力。

财务报表比率分析，主要回答以下问题：

(1) 公司的盈利能力(profitability)有多大？

(2) 公司的流动性(liquidity currency)如何？

(3) 公司面临的风险(financial risk)有多大？

(4) 公司资产的使用效率(efficiency utilizing assets)如何？

(5) 公司财务盈利和市场表现(financial earning & market performance)如何？
(6) 公司是否为股东创造了价值(value added)？
(7) 公司是否具有可持续增长能力？

表 4-10 财务比率分析

盈利能力指标	计 算 公 式
(1) 资产报酬率(ROE)	净利润/所有者权益
(2) 资本收益率(ROIC)	息前税后收入/投入资本
(3) 销售净利率	(净利润/销售收入)×100%
(4) 经营费用比率	经营费用/销售收入
资产流动性指标	计 算 公 式
(1) 现金偿债倍数	现金/长期负债
(2) 流动比率	流动资产/流动负债
(3) 速动比率	$\dfrac{流动资产-存货-其他流动资产}{流动负债}$
(4) 现金(保守速动比率)	$\dfrac{现金+有价证券}{流动负债}$
(5) 存货周转天数	(存货/净销售收入)×365
(6) 存货周转次数	$\dfrac{产品销售成本}{期末存货}$
公司风险指标	计 算 公 式
(1) 财务风险(财务杠杆)	股东权益/总资产
(2) 产权比率	负债总额/所有者权益总额
(3) 资产负债率	负债总额/资产总额
(4) 已获利息倍数	$\dfrac{税前利润+利息费用}{利息费用}$
(5) 已获利息和租金倍数	$\dfrac{税前利润+利息费用}{利息费用+租金}$
(6) 财务杠杆系数	$\dfrac{税前利润+利息费用}{税前利润-\dfrac{优先股股利}{1-所得税税率}}$
资产使用效率指标	计 算 公 式
(1) 总资产周转率	销售收入/平均资产总额
(2) 存货周转率	年销售或销售货物成本/平均存货
(3) 应收账款周转率	年销售/平均应收账款

续 表

财务盈利和市场表现指标	计 算 公 式
(1) 每股净利润(EPS)	净利润/总股本
(2) 市盈率(P/E)	股价/每股盈利
(3) 每股股利(DPS)	红利/总股本
(4) 每股净资产(BVEPS)	净资产/总股本
(5) 市净率(P/B)	股价/每股账面价值
价值创造能力指标	计 算 公 式
(1) 经济附加值(EVA)	税后净营业利润－资本成本
(2) 市场附加值(MVA)	$\sum \dfrac{EVA}{WACC-g}$
可持续增长能力指标	计 算 公 式
自我可持续增长率	$\dfrac{\text{期末的权益资本}-\text{期初的权益资本}}{\text{期初的权益资本}} = \dfrac{\text{当期留存收益}}{\text{期初的权益资本}}$

三、公司财务政策

财务报表是公司重要政策的主要信息公布渠道,也是投资者进行重大投资决策的主要信息源,这些政策包括公司的资本结构政策、股利政策、资本运营政策和投资政策。下面,我们将针对公司的四种财务政策与公司价值之间的关系进行说明(见图 4-12)。

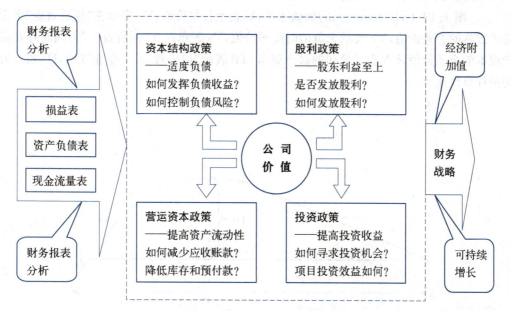

图 4-12 公司政策对公司价值的影响

1. 资本结构政策

从资金角度而言,企业的经营或营运活动就是融资、投资及进行资本(包括负债和股权资本)和资产(对内和对外投资)组合的行为。具体来讲,企业从融资取得资本到进行投资形成资产结构,再到资产运营及重组,从而产生利润进行再生产,并持续成长,这就是企业经营的全过程。在企业经营过程中,如何选择恰当的财务杠杆(负债相对于权益),有效地通过发售债券(bonds)和股票以及其他金融工具取得资本,就成为公司经营的重要前提和运营选择,这实质是公司的资本结构政策。在此,我们重点关注财务杠杆以及它对公司价值的影响。在这一领域,最著名的就是 MM 定理。MM 定理是莫迪利亚尼和米勒(Modigliani & Miller)在 1958 年提出的关于资本结构与企业价值之间关系的著名理论。该定理指出在市场完全的前提下,当公司税和个人税不存在时,资本结构和公司价值无关。

虽然米勒和莫迪格利亚尼对融资结构理论进行了开创性的贡献,但是 MM 模型的前提是无摩擦环境的资本市场条件,即资本自由进出、平等地获得信息、不存在交易成本和税收,这一新古典假设显然与经济现实不符,现实世界中的公司市场价值与公司的资本结构是密切相关,但这一开拓性研究成果仍标志着企业资本结构理论的开端。

为了使理论更能够揭示现实经济,米勒和莫迪格利亚尼放松了没有企业所得税的假设,对 MM 理论进行了修正,认为企业可以运用避税政策,通过改变企业的资本结构来改变企业的市场价值,企业发行债券越多,企业市场价值越大。20 世纪 70 年代,学术界提出对负债带来的收益与风险进行适当平衡来确定企业价值的权衡理论,认为随着企业债务增加而提高的经营风险和增加的各种费用,就会增加企业的额外成本,而最佳的资本结构应当是负债和所有者权益之间的一个均衡点,这一均衡点 D^* 就是最佳负债比率(见图 4-13)。图 4-13 中,K 表示公司的负债水平,V 表示公司价值,Ve 表示在"税盾效应"下无破产成本的企业价值,Vu 表示无负债时公司价值,Vs 表示存在"税盾效应"但同时存在破产成本的企业价值,FA 表示公司的破产成本,TB 表示"税盾效应"下企业现值,D^* 表示公司最佳负债比率。

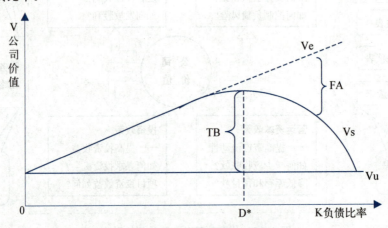

图 4-13 平衡理论中的公司最佳负债比率

2. 股利政策

股利政策主要是指目标支付政策决策,也就是确定将多少盈利以现金股利的方式分派给股东,将多少盈利留存在企业中进行再投资。

公司股利政策的选择取决于现金流量、盈利能力、未来投资机会、负债程度等各种因素,各种因素对公司股利政策的影响可以用图 4-14 进行说明。

图 4-14 现金股利政策的综合决策模型

3. 营运资本政策

营运资本政策是以经营活动现金流量控制为核心的一系列管理活动的总称,主要内容包括现金管理、短期投资管理、短期借款管理、应收款与应付款管理等内容。现金及其流量是贯穿整个营运资本管理的一个核心概念。为了组织生产和经营管理活动,必然产生现金流出,企业向市场提供产品和劳务,将产生现金流入。如何协调现金的流入与流出,并力争实现最大化的净现金流量(即现金流入与流出之差)是营运资本政策的目标所在。为了达到这一目标,理财人员应当加快现金流入的速度,延缓现金流出,尽量减少闲置现金,降低与现金有关的交易成本和管理成本等。营运资本管理的管理人员根据企业的投资决策、融资决策以及其他长期规划,结合经营过程中内外部环境的变化制定合理的营运资本政策,将战略规划与日常控制的操作性科学地结合在一起。可见,企业的战略目标能否实现,在很大程度上将取决于日常财务控制水平的高低,尤其是营运资本管理水平的高低。由于从财务评价的角度而言,科学而有效的营运资本管理可以保障长期规划中预测现金流量的顺利实现,无疑这将促进企业价值最大化目标的实现。

4. 投资政策

在公司财务理论中,投资指的是企业的固定资产投资。资本政策是公司管理层对固定资产投资所进行的战略选择。通过资本政策,公司管理层放弃掉那些不能够增加企业价值的资本投资项目,而采纳那些有利于企业价值增加的资本投资项目。一个企业能否获得持续发展,能够实现企业价值最大化目标,从根本上取决于公司的资本政策是否合理、科学。

资本政策选择过程中,科学的投资决策程序是资本政策的关键环节。投资决策程序主要包括如下流程:价值判断→筹资决策→资本成本核算→项目经济效益评价。其中,价值判断是资本政策的战略决策出发点,公司资本投资项目的选择必须以企业价值最大化为目标。也就是说,投资项目必须有助于提升公司价值。资本政策的第二个关键环节是筹资决策,因为项目投资往往需要外部资金,即筹资选择,采取股权融资、发债还是银行借贷,不仅对公司未来的现金流造成影响,而且也会改变公司的资本结构,进而影响公司价值。资本政策的第三个关键环节是资本成本核算,因为在企业融资过程中,负债规模的变化肯定会引起股权资本成本与债务资本成本的变化,进而引起企业资本成本的变化。资本政策的最后一个关键环节是对资本投资项目进行效益评价,主要方法有:回收期法、会计报酬率法、净现值法、内含报酬率法以及获利指数法。目前,西方企业界较多采用的是回收期法、内含报酬率法与净现值法。

案例分析

上汽集团财务的杜邦分析

杜邦分析法(DuPont analysis)是一种用来评价公司盈利能力和股东权益回报水平的方法,它利用主要的财务比率之间的关系来综合评价公司的财务状况。杜邦分析法的基本思想是将公司净资产收益率逐级分解为多项财务比率乘积,从而有助于深入分析比较公司经营业绩。由于这一分析方法最早由美国杜邦公司使用,因此称之为杜邦分析法。

评价公司的盈利能力时,我们最常用到的是净资产收益率(ROE),回顾净资产收益率的定义:

$$净资产收益率=净利润/所有者权益$$
$$=(净利润/总资产)\times(总资产/所有者权益)$$
$$=资产收益率\times权益乘数$$

于是,我们将净资产收益率分解为资产收益率与权益乘数的乘积。进一步地,有:

$$资产收益率=净利润/总资产$$
$$=(净利润/销售收入)\times(销售收入/总资产)$$
$$=销售利润率\times总资产周转率$$

资产收益率可以分解成销售利润率与总资产周转率的乘积。于是我们得到:

$$净资产收益率=销售利润率\times总资产周转率\times权益乘数$$

这就是著名的杜邦恒等式。

通过杜邦恒等式,我们可以看到一家公司的盈利能力综合取决于公司的销售利润率、使用资产的效率和公司的财务杠杆。这三个方面是相互独立的,因而构成了解释公司盈利能力的三个维度。当我们需要知道不同公司或同一公司的不同发展阶段所存在的盈利差异是如何造成时,我们可以利用杜邦恒等式,逐个比较它们的销售利润率、总资产收益率和权益乘数,找到主要的原因所在。

例如有A、B两家公司,它们在2016年度的净资产收益率分别为28.8%与14.0%。我们想要知道这两家公司净资产收益率的巨大差距的原因。通过计算A、B两家公司的2016年度主要财务比率,我们发现它们的销售利润率分别为18%、20%,总资产周转率分别为0.8、0.7,权益乘数分别为2、1。正如杜邦恒等式所显示的:

$$A公司净资产收益率(28.8\%)=18\%\times0.8\times2$$
$$B公司净资产收益率(14.0\%)=20\%\times0.7\times1$$

可以看到 A、B 两家公司的销售利润率与总资产周转率之间并不存在很大的差别,它们的资产收益率(分别为 14.4% 与 14%)非常接近;换言之,两家公司的生产和销售能力相仿。造成它们的净资产收益率之间一倍多差异的主要原因在于财务杠杆的运用。A 公司的权益乘数是 2,是 B 公司的两倍,这意味着 A 公司动用了比 B 公司高一倍的财务杠杆来维持公司的经营,使得 A 公司的股东获得较大的回报。

通过杜邦分析,公司的管理层既能够方便地找出公司的优点,进而保持竞争优势,也能够找出公司的弱点与制约公司盈利能力增长的问题,然后对症下药,改善公司的经营状况。

我们以一个实例来演示如何对一家上市公司的年、季度财务报表进行杜邦分析。表 4-11 选取了汽车行业上市公司上汽集团的 2015—2016 年度部分财务数据:

表 4-11 上汽集团 2015—2016 年财务报表的杜邦分析

报告期	2016年报	2016三季报	2016中报	2016一季报	2015年报	2015三季报	2015中报	2015一季报
净资产收益率(ROE)(%)	17.53	12.79	8.34	4.42	17.91	12.95	8.56	4.63
净资产收益率同比增减(%)	−0.38	−0.16	−0.22	−0.21	−1.06	−1.49	−0.84	−0.32
因素分解:								
利润率(%)	7.11	7.56	7.43	7.77	6.93	7.28	6.74	7.41
——净利润/利润总额(%)	87.07	87.27	87.03	86.57	87.48	86.2	87.07	86.38
——利润总额/息税前利润(%)	100.66	99.72	99.96	99.17	100.51	99.36	99.24	99.32
——息税前利润/销售收入(%)	8.11	8.69	8.54	9.05	7.88	8.50	7.80	8.64
总资产周转率(%)	1.35	0.99	0.67	0.35	1.43	1.07	0.72	0.38
权益乘数	2.51	2.39	2.37	2.33	2.43	2.29	2.48	2.31
归属母公司股东的净利润占比(%)	72.81	71.53	70.66	69.78	74.35	72.56	71.17	71.17

数据来源:国泰安数据库。

对归属母公司股东的净资产收益率(ROE),我们将其分解成归属母公司股东的净利润占比、销售利润率、总资产周转率与权益乘数四部分的乘积;其中在综合考虑税负和利息因素后,销售利润率又可以分解成经营利润率、考虑税负因素和考虑利息负担三部分的乘积。以上汽集团 2016 年报数据为例说明上述分解过程(图 4-15):

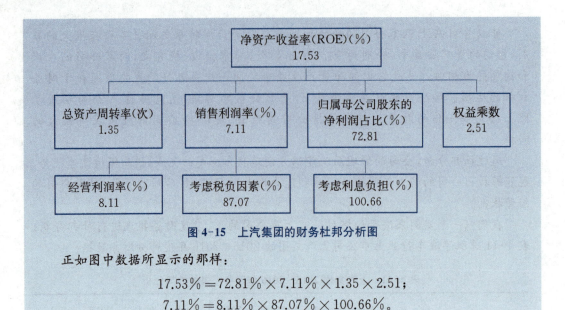

图4-15 上汽集团的财务杜邦分析图

正如图中数据所显示的那样：

$$17.53\% = 72.81\% \times 7.11\% \times 1.35 \times 2.51;$$
$$7.11\% = 8.11\% \times 87.07\% \times 100.66\%。$$

对于上汽集团其他季度的数据我们可以进行同样的数据分解，然后我们用它来解释该公司不同会计季度盈利能力（净资产收益率）差异的原因。

例如，2016年第三季度的ROE(12.79%)是同年第一季度ROE(4.42%)的近乎三倍，通过对于ROE的分解数据的逐项检查，我们发现第三季度盈利能力的巨大增长的主要得益于该季总资产周转率的显著提高（从0.35提高到0.99），这意味着该公司的运转和利用其资产的效率获得了极大的提升，并因此拉高了权益回报率。

实质上，仔细观察表格数据可以发现，在2014—2016年，对于上汽集团而言，无论是归属母公司股东的净利润占比，销售利润率还是权益乘数都只有很小幅度的变动，对净资产收益率起决定作用的是总资产周转率。由于汽车类公司的总资产周转率存在明显的周期性特征，每年的第一季度到第四季度，资产的周转率稳步增长，然后到第二年的第一季度急剧回落，再开始新一轮增长。这个规律的结果与公司的ROE呈现同样的特征。以此为突破口，我们就能观测到公司以及其所处行业的一些特点（例如存货、应收账款周转速度的季度性差异等），这也就是杜邦分析的意义与价值所在。

本 章 小 结

本章重点介绍了"自上而下"的证券投资分析体系，第一步从宏观经济环境驱动因素进行分析，因为宏观经济是投资的顶层驱动因素，所有的公司都在宏观经济这个大环境中运行，宏观经济状况是决定企业业绩的重要因素，把握宏观经济趋势大方向是价值投资的基准前提；"自上而下"分析法的第二步，就是关注特定宏观经济背景下的行业因素，对投资行业或板块进行剖析，判断行业竞争态势、行业景气与周期、行业盈利能力、行业政策等因素并进行行业筛选和配置，这体现了投资的"中观"层次；"自上而下"分析法的第三步也就是最后一步,是进行公司层面的微观要素分析,包括财务报表分析、财务指标与财务政策分析。在分析"自上而下"证券投资分析体系基础上,本章在最后以上市公司"上汽集团"为例,应用杜邦分析法对上汽集团财务进行分析,提供了价值投资的财务分析基础。

重 要 概 念

宏观经济分析 宏观经济周期 领先指标 同步指标 滞后指标 货币政策 财政政策 行业分析 行业分析师 行业生命周期 行业景气度 行业竞争力 资产负债表 利润表 现金流量表 资本结构政策 股利政策

习题与思考题

1. 如何理解宏观经济是投资的顶层驱动因素?
2. 请从投资角度分析行业的生命周期。
3. 行业景气度对投资有何意义?影响行业景气度的因素主要有哪些?
4. 经济周期和行业景气度有何关系?
5. 什么是行业的竞争力?如何对行业的竞争力进行评价?
6. 结合我国金融市场的利率走势与股票市场运行,说明利率政策对股市运行的作用机制。
7. 上市公司股利政策的依据有哪些?股利政策能否影响公司价值?
8. 如何利用杜邦分析法对上市公司财务状况进行分析。以中国A股某上市公司为例进行说明。

第五章

权益证券估值模型及投资应用

学习目标

本章重点对权益证券的估值模型和应用问题进行讨论,对股票估值模型包括内在估值法和相对估值法及其投资应用进行详细介绍。通过本章教学,重点掌握以下内容:

1. 股票内在价值法,股利贴现模型(DDM)和现金流折现模型(DCF)的计算及其投资应用。
2. 加权平均资本成本(WACC)和经济附加值(EVA)的计算方法及其投资应用。
3. 股票相对估值法,对市盈率模型(P/E)、市净率模型(P/B)等估值方法的内涵及其投资应用。
4. 通货膨胀和公司治理如何影响公司价值?

第一节 权益证券价值评估模型概论

一、权益证券估值模型分类

在市场对上市公司进行估值时,首先应该区别股票价格和股票价值两个基本概念。股票价格是投资者所支付的,而股票价值则是投资者获得的。通常而言,股票价值与这些资产的现金流水平和预期增长直接相关,从而投资者可以分析公司价值的基本面——公司股利和收益——制定投资评估值决策。股票之所以有价值,是因为它有潜在的现金流,即股票持有人预计从所拥有的公司获得所谓的股利。如果在未来其他股票持有人或许断定这些未来股利的估计并没有完全反映在当前的估值中,股票也有价值。正是通过预测和估计未来潜在的股利和收益的价值,并判断将来是否有人对这些潜在股利和收益有所不同估值,才使人们对股票的内在价值进行判断。

那么,什么决定普通股的内在价值?根据证券分析,股票估值可以分为两种基本方法。

1. 内在价值法

内在价值法又称绝对价值法或收益贴现模型,是按照未来现金流的贴现对公司的内在价值评估的方法。具体又分为股利贴现模型(DDM)、自由现金流量贴现模型(DCF)、超额收益贴现模型。

2. 相对价值法

它是采用相对评价指标进行比较的方法,对公司价值进行判断,如市盈率模型(P/E)、市净率模型(P/B)、市销率模型(P/S)、市现率模型(P/CF)等。

表 5-1 普通股估值的基本模型

内在价值法 (收益贴现模型)	现金流贴现模型	股利折现模型(DDM)	零增长模型
			不变增长模型
			三阶段红利贴现模型
			多元增长模型
		自由现金流量贴现模型(DCF)	公司自由现金流(FCFF)贴现模型
			股权资本自由现金流(FCFE)贴现模型
	超额收益贴现模型	经济收益附加值(EVA)估值模型	
相对价值法 (乘数估值模型)	市盈率模型(P/E)		
	市净率模型(P/B)		
	企业价值倍数(EV/EBITDA)		
	市现率模型(P/CF)		
	市销率模型(P/S)		

二、内在价值法和相对价值法比较

1. 内在价值法的现金流原理

股票内在价值法是直接从公司股权价值的内在驱动因素出发对股票进行价值评估,它是按照现金流贴现对公司内在价值进行评估。由于不同资本提供者对现金流索取权的次序有所不同,公司未来现金流的分配也就存在差异。按照公司财务理论,企业现金流进行分配的第一个环节是进行投资需要,支付的这部分现金流为营运资本。接下来的企业现金流分配,是所有资本提供者提供报酬,由于企业资本提供的属性不同,现金流的索取权顺序也存在差异,企业首先向债权人支付负债利息,然后才能向公司股东进行红利分配。但由于企业为了更好的未来发展需要进行再投资,因而分配给普通股股东的红利往往是再投资和留存收益之后的现金流(见图 5-1)。这样,与现金流的分配次序相匹配,不同的现金流决定了不同的现金流贴现模型(discounted cash flow model)。其中,股利贴现模型(discounted dividend model,DDM)采用的是现金股利,权益现金流贴现模型(FCFE)采用的是权益自由现金流,企业贴现现金流模型(FCFF)采用的是企业自由现金流。

2. 相对价值法的乘数原理

内在价值模型都是在估计增长率和相应贴现率的基础上,对股票内在价值进行估计。而相对价值模型,则是应用一些相对比率将目标公司与具有相同或相近行业特征、财务特征、股本规模或经营管理风格的上市公司进行比较,来对公司股票进行估值。在估值模型

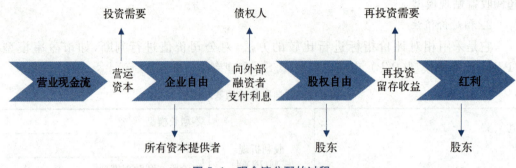

图 5-1 现金流分配的过程

特征上,一般采用乘数方法,即对估值公司的某一变量(选取影响股票价值和内在价值的重要变量,包括收益、现金流、账面价值和销售额等)乘以估值乘数进行估值,因此该方法又称为乘数估值法。内在价值法的乘数原理可以用下式进行表达:

$$V_y = J_y(V_x/J_x) \tag{5.1}$$

其中,V_y 表示估值公司的价值;J_y 表示估值公司的比较变量;V_x 表示可比对象的公司价值;J_x 表示可比对象的比较变量;V_x/J_x 表示估值乘数。

应用估值乘数法的关键是确定适当的估值乘数。乘数是市值相对于一个假设与市值相关的统计数据的倍数,如市盈率(每股价格/每股收益)、市净率(每股价格/每股净资产)、市现率(市价/现金流比率)、市销率(价格/销售收入比率),等等。可以用来估值的乘数可以有多种,但它必须与市场价值存在内在逻辑关系,是推动公司市场价值增长的驱动力因素。最常见的相对估值模型有市盈率估值模型和市净率估值模型。

三、常用估值模型优点和缺点分析

相对价值模法的优点主要在于它们相对简单以及能被迅速处理、使用,只需要确定一个合适的基于乘数的估值水平即可。但是,该方法的时间框架缺乏一致性问题,如盈余数据、现金流和销售额等都属于定期财务数据。

相对价值模法最大的缺点就在于不能明确地反映一个公司的长期增长率或者风险因素,但这对于内在贴现模型而言却是核心元素。DDM 模型将收入资本化法运用到权益证券的价值分析,但该模型针对那些不派息、少派息、股利政策不连续的公司,难以适用于评估其价值。现金流贴现模型(DCF 模型)在国外成熟市场被广泛应用,它在某种程度上解决了相对价值法的局限性。该方法从企业未来价值角度进行动态评估,具有较强的应用性。但该方法要求企业经营连续性和业绩的稳定性,否则很难估计出企业连续的自由现金流和持续性价值。目前,国内大型证券研究机构逐步使用该方法,主要对经营和业绩稳定的高速公路、电力、能源、水量、通信类公司进行 DCF 评估。

在此有必要指出的是,无论是相对价值模法还是内在价值模型,没有任何方法可以防止证券分析师或投资者的主观偏见对估值结果的影响(即使这项工作完全交给电脑程序处理仍无法完全避免,因为分析师建模或程序员编程的主观偏见对运行结果尤其关键)。例如,相对估值模型应该确定一个怎样的乘数估值水平才是"合理"? 对于内在估值模型,由于模型选择参数具有高度敏感度①,应该假定何种模型参数进行现金流贴现?为减少证券分析师主观偏见对证券估值的影响,在此建议对任何类型的估值模型都进行逆向处理,以达到或接近他们所期望的目标。

表 5-2　常用估值方法的优点和局限性

方　法	优　点	局　限　性
乘数估值方法,如市盈率(P/E)、市净率(P/B)和市销率(P/S)	• 相对简单并且能快速使用; • 简洁易懂。	• 乘数参数估计存在非一致性。如强调财务数据可以是历史市盈率(trailing PE)、预期市盈率(forward PE)或当前市盈率(current PE); • 很少含有 18 个月之后的财务预测; • 与现金流量折现不同,一家公司的预期增长率和风险并不是乘数的直接参数(除了市盈率相对增长比率,PEG),因此在此基础上很难对不同风格的公司进行比较。
市盈率(P/E)	• 因为市盈率是最广泛使用的估值方法,所以人人都了解。	• 公司管理层对盈利的人为操控灵活度大于对现金流的操控; • 无法体现自由现金流量。
市盈率相对增长比率(PEG)	• 结合了盈利增长率(最好是覆盖多个未来时期的),使公司间以及行业间的比较看起来更加可信(但并不完美)。	• 自由现金流增长比利润增长更加重要,这两个概念并不相同; • 如果使用市场一致预期,可能会难以找到可靠的长期增长预测。
价格自由现金流比率(P/FCF)	• 结合了自由现金流——价值的最好衡量标准。	• 只能涵盖一个时期; • 各计算方法可能有很大的差别,资本支出的估计水平也会有较大的差异(维持 vs 预测)。
股价与销售比(P/S)	• 如果没有盈利或者现金流,则有一定帮助。	• 有销售并不意味着能带来自由现金流——价值的最好衡量标准。
市净率(P/B)	• 对于有流动资产的少数指定行业而言,账面价值也许是衡量公司股本价值的良好媒介。	• 对于大多数行业来说,账面价值很少等同于公司的股本价值; • 账面价值可以受到会计准则的极大影响,这就使得公司的账面价值没有太多的可比性。
股息收益率(dividend yield)	• 在股市崩盘时有助于衡量底部价值。	• 尽管经常会被等同对待,但是股息并不等同于自由现金流; • 很难预测管理层何时会降低股息。
现金流量折现(DCF)和剩余收益(RI)	• 抓住了一家公司随着时间推移而产生自由现金流的潜力,这是价值的最佳衡量标准; • 把关注的重点放在了增量资本的水平和回报上(ROIC); • 比乘数估值方法能更容易地发现过热或超卖的股票或市场。	• 对于诸如股权风险溢价、永久增长率等难以定量因素的微小变化都非常敏感; • 假设变量很容易根据逆向结果而人为操纵; • 由于需要预测多期数据,需要消耗更多的时间; • 模型复杂,更易出错; • 有时会没有具有吸引力的股本投资; • 由于要衡量非美国的"无风险"利率,所以在跨界比较公司的时候难度会有所增加。

资源来源:James J. Valentine (2012)。

---

① 关于参数的高度敏感度性问题,正如 James Montier 在《价值投资——通向理性投资之路》前言所提到的"DCF 就如同哈勃望远镜,只要你再推出一英寸,你就会看到另一个完全不同的星系。"

第二节 内在估值模型及其应用

一、股利贴现模型

证券的内在价值是该资产预期现金流的现值。若假定股利是投资者在正常条件下投资股票所直接获得的唯一现金流,则就可以建立估价模型对普通股进行估值,这就是著名的股利贴现模型(dividend discount model, DDM)。这一模型最早由 Williams 和 Gordon (1938)提出,实质是将收入资本化法运用到权益证券的价值分析之中,这在概念上与债券估值方法没有本质性差别。

该模型股票现值表达为未来所有股利的贴现值:

$$D = \frac{D_1}{(1+r)} + \frac{D_2}{(1+r)^2} + \cdots + \frac{D_t}{(1+r)^t} = \sum_{t=1}^{\infty} \frac{D_t}{(1+r)^t} \tag{5.2}$$

其中,D 代表普通股的内在价值;D_t 代表普通股第 t 期支付的股息或红利;r 是贴现率,又称资本化率。贴现率是预期现金流量风险的函数,风险越大,现金流的贴现率越大;风险越小,则资产贴现率越小。

根据对红利增长率的不同假定,红利贴现模型可以分为零增长模型、不变增长模型、三阶段增长模型和多元增长模型。下面,我们将从简单模型到复杂模型对模型进行展开介绍。

(一) 零增长模型

零增长模型(zero-growth model)是假定红利固定不变,即红利增长率为零。零增长模型不仅可以适用于普通股的价值分析,而且也适用于优先股和统一公债的价值评估。在零增长条件下,$D_0 = D_1 = D_2 = \cdots = D_\infty$,或表达为 $g_t = 0$,将这一条件代入(5.2)可得:

$$D = \sum_{t=1}^{\infty} \frac{D_t}{(1+r)^t} = D_0 \sum_{t=1}^{\infty} \frac{1}{(1+r)^t} \tag{5.3}$$

当 $r > 0$,可以将上式简化表达为

$$D \approx \frac{D_0}{r} \tag{5.4}$$

(二) 不变增长模型

不变增长模型(constant-growth model)又称 Gordon(1962)模型,假定红利增长速度是为常数,即

$$g_t = \frac{D_t - D_{t-1}}{D_{t-1}} = g$$

根据 Gordon(1962)模型前提条件,贴现率大于红利增长率[①],即 $r > g$,则存在:

[①] 当贴现率小于常数的股利增长率时,公式(5.2)决定的股票内在价值将趋向无穷大。但事实上,任何股票的内在价值都不会无限制的增长。

$$D = \sum_{t=1}^{\infty} \frac{D_t}{(1+r)^t} = \frac{D_0(1+g)}{(1+r)} + \frac{D_0(1+g)^2}{(1+r)^2} + \cdots + \frac{D_0[1+g]^{\infty}}{(1+r)^{\infty}}$$

$$= D_0 \left[\frac{(1+g)}{(1+r)} + \frac{(1+g)^2}{(1+r)^2} + \cdots + \frac{(1+g)^{\infty}}{(1+r)^{\infty}} \right]$$

$$= D_0 \left[\frac{(1+g)/(1+r) - [(1+g)/(1+r)]^{\infty}}{(1-g)/(1+r)} \right]$$

$$= D_0 \frac{1+g}{r-g} = \frac{D_1}{r-g} \tag{5.5}$$

式(5.5)是不变增长模型的函数表达式,其中 D_0、D_1 分别为初期和第 1 期支付的股利。当式(5.5)中的股利增长率等于零时,不变增长模型就变成零增长模型。因此,零增长模型可以看作不变增长模型的一种特殊形式。

(三) 三阶段红利贴现模型

由 N. Molodovsky et al. (1965)提出的三阶段红利贴现模型(three-stage-growth model),是将股利增长率划分为三个不同阶段:在第 1 阶段(期限为 A),股利增长率为一个常数 g。第 2 阶段(期限为 $A+1$ 到 B),红利增长率呈线性变化,即从 g_a 变化为 g_b (g_b 为第 3 阶段的股利增长率),如果 $g_a > g_b$,则表示这一阶段为一个递减的股利增长率;相反,则表示为一个递增的股利增长。第 3 阶段,红利增长率又表现为常数 g_b,该增长率通常是公司长期的正常增长率(见图 5-2)。

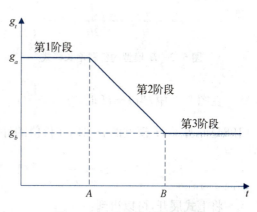

图 5-2 三阶段股利增长模型

在图 5-2 中,在股利增长转折时期(包括第 2 阶段和 A)内的任何时点上的股利增长率 g_t,都可以用公式(5.6)表示。其中,当 $t=A$ 时,股利增长率等于第 1 阶段的常数增长率 g_a;当 $t=B$ 时,股利增长率等于第 3 阶段的常数增长率 g_b。

$$g_t = g_a - (g_a - g_b) \frac{t-A}{B-A}, \quad g_a > g_b \tag{5.6}$$

在满足三阶段增长模型的假设下,如果已知 g_a、g_b、A、B 和初期的股利增长率 D_0,就可以根据公式(5.6)计算出所有各期的股利;然后,根据贴现率计算出股票的内在价值。三阶段的增长模型公式如下:

$$D = D_0 \sum_{t=1}^{A} \left[\frac{1+g_a}{1+r} \right]^t + B \sum_{t=A+1}^{B} \left[\frac{D_{t-1}(1+g_t)}{(1+r)^t} \right] + \frac{D_B(1+g_b)}{(1+r)^B(r-g_b)} \tag{5.7}$$

三阶段的增长模型正是将股票内在价值,表达为红利三阶段增长之和。式(5.7)中右边的三项分别对应于股利增长的三个阶段。

H 模型是基于三阶段红利贴现模型的简化模型,却保留了求出预期回报率的大部分能力(Fuller & Hsia,1984)。H 模型假定：公司红利的初始增长率为一个常数 g_a，在股利递减或递增的过程中，在 H 点上所显示的股利增长率正好是初始增长率与所达到的市场平均水平的中间值。当 $g_a > g_b$，即在到达 $2H$ 点之前，股利的增长率递减；在 $2H$ 点之后，股利增长率就达到公司所预期的正常的增长率水平 g_b（见图 5-3）。图 5-4 形象地反映了三阶段红利模型和 H 模型的关系。

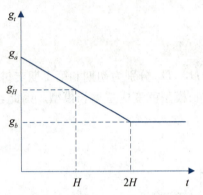

图 5-3 H 模型的红利增长模式

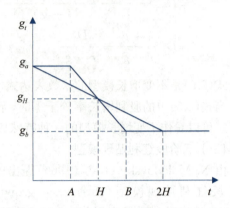

图 5-4 H 模型和三阶段增长模型的关系

在图 5-8 中，当 $t=H$ 时，$g_H = \frac{1}{2}(g_a + g_b)$。在满足上述假定条件下，Fulle 和 Hsia (1984)证明了 H 模型的股票内在价值的计算公式，该模型用公式表达如下：

$$D = \frac{D_0}{r - g_b}[(1+g_b) + H(g_a - g_b)]$$

将上式展开，可以得到：

$$D = \frac{D_0(1+g_b)}{r - g_b} + \frac{D_0 H(g_a - g_b)}{r - g_b} \tag{5.8}$$

其中，公式右边的第 1 项为基于长期正常的股利增长率的现金流贴现价值；公式右边的第 2 项为超额收益率 g_a 所带来的现金流贴现价值（价值溢价），这部分价值与 H 成正比例关系。

(四) 多元增长模型

前面介绍的零增长模型、不变增长模型和三阶段增长模型，其实都是股利贴现模型的特殊形式。现在，我们介绍股利贴现模型的最一般形式——多元增长模型(multiple-growth model)。多元增长模型假定在某一时点 T 之前红利增长率不确定，但在 T 期之后红利增长率为一常数 g。多元增长模型内在价值的计算公式为：

$$D = \sum_{t=1}^{T} \frac{D_t}{(1+r)^t} + \frac{D_{T+1}}{(1+r)^T (r-g)} \tag{5.9}$$

以上是 DDM 估值模型的介绍，表 5-3 是应用 DDM 模型对中国 A 股市场上市公司"宝钢股份"的估值情况。

表 5-3　DDM 估值：以宝钢股份为例(2017 年 5 月 24 日)

零增长模型		不变增长模型		三阶段增长模型	
股票价格(元)	6.22	股票价格(元)	6.22	股票价格(元)	6.22
年化每股红利(元)	0.21	年化每股红利(元)	0.21	年化每股红利(元)	0.21
无风险收益率(%)	3.47	无风险收益率(%)	3.47	无风险收益率(%)	3.47
市场收益率(%)	16.03	市场收益率(%)	16.03	市场收益率(%)	16.03
Beta	0.85	Beta	0.85	Beta	0.85
风险溢价(%)	12.56	风险溢价(%)	12.56	风险溢价(%)	12.56
股权资本成本(%)	14.15	股权资本成本(%)	14.15	股权资本成本(%)	14.15
		预期红利增长率(%)	8	预期红利增长率(超常增长阶段)(%)	15
				超常增长阶段(年)	3
				过度增长阶段(年)	5
				预期红利增长率(稳定增长阶段)(%)	8
理论价格(元)	4.02	理论价格(元)	4.07	理论价格(元)	4.71

注：年化每股红利依据未来 1 年预测 DPS；无风险收益率选取 1 年国债到期收益率。

数据来源：Wind。

专栏 5-1

关于股利指标的理解

　　股利(dividend)，即股息、红利的合称，是在一个会计周期结束后公司将盈利的一部分作为股息按股额分配给股东，股利的主要发放形式包括现金股利、股票股利。现金股利即派现，是公司以货币形式发放给股东的股利；股票股利即送红股，是指公司以增发本公司股票的方式来代替现金向股东派息，通常按股本比例分发给股东。

　　分红派息是公司股息政策的基本体现，上市公司一般将公司的长远发展需要与股东们追求短期收益相结合，制定相应的股息政策。上市公司在实施分红派息时，必须符合法律法规且履行公司章程，在股利分配顺序上必须依法进行必要扣除后才将税后利润用于分配股息和红利。在上市公司的税后利润中，其分配顺序如下：(1)弥补以前年度的亏损；(2)提取法定盈余公积金(一般按 10% 提取，但当法定的盈余公积金达到注册资本的 50% 以上时，可不再提取)；(3)提取公益金(一般为 5%—10%)；(4)提取任意公积金；(5)支付优先股股息；(6)支付普通股股息。

　　在评价一个公司的股利政策时，我们通常关注三个指标：(1)每股股利；(2)股利收益率；(3)支付率。

　　对于发放股利的公司而言，投资者会关注股利变动。股利增加和股利支付率提高，总体上是公司管理层向市场传递一个积极的信号，未来收益率会增长，即"高股利增长＝高收益"(Arnott and Asness, 2003)。高股利分配往往与股价上涨相联系。相反,股利减少可能预示着未来盈余减少,从而往往导致股价下跌。

由于权益类证券的当前价值是未来现金流贴现的现值,而投资者未来现金流量是股利,因此股票红利指标可以应用于权益类资产的内在价值评估。作为股票价值评估的关键指标,每股股利(DPS)是每股普通股在特定会计期间获得股利现金额:

$$每股股利 = \frac{股利}{普通股股数}$$

另一个描述股利特征的指标是股息支付率。该指标的含义是股利占当期净利润的比重,即可以表达为

$$股息支付率 = \frac{股利}{普通股股东所得的净利润}$$

根据每股股利(DPS),可以计算股息收益率即股息率(dividend yield ratio),该指标是股息与股票价格之间的比率,进行股票价值贴现进行投资参考的重要指标。

$$股息收益率 = \frac{年化的每股股利}{每股市场价格}$$

在投资实践中,股息率是衡量企业是否具有投资价值的重要标尺,股息率越高对价值投资者越具有吸引力,巴菲特等价值投资者一直倡导投资高股息率公司。如果连续多年年度股息率超过同期的无风险收益率,则这只股票基本可以视为收益型股票。

图5-5为美国公司股利收益率贴现和股票价格的对比情况,从该图可以看出,自1870年以来,美国股市价格一直围绕股息率上下波动并存在均值回归的特性。尽管股票市场存在高估或低估现象,但美国股市价格整体并未明显偏离其内在价值(Robert Shiller, 2003)。

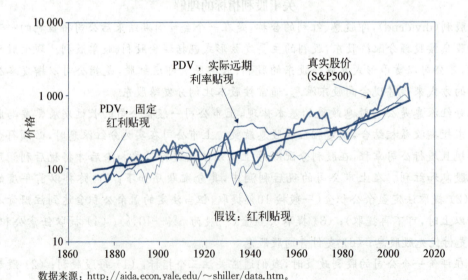

数据来源:http://aida.econ.yale.edu/~shiller/data.htm。

图5-5 美国公司股利收益率贴现和股票价格的对比图

二、自由现金流贴现模型

1. 公司价值与自由现金流量

自由现金流量贴现理论认为,公司价值等于公司未来自由现金流量的折现值。即选定恰当的贴现率,将公司未来的自由现金流折算到现在的价值之和作为公司当前的估算价值。该方法的基本原理是一项资产的价值等于该资产预期在未来所产生的全部现金流量的现值总和。即公司内在价值表达为

$$V = \sum_{t=1}^{n} \frac{CF_t}{(1+r)^t} \tag{5.10}$$

根据增长模式不同,自由现金流贴现模型有很多种型式,如稳定增长模型、两阶段模型、H 模型、三阶段模型和 N 阶段模型等。在公司不同发展阶段,公司现金流的能力不同从而对公司价值影响很大。例如在公司超额收益率期,公司具有竞争优势,通过新投资获得比资本成本更高的收益,从而公司经营活动能够创造出现金流,例如 20 世纪 50—60 年代 IBM,80 年代和 21 世纪初的 APPLE,90 年代的 MicroSoft、Intel 和 CISCO。相反,在超额收益率后,则公司不能创造出自由现金流,市场要求的收益率而不是超额收益率。当投资收益率等于公司加权平均资本成本(WACC),投资者获得的收益刚刚补偿持有风险,新投资没有创造出额外价值,公司股价仍会上升,但这个增长不会超过风险调整后的市场预期(或达到投资者期望)。

2. 公司自由现金流贴现模型

由于自由现金流贴现将预期的未来自由现金流用加权平均资本成本折现到当前价值来计算,因此,测算预期现金流成为贴现公司自由现金流量估值的第一步。通常采用公司收入增长率、营业净利润、所得税率、投资增长率、投资收益率等指标假设,进行现金流计算。

贴现现金流估值进行公司价值测算只关注那些流入或流出公司的实际现金,诸如提高收益率或营业净利润可以增加公司净现金,从而增加公司价值;相反,导致现金净流出的公司活动,如提高所得税、增加资本投资以及劳动力或生产成本增加而导致营业净利润下降,都会对公司价值造成负面影响。在测算现金流指标时,华尔街特别关注 5 个关键性指标,并将之称为"中国五兄弟"(取自同名的民间传说)。

表 5-4 中国五兄弟

指 标	解 释
收入增长率	收入的年增长
营业净利润	营业收益/收入
税率	纳税/税前收入
营业资本投资增长率	营业资本变化/收入
固定资产净投资率	净资本投资/收入

资料来源:Gray(2009)。

在上述五个指标中：

(1) 收入增长率。当前收入和在超额收益期内的预期收入增长对公司估值是最重要的指标。但证券分析师预测收入增长率总体偏向乐观，如华尔街平均高估9%。

(2) 营业净利润(NOPM)。一项重要现金流指标，用以衡量一个公司经营创造利润的能力。营业收入要减去销货成本(CGS，包括工厂和设备的折旧)、销售、管理和一般费用(SGA)，以及研发费用(R&D)得到销售净利。NOPM是负值或过低，则导致公司内在价值为零；分析公司NOPM和行业平均NOPM水平，可以得到公司是否存在管理提升潜力，估值过程中使用较高的NOPM来测算公司未来的价值。要把营业净利润转换为自由现金流，必须进行如下操作：第一，加上折旧(非现金开支)；第二，减去所得税、营业资本和固定资产投资。

(3) 税率直接影响公司价值。NOPAT是税后经营利润，NOPAT = NOP × (1 - 税率)。

(4) 净投资。包括对资产、工厂和设备的新投资，再减去与以前投资相关的折旧。一般公司或行业处于成长阶段(超额收益期内)，新投资和折旧一直保持较高水平；一旦行业稳定，新投资收益就应等于公司加权平均资本成本。在此注意，某一行业若陷入过热阶段，则各公司可能错误地建设过多的设备和基础投资，如20世纪90年代和21世纪初的电信和光纤行业，新投资比重过高，以至于没有一家电信公司能够创造出正的自由现金流。

(5) 营业资本增长。营业资本是用来支持公司销售活动的投资支出。营业资本 = (应收账款 + 库存) - 应付账款，该指标变化应该与收入增长变化相符。营业资本净变化是公司每年为获得收入增长和经营所要求的资金变化。

由于公司自由现金流(free cash flow of firm，FCFF)是公司支付了所有营运费用、进行了必需的固定资产与营运资产投资后可以向所有投资者分派的税后现金流量，该指标体现了公司所有权利要求者，包括普通股股东、优先股股东和债权人的现金流总和，其计算公式为：

$$FCFF = EBIT \times (1 - 税率) + 折旧 - 资本性支出 - 追加营运资本$$

其中，$EBIT$为税息前收入(earnings before interest & tax)。

FCFF折现模型认为，公司价值等于公司预期现金流量按公司资本成本进行折现，将预期的未来自由现金流用加权平均资本成本折现到当前价值来计算公司价值，然后减去债券的价值进而得到股权的价值。即公式可表达为

$$V = \sum_{t=1}^{n} \frac{FCFF_t}{(1 + WACC)^t} \tag{5.11}$$

其中，加权平均资本成本(WACC)为债务资本价值与股本价值之和。其公式表达为

$$WACC = \frac{V_e}{V} K_e + \frac{V_d}{V} K_d \tag{5.12}$$

其中，总资本价值 $V=$ 股权资本价值 V_e+ 债务资本价值 V_d；公司资本股权价值＝公司总价值 $V-$ 净债务；股权资本的权重＝$V_e/V=$（总股本×股价）$/V$；债务资本的权重＝V_d/V；债务成本 $K_d=$ 债务税息前成本×（1－有效税率）；股权成本（K_e），可以根据 CAPM 模型 $K_e=r_f+\beta(r_m-r_f)$ 计算。由于自由现金流贴现法的依据是公司的价值等于一段时间预期的自由现金流和公司的终极价值的现值，若企业往往具有比较稳定的现金流量，所以比较适合采用此类方法。

尽管 WACC 计算相对复杂，但可以利用计算器或软件容易计算。

3. 股权资本自由现金流贴现模型

股权自由现金流量（free cash flow of equity，FCFE）是在公司用于投资、营运资金和债务融资成本之后可以被股东利用的现金流，它是公司支付所有营运费用，再投资支出，所得税和净债务支付（即利息、本金支付减发行新债务的净额）后可分配给公司股东的剩余现金流量。FCFE 的计算公式为：

FCFE ＝净收益＋折旧－资本性支出－营运资本追加额－债务本金偿还＋新发行债务

FCFE 折现估价模型的基本原理，是将预期的未来股权活动现金流用相应的股权要求回报率折现到当前价值来计算公司股票价值。公式表达为

$$V=\sum_{t=1}^{n}\frac{FCFE_t}{(1+K_e)^t} \tag{5.13}$$

其中，V 为公司价值；$FCFE_t$ 为 t 期的现金流；K_e 是根据 CAPM 模型计算的股权成本。

FCFE 有永续稳定增长模型、两阶段增长模型和三阶段模型等，其中永续稳定增长模型最适用于增长率接近于整个经济体系增长水平的公司，两阶段增长模型最适用于分析处于高增长阶段并且将保持一定时期高增长的公司，如拥有专利的公司或处于具有显著进入壁垒行业的公司。

专栏 5-2

DCF 理论的完美与现实的困惑

从理论上而言，现金流贴现（DCF）模型的确是股权内在价值评价的正确方法，理论推理清晰、优雅甚至堪称完美。但在实践过程中，DCF 却遇到很大挑战。归纳而言，DCF 实际应用中主要存在两大问题：一是现金流预测问题；二是折现率问题。

对于 DCF 而言，预测现金流是核心问题，因为该理论是以未来若干年的现金流作为贴现基础。但大量证据表明，证券分析师在预测短期和长期增长率方面却存在很大偏差。根据法国兴业银行数量工程师 Rui Antunes 的研究发现，证券分析师的预测偏差随着时间变化而变化。例如在美国，证券分析师的 24 个月的预测偏差达到 93%；12 个月的平均预测偏差为 47%（见图 5-6）。

在折现率问题方面，关于股权风险溢价的分歧导致 DCF 计算上存在很大的偏差。多数教材都采用事后股权风险溢价（ex-post ERP），这一数据是通过历史数据观测到的市场

收益率,但它往往远高于事前股权风险溢价(ex-ante ERP),即预期的风险溢价。因而导致 DCF 在现实使用中计算结果的较大误差。

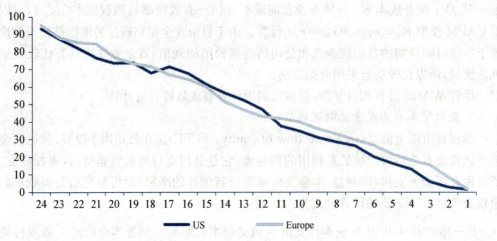

资料来源:James Montier(2011)。

图 5-6　证券分析师预测变化的动态特征(2001—2006)

三、超额收益贴现模型:经济附加值模型

经济附加值指标(economic value added,EVA)源于企业经营绩效考核的目的,EVA 这一概念最早是由斯特恩-斯图尔特(Stern Stewart)管理咨询公司提出并推广,被许多世界著名大公司(如可口可乐公司)所采用。20 世纪 90 年代中期以后,EVA 逐渐在国外获得广泛应用,成为传统业绩衡量指标体系的重要补充。《财富》杂志称 EVA 为"当今最炙手可热的财务理念",在西方企业界引起很大的反响,以至于"只要一家公司宣布要采用 EVA 模式,我们就将看到它们的股价在仅仅一个星期的时间里增长 30%",EVA 成了价值创造的魔方。

经济附加值指标等于公司税后净营业利润减去全部资本成本(股本成本与债务成本)后的净值。计算公式为

$$EVA = NOPAT - 资本成本 \qquad (5.14)$$

其中,EVA 为经济附加值;$NOPAT$ 为税后经营利润,或息前税后利润,是指息税前利润 $EBIT$ 扣除经营所得税所得到;资本成本等于 $WACC$ 乘以实际投入资本总额;$WACC$ 为加权平均的资本成本。

式(5.14)也可表示为

$$EVA = (ROIC - WACC) \times 实际资本投入 \qquad (5.15)$$

其中,$ROIC$ 为资本收益率,即投资资本回报率,为息前税后利润除以投入资本。

如果计算出的 EVA 为正,说明企业在经营过程中创造了财富;否则就是在毁灭财富。

经济附加值(EVA)之所以称为当今投资银行进行股票估值的重要工具,在很大程度上是因为应用市盈率指标进行定价估值太简单,容易产生误解,缺乏现金流概念。对亏损公司,对 IT 行业很难运用。经济附加值指标克服了传统业绩衡量指标的缺陷(股东价值与市场价值不一致问题),比较准确地反映了上市公司在一定时期内为股东创造的价值。

例如,2001 年 10 月,美国五百强中排名第七的美国能源巨头安然公司突然破产案例,充分说明了经济附加值评估的实用性。无论从哪个角度去评估,这个成功经营了 70 年的最具创新精神的美国公司在 2000 年的业绩都是无可挑剔的。2000 年公司年度净利润达到历史最高。安然公司非常注重每股收益,预计公司未来收益会持续走强,但是 EVA 评估价值却连续 5 年不断恶化(见表 5-5)。该表数据显示,安然的净收益在增长,可是经济增加值(EVA)历年都在下滑,正是因为这种下滑,导致安然失控而突然破产。

表 5-5 安然公司 EVA 估值 (单位:美元)

	1996 年	1997 年	1998 年	1999 年	2000 年
净收益(百万元)	600	100	700	880	990
每股收益(元)	1.2	0.18	1.15	1.40	1.20
EVA(百万元)	−10	50	−200	−330	−650

第三节　相对估值模型及其应用

一、市盈率模型

1. 市盈率度量

对盈余进行估值的重要指标是市盈率。对于普通股而言,投资者应得到的回报是公司的净收益。因此,投资者估价的一种方法就是确定投资者愿意为每一单位的预期收益(通常以 1 年的预期收益表示)支付的金额。例如,如果投资者愿意支付 15 倍的预期收益,那么他们估计每股收益为 0.5 元的股票在下 1 年的价值为 7.5 元。这样,投资者就可以计算出当前的收益倍数(earnings multiplier),即市盈率(P/E, price to earnings ratio)。

市盈率指标表示股票价格和每股收益比率,该指标揭示了盈余和股价之间的关系,即 P/E,用公式表达为

$$市盈率(P/E) = \frac{每股市价}{每股收益(年化)} \tag{5.16}$$

市盈率是投资回报的一种度量标准,即股票投资者根据当前或预测的收益水平收回其投资所需要的计算的年数;而市盈率的倒数就是收益率,即 E/P。如果股票市值代表了普通股股东当前对未来的预测,且如果当前盈余是未来盈余的指示器,则该比率就表明 1 美元盈余代表了 PE 的现值。图 5-7(a)表示的是 S&P500 指数价格和其成分股盈余水平,而图 5-7(b)表示的是 S&P500 相应区间的市盈率水平。

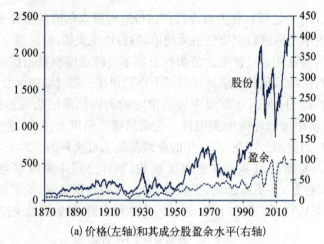

(a) 价格(左轴)和其成分股盈余水平(右轴)

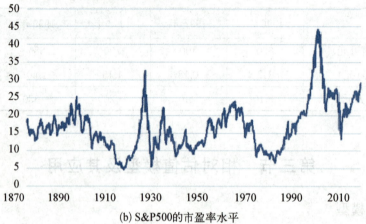

(b) S&P500的市盈率水平

数据来源：http://aida.econ.yale.edu/~shiller/data.htm。

图 5-7　S&P500 的市盈率(1871.1—2017.4)

当前市盈率的高低,表明投资者对该股票未来价值的主要观点。投资者必须将 P/E 比率与整体市场、该公司所属行业以及其他类似公司和股票 P/E 比率进行比较,以决定他们是否认同当前的 P/E 比率水平。也就是说,根据市盈率比率偏高或偏低,判断该股票价格高估还是低估。

在应用市盈率模型时指标选取必须具有前瞻性。在度量 PE 指标时,具体应用什么数值进行计算这个指标？根据市盈率模型公式,分析相当清楚,即近期的每股股价,而分母即每股收益却存在很多问题。作为分母的盈余,应采用正常期望的每股收益;此外,一个重要的问题就是计算哪个期间的每股收益。市盈率是应财务历史收益(向后看)来度量,还是应用预测收益(前瞻的)来度量？那么,证券分析师应进行如何选择？以下是提供的几种选择方法：

（1）可获得的最近 4 个季度报告的每股收益率之和,即可得到历史市盈率或追溯市盈率;或根据最新的 4 个季度计算滚动一年 EPS(如可以天相数据库获得该数据)。

（2）下一会计年度的预测收益,即可得到预测市盈率。

(3) 几个历史年度点平均每股收益,这种方法是 Graham 和 Dodd 在《证券分析》中所建议使用的每股收益,"不少于 5 年,最好是 7 年或 10 年"。

专栏 5-3

关于 EPS 相关问题的理解

在金融投资领域,年度或季度财务盈余数据受到投资者极大关注。其中,每股收益(EPS)是上市公司最重要、最直接的盈余衡量指标。而市场是如何对盈余进行估值的呢?

1. 每股收益的内涵

Graham 的名著《聪明的投资者》关于"每股利润的思考",主要对公司每股收益的理解。基本每股收益(EPS)属于普通股股东的权益,其计算公式为公司盈余除以总股数,即

$$每股收益 = \frac{所有者的收益}{发行在外的普通股股数}$$

该比率表示在一定会计期间每份普通股所赚取的净利润。在此注意,每股收益不能包含优先股的任何信息,因为优先股股东已经得到固定金额的股利,而普通股股东是公司的剩余所有者,是位于债权人和优先股股东之后的最终所有者,因此应关注股东股股东的最终所得。

2. 关于 EPS 稀释的问题

在分析每股收益指标时,应关注 EPS 的稀释性问题。在公司股票拆分、发行可转换债券行权、增发或配股、实行员工股票期权或认股权证,这些潜在的稀释性证券都可能造成 EPS 的稀释。这是因为这些证券一旦被转换成普通股,会使得可分享利润的普通股股数大于之前报告期的流通股股数。

3. 对 ESP 的动态性问题:以美国铝业为例

在分析 EPS 时,有必要注意两点:一是不要过于看重某一年的利润;二是投资者若确实关注短期利润,则当心 EPS 数据中存在的陷阱。在金融投资领域,季度数据尤其是年度数据会受到投资者的极大关注,而且这种关注必然会对投资者的思维产生影响。若对定期财务数据解读不当,则容易陷入投资陷阱。

以美国铝业公司(Alcoa Inc., AA)为例[①]。若从表 5-6 的每股收益看,1970 年 EPS 为 $6.32,好于 1969 年的 $5.58。根据当时美国铝业的股价 $62 计算,该市盈率不足 10 倍,远低于同期大型蓝筹股 15 倍的平均市盈率。而美国铝业真的便宜吗?但投资者在认真阅读该公司的所有注释内容(尤其是财务报表附注)后发现,1970 年的每股收益并非一个数据,而实际上包括四个数据(见表 5-6)。

而所有这些其他的利润意味着什么?哪一个是 1970 年以及最后一个季度的真实利润?如果 1970 年第 4 季度的利润仅为 0.70 美元(除特殊费用的净收益),则年化 EPS 为 $2.8 而不是 $6.32;且每股 62 美元的价格对应的市盈率是 22 倍,也非前文所提的 10 倍。

---

① 此案例根据 Graham 的名著《聪明的投资者》改编,根据教学需要对个别数据进行略作调整。

根据财务报表的注释,可以发现利润首先从 $6.32 下调至 $5.01,以反映该公司大量可转债行使转股权所带来的股权"稀释"效应;而特殊费用如企业管理层对可能关闭制造部门的成本估计、可能关闭下属铸造厂的成本估计、关闭下属信贷公司逐步退出市场的亏损估计等,直接影响利润 1 880 万美元(每股 88 美分),尽管所有这些项目在即期内没有产生损失,但都与未来成本和损失相关,即会计科目的或有损失(loss contingency)。可见,格雷厄姆提醒投资者在解读 EPS 时,建议所关注"每股收益"只包括盈利的项目和业务。正如国王爱德华七世的日晷那样,只记录"晴朗的时光"。

表 5-6 美国铝业的财务报表

全年财务数据	1970 年	1969 年
基本利润	$6.32	$5.58
净收益 (扣除特殊费用)	4.32	5.58
完全稀释后 (未扣除特殊费用)	5.01	5.35
完全稀释后 (扣除特殊费用)	4.19	5.35
4Q 财务数据	1970 年	1969 年
基本利润	$1.58	$1.56
净收益 (扣除特殊费用)	0.70	1.56

4. EPS 增长的持续性问题

在证券估值中,应关注 EPS 增长的持续性问题,这对成长股的估值尤其重要。在投资实践中,一般应用连续若干年(如三年或五年)的 EPS 复合增长率,说明该公司业绩的增长持续性。相反,若公司资产重组、非主营资产收入、政府补贴等则可以获得一次性收益,这类非经常性收益通常不具备可持续性,对公司股价可能仅有短期刺激作用,而无长期支撑作用。例如,2007 年 4 月,浙江浪莎控股有限公司入主并进行重组的四川长江包装控股股份有限公司(简称"*ST 长控",600137.SH),公司更名为"浪莎股份",该公司的 EPS 从借壳前的份 0.15 元直接跃升至借壳上市后的 4.22 元,但 2007 年的 EPS 并不具有非持续性,上市后三年 EPS 却一直维持为 0.35 元至 0.45 元之间。又如,中国 A 股上市公司的"炒股高手"兰州黄河(000929.SZ),曾因重仓中国北车等多只蓝筹股,在 2015 年被赢得"股神"的称号。由于股票投资收益,公司 2015 年中报净利润 1.67 亿,同比增长 1 067.31%。然而,2016 年,伴随股票市场转入熊市,2016 年公司归属上市公司股东的净利润为 −2 509 万元,同期公司证券投资账面亏损 2 136 万元,公司业绩出现大幅波动。

2. 市盈率的影响因素

什么决定市盈率呢？在此，我们分析期间影响市盈率的因素，这可以前面讨论的股利贴现模型中推导出来。若用 P_0 表示模型的估计价格，则存在：

$$P_0 = \frac{D_1}{r-g} \tag{5.17}$$

两边同时除以预期盈利 E_1，则可得到：

$$P/E = \frac{D_1/E_1}{r-g} \tag{5.18}$$

从上式可见，P/E 比率是由以下因素所决定：(1) 预期股利派发率 D_1/E_1；(2) 股票的必要回报率 r；(3) 股利增长率 g。在其他条件不变时，下列关系成立：(1) 派息率越高，市盈率越高；(2) 股利预期增长率 g 越高，市盈率越高；(3) 必要回报率 r 越高，市盈率则越低。

尽管上述 D/E、g、r 三种因素对 P/E 都有影响，r 和 g 的差值是决定 P/E 比率的关键因素。尽管股利派发率对 P/E 也有影响，但由于公司长期的目标股利派发率相当稳定，对 P/E 的影响很小。

3. PEG：PE 的补充指标

由于市盈率指标表示股票价格和每股收益比率，可直接应用于不同收益水平的价格比较，对股价估值简单而实用，因而成为投资者进行权益证券估值的最广泛指标之一。相应地，市盈率指标也存在一些缺陷，该指标并没有告诉投资者：(1) 公司盈利预计以什么方式增长？(2) 公司盈利增长预期是加速增长还是减速增长？(3) 公司的盈利能力如何与其他相同风险-收益关系的投资进行比较；(4) 如何对相同市盈率的公司盈利进行区分？

针对市盈率指标的上述缺陷，近年流行的市盈率增长因子(PEG)是对 P/E 静态性缺陷的重要补充。PEG 是将一只股票的市盈率除以该公司的成长性。其中，用估计盈利增长率除市盈率可以测算公司成长的速度，即市盈率/公司利润增长率，这就是著名的预期市盈率增长因子(prospective PEG)。该指标大于 1 说明估值高；小于 1 说明便宜。市盈率增长因子越低，表示公司的发展潜力越大，公司的潜在价值也就越高。

例如，某两家公司的市盈率都是 20，但是盈利增长率不同，公司 A 的盈利增长率为 20%，而公司 B 的盈利增长率为 5%，那么公司 A 的预期市盈率增长因子为 1(20 除以 20)，而公司 B 的预期市盈率增长因子为 4(20 除以 5)。可见，公司 A 成长较快，从而预示着该公司有更好的发展潜力和投资价值。侧重成长型股票的投资者通常偏好 PEG 比率介于 0—1 之间的股票，表示该公司的成长性大于其市盈率。其目的是筛选出一些具有较高的盈利增长能力，但市场又尚未完全得知这个成长股潜力的股票(若股价已完全反映成长能力，股票的市盈率则较高)。

二、市净率模型

账面价值(book value)是公司净资产的会计指标。Fama 和 French 及其以后学者的研究表明,市价/账面价值比率(Price/Book Value,P/B)是衡量公司价值的重要指标,这就是市净率的表达公式,即

$$市净率 = 每股市价/每股净资产$$

$$P/B = \frac{P_t}{BV_{t+1}} \quad (5.19)$$

其中,BV_{t+1}是公司每股账面价值的年末估计值。

相对于市盈率,市净率在使用中有着其特有的优点:第一,每股净资产通常是一个累积的正值,因此市净率也适用于经营暂时陷入困难的企业及有破产风险的公司;第二,统计学证明每股净资产数值普遍比每股收益稳定得多;第三,对于资产包含大量现金的公司,市净率是更为理想的比较估值指标。这样,P/B尤其适用于公司股本的市场价值完全取决于有形账面值的行业,如银行、房地产公司。而对于没有明显固定成本的服务性公司,账面价值意义不大。

同时,市净率在使用过程中也存在一定局限性。由于会计计量的局限,一些对企业非常重要的资产并没有确认入账,如商誉、人力资源等;当公司在资产负债表上存在显著的差异时,作为一个相对值,P/B可能对信息实用者有误导作用。

三、企业价值倍数

EV/EBITDA又称企业价值倍数(enterprise multiple),是一种被广泛使用的公司估值指标。EV/EBITDA反映了投资资本的市场价值和未来一年企业收益间的比例关系。其中,EV(enterprise value)即企业价值计算公式:

$$公司市值 + 净负债;$$

EBITDA(earnings before interest, taxes, depreciation and amortization)即未计利息、税项、折旧及摊销前的利润(或税息折旧及摊销前利润),用以计算公司经营业绩。计算公式为

$$EBITDA = 净利润 + 所得税 + 利息 + 折旧 + 摊销$$

或

$$EBITDA = EBIT + 折旧 + 摊销$$
$$净销售量 - 营业费用 = EBIT$$
$$EBIT + 折旧费用 + 摊销 = EBITDA$$

EV/EBITDA和市盈率(PE)等相对估值法指标的用法一样,EV/EBITDA使用企业价值(EV),即投入企业的所有资本的市场价值代替PE中的股价,使用息税折旧前盈利(EBITDA)代替PE中的每股净利润。其倍数相对于行业平均水平或历史水平较高通常说明高估,较低说明低估,不同行业或板块有不同的估值(倍数)水平。

PE和EV/EBITDA反映的都是市场价值和收益指标间的比例关系,只不过PE是从股东的角度出发,而EV/EBITDA则是从全体投资人的角度出发。在EV/EBITDA方法

下，要最终得到对股票市值的估计，还必须减去债权的价值。在缺乏债权市场的情况下，可以使用债务的账面价值来近似估计。同时，EV/EBITDA 较 PE 有明显优势，首先由于不受所得税率不同的影响，使得不同国家和市场的上市公司估值更具可比性；其次不受资本结构不同的影响，公司对资本结构的改变都不会影响估值，同样有利于比较不同公司估值水平；最后，排除了折旧摊销这些非现金成本的影响（现金比账面利润重要），可以更准确地反映公司价值。但 EV/EBITDA 更适用于单一业务或子公司较少的公司估值，如果业务或合并子公司数量众多，需要做复杂调整，有可能会降低其准确性。

表 5-7 TMT 公司的市盈率(PE)、市净率(PB)和企业价值倍数(EV/EBITDA)

证券简称	市盈率 PE			市净率 PB	企业价值倍数 EV/EBITDA
	TTM	17E	18E		
中国软件	165.14	47.88	28.58	4.81	871.62
海康威视	33.22	27.29	21.93	9.99	36.47
京东方 B	23.42	13.49	10.07	1.22	12.27
京东方 A	34.17	19.68	14.69	1.77	12.27
世纪游轮	66.19	77.90	61.46	11.94	86.26
三安光电	31.60	26.07	21.07	4.17	23.48
中兴通讯	−37.96	17.94	15.40	2.88	5.90
蓝思科技	58.79	31.19	20.73	5.20	36.75
立讯精密	48.69	32.90	24.28	5.29	32.87
乐视网	108.35	59.71	37.62	4.49	25.44
大华股份	29.20	22.77	17.67	6.49	38.69

注：以 2017 年 5 月 24 日收盘价计算。
数据来源：Wind。

四、市价/现金流比率

由于公司盈利水平容易被操纵而现金流价值通常不易操纵，市价/现金比率越来越多地被投资者所采用。同时，根据信用评价"现金为王"的法则，现金流价值在基本估值中也是很关键的。市价与现金流的比率(P/CF)的计算公式如下：

$$P/CF = \frac{P_t}{CF_{t+1}} \tag{5.20}$$

其中，P_t 为 t 期股票的价格；CF_{t+1} 公司在 $t+1$ 期的预期每股现金流。

影响这个比率的因素与影响 P/E 的因素相同，即这些变量应该是所采用的现金流变量的预期增长率和由于现金流序列的不确定或波动性所带来的股票的风险。用来计算的具体现金流通常是扣除利息、税款、折旧和摊销之前的收益(EBITA),但具体是采用哪种现金流会随公司和行业的性质不同以及哪种现金流对行业绩效的方便计量而变化(如营运现金流或自由现金流)。同时,合适的 P/CF 比率也会受到公司资本结构的影响。

五、市销率模型

市销率(P/S)也称价格营收比,是股票市价与销售收入的比率,该指标反映的是单位销售收入反映的股价水平。其计算公式为

$$P/S = \frac{P_t}{S_{t+1}} \tag{5.21}$$

其中,P_t 为 t 期股票的价格;S_{t+1} 为公司在 $t+1$ 期的每股销售额。

市销率指标的引入主要是为克服市盈率等指标的局限性,在评估股票价值时需要对公司的收入质量进行评价。由于主营业务收入对于公司未来发展评价起着决定性的作用,因此市销率有助于考察公司收益基础的稳定性和可靠性,有效把握其收益的质量水平。一般而言,价值导向型的基金经理选择的范围都是"每股价格/每股收入<1"之类的股票。当然,对于不同行业而言,市销率评价标准不同,例如软件等行业利润率相对较高,而食品零售商则仅为 0.5 左右。

专栏 5-4

关于价值评估模型的应用性问题

价值评估模型是投资者对公司预期(盈利或现金流)的基本评估工具。估值模型本身很简单,难的是如何利用估值模型准确分析公司的价值。在证券估值过程中,首先有必要确定不同阶段与不同市场的证券估值区间。由于不同时期受到风险溢价水平和投资者情绪等因素影响,整个行业在一定时期定价往往过高或过低,就会高估或低估整个行业的平均市盈率,从而影响对估值对象的价值评估,难以避免其带来的系统性风险。然后,再根据不同行业(或板块)的特性和成长预期,确定行业的合理估值区间;确定了同类组的估值后,投资者应评估相关公司估值是否合理以及为何存在估值相对差异。即使在同一行业,由于每家公司生产的产品、业务侧重点也不一样,公司各自的特性决定市盈率法缺乏一致的比较口径(特别是一些新兴行业或行业独特的股票,很难找到可以比较的对象)。

进行证券估值的目标是试图衡量投资者未来的一致性预期是什么?然后评估该公司的业绩是高于预期或低于预期,或与预期持平?价值评估模型本身并没有提供多少预测未来股票业绩的信息。估值并非简单看一只股票是"便宜"还是"昂贵",而是比较公司及同行组(或同行平均水平)或比较公司当前估值及其历史估值。例如,若 A 公司 P/E 为 20,B 公司 P/E 为 10,则并不意味着 B 公司比 A 公司"便宜",投资者就应该购买 B 公司的股票。一家公司与另一家公司估值存在差异背后有许多原因,如战略属性、收益预期、公司特质性风险、情绪、管理层声誉与公司治理等。利用估值在于发现某公司的股票交易与同行业相比溢价或折价的原因,并确定合理的市场价格水平。

第四节 估值模型以外的讨论：通货膨胀和公司治理对股票价值的影响

一、通货膨胀对股票价值的影响

传统价值评估模型并不考虑通胀因素，这是因为所有经典估值模型是以"通胀中性"(inflation-neutral)为假设前提。但是，事实上通货膨胀对证券市场投资具有重要的影响，通胀已经成为证券分析和投资决策的极其重要的变量，关于通货膨胀趋势因素分析已经成为证券市场趋势判断的重要组成部分。在本教材中关于通胀问题有三方面：一是宏观因素分析（具体见第四章）；二是通胀对股票价值的影响；三是通胀对投资策略和资产配置的影响（具体见第九章）。本章重点从权益证券价值的角度解析通胀。

通货膨胀对权益证券价值评估的影响机制，主要有两种研究视角：第一种是从贴现率 r（或加权资本成本 WACC）出发，重点从内在估值角度考察通胀对估值贴现率对公司价值的影响；第二种是剖析通货膨胀对公司盈余产生影响。首先从第一种角度即贴现率的角度看，估值过程所使用的贴现率和利率的整体变化，对股票市场估值产生很大的影响，诸如通胀膨胀预期导致利率水平的下降，或者经济发展导致资产风险溢价下降等这些导致贴现率的因素，在 20 世纪 90 年代美国股票市场都显著提高了股票的估值。克林顿时期股市繁荣，表面上是股市上升幅度超过了公司收入增长率，其背后的原因是：利率大幅下降和由此导致的公司加权平均资本成本的降低，而较低的公司加权平均资本成本可以大幅增加股票价值。

从通货膨胀对股票价值评估的第二种影响渠道看，主要是通胀对公司盈余产生影响，进而造成股票价值的波动冲击。长期以来，传统的观点认为股票是通胀的一种对冲，但事实并非如此，股票市场的核心问题是资本回报率是否伴随通胀率上升[①]。在低通胀的经济环境中，长期和短期实际利率都非常稳定，资本回报率也相对稳定，股票市场环境良好。然而，通胀率走高，原材料商品价格快速上升、资本成本及利率走高，股票市场的投资风险迅速上升，这显然是对股市的负面冲击。观测 1950—1970 年美国公司 20 年的利润率，发现这种资本利润率随着经济水平的总体变化而波动，但他并未随着物价水平（PPI 或 CPI）而呈现明确性趋势，而在某种程度上是较高的固定资产折旧率推动公司的资本收益率维持在一个较高的水平。但从经济周期的规律看，企业好的年景与通货膨胀往往同时伴生，而坏的年景往往与通货紧缩如影随形。因此，人们通常认为，"适度的通货膨胀"对企业的利润是有益的，1950—1970 年的美国公司盈利数据就证明了这一点[②]。高盛(Goldman Sachs)对 1975 年之后的美国 8 次通胀周期进行分析，发现在"原材料"工业品出厂价格指数上涨时期，企业的经营利润率下降、市盈率估值收缩且股权回报率较低；而

---

① 参见 Warren E. Buffett, "How Inflation Swindles the Equity Investor", *Fortune*, May 1977。
② 参见格类厄姆(B. Graham)在《聪明的投资者》中的第 2 章《投资者与通货膨胀》，对通胀水平与公司利润关系之间的剖析。

通胀加速时期的利润率、估值及回报率在"原材料"工业品出厂价格指数上涨的时期,能源股和材料股的回报率较高,其表现一贯好于大市。此外,科技股和日常消费品股的表现也普遍好于大市;而金融股的表现较差。可选消费品和电信企业所面临的利润率压力可能是最大的,而材料和科技企业的利润率受"原材料"工业品出厂价格指数上涨的影响可能较小。

为说明通货膨胀和公司盈余的长期趋势,在此引入 S&P500 指数(Bloomberg 代码为 SPX)每股盈余与原材料价格指数(CRB)的相关趋势图(见图 5-8)。从图 5-8 看,S&P500 指数成分股在 1981—2016 年 36 年间的盈余数据显示,上市公司盈余和原材料价格 CRB 之间存在相对一致性的波动趋势,但并非简单的"领先—滞后"关系,这是因为两者背后的牵引力量都是经济增长率。强势的经济成长虽然促使了每股盈余的上升,但是也带动了原材料价格及利率的上涨,因而创造了对股市不利的经济环境。然而,从长期而言,每股盈余增长率与名义 GDP 及股价成长率存在密切关联,这就是金融市场上存在的"通胀幻觉"效应。

数据来源:Bloomberg。

图 5-8 上市公司盈余和原材料价格关系:以标普(SPX)成分股为例

专栏 5-5

股票市场的"通胀幻觉"效应

关于通胀预期和资产回报问题的研究,最早可追溯到 20 世纪 30 年代凯恩斯(J. Keynes)对战争期间英国的通胀和货币幻觉(money illusion)问题进行关注,至于通货预期对资产价格影响,后来学者则应用投资者的通胀幻觉(inflation illusion)进行解释(Modigliani and Cohn, 1979)。通胀幻觉理论认为,在一个经历了长期低通胀的经济环境下,投资者通常习惯按历史通货膨胀情况对资产的名义收益率和真实收益率做出调整,对未预期的通货膨胀上升也仍按习惯进行适应性调整。这样资产名义收益率的上升,投资者会认为是真实收益的增加,于是就会对资产价格做出调整,即提高资产的价格。但名义收益率的上升很快会被通货膨胀的增加所抵消,资产价格又会回落。通胀幻觉机制解释了20世纪70年代通货膨胀时期的美国股票市场波动率之谜,并对继之而来的美国股市大繁荣提供了有力依据。

但是从长期来看,股价和通货膨胀间则不存在正相关关系(这隐含着投资权益类资产并非"对冲"通胀风险的有效工具)。可见,在通货膨胀的经济环境中,按历史通货膨胀率对资产名义收益率和真实收益率进行调整,并不会提高资产的真实收益水平,因而通货膨胀也就不能提高股票真实价格水平;相反,投资者只有采用名义收益率提高作为真实折现利率进行股票价值估计。由此可以看出,在通胀幻觉作用机制下,投资者通胀会产生如下错误估计,即按照名义贴现率对公司未来现金流进行贴现,而不是实际贴现率,从而导致通胀幻觉对资产价格波动的异常冲击。

基于预期通胀前提,我们曾对中国证券市场是否存在"通胀幻觉"效应进行检验,结果表明"通胀幻觉"效应同样存在于中国股票市场,通胀预期对投资者情绪和主观风险溢价产生影响。无风险利率、通胀率变化都通过投资者情绪的指标对股市中的红利收益率的判断产生作用,从而导致了股市波动;通胀率变化对证券收益的冲击效果并对资产价格在短期内存在较强的正向冲击性,从而引致市场投机泡沫形成;同时,在通胀幻觉作用下,股票市场收益率在短期内对分红收益率有着显著的负向冲击,股票价值并不是按照红利现金流贴现,市场投机性较强,投资者更倾向追逐资本利得而获取投资收益。

二、公司治理对公司价值的影响

由于证券市场是一个受多变量影响的复杂性适应系统,因此与公司价值有关的信息不仅仅是企业的财务信息,而且任何对公司经营和价值创造有影响的信息都应该是专业投资者在价值评估过程中应当考虑的,在此我们将从公司治理角度分析公司价值取向和公司市场价值之间的内在关系。

(一) 公司本质:价值观和执行力

"企业管理能力"以及"公司层的品质和行为"作为决定股票价格的五个重要因素之一。企业管理者做出哪些预测?以及他们是否达到预期目标,都需要分析师高度关注。

为分析公司管理层行为对公司治理和价值的影响,在此我们引入了"公司愿景"概念。企业愿景(corporate vision),又称企业远景,它是企业战略发展的重要组成部分。企业愿景顾名思义是指:根据企业现有阶段经营与管理发展的需要,对企业未来发展方向的一种期望、一种预测、一种定位。

在证券分析和投资决策过程中,我们必须关注公司的愿景什么?它想成为一个什么样的公司?公司是否拥有短期或者长期的利润前景?这是普通股的重要投资原则之一(Philip A. Fisher,2007)。证券分析师关注公司管理层行为,判断他们是否在为自己谋取最大利益?管理层是否勇于承担责任,是否将"不确定性因素""需求不足"作为公司业绩不佳的替罪羊?有些管理层以在当前获得最大利润为目的来处理事务,而有些公司则有意减少当前的利润来建立信誉,从而在未来一段时间获得更大的利润。投资者要想获得最好的投资结果,就必须选择那些在利润上真正具有长远眼光的公司上。

专栏 5-6

公司愿景比较:"国美电器"vs."苏宁电器"

"国美电器"(0493.HK)和"苏宁云商"(002024.SZ)(原名"苏宁电器")都是国内知名的全国性家电连锁零售企业。其中,国美电器1992年在香港证交所上市,2007年1月,国美电器与中国第三大电器零售企业永乐电器正式完成合并,成为中国家电销售行业的领导者。而"苏宁电器"起步较晚,2004年7月在深圳证券交易所上市。2013年2月,"苏宁电器"更名为"苏宁云商"。

同是家电行业的领先公司,两家企业的公司管理层在国内"十一五"期间家电消费的黄金期的公司愿景方面存在显著性差异,苏宁云商致力于产业的迅猛扩张,通过产业链延伸和供应链成本集约化,2007—2010年外延式扩张复合增长率超过30%,公司综合毛利率持续提升;同时,费用增长率低于毛利增长率,净利润率有增长空间。而国美电器则是内部治理混乱,管理层忙于公司控制权争夺和权力斗争,董事局主席黄光裕和职业经理人陈晓之间的权利与权力斗争成为中国商业史、公司史上一个里程碑式的案例。此外,董事局主席黄光裕长期从事股票市场内幕交易等非法交易,造成*ST三联、中关村股票异常波动,被司法机关判处有期徒刑14年,罚金6亿元,没收财产2亿元。

下图是"苏宁电器"上市后,两家公司股价的走势图。从图5-8可见,两家同行业公司在2006—2013年公司管理层的不同治理和远景,导致公司价值的巨大偏离。自2004年"苏宁电器"上市后,最高给投资者带来27倍的投资收益;截至2013年2月18日(即"苏宁电器"更名"苏宁云商"前),"苏宁电器"的回报率仍高达17.38倍;而同期,"国美电器"股价(前复权价格)却从2004年7月21日的1.45港元,下跌至2013年2月18日的0.86港元,持股8年半的时间,获得-40.68%的回报。

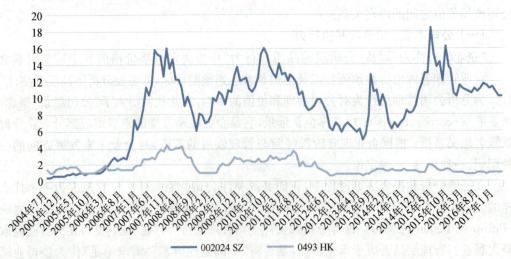

数据来源:Bloomberg。

图 5-9 "国美电器"与"苏宁电器"(2013年后更名"苏宁云商")的股价比较

(二) 公司治理和市场价值

1. 公司治理与公司溢价

自 20 世纪 90 年代中期以来,英国和美国率先掀起了公司治理改革运动尤其是 1999 年经济合作与发展组织发布《OECD 公司治理原则》后,公司治理改革已逐步演化成一个全球性浪潮。公司治理的核心是企业资本所有权、剩余控制权和剩余索取权有效分配和结合,在所有者和经营者之间形成一种有效制衡的约束与激励机制。有效的公司治理机制必须设计一整套有效的制度来解决所有权和经营权的利益冲突问题。从本质上而言,完善的公司治理机制能够有效保护投资者,尤其是中小投资者(外部股东)的利益,从而保证投资者能够获得相应的回报。相反,如果公司治理存在缺陷,就必然存在利益冲突问题,即控股的大股东损害少数股东的利益的问题。

公司治理问题存在,公司内部股东利用"内部人控制"可以"掏空"公司,对外部股东造成严重利益侵害(有的学者将内部股东"掏空"上市公司的现象称为"隧道效应")。在新兴市场上,大股东"掏空"上市公司的情况非常严重。La Porta et al. (1998)发现控股股东可以利用各种方式损害小股东利益,如增加管理费用、为关联企业提供担保、股权再融资稀释小股东股权等。

从现有的学术文献看,一般认为良好的公司治理能够有效控制"内部人控制",保护中小外部股东利益,从而增加公司的市场价值。Black(2001)、Gompes et al. (2003)等通过大量实证研究表明,公司股票的市场表现和其公司治理之间存在着正相关关系。近来,麦肯锡公司向机构投资者和个人投资者发布了针对新兴市场国家公司治理状况的调查问卷,结果表明 80% 的投资者愿意为公司治理良好的公司支付 18%—24% 的溢价。

2. 公司治理和公司价值的理论分析

根据指标选择的不同,企业价值的衡量可以大致分为使用托宾 q 和股票预期收益两类。

(1) 托宾 q 值指标。

在实证研究中,为有效衡量公司价值,经常使用托宾 q 值作为价值测度指标。按照托宾 q 理论,托宾 q 是公司市场价值与当期重置资本成本的比率(Tobin,1969)。比率高意味着投资者相信公司将迅速成长,因而更愿意向该公司投资;反之,比率低则说明投资者对公司的发展前景没有信心。托宾 q 一般表达为

$$q = \frac{MVCS + BVLTD + BVINV + BVCL - BVCA}{BVTA} \tag{5.22}$$

式中,$MVCS$ 为企业普通股股票的市场价值,$MVLTD$ 为企业长期债务的账面价值,$BVINV$ 为企业存货的账面价值,$BVCL$ 为企业流动负债的账面价值,$BVCA$ 为企业流动资产的账面价值,$BVTA$ 为企业总资产的账面价值。

(2) 预期收益率指标。

股票预期收益可以衡量企业价值,根据经典的资产定价模型,一个公司的价值决定于其未来的现金收益和期望回报率。将每年的净现金流进行折现,再把这些折现后的金额加总起来,就是当前这个公司的价值。严格地说,公司治理会影响这个方程的两个方面。

首先,好的公司治理能够防止公司盲目扩大规模,把有限的资金投入到不能够产生利润的项目里面去,因此,公司治理能够影响公司的未来现金收益。其次,在未来的现金收益一定的情况下,好的公司治理可以降低股东监管和审计该公司的成本,因此更能够保障股东的利益,所以,也会导致期望回报率的下降。

3. 公司治理和公司价值的经验证据

国外学者大量证据表明,公司治理水平与 Tobin q 以及 ROA 显著的正相关性。国内学者曹廷求等(2010)以 2002—2007 年我国上市公司报告为基础,选择了 18 个指标构建了公司治理指数,并以此对我国上市公司的治理状况及其 5 年间的改进程度进行了综合评价。论文以 Tobin q 值来衡量公司价值,检验公司治理对公司价值的影响。在该论文中,以公司治理指数 CG 为主要解释变量,加入公司规模 size(总资产的自然对数)、上市时间 time、资产负债率 debt、融资需求 efn[资产增长率－ROE/(1－ROE)]、最终控制人性质 nat(若国有为 1,否则为 0)、beta 系数以及外部的经济发展水平 GDP(公司所在地当年 GDP 占全国 GDP 的比例)、市场化环境 mar 等控制变量。检验结果显示,治理指数与公司价值显著正相关,治理指数每上升 1 点,公司价值约增加 0.3 个百分点,这表明在中国证券市场上,公司治理改进能够提升上市公司价值(具体见表 5-8)。

表 5-8 公司治理和公司价值关系检验

变 量	Tobin q			ROA		
	(1)	(2)	(3)	(1)	(2)	(3)
c	5.673 (0.000)	5.669 (0.000)	5.589 (0.000)	−0.273 (0.000)	−2.283 (0.000)	−0.195 (0.000)
CG	0.002 (0.000)	0.003 (0.000)	0.012 (0.000)	0.003 (0.000)	0.002 (0.000)	−0.004 (0.017)
size	−0.206 (0.000)	−0.207 (0.000)	−0.207 (0.000)	0.019 (0.000)	0.019 (0.000)	0.018 (0.000)
debt	0.409 (0.000)	0.412 (0.000)	0.417 (0.000)	−0.238 (0.000)	−0.241 (0.000)	−0.240 (0.000)
beta	−0.122 (0.001)	−0.118 (0.001)	−0.119 (0.000)	−0.022 (0.016)	−0.015 (0.058)	−0.020 (0.000)
efn	−0.006 (0.002)	−0.006 (0.000)	−0.004 (0.000)	−0.004 (0.000)	−0.004 (0.000)	−0.007 (0.001)
nat	0.001 (0.888)	0.003 (0.649)	0.001 (0.747)	−0.013 (0.000)	−0.011 (0.000)	−0.015 (0.000)
time	0.010 (0.000)	0.009 (0.000)	0.010 (0.000)	0.002 (0.000)	0.001 (0.000)	0.001 (0.000)
GDP		−0.348 (0.000)	−0.366 (0.000)		−0.365 (0.000)	−0.365 (0.000)
mar		0.004 (0.019)	0.003 (0.084)		0.003 (0.000)	0.004 (0.000)

续 表

变 量	Tobin q			ROA		
	(1)	(2)	(3)	(1)	(2)	(3)
FD			−0.087 (0.000)			0.075 (0.000)
FD×CG			0.010 (0.000)			−0.007 (0.000)
Adj R²	0.726	0.730	0.734	0.636	0.640	0.648
F	518.336 (0.000)	420.825 (0.000)	359.020 (0.000)	390.268 (0.000)	320.443 (0.000)	252.932 (0.000)

资料来源：曹廷求等，《中国上市公司的治理改进：2002—2006》，《财经研究》2010年第2期。

专栏 5-7

华润入主东阿阿胶为例：公司治理如何影响价值？

2004年10月，华润与东阿阿胶（000423.SH）国有大股东山东省聊城市国资局签订协议，共同出资成立华润东阿阿胶有限公司（以下简称华润东阿），聊城市国资局以其持有的东阿阿胶全部国家股及其他资产出资，占49％股权，华润以2.3亿元现金出资，占51％。此前，聊城市国资局持有东阿阿胶29.62％股权，系第一大股东。因此，通过华润东阿，华润股份实现了对东阿阿胶的实际控制（图5-10）。

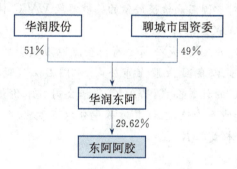

图 5-10　华润入主后的股权结构

然而，聊城市国资局与华润签订重组协议前，并未与东阿阿胶缔造者——刘维志、章安夫妇充分沟通。在东阿阿胶内部，刘氏夫妇拥有极高的威信。而华润入主后表现出来的强硬作风，与公司管理层存在较大的摩擦，导致资本方华润与管理层之间围绕东阿商标、董事会席位和MBO等进行了为期近两年的明争暗斗局面，基金经理对东阿阿胶（000423.SH）"用脚投票"方式选择导致公司股价处于"治理抑价"状态，市场表现远低于同期的沪深300指数。2006年初，在政府的协调下，刘氏夫妇以退休方式退出管理层，华润才得以掌控局面。2006年4月25日，东阿阿胶召开董事会，提名华润集团副总裁蒋伟担任公司董事长，东阿阿胶从此进入"华润时代"，东阿阿胶（000423.SH）股价大幅上涨，公司价值得到市场重估。

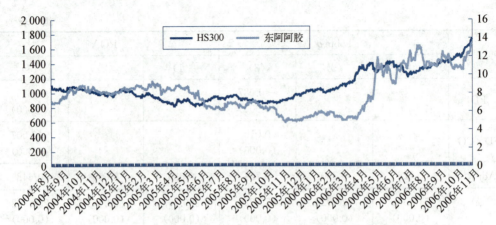

图 5-11　东阿阿胶公司治理改善前后的公司股价表现

案例分析

中国石油的 WACC 估计和 EVA 计算

中国石油是中国油气行业占主导地位的最大的油气生产和销售商,是中国销售收入最大的公司之一,也是世界最大的石油公司之一。公司主要从事与石油、天然气有关的各项业务。中国石油属于 A 股、H 股公司,2000 年 4 月 7 日在香港交易所上市,股票代码:0857 HK;2007 年 11 月 5 日,A 股在上海证券交易所上市,股票代码:601857 SH。在此案例中,我们对中国石油价值评估的关键参数 WACC 估计以及对 EVA 计算。

(一) **中国石油的 WACC 估计**

加权平均资本成本(WACC)是公司自有现金流贴现模型的关键指标之一,为说明 WACC 的计算过程,在此以我国 A 股上市公司"中国石油"(股票代码:601857)为例进行说明。根据 WACC 的计算公式,WACC 包括公司股本价值与债务资本价值两部分。为计算股本价值和债务价值,在计算过程中分以下步骤。

(1) 计算公司的股本成本 K_e。

股本成本的计算公式为

$$K_e = 无风险利率 + 股票风险溢价$$

在中国证券市场上,假定无风险利率为 3.07%,市场预期回报率为 14.64%,同时中信证券的 Beta 系数为 1.36%,则股权成本 K_e 为 18.80%,计算过程如下:

股本成本	8.68%
无风险利率	3.37%
＋股票风险溢价	5.31%
Beta	0.57
$\times(R_m - R_f)$	9.31%
	(12.68% − 3.37%)

(2) 计算公司的债务成本 K_d。

债务成本的计算公式为

$$K_d = \{[(SD/TD) \times (TN \times AF)] + [(LD/TD) \times (TB \times AF)]\} \times [1-TR]$$

其中，SD 为短期债务；LD 为长期债务；TD 总债务；AF 为债务调整系数，其一般根据公司信用等级确定，越低的信用评级则要求该系数越高，例如某公司的债券等级为"AA"的收益率高于同期限国债收益率20%，则该公司债务调整系数为1.2；TN 为短期利率，一般用国库券收益率表示；TB 为长期利率，一般地，TR(Tax Rate)为有效税率。

根据2016年第3季度中国石油的财务报表可得到，该公司的短期债务 SD 为141 016万元，长期债务 LD 为383 941万元，则总债务 TD 为524 957万元，短期债务/总债务为0.27，长期债务/总债务为0.73。假定短期市场利率和长期利率分别为1.5%和3.37%，则公司的税前债务总成本等于(短期债券利率×短期债务/总债务)与(长期债券利率×长期债务/总债务)之和，即0.40%+2.46%=2.86%。假定该公司的有效税率为37.79%，债券调整系数为1.38，则税后的债务成本为 K_d 等于：(1-有效税率)×税前债务总成本×债务调整系数=2.46%。债务成本的计算过程如下：

税后债务成本	2.46%
(1-有效税率)	62.21%
有效税率	37.79%
税前债务总成本	2.86%
短期债券利率×短期债务/总债务	0.40%
短期债务/总债务	0.27
×短期利率	1.50%
+长期债券利率×长期债务/总债务	2.46%
长期债务/总债务	0.73
×长期利率	3.37%
×债务调整系数	1.38

(3) 计算WACC值。

根据公司股本和股价可得到公司市值12 613.87亿元，公司的总债务 TD 为5 249.57亿元，则计算出公司资本结构为债务资本权重为29.4%，股权资本权重为70.6%。同时，由于步骤1和步骤2分别计算 K_e、K_d 分别为8.7%和2.5%，则根据 $WACC = \dfrac{V_e}{V}K_e + \dfrac{V_d}{V}K_d$，则可得到70.6%×8.7%+29.4%×2.5%=6.14%+0.73%=6.87%。

(二) 中国石油 EVA 估值

在此，进一步说明中国石油 EVA 估值过程。根据 EVA 公式，EVA 计算过程分为以下三个步骤：

(1) 计算税后净营业利润 NOPAT。

根据2016年第3季度公司财务报表,公司营业净收入(营业利润)为613.65亿万元,营业税为279.04亿元,则税后净营业利润 NOPAT 为334.61亿元。

(2) 计算资本支出。

计算资本支出,首先计算投资总额,投资总额计算过称为:短期债务＋应付利息＋应付税＋应付红利＋养老金/退休债务＋长期债务＋少数股东权益＋递延所得税＋普通股＋资本公积＋留存收益＋优先股＋其他。

根据以上计算过程得到该年度公司投资总额:20 178.68亿万元。而资本支出计算公式为

$$资本支出 = 投资总额 \times WACC$$

从前文得到中国石油的 WACC 值为 6.85%,这样资本支出为:$2\,0178.68 \times 6.87\% = 1\,386.27$(亿元)。

(3) 计算经济附加值 EVA。

根据公式5.13,EVA 等于 NOPAT 减去资本成本(资本支出),即公司经济附加值 EVA:$334.61 - 1\,386.27 = -1\,051.66$(亿元)。

本章小结

股票估值模型包括内在估值法和相对估值法。股票内在价值法,是按照现金流贴现对公司内在价值进行评估。由于不同资本提供者对现金流索取权的次序有所不同,公司未来现金流的分配也就存在差异,教材对 DDM 和 DCF 模型及其投资应用进行重点分析;相对估值法则是采用相对评价指标进行比较的方法,对公司价值进行判断,经典的相对估值模型包括市盈率模型(P/E)、市净率模型(P/B)等。在本章除了讨论股票估值模型进行分析外,还对影响公司价值的估值模型以外的因素进行讨论,即探讨了通货膨胀和公司治理对股票价值的影响。本章最后的案例,是以上市公司中国石油为例,应用内在估值法的公司自有现金流贴现模型,对中国石油关键估值指标加权平均资本成本(WACC)和经济附加值(EVA)计算,并展示详细的计算过程。

重要概念

内在价值法　相对价值法　股利贴现模型　零增长模型　不变增长模型　三阶段增长模型　多元增长模型　公司自由现金流贴现模型　股权资本自由现金流贴现模型　加权平均资本成本　市盈率　EPS稀释　PEG　市净率　经济附加值模型企业价值倍数市价/现金流比率　"通胀幻觉"效应　公司治理

习题与思考题

1. 什么是权益类证券的内在价值法和相对估值法?
2. WACC 参数如何影响对公司内在价值的评估?
3. 根据某上市公司财务数据,分别应用零增长模型、不变增长模型和三阶段增长模型对公司价值进行评估。
4. 根据某上市公司财务数据,分析贴现公司自由现金流量估值的方法与主要步骤。
5. 根据某上市公司财务数据,应用企业价值倍数(EV/EBITDA)模型对公司价值进行评估。
6. 根据某上市公司财务数据,应用 EVA 模型计算该公司的 EVA 价值。
7. 什么是市盈率模型?市盈率的决定因素是什么?
8. PE 和 PEG 之间存在何种关系?为何 PEG 是 PE 的重要补充?
9. 如何理解公司治理是影响公司价值的重要变量?
10. 如何理解通货膨胀对公司价值的影响?"通胀无牛市"是否合理?以中国股票市场为例进行说明。

第六章

固定收益证券投资理论及策略应用

> **学习目标**
>
> 利率分析是固定收益证券投资的基础,而债券的存在是以利率期限结构的分析为前提,对传统利率期限结构假说的预期利率、流动性理论和市场分割理论进行阐述,对债券收益率曲线、即期利率与远期利率理论、构造与拟合进行介绍。本章注重利率期限结构在债券投资中的应用,重点结合经济周期和市场环境对债券收益率策略进行说明。通过本章学习,能够达到以下要求:
> 1. 熟悉货币时间价值、即期利率、远期利率、复利、折现率与到期收益率。
> 2. 掌握利率期限结构及其交易策略。
> 3. 掌握债券定价模型及其投资应用,久期、凸性的计算及其投资策略。
> 4. 熟悉债券投资组合管理类型及其交易策略。

第一节 债券市场投资基础

一、货币的时间价值与利率

(一) 货币的时间价值

在学习债券投资分析时,货币的时间价值是一个需要考虑的关键因素。为了确定一项投资带来的将来的货币金额,需要进行"复利"计算;折现,或者说"现值"的计算,恰好是与复利计算相反的过程,用于对金融资产估值有关的现金流进行估价。

货币的时间价值是现代金融和财务分析中的一个基础概念,它在固定收益证券定价中具有广泛的应用。一般来说,今天一定量的货币的价值大于未来同量货币的价值。

在考虑货币的时间价值,分析资金运动,以及现金流入、现金流出时应该明确以下几个概念:终值、现值与贴现。

现值(present value, PV)表示资金(现金流量)发生在(或折算为)某一特定时间序列起点的价值;而终值(final value, FV)表示资金(现金流量)发生在(或折算为)某一特定时间序列终点的价值。

已知起初投入的现值为 PV，求将来值即第 n 期末的终值 FV，也就是求第 n 期末的本利和，年利率为 i。资金的时间价值一般都是按照复利方式进行计算的。所谓复利，是指不仅本金要计利息，利息也要计利息，也就是通常所说的"利滚利"。

n 期期末终值的一般计算公式为

$$FV = PV \times (1+i)^n \tag{6.1}$$

式中，FV 表示终值，即在 n 年末的货币终值；n 表示年限；i 表示年利率；PV 表示本金或现值。

由终值的一般计算公式 $FV = PV \times (1+i)^n$ 转换为求 PV，得一次性支付的现值计算公式为

$$PV = \frac{FV}{(1+i)^n} \tag{6.2}$$

将未来某时点资金的价值折算为现在时点的价值称为贴现。因此，在现值计算中，利率 i 也被称为贴现率。

专栏 6-1

24 美元能再次买下纽约曼哈顿吗？

在纽约华尔街的街口，竖着一块大理石碑，上面刻有一个奇妙的公式：24 $\$ \times 370$ 年＝30 000 000 000 \$。

在这个奇妙共识的背后是关于复利魔方的一个传奇故事。1626 年 9 月 11 日，荷兰人彼得·米纽伊特（Peter Minuit）从印第安人那里只花了 24 美元买下了曼哈顿岛（Manhattan Island）。据说这是美国有史以来最合算的投资，超低风险超高回报，而且所有的红利全部免税。彼得·米纽伊特简直可以做华尔街的教父，就连已经商著称于世的犹太人也一定会嫉妒彼得·米纽伊特。

但是，如果我们换个角度来重新计算一下呢？如果当然的 24 美元没有用来购买曼哈顿，而是用来投资呢？我们假设按照 20 世纪美国国债平均收益率 8% 进行计算，不考虑中间的各种战争、灾难、经济萧条等因素，这 24 美元到 2017 年会是多少呢？计算结果令人吃惊：$10 845 897 612 575，也就是 10.8 万亿美元。这个数字是美国 2016 年国内生产总值 18.57 万亿美元的 58.39%，与我国 2016 年国内生产总值 74.41 万亿人民币基本相当。这是一个可怕的数字，而这个数字之所以能够产生，主要是复利的魔力！

从这个故事中，我们认识到，原来资本是随着时间的不同价值是不断变化的。更确切而言是购买力不断变化，这就是金融学上的一个基本概念——货币的时间价值。

二、利率

（一）金融投资中的"复利"

由于货币随着时间的增长过程与利息的增值过程中各种不同的方法，因此在计算表达时广泛使用单利和复利等形式。在资产定价中，主要应用的连续复利概念。在本节介

绍货币未来值时曾提到这种计息方式。按照这种方法,每经过一个计息期,要将所生利息加入本金在计利息。这里所说的计息期,是指相邻两次计息的时间间隔,如年、月、日等。除非特别说明计息期为一年。固定收益证券中常常是半年付息一次。

复利终值的计算公式与货币将来值的计算公式(6.1)等同,即:$FV=PV\times(1+i)^n$。其中,$(1+i)^n$被称为复利终值系数或1元的复利终值,用符号$(FV/PV, i, n)$表示。例如,$(FV/PV, 6\%, 3)$表示利率为6%,3期复利终值的系数。

根据复利终值公式可以推算出复利现值的计算公式,由$FV=PV\times(1+i)^n$可得:

$$PV=FV/(1+i)^n=FV\times(1+i)^{-n} \tag{6.3}$$

式中,$(1+i)^{-n}$称为复利现值系数,或1月的复利现值,用符号$(PV/FV, i, n)$表示。

复利计算与贴现是相反的过程,单利、复利和贴现之间的关系见图6-1。图6-1中最上面的曲线表明,1 000元在以9%的利率复利计息情况下的未来值,10年末为:$1\,000\times(1+0.09)^{10}=2\,367.36$;中间的曲线表达的是单利计息情况下的未来值,10年末为:$1\,000+[10\times(1\,000\times0.09)]=1\,900$;最下面的表达的是贴现率为9%的情况下的1 000元的贴现值,即$1\,000/(1+0.09)^{10}=422.41$。

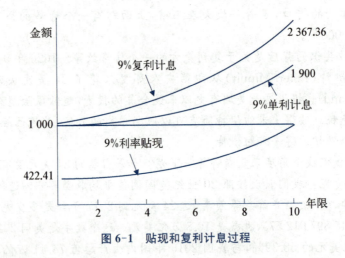

图6-1 贴现和复利计息过程

(二) 即期利率和远期利率

1. 即期利率

即期利率(spot rates)是债券投资分析的基本利率,即期利率s_t是指已设定到期日的零息票债券的到期收益率,它表示的是从现在($t=0$)到时间t的货币收益。利率和本金都是在时间t支付的。因此,s_1是一年期的利率,它表示对持有一年的货币所支付的利率。类似的,利率s_2表示对持有2年的货币支付的利率。

从理论上讲,即期利率一般由零息票债券的收益率来衡量,因为零息票债券承诺在未来固定的某日支付固定的金额,所以固定支付金额和现行价格的比率就是该债券持有到期时的即期利率。考虑到利率随期限长短的变化,对于不同期限的现金流,人们通常采用不同的利率水平进行贴现。这个随期限而变化的利率就是即期利率(spot rate)。通过这一测度过程,就可以得到一条与收益率曲线相似的即期利率曲线(spot rate curve)。图 6-2 给出了这样的一条曲线以及相应数据。

表 6-1 即 期 利 率

年	即期利率	年	即期利率	年	即期利率
1	5.571	8	8.304	15	9.661
2	6.088	9	8.561	16	9.789
3	6.555	10	8.793	17	9.904
4	6.978	11	9.003	18	10.008
5	7.361	12	9.193	19	10.103
6	7.707	13	9.365	20	10.188
7	8.020	14	9.520		

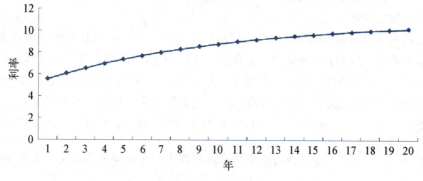

图 6-2 即期利率曲线

2. 贴现因子

一旦即期利率确定,很自然就要在每一个时间点上,定义相应的贴现因子(discount factors) d_t。未来现金流必然通过这些因子成倍增加,已得到相当的现值。

贴现因子把未来现金流直接转化为相对应的现值。因此已知任意现金流(x_0, x_1, x_2, …, x_k)相应与市场即期利率,现值是

$$PV = x_0 + d_1 x_1 + d_2 x_2 + \cdots + d_k x_k \qquad (6.4)$$

贴现因子 d_k 的作用就好像时间 k 收到的现金的价格。通过该笔现金流的所有单笔现金用"价格乘以数量"的方法全部加总起来,我们确定一笔现金流的值。

例如,使用图 6-2 的即期利率曲线,计算 10 年期,票面利率 8%,每年付息 1 次,债券的现值。

表 6-2 贴现因子和债券现值

年 份	1	2	3	4	5	6	7	8	9	10	总现值
贴现因子	0.947	0.889	0.827	0.764	0.701	0.641	0.583	0.528	0.477	0.431	
现金流量	8	8	8	8	8	8	8	8	8	8	
现 值	7.58	7.11	6.61	6.11	5.61	5.12	4.66	4.22	3.82	46.52	97.34

注：贴现因子 $d_t = 1/(1+s_t)^t$。

3. 远期利率

远期利率(forward rates)指的是资金的远期价格，它是指隐含在给定的即期利率中从未来的某一时点到另一时点的利率水平。具体表示为未来两个日期间借入货币的利率，也可以表示投资者在未来特定日期购买的零息票债券的到期收益率。

远期利率和即期利率的区别在于计息日起点不同，即期利率的起点在当前时刻，而远期利率的起点在未来某一时刻。例如，当前时刻为 2008 年 12 月 5 日，这一天债券市场上不同剩余期限的几个债券品种的收益率就是即期利率。在当前时刻，市场之所以会出现 2 年到期与 1 年到期的债券收益率不一样，主要是因为投资者认为第 2 年的收益率相对于第 1 年会发生变化。

例如，1 年和 2 年期的即期利率分别为 $s_1=7\%$ 和 $s_2=8\%$，这样我们有两种方法可以求得 2 年末的货币价值：一种是将 1 元存在 2 年期的账户，根据定义在第 2 年末它将增加至 $(1+s_2)^2$；另一种方法是将 1 元存储于 1 年 1 期账户，同时 1 年后将收益 $(1+s_1)$ 已预定利率 f 贷出，这种方式下贷出的货币利率 f 为远期利率。同时，这种复利方式下第 2 年收到的货币数量 $(1+s_1)(1+f)$。这样，根据无套利原则，存在 $(1+s_2)^2 = (1+s_1)(1+f)$，或 $f = \dfrac{(1+s_2)^2}{1+s_1} - 1$。这样，远期利率就可以由两个即期利率决定。在本例中，根据 $s_1=7\%$ 和 $s_2=8\%$，就可以求出远期利率 $f = (1.08)^2/1.07 - 1 = 0.0901 = 9.01\%$。

根据以上分析，可以推广到其他不同期间的远期利率。前面分析的远期利率 f，确切而言应该是 $f_{1,2}$，表示在第 1 年和第 2 年之间的远期利率。一般而言，当 $t_1 < t_2$ 时，在时间 t_1 和 t_2 之间的远期利率可表达为 f_{t_1,t_2}，它是对于在时间 t_1 借入而在时间 t_2 偿还（加上利息）的货币收取的利息。

在理论分析中，远期利率的定义是以一组基本的即期利率为基础的，这样计算出来的远期利率通常称作为隐含的远期利率(implied forward rates)。若用 1 年期的复利计息，远期利率是在不同的年份间进行定义，对于 $j > i$，这一定义满足：

$$(1+s_j)^j = (1+s_i)^i (1+f_{i,j})^{j-i} \tag{6.5}$$

该式的左边为直接将货币投资 j 年时的货币增值因子，这个数额由即期利率 s_j 确定；该式的右边表示先将货币投资 i 年，然后在第 i 年和第 j 年之间投资于一个远期合同时这笔货币增长的因子。$(1+f_{i,j})$ 项乘以 $(j-i)$ 次幂，因为远期利率是以年为单位表示的。

在现代金融分析中，远期利率有着非常广泛的应用。它们可以预示市场对未来利率走势的期望,一直是中央银行制定和执行货币政策的参考工具。更重要的是,在成熟市场中几乎所有利率衍生品的定价都依赖于远期利率。

三、债券投资的主要风险

与证券市场上的其他投资工具一样,债券投资也面临一系列风险。这些风险可以划分为以下六大类:信用风险、利率风险、通胀风险、流动性风险、再投资风险、提前赎回风险。

(一) 信用风险

债券的信用风险(credit risk)又叫违约风险(default risk),是指债券发行人未按照契约的规定支付债券的本金和利息,给债券投资者带来损失的可能性。发行人财务状况越差,债券违约风险越大,意味着不会按计划支付利息和本金的可能性越大。例如,2014 年 3 月 4 日,A 股上市公司"*ST 超日"(股票代码:002506)公告称"11 超日债"本期利息将无法于原定付息日 2014 年 3 月 7 日按期全额支付,仅能够按期支付共计人民币 400 万元,付息比例仅为 4.5%,并正式宣告违约,成为国内首例违约债券。这表明我国债务"零违约"被正式打破,我国债券市场的性刚性兑付的正式结束,投资者在关注收益率的同时还要关注债券的信用风险。

但即使债券发行人未真正地违约,债券持有人仍可能因为信用风险而遭受损失。市场可以根据宏观经济和发行人的状况来判断某一债券是否有违约可能。例如,当宏观经济或企业经营恶化时,市场普遍判断该发行人的债券违约的可能加大,债券价格下跌。因此债券投资者也可能面临由于信用风险上升而带来的债券价值的损失。

为评估违约风险,许多投资者会参考独立信用评级机构发布的信用评级,债券评级是反映债券违约风险的重要指标。独立的信用评级机构对发行者的信用风险进行评级,国际上的主要三家评级机构:穆迪投资者服务公司(Moody's Investor Service)、标准普尔公司(Standard & Pool's)、惠誉投资者服务公司(Fitch Investor Service)。信用评级机构一般按照从低信用风险到高信用风险进行债券评级,最高的信用等级(如标准普尔和惠誉的 AAA 级;穆迪的 Aaa 级)表明债券几乎没有违约风险,如国债;而最低的信用等级(如标准普尔和惠誉的 D 级;穆迪的 C 级)表明债券违约的可能性很大,或债务人已经产生违约。在最高级和最低级之间,尽管这些公司的债券评级分类有所不同,但是基本上都将债券分成两类:投资级和投机级。标准普尔和惠誉的 BBB—级,以及穆迪的 Baa3 级以上等级的债券是投资债券。投资级债券的称谓源于监管机构规定保险公司和共同基金等投资者持有一定量的高信用等级的债券。投机级债券又被称为高收益债券(high-yield bond)或垃圾债券(junk bond),该类债券的信用风险较高。垃圾债券市场中大约 25%的债券曾经是投资级但后来被降到 BB 级或以下。有时人们将由发行时的投资级转变为投机级的债券形象的称为"失落的天使"(fallen angels)。这一市场中另 25%的债券是那些原本信用级别就不高的公司发行的债券,除此之外的 50%的债券则由重大重组如杠杆收购组合的公司发行的债券。表 6-3 是国际信用评级机构的债券信用等级分类。

表 6-3　国际信用评级机构的债券信用等级

	标准普尔(Standard & Pool's)	穆迪(Moody's)	惠誉(Fitch)	
投资级债券	AAA	Aaa	AAA	最高级别
	AA+	Aa1	AA+	
	AA	Aa2	AA	
	AA−	Aa3	AA−	
	A+	A1	A+	中高级别
	A	A2	A	
	A−	A3	A−	
	BBB+	Baa1	BBB+	中下级别
	BBB	Baa2	BBB	
	BBB−	Baa3	BBB−	
投机级债券	BB+	Ba1	BB+	低级别或投机级别
	BB	Ba2	BB	
	BB−	Ba3	BB−	
	B+	B1	B+	
	B	B2	B	
	B−	B3	B−	
	CCC+	Caa1	CCC	
	CCC	Caa2		
	CCC−	Caa3		
		Ca		
		C		
		C	DDD	已违约
			DD	
	D		D	

1987 年,债券信用评级行业在我国首次出现。1987 年 3 月,国务院颁布了《企业债券管理暂行条例》,开始对债券进行统一管理,并要求发债企业公布债券还本付息方式及风险责任。为防范金融风险,银行系统等一些机构组建了信用评级机构。目前,我国的资信评级机构大约在 50 家左右,其业务范围主要包括金融机构资信评级、贷款项目评级、企业资信评级、企业债券及短期融资债券资信等级评级、保险及证券公司等级评级等。国内主要有债券评级机构包括大公国际资信评估有限公司、中诚信国际信用评级有限公司、联合资信评估有限公司、上海新世纪资信评估投资服务有限公司和中债资信评估有限责任公司等。

专栏 6-2

2017 年穆迪对中国主权债务投资评级调整及其调整依据

2017 年 5 月 24 日,国际评级机构穆迪投资者服务公司(Moody's Investor Services)对中国主权债务的投资评级调整,将中国长期本币与外币发行评级从 Aa3 下调至 A1,评级展望从负面调整为稳定,该机构评级调整的理由是中国政府债务和经济体系债务将继续上升,中国信用质量下降[①]。

穆迪公司这次对我国主权债务评级下调一级至 A1 级,以及对未来展望为稳定意味着风险仍然处于均衡状态。预期中国全社会负债水平持续升高,同时经济增长可能进一步放缓,未来几年中国的财政实力将受到损害。穆迪在报告中指,中国近年来的经济增速曾经高达 10.6%。这种增速放缓的局面反映出中国经济正在进行大规模的结构调整,预期这种调整还将持续。在未来 5 年内,中国经济增速可能进一步下滑至接近 5%。

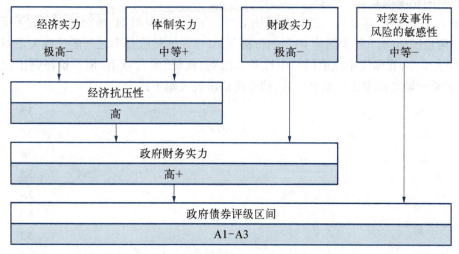

资料来源:Moody's Investors Service (2017)。

图 6-3 中国主权债务 A1 评级的四因素分析

从图 6-3 可见,穆迪本次对中国主权债务下调评级至 A1 并展望为稳定的依据,主要基于以下四个评级因素,即经济实力(economic strength)、政府财政实力(fiscal strength)、体制实力(institutional strength)和对突发事件风险的敏感性(susceptibility to event risk)。根据该评级报告,经济实力和财政实力评价是"极高—"("Very High—"),经济弹性(economic resiliency)高;体制实力评价为"中等+";基于对评估银行部门的风险评估,对事件风险敏感性评价为"中等—"("Moderate—")。

针对中国财政部网站在穆迪下调评级当日即对下调评价事作出了回应[②]。财政部确认,截至 2016 年底,中国地方政府债务余额 15.32 万亿元,地方政府债务率 80.5%,中央

[①] *Government of China-A1 Stable: Update Following Downgrade to A1 and Change of Outlook to Stable*,24 May 2017. https://www.moodys.com/credit-ratings/China-Government-of-credit-rating-599085

[②] 《财政部有关负责人就中国主权信用评级有关问题答记者问》,2017 年 5 月 24 日,http://www.mof.gov.cn/zhengwuxinxi/caizhengxinwen/201705/t20170524_2607960.htm。

政府国债余额 12.01 万亿元，两项合计，中国政府债务 27.33 万亿元，占 GDP 比例为 36.7%。这一数据和穆迪引用的数据基本一致。但财政部称，中国政府负债率"低于欧盟 60% 的警戒线，也低于主要市场经济国家和新型市场国家水平，风险总体可控"。"2018—2020 年我国政府债务风险指标与 2016 年相比不会发生大的变化"。

（二）利率风险

利率风险（interest rate risk）是指利率变动引起债券价格的波动的风险。由于债券的价格与利率呈反向变动关系：利率上升时债券价格下降，而当利率下降时债券价格上升。这种风险对固定利率债券和零息债券来说特别重要，由于债券价格受市场利率影响波动。而浮动利率债券的利息由于在支付日根据当前市场利率重新设定，从而在市场利率上升的环境中具有较低的利率风险，而在市场利率下行的环境中由于利息收益的相对相抵而展现较高的利率风险。

图 6-4 是 2017 年 2 月—2017 年 5 月，2027 年 2 月 9 日到期、面额 100 元的无担保固定利息附息国债（"17 附息国债 04"）的价格与 10 年期国债收益率之间的反向关系图。在 2017 年上半年，我国货币政策回归中性及金融"去杠杆"的背景下，债券价格则出现明显下降，国债到期收益率出现明显上升，债券价格出现大幅下跌。

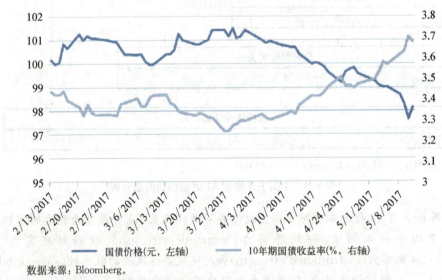

数据来源：Bloomberg。

图 6-4　"17 附息国债 04"价格与 10 年期国债利率之间的反向关系

（三）通胀风险

所有种类的债券都将面临通胀风险（inflation risk），因为利息和本金都是不随通胀水平变化的名义金额，因此，随着通胀使得物价上涨，债券持有者获得的利息和本金的购买力下降。浮动利息债券因其利息是浮动的而在一定程度上降低了通胀风险，但其本金可能遭受的购买力下降而带来的损失无法避免，因此仍面临一定的通胀风险。对通胀风险特别敏感的投资者可购买通货膨胀联结债券（inflation-linked bond），其本金随通胀水平的高低进行变化，而利息的计算由于以本金为基准也随通胀水平变化，从而可以避免通胀风险。

(四) 流动性风险

债券的流动性或者流通性,是指债券投资者将手中的债券变现的能力。如果变现的速度很快,并且没有遭受变现所可能带来的损失,那么这种债券的流动性就比较高;反之,如果变现速度很慢,或者为了迅速变现必须承担额外的损失,那么,这些债券的流动性就比较低。通常用债券的买卖差价的大小反映债券的流动性大小。买卖价差较小的债券的流动性比较高;反之,流动性较低。这是因为绝大多数的债券的交易发生在债券的经纪人市场,对于经纪人来说,买卖流动性高的债券的风险低于买卖流动性低的债券,故前者的买卖价差小于后者。

相应地,债券的流动性风险(liquidity risk)是指未到期债券的持有者无法以市值,而只能以明显低于市值的价格变现债券形成的投资风险。交易不活跃的债券通常有较大的流动性风险。

(五) 再投资风险

再投资风险(reinvestment risk)指在市场利率下行的环境中,附息债券收回的利息或者提前于到期日收回的本金只能以低于原债券到期收益率的利率水平再投资于相同属性的债券,而产生的风险。

(六) 提前赎回风险

提前赎回风险(prepayment risk)又称为回购风险(call risk),是指债券发行者在债券到期日前赎回有提前赎回条款的债券。债券发行人通常的市场利率下降时执行提前赎回条款,因此投资者只好将收益和本金再投资于其他利率更低的债券,导致再投资风险。可赎回债券和大多数的住房贷款抵押支持证券(MBS)允许债券发行人在到期日前赎回债券,此类债券面临提前赎回风险。

四、中国债券交易市场体系

中国债券市场是从 20 世纪 80 年代开始逐步发展起来,经历了场外柜台市场为主、以交易所市场为主和以银行间场外市场为主三个发展阶段。

(1) 以柜台市场为主(1988—1991)。国债和企业债交易市场刚刚起步,还处于初级阶段,此时的债券投资者结构是以个人投资者为主体,因此债券交易市场以柜台市场为主,通过商业银行和证券经营机构的柜台进行交易。这种市场模式符合个人投资者的交易需求,在一定程度上促进了债券市场的发展。

(2) 以交易所市场为主(1992—2000)。1990 年 12 月,上海证券交易所成立,国债逐步进入了交易所交易。1997 年,国务院开始规范银行资金,要求商业银行退出交易所市场,将托管在交易所的债券全部转到中央结算公司,并通过全国银行间同业拆借中心提供的交易系统进行交易。1997 年 6 月 16 日,同业拆借中心开始办理银行间债券回购和现券交易,全国银行间市场的正式运行。此阶段,中国的债券市场形成了场内交易所市场和场外银行间市场并存的格局,并且以交易所市场为主。

(3) 以银行间市场为主(2001 年至今)。目前,我国债券市场形成了银行间债券市场、交易所市场和商业银行柜台市场三个基本子市场为主的统一分层的市场体系。表 8-2 是截至 2013 年 12 月 31 日各债券市场债券数量和规模情况。其中,银行间债券市场无论是在交易量和存量方面都占据市场主导地位,2013年现券交易量占97.56%,2013年末债券余额占63.72%(见表6-4)。

表6-4 2016年债券市场交易及期末债市存量情况

市　　场	2016年末债券市场存量				2016年债券市场交易	
	债券数量(只)	债券数量比重(%)	债券余额(亿元)	余额比重(%)	现券交易金额(亿元)	交易比重(%)
银行间债券市场	23 526	77.08	491 319.35	87.26	1 239 861.93	99.00
上海证券交易所	5 694	18.66	59 944.39	10.65	8 205.18	0.66
深圳证券交易所	1 300	4.26	11 781.75	2.09	4 312.30	0.34
合计	30 520	100.00	563 045.49	100.00	1 252 379.42	100.00

数据来源:根据Wind数据库、中国证券登记结算公司(www.chinaclear.cn)数据整理。

第二节　债券估值与定价分析

一、债券的估值模型

1. 贴现现金流DCF估值法

贴现现金流(discounted cash flow,DCF)方法,根据该方法,任何资产的内在价值等于投资者对持有该资产预期的未来的现金流的现值。

2. 零息票债券估值法

零息债券(zero-coupon bond)是一种以低于面值的贴现方式发行,不支付利息,到期按债券面值偿还的债券。债券发行价格与面值之间的差额就是投资者的利息收入。由于面值是投资者未来唯一的现金流,所以贴现债务的内在价值由以下公式决定:

$$V = M \frac{1}{(1+r)^t} \tag{6.6}$$

其中,V代表贴现债券的内在价值;M代表面值;r代表市场利率;t是债券到期时间。由于多数零息票债券期限小于一年,因此上述贴现公式应简单调整为

$$V = M\left(1 - \frac{t}{360}r\right) \tag{6.7}$$

例如,某种贴现式国债面额为100元,贴现率为3.82%,到期时间为90天,则该国债的内在价值为$100 \times (1 - 90/360 \times 3.82\%) = 99.045$元。

3. 固定利率债券估值法

固定利率债券(fixed-rate bond)是一种按照票面金额计算利息,票面上附有作为定期支付利息凭证的期票,也可是不付息票的债券。投资者不仅可以在债券期满时收回本金(面值),而且可以定期获得固定的利息收入。所以,投资者未来的现金流包括了两部分:

本金和利息。直接作为内在价值共识如下：

$$V = \frac{C}{(1+r)} + \frac{C}{(1+r)^2} + \cdots + \frac{C}{(1+r)^n} + \frac{M}{(1+r)^n} \tag{6.8}$$

其中，C 代表每期支付的利息；V 代表贴现债券的内在价值；M 代表面值；r 代表市场利率；n 是债券到期时间。

例如，某种附息国债面额为 100 元，票面利率为 5.21%，市场利率为 4.89%，期限 3 为年，每年付息一次，则该国债的内在价值：

$$V = \frac{5.21}{1+0.0489} + \frac{5.21}{(1+0.0489)^2} + \frac{5.21}{(1+0.0489)^3} + \frac{100}{(1+0.0489)^3} = 100.873$$

4. 统一公债估值法

统一公债是一种没有到期日的特殊债券。最典型的是英格兰银行在 18 世纪发行的应英国统一公债，英格兰银行保证对该公债的投资者永久地支付利息。直到如今，在伦敦的证券市场上仍然可以买卖这种公债。历史上美国政府为巴拿马运河融资时也发行过类似公债，但由于附有赎回条款，已退出流通领域。在现代公司企业中，优先股的股东可以无限期地获得固定股息，因此，也相当于是一种统一公债。统一公债的内在价值的计算公式如下：

$$V = \frac{C}{(1+r)} + \frac{C}{(1+r)^2} + \cdots = \frac{C}{r} \tag{6.9}$$

二、当前收益率、到期收益率与债券价格之间的关系

(一) 当期收益率

当期收益率(current yield)，又称为当前收益率，是债券的年利息收入与买入债券的实际价格的比率。

当期收益率是债券的年息除以债券当前的市场价格所计算出的收益率。其计算公式为

$$I = C/P \tag{6.10}$$

其中，I 为当期收益率，C 为年息票利息，P 为当期息票债券的价格。

从以上公式可见，当期收益率是没有考虑债券投资所获得的资本利得或是损失，只在衡量债券某一期间所获得的现金收入相较于债券价格的比率。

(二) 到期收益率

到期收益率(yield to maturity，YTM)，又称内部收益率，是从债券产品获得回报的现值与当前市场价格相当的利率，即可以使投资购买国债获得的未来现金流的现值等于债券当前市价的贴现率。它相当于投资者按照当前市场价格购买并且一直持有到期可获得的年平均收益率。其中，到期收益率隐含两个重要假设：一是投资者持有到期；二是利息再投资收益率不变。

到期收益率一般用 y 表示。这样,在债券价格和到期收益率的关系式为

$$P = \sum_{t=1}^{n} \frac{C}{(1+y)^t} + M \left(\frac{1}{1+y} \right)^n \tag{6.11}$$

其中,P 为债券市场价格,C 为每期支付的利息,n 为时期数,M 为债券面值。

例如,票面金额为 100 元的 2 年期债券,第一年支付利息 6 元,第二年支付利息 6 元,当前市场价格为 95 元,则该债券的到期收益率和当前价格之间的关系可表达为:$95 = \frac{6}{(1+y)} + \frac{106}{(1+y)^2}$,求解得 $y = 8.836\%$。

由上述公式可以看到到期收益率的影响因素主要有以下:

(1) 票面利率。在其他因素相同的情况下,票面利率与债券到期收益率呈同方向增减的。

(2) 债券价格。在其他因素相同的情况下,债券价格与到期收益率呈反方向增减。

(3) 计息方式。不同的计息方式会使得投资者获得利息的时间不同,在其他因素相同的情况下,固定利率债券比到零息债券的到期收益率要高。

(4) 再投资收益率。由于到期收益率计算时假定利息可以以相同于到期收益率的水平再投资,但在市场利率波动的情况下,再投资收益率可能不会维持不变,会影响投资者实际的持有到期收益率。

(三) 债券当期收益率与到期收益率之间的关系

债券当期收益率与到期收益率两者之间关系的如下:

(1) 债券价格越接近债券面值,期限越长,则其当期收益率就越接近到期收益率。

(2) 债券价格越偏离债券面值,期限越短,则当期收益率就越偏离到期收益率。但是不论当期收益率与到期收益率近似程度如何,当期收益率的变动总是预示着到期收益率的同向变动。

三、久期和凸度

尽管影响债券价格的因素很多,但是最主要的是利率变化所产生的风险。这里,我们把由于利率因素变化引起的债券价格的变动称为债券的波动性。在此,我们主要分析债券价格波动性特征及其度量指标,即久期和凸度。

(一) 久期

尽管到期期限是度量债券寿命的传统指标,但它仅仅考虑了到期日本金的偿还,并不是衡量债券的充分性指标,因此有必要引入一个新指标来度量债券寿命中的现金流模式(数量和时间)。1938 年,麦考利(Macaulay)为评估债券的平均还款期限,引入久期概念。

债券久期(duration),又称为存续期,指的是债券的平均到期时间,它是从现值角度度量了债券现金流的加权平均年限。即债券投资者收回其全部本金和利息的平均时间。其具体计算公式如下:

$$D = \frac{\sum_{t=1}^{T} \frac{c_t}{(1+y)^t} \times t}{P} = \sum_{t=1}^{T} \left[\frac{c_t/(1+y)^t}{P} \times t \right] = \sum_{t=1}^{T} \left[\frac{PV(c_t)}{P} \times t \right] \tag{6.12}$$

其中，D 称为麦考利久期。$PV(c_t)$ 表示在时间 t 可收到现金流的现值，计算时所用的贴现率为市场上风险相同的债券的到期收益率；P 表示当前债券的市场价格；T 表示债券到期所剩余的付息次数（包括偿付本金）。

例如：某三年期债券的面值为 1 000 元，票面利率为 8%，每年付息一次，现在市场收益率为 10%，其市场价格为 950.25 元，则其久期的计算如表 6-5 所示。

表 6-5 债券久期计算

时间 c	债券到期现金流	现值（贴现）因子 $1/(1+y)^t$	现金流现值 $c_t/(1+y)^t$	平均期限的计算 $c_t/(1+y)^t \times t$
1	80	0.909 1	72.73	72.73
2	80	0.826 4	66.12	132.23
3	1 080	0.751 3	811.40	2 434.21
			950.25	2 639.17

$$D = \frac{2\,639.17}{950.25} = 2.78\,(年)$$

资料来源：Shape W., 1995, Alexander G., Bailey J., Investment. 5th Edition, Prentice-Hall International, Inc., p.470.

上面介绍的是单个债券久期的计算，对于债券组合的久期计算，可以用组合中所有债券的久期的加权平均来计算，权重即为各个债券在组合中的比重。

若两只债券久期相同但到期时间不同，利率变化对这两只债券的影响则不同。为此，有必要进一步引入修正久期来说明债券价格对利率变化的敏感度。修正久期可以帮助投资者判断当利率变化时，哪一只债券的价格波动得更大。

修正久期是市场利率变动 1% 时债券价格变动百分比的一个估计。具体公式表达为

$$\frac{\Delta P}{P} = -D^* \Delta y \tag{6.13}$$

式中，$\frac{\Delta P}{P}$ 是由给定到期收益率变化 Δy 引起的债券收益率风险。显然，久期越长，由利率变化所引起的就风险越大。

为说明利率变化对债券价格的影响，在此举例说明。例如，息票率 6% 的 3 年期债券，市场价格为 97.344 0 元，到期收益率为 7%，久期为 2.83 年。那么，该债券的到期收益率增加至 7.1%，那么价格又如何影响？在此计算如下：

$$债券价格变化 = -\frac{久期 \times 收益率变化}{(1+到期收益率)} \times 债券价格$$

$$= -\frac{2.83 \times 0.001}{(1+0.07)} \times 97.344\,0 = -2.57\,(元)$$

即,利率上升 0.1%,债券的价格将下降 2.57 元。

(二) 凸性

利用久期来估计债券价格的波动性实际是用价格收益率曲线的切线作为价格收益率曲线的近似。只有在收益率变动较小时,此种方法才适用。若利率变化较大,我们需要引入更精确地度量方式——凸性(convexity)。凸性是债券价格与到期收益率之间的关系用弯曲程度的表达方式。

由于债券价格与收益率呈反比关系。但这种反比关系是非线性的,即债券收益率下降所引起的债券价格上升的幅度不等于收益率同比上升所引起的债券价格下降的幅度,该现象就是凸性引起的。在图 6-5 中,债券的持有期限收益率和债券价格分别用 y 和 P 表示。当债券的持有收益率增加或减少同样的比率,分别表示 y^+、y^-,而债券价格则呈现不同幅度的变化特征。从图 6-5 可以看出,当债券收益率从 y 增加到 y^+,债券价格相应地减少到 P^-;相反,当债券收益率从 y 减少到 y^-,债券价格相应地增加到 P^+。但是,债券价格与收益率反向互动过程中,债券价格的上升幅度大于债券价格下降的幅度。

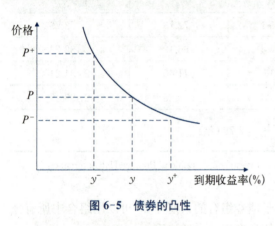

图 6-5 债券的凸性

价格收益率曲线表示的是债券价格变动与到期收益率之间的关系,该曲线是凸向原点。曲线上任意一点的斜率久期,收益率越低,斜率越大,即久期越大。斜率变化的速率就是凸度。凸度是衡量价格-收益率曲线弯曲程度的指标,价格-收益率曲线越弯曲,凸度越大。之所以引入凸度指标,是因为价格收益率曲线越弯曲,用久期来衡量债券价格变动的偏差就越大。

第三节 债券收益率曲线与投资策略

一、债券收益率曲线

我们把描述债券到期收益率和到期期限之间关系的曲线叫做收益率曲线(yield curve)。在此,可以将收益率 $Y(T)$ 表示为 T 年到期的债券现在应支付的年利率,也就是说在时间区间 $[0, T]$ 上的平均年利率。对到期前不支付利息的债券而言,收益率是由债券目前的价格和面值(到期价格)的比值求出。如果 $P(0, T)$ 表示该比值,则:

$$P(0, T) = e^{-TY(T)} \tag{6.14}$$

若表示成算数平均形式,则为

$$P(0, T) = [1+Y(n)]^{-n} \tag{6.15}$$

式中，n 表示到期的年数。

收益率曲线一般具备以下特点：(1) 短期收益率一般比长期收益率更富有变化性；(2) 收益率曲线一般向上倾斜；(3) 当利息率整体水平较高时，收益率曲线会呈现向下倾斜(甚至是倒转的)形状。图6-6描述的是2008年5月9日不同债券的收益率曲线形状。

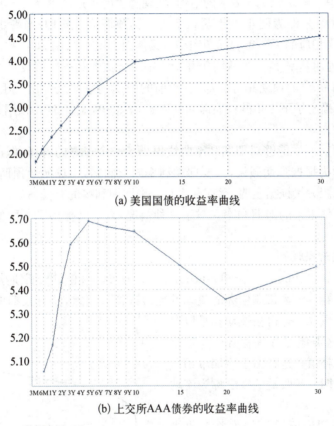

(a) 美国国债的收益率曲线

(b) 上交所AAA债券的收益率曲线

数据来源：Bloomberg。

图6-6 债券收益率曲线形状

一般而言，收益率曲线形状主要有三种类型：第一种是正收益曲线(或称上升收益曲线)，其显示的期限结构特征是短期债券收益率较低，而长期债券收益率较高。第二种是反收益曲线(或称下降收益曲线)，其显示的期限结构特征是短期债券收益率较高，而长期债券收益率较低。这两种收益率曲线转换过程中会出现第三种形态的收益曲线，称水平收益曲线，其特征是长短期债券收益率基本相等。通常而言，上升的收益率曲线是一种正常形态，而其他两类则是非正常的。

二、利率期限结构的传统理论假说

利率期限结构的早期理论或传统理论假说，对不同期限债券利率之间关系的解释主要有三种：(1) 预期假说；(2) 流动性偏好假说；(3) 市场分割假说。

1. 预期假说

预期假说(expections hypothesis)是指投资者的预期决定未来利率走向的一种理论,该理论认为,远期利率等于市场整体对未来短期利率的预期。换句话说,流动性溢价为零。我们可以将长期债券收益率与远期利率的预期相联系。另外,我们可以用从收益率曲线中得出的远期利率来推断未来短期利率的预期。

例如,再考虑 $s_1=7\%$、$s_2=8\%$ 的情形,发现隐含的远期利率 $f_{1,2}=9.01\%$。根据无偏的预期假说,9.01%即为明年1年期利率的市场预期值。同理,当考虑其他即期利率时,这些利率定义相应的下一年的远期利率。具体而言,当 s_1、s_2 和 s_3 一起决定远期利率 $f_{1,2}$ 和 $f_{1,3}$。远期利率 $f_{1,3}$ 是从明年开始2年期贷款的利率。假设这个利率与1年后的2年期即期利率 s_2' 的预期相等。那么,当前的即期利率曲线导出一组远期利率 $f_{1,2}$,$f_{1,3}$,…,$f_{1,n}$,确定了下1年的预期即期利率 s_1',s_2',…,s_n'。这一预期是由当前即期利率结构所内生的。

尽管这种预期假说能够对即期利率曲线提供了一个很好的解释,但这一假说存在一些重要缺陷。因为根据预期假说,只要即期利率向上倾斜,市场便会预期利率向上倾斜,事实上并非如此。大量证据表明,远期利率是未来即期利率的有偏估计。具体而言,远期利率一般都会高估未来的即期利率。对于这种情况,人们又提出了下面假说——流动性偏好假说。

2. 流动性偏好假说

流动性偏好假说(liquidity preference hypothesis)认为,相对长期债券而言,投资者通常更偏好短期债券。因为长期债券的流动性比短期债券要差,持有长期债券的投资者担负着更大的市场风险——价格波动和难以变现的风险,因此这类债券持有者必须要求相应的更高的收益补偿。这种由于增加市场风险而产生的对长期债券收益的报酬称为流动性贴水。

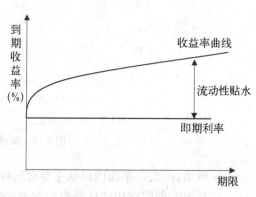

图 6-7 流动性偏好假说

流动性偏好假说所揭示的收益率曲线的一条稍微向上的倾斜的曲线。即使即期利率不一定呈现上升趋势,但是加上流动性贴水后,债券收益率曲线变得向上倾斜(见图 6-7)。

3. 市场分割假说

市场分割假说(market segmentation hypothesis)认为,固定收益证券市场根据不同的到期日进行细分,短期利率与长期利率相对独立进行运动。这一假说认为,长期债券市场的投资者群体不同于短期债券市场中的投资者群体,例如商业银行倾向参与期限较短的债券市场,而保险公司和养老基金等投资者则倾向于参与期限较长的债券市场。收益率曲线的形状就是由这些不同的偏好综合而成的。这样,在每一个期限区间内市场参与者的供求偏好就决定了均衡利率,从而导致两种金融工具的价格之间并不存在必然的联系,因而两种利率相当独立的变化。其中,一种极端的观点认为即期利率曲线上的所有点都是相互独立的,它们都是由各自的市场供求力量所决定。可见,在市场分割假说的框架下,期限结构的形状并非由市场对未来利率走势的预期或流动性溢酬所决定,而是由资金在不同市场上的参与者间流动的方向以及投资项目的性质所决定的(见图6-8)。

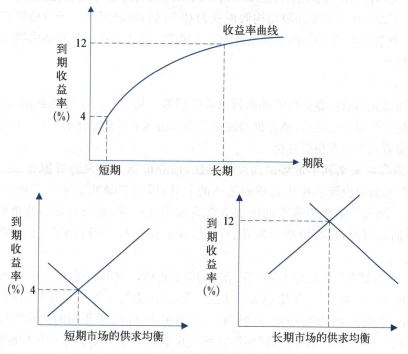

图6-8 市场分割假说

总之,上述三种假说都具有合理性成分,但没有一种理论可为我们所实际观测到的现象提供完全的解释。相比较而言,预期假说相对最具有解释性,它提供了预期的具体数值,因此可以对这一理论进行检验。相关检验结果显示,预期假说相对有效,而其偏差可以归结为流动性偏好。因此,预期假说结合流动性偏好假说考虑的风险因素可为收益率曲线提供了一种简单可靠的解释(见图6-9)。

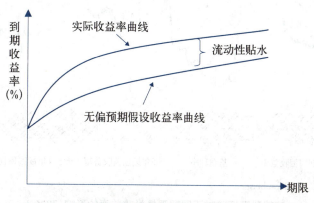

图6-9 无偏预期假设与流动性偏好假说相结合示例

三、收益率曲线变化的推动因素

传统利率期限理论假说,侧重于期限结构和期限溢价定价,并不涉及债券违约风险、利率风险、流动性风险(流动性假说仅从长短期限的流动性偏好差异视角分析)等风险因素。因此,可以将传统利率期限结构假说视为对不同间隔时间的市场价格研究。而在债券投资中,利率风险、信用风险和流动性风险等风险因素则是决定收益率曲线变化的主要的推动力量。

1. 利率因素

利率因素是影响债券价格波动的最重要的因素。从债券的发行到到期,在二级市场上债券价格对利率非常敏感,债券价格波动受到市场利率因素变化的影响,并通过不断波动反映投资者投资心理预期变化。

由于债券对未来利率走势的高度敏感性,债券市场又称为通货膨胀预期的"晴雨表"。债券市场的投资者担忧通货膨胀率的上升,因为它降低了债券未来利息和本金的购买力。而预期通胀膨胀率的增加会提高市场利率,降低现有债券的价值。相反,当通胀预期减弱时,债券价格会回升。可见,债券价格与市场利率(或债券收益率)呈反向变化。

当然,市场利率的变化对不同期限结构的债券价格影响也不同,即长期和短期债券对利率敏感度不同。图6-10年描述的是基准利率(我国央行1年期存款利率)上调和下调周期对不同期限结构的债券收益率的影响。从图6-10可见,1年期的债券收益率波动最为明显。此外,由于凸性的存在,同幅度的利率的变化,引起债券价格变化的幅度不同,即由于利率下降而引起债券价格的上升幅度,要高于由于利率上升而引起的债券价格的下降幅度。

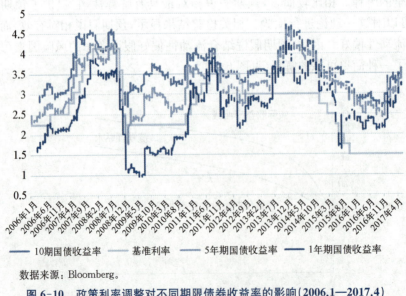

数据来源:Bloomberg。

图6-10 政策利率调整对不同期限债券收益率的影响(2006.1—2017.4)

2. 信用风险

信用风险即为违约风险,是指债券发行人未按照契约的规定支付债券的本金和利息,给债券投资者带来损失的可能性。在债券市场上,投资者尤其要关注公司债券的信用或违约风险。只有少数国家在特殊危机时期也会出现国家主权债务危机,如2008年的冰岛主权信用危机和2011年的欧债危机[①]。

对于债券信用风险,投资者要求一定的风险溢价进行补偿。将某一风险债券的预期到期收益率与某一具有相同期限和票面利率的无风险债券的到期收益率之间的差额,称为风险溢价(risk premium)。承诺的到期收益率和预期到期收益率之间的差异,称为违约溢价(default premium)。每一种带有违约可能性的债权都应该提供这种违约溢价,而且违约可能性越大,违约溢价也就越大。

图6-11是美国债券市场上不同评级等级公司债券的收益率和政府债券的收益率价差(Spreads)变化,从美林(Merrill Lynch)3A等级债券风险补偿相对较低,而高收益债券(High-yield bonds)的风险溢价水平要求最高。

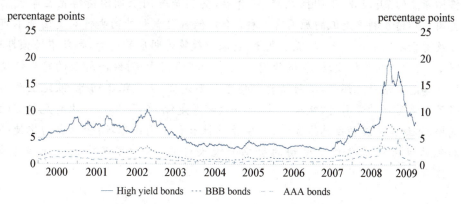

资料来源:OECD, Economic Outlook, Interim Report, Sep., 2009.

图6-11 不同等级债券与国债的收益率价差变化

3. 流动性因素

债券市场流动性,是指债券投资者将手中的债券变现的能力。如果债券变现的速度很快,并且没有遭受变现所可能带来的损失,那么这种债券的流动性就比较高;反之,如果变现速度差,或者为了迅速变现必须承担额外的损失,那么,这些债券的流动性就比较低。通常用债券的买卖差价的大小反映债券的流动性大小。买卖价差较小的债券的流动性比较高;反之,流动性较低。这是因为绝大多数的债券的交易发生在债券的二级市场,对于投资者而言,买卖流动性高的债券的风险低于买卖流动性低的债券,故前者的买卖价差小于后者。所以,在其他条件不变动情况下,债券的流动性与债券的名义到期收益率之间呈反比例关系,即流动性高的债券的到期收益率比较低,反之亦然。相应地,债券的流动性

---

① 2011年下半年,以希腊、西班牙、葡萄牙、西大利为代表的南欧国家的主权债务危机,其实是国家信用风险的主要体现,即政府的资产负债表出现问题。部分国家的牙主权信用评级遭国际评级机构大幅下调,国债收益率在短期内迅速飙升甚至达到两位数,导致国家信用融资能力迅速下降。经IMF和欧洲央行的联合救助和注资,2012年上半年这些国家的金融市场才得以基本稳定。

与债券的内在价值成正比例关系。从图 6-11 可见，2008 年美国次贷危机期间，金融市场流动性差而导致债券市场收益率迅速提升。而美联储针对这种状况推出的重要"救市"措施之一就是向进行金融市场注入资金，缓解金融市场流动性和化解金融危机。

专栏 6-3

格林斯潘的"美国 30 年国债之谜"

"美国 30 年国债之谜"也是一个引发学者关注的短期市场利率与长期国债利率背离的现象。美联储自 2004 年 6 月 30 日开始升息，美国进入新一轮的升息周期，连续累计加息幅度达到 425 个基点。但与以往不同的是，美联储开始升息后，不断上调短期利率，但美国长期利率却非常低，长期利率并没有随之上升而是大部分时间是在低位区间震荡走势。长期债券利率和基准利率的走势背离现象，不仅影响到美国的金融市场，也影响到美国经济的长期前景，成为市场争论的焦点问题，被前美联储主席格林斯潘称为"不解之谜"。

格林斯潘的"美国 30 年国债之谜"的背后，其实是美国长期国债率收益率大幅度走低。美国长期债券利率走低的原因有多种：全球储蓄过剩和外国央行对美国资本市场的依赖导致资金不断流入美国，压低了利率；美联储政策透明度的增加，导致市场预期稳定，波动减小；由于石油价格波动、制造业增长放缓等环境因素，对经济增长的悲观情绪导致对美联储加息前景产生怀疑，从而使长期债券利率走低；美元汇率回升、欧元区政治不稳定增强了美元资产的吸引力，需求上升，也导致利率走低；美国 2007 年次贷危机后的三轮量化宽松，导致全球流动性总体宽松，资金流动性有利于国债市场；金融自由化使得银行体系和金融市场对基准利率变动的敏感性大大降低，扭曲了正常的供求关系等（见图 6-12）。

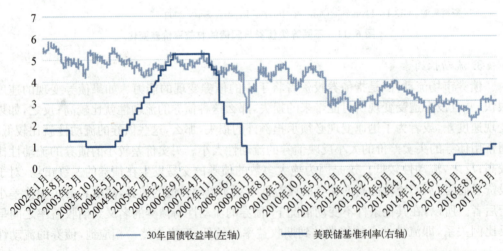

数据来源：Bloomberg。

图 6-12 美联储基准利率和 30 年期国债利率走势（2002.1—2017.4）

四、收益率曲线拟合方法

利率期限结构的早期理论或传统理论假说在本质上都是建立在确定性的架构之上的。尽管三种传统理论假说作为教科书的经典理论,并从不同角度解释了利率期限结构的问题。但是,20 世纪 70 年代的金融市场动荡加重了将利率期限结构分析置于随机环境中的必要性。与此相关的利率期限结构的新理论也层出不穷。从利率期限结构推导的角度而言,利率的模型可以分为静态模型和动态模型。静态模型就是以当天市场的债券价格信息为基础,构造利率曲线函数,利用所构造的利率曲线得到理论价格来逼近债券的市场价格,从而得出符合当天价格信息的利率期限结构。静态模型最为常见的方法包括样条法(splines method)和 Nelson-Siegel 模型等。动态模型是从假设利率服从某种形式的随机微分方程出发,通过随机微分方程推导出一个理论上的利率期限结构。在这一节,我们主要对收益率曲线的静态模型进行介绍。在本章第四节,我们则重点介绍收益率曲线的动态模型。

(一) 收益率曲线的拟合方法

推导收益率曲线的拟合或构造模型,主要包括样条法、尼尔森-辛格尔(Nelson-Siegel)模型、斯文森(Svensson)模型等。下面,对这些主要收益率曲线模型进行介绍:

1. 样条法

样条法包括多项式样条法和指数样条法。多项式样条法是由麦克库隆茨(McCulloch)于 1971 年提出的,它的主要思想是将贴现函数用分段的多项式函数来表示。在实际应用中,多项式样条函数的阶数一般取为三,从而保证贴现函数及其一阶和二阶导数都是连续的[①]。于是我们用下式表示期限为 t 的贴现函数 $B(t)$:

$$B(t)=\begin{cases} B_0(t)=d_0+c_0 t+b_0 t^2+a_0 t^3, & t\in[0,n] \\ B_n(t)=d_1+c_1 t+b_1 t^2+a_1 t^3, & t\in[n,m] \\ B_m(t)=d_2+c_2 t+b_2 t^2+a_2 t^3, & t\in[m,20] \end{cases} \quad (6.16)$$

式中,贴现函数 $B(t)$ 代表在未来时间 T 到期,剩余时间为 t 的零息票债券(又称为纯贴现债券)的价格;n,m 是样条函数的节点。在本例中,贴现因子函数有 12 个参数。为了满足贴现函数及其导数的连续性,下面等式也必须成立:

$$\begin{aligned} B_0^{(i)}(n) &= B_n^{(i)}(n) \\ B_n^{(i)}(m) &= B_m^{(i)}(m) \\ B_0(0) &= 1 \end{aligned} \quad (6.17)$$

上式中,$B^{(i)}(\cdot)$ 是函数 $B(\cdot)$ 的第 i 阶导数($i=0,1,2$)。利用以上约束条件,我们可以将样条函数中的参数减少到 5 个并取为 a_0、b_0、c_0、a_1 和 a_2。将贴现函数用这些参数表示为

[①] 当多项式样条函数为二阶时,$B(t)$ 的二阶导数是离散的,而且当阶数过高(如四阶、五阶)时,验证三阶或四阶是否连续的难度将增大。

$$B(t)=\begin{cases} B_0(t)=1+c_0 t+b_0 t^2+a_0 t^3, & t\in[0,n] \\ B_n(t)=1+c_0 t+b_0 t^2+a_0[t^3-(t-n)^3]+a_1(t-n)^3, & t\in[n,m] \\ B_m(t)=1+c_0 t+b_0 t^2+a_0[t^3-(t-n)^3] \\ \quad+a_1[(t-n)^3-(t-m)^3]+a_2(t-m)^3, & t\in[n,m] \end{cases}$$
(6.18)

这些参数可以通过用(10.17)式的贴现函数所计算的债券价格拟合市场价来确定。

而指数样条法则是考虑到贴现函数基本上是一个随期限增加而指数下降的函数,它是瓦西塞克(Vasicek)和弗隆戈(Fong)在1982年提出的,该方法将贴现函数用分段的指数函数来表示。同样为了保证曲线的连续性和平滑性,通常采用三阶的指数样条函数,其形式如下:

$$B(t)=\begin{cases} B_0(t)=d_0+c_0 e^{-ut}+b_0 e^{-2ut}+a_0 e^{-3ut}, & t\in[0,n] \\ B_n(t)=d_1+c_1 e^{-ut}+b_1 e^{-2ut}+a_1 e^{-3ut}, & t\in[n,m] \\ B_m(t)=d_2+c_2 e^{-ut}+b_2 e^{-2ut}+a_2 e^{-3ut}, & t\in[m,20] \end{cases}$$
(6.19)

其中,u可以看作是起息日为未来无限远期时的瞬间远期利率,可表达为 $u=\lim_{t\to\infty} f(t)$。上式的约束条件与多项式样条函数相同。由于(8.20)式中总共有13个参数,下面我们可以用约束条件消去其中的7个参数而得到:

$$B(t)=\begin{cases} B_0(t)=1+c_0(e^{-ut}-1)+b_0(e^{-2ut}-1)+a_0(e^{-3ut}-1), & t\in[0,n] \\ B_n(t)=1+c_0(e^{-ut}-1)+b_0(e^{-2ut}-1)+ \\ \quad a_0[e^{-3ut}-(e^{-ut}-e^{-un})^3-1]+a_1(e^{-ut}-e^{-un})^3, & t\in[n,m] \\ B_n(t)=1+c_0(e^{-ut}-1)+b_0(e^{-2ut}-1) \\ \quad+a_0[e^{-3ut}-(e^{-ut}-e^{-un})^3-1] \\ \quad+a_1[(e^{-ut}-e^{-un})^3-(e^{-ut}-e^{-um})^3] \\ \quad+a_2(e^{-ut}-e^{-um})^3, & t\in[m,20] \end{cases}$$
(6.20)

这样我们只有6个独立的参数:a_0,b_0,c_0,a_1,a_2 和 u。与多项式样条法一样,我们取 $n=5,m=10$。

2. 尼尔森-辛格尔模型

多项式样条法和指数样条法都是首先拟合贴现函数 $B(t)$,然后再根据下式求得即期利率来构造收益率曲线:

$$R(t)=-\frac{\ln B(t)}{t}$$
(6.21)

由于样条法的灵活度较大,对于债券市场数据过于敏感,这样市场价很小的变化可能会造成其中的参数的较大的变化,这也表明这些参数完全是用于拟合数据的,并没有什么经济意义。针对这一问题,尼尔森和辛格尔(Nelson and Siegel)在 1987 年提出了一个用参数表示的瞬时(即期限为零的)远期利率函数:

$$f(t)=\beta_0+\beta_1\exp\left(-\frac{t}{\tau_1}\right)+\beta_2\left(\frac{t}{\tau_1}\right)\exp\left(-\frac{t}{\tau_1}\right) \qquad (6.22)$$

由此我们可以求得即期利率的函数形式:

$$R(t)=\frac{\int_0^t f(s)\mathrm{d}s}{t}=\beta_0+\beta_1\left[\frac{1-\exp\left(-\frac{t}{\tau_1}\right)}{\frac{t}{\tau_1}}\right]+\beta_2\left[\frac{1-\exp\left(-\frac{t}{\tau_1}\right)}{\frac{t}{\tau_1}}-\exp\left(-\frac{t}{\tau_1}\right)\right]$$

$$(6.23)$$

这个模型中只有四个参数,即 β_0,β_1,β_2,τ_1,根据(6.22)式中的即期利率,我们可以得到相应的贴现函数,从而计算债券的模型价值用以拟合市场数据。虽然参数的个数不多,但这样的函数形式已经有足够的灵活度来拟合收益率曲线的标准形状,递增的(increasing)、递减的(descending)、水平(level)和倒置的(inverted)形状,如图 6-13(a)所示。但是,利用这种方法,我们无法推导出形状更为复杂的收益率,如图 6-13(b)所示。

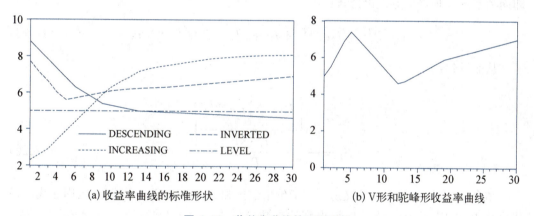

(a) 收益率曲线的标准形状　　　　　　(b) V形和驼峰形收益率曲线

图 6-13　收益率曲线的不同形状

3. 斯文森模型

为了更好地拟合成熟市场中较复杂的收益率曲线,斯文森(Svensson,1994)将 Nelson-Siegel 模型作了推广,引进了另外两个参数 β_3,τ_2,而得到如下的即期利率函数:

$$R(t)=\beta_0+\beta_1\left[\frac{1-\exp\left(-\frac{t}{\tau_1}\right)}{\frac{t}{\tau_1}}\right]+\beta_2\left[\frac{1-\exp\left(-\frac{t}{\tau_1}\right)}{\frac{t}{\tau_1}}-\exp\left(-\frac{t}{\tau_1}\right)\right]$$

$$+\beta_3\left[\frac{1-\exp\left(-\dfrac{t}{\tau_2}\right)}{\dfrac{t}{\tau_2}}-\exp\left(-\dfrac{t}{\tau_2}\right)\right] \tag{6.24}$$

这个模型也被称为扩展的 Nelson-Siegel 模型,这一模型在计算短期债券价格时的灵活性大大增强。参数 τ_1 和 τ_2 是提前预知的,因而整个目标函数最小化决策就是确定参数 β_0、β_1、β_2 和 β_3。值得一提的是,该方法已为国际上许多大的中央银行所采用,如法兰西银行(法国中央银行)、加拿大银行都采用过这个模型构造收益率曲线。

(二) 利率期限结构的数据拟合

债券市场上,大部分国债都是息票债券,零息票债券的数量很少,而且这些息票债券在息票率、付息时间上都存在着很大的差异,因此就必须通过一定的方法对这些息票进行剥离和分析,一般有两种方法可以选择,一是线性条件下的息票剥离法,二是非线性条件下的样条估计法。

得出零息票收益率曲线,通常的方法是所谓的息票剥离法(bootstrap method)。息票剥离法将息票从债券中进行剥离并在此基础上估计无息票债券利率水平,具体计算方法如下:

设 T_n 为某债券的到期期限,I_n 表示现金流;F 表示债券的面值;P 表示债券全价;即期利率 S_n,根据债券定价公式:

$$I_1 e^{-S_1 T_1} + I_2 e^{-S_2 T_2} + \cdots + (I_n + F) e^{-S_n T_n} = P \tag{6.25}$$

从而得到:

$$S_n = \frac{\ln\left(\dfrac{P-\sum_{i=1}^{n-1} I_i e^{-S_i T_i}}{I_n + F}\right)}{T_n} \tag{6.26}$$

结合 2005 年 7 月 1 日的交易所国债价格数据和 Nelson-Siegel 模型,运用非线性最优化算法,采用 Matlab 软件估计得到的参数分别为:$\beta_0=3.9085$,$\beta_1=-3.2874$,$\beta_2=2.5628$;三个参数的变化分别看作是即期利率曲线截距、斜率和曲度的变化。因此,β_0,β_1,β_2 的不同取值就能够灵活地估计出各种形态的利率期限结构,如向上倾斜、向下倾斜、"S"型、U 型、倒"U"型等。这也再次说明了 Nelson-Siegel 模型的优点所在。根据这些参数就得到了 2005 年 7 月 1 日的利率期限结构。图 6-14 描述了该日的利率期限结构估计,其基本形态是一条向上倾斜的曲线。

用同样的方法对样本内所有时点的数据进行估计,就可以得到每个时点的利率期限结构。用三维图的形式给出了全部的估计结果。图中我们可以很清晰地看到在样本期间内利率期限结构曲线的截距、斜率和曲度都在发生明显的变化。对 2005 年 7 月—2006 年 10 月的周数据进行估计,估计结果如图 6-15。

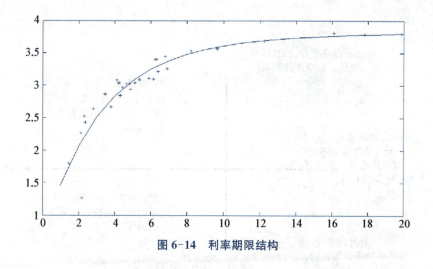

图 6-14　利率期限结构

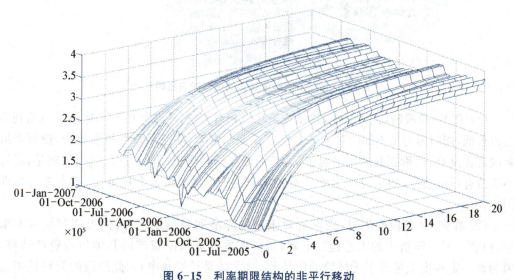

图 6-15　利率期限结构的非平行移动

五、收益率曲线投资策略

收益率曲线策略的制定，可以根据宏观经济与货币政策趋势，综合考虑通货膨胀和利率（包括实际利率和名义利率）水平、期限溢价、信用利差等因素，判断应该把债券资产组合进行短端、长端还是平均配置。如果预期曲线变平，就应该把资产摆布在两端；如果曲线变陡，尤其是收益率曲线中间凸起的时候，就是短期和长期债券利率很低，但是中间期债券利率很高的时候，就应该把资产集中在中间。收益率曲线短期变化主要由货币政策驱动，长期变化则主要由通胀预期驱动。根据经济周期情景的分析，可以预测收益率曲线的变化趋势，从而制定科学有效的债券投资策略。

下面是具体经济周期情景下收益率曲线变化的过程及其投资策略。图 6-16 把通货膨胀的指标 CPI 做横轴，把经济景气度的指标 GDP 做纵轴，对收益率曲线策略进行了概括：

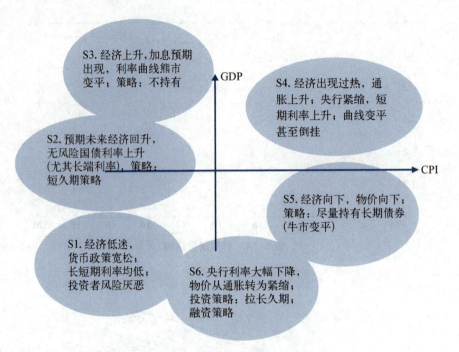

图 6-16　不同经济阶段的债券投资策略

(1) 在 S1 阶段时,经济低迷,货币政策环境相对宽松,通常货币当局将市场短期利率压得很低,同时因为私人部门对未来的经济预期非常差,缺乏系统性投资机会,投资者风险厌恶程度高,通货膨胀的水平也很低,长期债券的利率也很低。此阶段的策略是,最好不要持有任何债券,如果说一定要持有债券就持有债券(如 3 个月短债)或者进行短期回购。

(2) 在向 S2 阶段变化时,投资者对未来的经济回升预期上升,但短端利率基本未动,投资者对风险资产的厌恶程度下降,资产配置从无风险资产向其他风险资产转移,因为在一定程度上推升了无风险的国债利率(尤其是长端利率)。此阶段的策略是短久期策略。

(3) 在 S3 阶段,即熊市变平阶段。伴随经济形势已经逐步回升,短端的风险逐渐变大,尤其是市场加息预期出现,利率曲线会呈现熊市变平状态。随着这些预期逐步兑现,央行毫无疑问会提高货币市场短端的利率。当央行提高货币市场短端的利率;长端利率尽管也会上行,但因为长期利率上个阶段已经上升很多了,幅度很慢,甚至不一定会随着物价的上涨进一步上行,整个曲线就是一个变平的阶段。此阶段的策略是不持有策略,因为买短端和长端都会亏损。建议考虑卖空机制。

(4) 在 S4 阶段,经济逐步过热,通胀产生,投资者对经济的预期已经不再乐观,预期央行紧缩力度非常大,企业盈利能力变差。在这个阶段其实,经济逐步过热,随着央行紧缩的动作逐步加强,短端的利率会超过长端的利率,曲线甚至会倒挂。

(5) 在 S4 阶段,即牛市变平阶段。在此阶段,货币政策的紧缩效应已经在实体经济体现,经济过热的势头已经得到遏制并出现拐点向下,同时通胀也基本得到控制,物价趋势向下局面也已形成。此时市场利率(尤其短期利率仍偏高),存在降息预期但尚进一步确认。这一阶段的投资策略为:尽量持有长期债券而不投资短期债券。

(6) 在 S6 阶段,即牛市变陡的阶段。市场确认经济进一步回落,物价水平回落态势明显,通货通缩的风险出现,甚至出现经济衰退风险,央行开始大幅度下降利率,物价水平从通货膨胀降到通缩。由于央行的降息速度和幅度都很大,长期利率波动比短期利率小得多。此时最好的策略就是融资杠杆策略,通过融入资金放大投资组合的久期,随着央行的降息融资成本也在下降。例如 2008 年第四阶段,中国债券市场就是这样一个典型的债券市场环境(见图 6-17)。

图 6-17 2006—2009 年中国宏观经济变量、货币政策与市场利率走势

(7) 重新回归到 S1 阶段,即利率低位时的牛市变平。经济回落,利率降到低位,经济开始出现通货紧缩,投资者对未来的经济信心不足。通常此时商业银行的放贷减少,债券购买增加,此时基本上就是债券市场见顶的阶段,策略是卖掉持有的债券。

债券总是围绕着这样的经济周期周而复始循环,利用收益率曲线策略进行债券投资就相应地在不同阶段根据以上策略进行操作。

第四节 债券组合投资管理策略

一、债券组合管理策略的类型

债券组合管理类型,可以大致分为积极管理策略和消极管理策略。积极管理策略(active strategy),又称为激进管理策略,是指总体目标在一定风险程度范围内,对债券进行是对债券进行最优选择,以此获取预期报酬最大化。由于涉及期望收益,投资者必须预测影响债券报酬的因素,如利率水平的变化、长短期利率相对改变、各种类型债券的利差变化等,因此投资者是否具有预测能力及预测的准确与否,将直接影响到激进型投资策略的绩效;同时,投资者有必要积极寻找价格被错估的债券,抛售高估(overpriced)债券,买进低估(underpriced)债券。当然,在有效市场条件下,这是不可能的,因为不存在错误定价问题,只能进行免疫策略。

消极管理策略(passive strategy),又称为保守型债券管理策略,是基于投资者对债券市场有效性的认识基础上,认为债券市场价格已经反映所有的信息,因此投资者将找不到价格被"错误定价"(mispricing)的情况,因此任何激进型的投资活动并无助于投资绩效提高,反而会增加交易成本。表6-6列示了两种债券投资管理策略的主要差异。

表6-6 积极型策略与消极型策略比较

类型 项目	激进型策略	消极型策略
适用环境	低效率市场	高效率市场
目的	承受一定风险并获取超额报酬	有效控制风险并获得正常报酬
投资组合调整时机	随时调整	在市场改变时调整
投资组合调整方法	寻求"错误定价",积极进行组合调整	根据市场状况,改变策略性的资产配置
策略选择	(1) 利率预期策略 (2) 估价分析策略 (3) 信用分析 (4) 收益率差分析 (5) 债券互换	(1) 买入持有策略 (2) 指数化策略 (3) 现金流匹配策略 (4) 免疫策略

二、积极债券组合管理策略

积极债券管理策略有五种:利率预测、估价分析、信用分析、收益率差分析和债券互换。下面,我们将对这五种积极债券管理策略进行介绍。

1. 利率预测

在第十二章债券资产配置中,我们曾介绍过利率预测策略。其实,利率预测不仅在资产配置中具有重要的应用价值,而且在债券组合管理及其组合调整中也有相当的意义。债券管理方法中,利率预测是风险性最大的一种,因为预测利率所依靠的是远期利率的不确定性预测。其中,建立在对未来利率预测的不确定性的基础上的利率预测(interest rate anticipation),一种最具有风险性的积极管理策略。该策略的目标是在预期利率上升时保全资本,在预测利率下降时获得较高的资本利得。通常借助改变债券组合中债券的到期期限(久期)结构来实现这一投资目标,因此这一策略又称为久期策略(duration strategies)。具体而言,当预期利率上升时,应缩短债券组合的久期;当预期未来利率下降时,则延长债券组合的久期。因此,债券组合重构的主要风险在于组合久期变化的函数。一旦利率变动方向预测错误,投资的损失将是巨大的。

2. 估价分析

估价分析(valuation analysis)是投资经理依据债券的内在价值对债券组合进行重构和调整。债券价值是由它的特征和市场上这些特征的平均值所决定的。

在完成债券的估价后,应当将得出的债券价值和当前的市场价格进行对比,从而确定哪些债券被高估,哪些债券被低估。依据投资者对特征成本的分析,应该买进被低估的债券,而抛售或回避被高估的债券。

3. **信用分析**

信用分析(credit analysis)策略是指通过对债券发行者的详细分析,以确定其违约风险的预期变化。信用分析试图解释债券信用等级的变化,并应用这一策略购买信用等级预期上调的债券,而卖出或回避信用等级下调的债券。债券信用等级变化,一般受债券发行企业内部因素变化(如财务指标变化)和外部环境变化(如公司所处行业和整体经济的变化)的影响。在经济周期上升时期,即使财务状况弱小的公司也能生存并得以发展;相反在经济紧缩时期,通常使得财力雄厚的公司也感到偿还债券的巨大困难。因而,从历史的角度分析,债券评级变化存在明显的周期性特征:在经济扩张期,登记下调的债券数量减少;在经济紧缩期,等级下调的债券数量大增。由于债券市场的调整速度又比债券等级变化要快——尤其对等级低的债券而言,因此在应用信用分析时,则需要在评级机构公布债券的等级之前预测等级的变化。例如,近年中国宏观经济处于下行阶段,中国上市企业债券信用情况看,2016 年企业债券违约共发生 79 起,违约金额 403 亿元;从行业分布看,违约债券主要集中在建材、钢铁、机械设备等强周期产能过剩的行业,另外,商业贸易行业、航运物流行业由于毛利较低,盈利能力较弱,违约规模也较大。

对于债券的信用分析,可以使用统计模型或基本分析方法来识别这类债券的一些独特特征。例如,用于进行破产预测修整得 z 评分(Z-score)模型。

信用评分模型公式如下:

$$Z = a_0 + a_1 X_1 + a_2 X_2 + a_3 X_3 + \cdots + a_n X_n \tag{6.27}$$

式中,Z 表示总信用分数;$X_1 \cdots X_n$ 表示可解释性变量;$a_1 \cdots a_n$ 表示权重或系数。

在此,用于信用分析的最终模型包括以下七个财务指标:X_1 是获利性变量,即税息前收益(EBIT)/总资产(TA);X_2 是收益稳定性变量,即 EBIT/TA 估计值的标准误差;X_3 是偿债能力变量,即 EBIT/利息支出;X_4 是累积营利性变量,即保留盈余/总资产;X_5 是流动性变量,即流动资产/流动负债;X_6 是资本化水平变量,即权益的市场价值/总资本(一般采用 5 年平均);X_7 是规模变量,即有形资产总量。

只要给定了关键变量的数据,我们就可以针对所特定总体中的公司计算出 z 评分,作为信用风险的度量。对于一个公司所计算出来的 z 评分值越高,公司的信用质量越能得到保证。而所计算出来的 z 评分值越低,信用风险就越高。当然,极低的 z 评分意味着公司承受着相当高的破产风险。尤其是当 z 评分为负值或取值落在总样本累积分布为 5% 的低值区域,表示企业面临着相当高的信用风险和破产风险,对于这样的企业需要做进一步的深入分析。

4. **收益率差分析**

收益率差分析是假设不同种类的债券之间存在一定的关系(比如长期国债与短期国债之间、工业债券和公用事业债券之间存在收益率差),因此债券基金经理一旦发现异常情况出现,就立即抓住时机进行调期。不同期限之间的利率差主要通过收益率曲线的形状来体现,收益率曲线上的间断点往往成为投资调整的对象。如果预期收益率曲线基本维持不变,且目前收益率曲线是向上倾斜的,则可以买入期限较长的债券;如果预期收益率曲线变陡,则可以买入短期债券,卖出长期债券;如果预期收益率曲线将变得较为平坦时,则可以买入长期债券,卖出短期债券。如果预期正确,上述投资策略可以为投资者降低风险,提高收益。

5. 债券互换

债券互换(bond swaps)就是同时购买和出售具有相似特性的两个以上债券,从而获得收益级差(yield difference)。不同债券之间的差异,如票息、违约风险、利率、久期、税负、可回购条款、市场流动性等诸因素,决定了债券互换的潜在可获利性。债券互换可用来提高当前收益率和到期收益率,并利用利率的变动和收益率差的调整来获利,并能提高投资组合质量,以及用于税负减免等目的。

在评估债券时,投资者一般都要考虑如下两个方面以决定是否进行互换操作:高收益级差和短过渡期(workout period)。过渡期是债券价值从偏离值重新返回平均值的时间。总而言之,收益级差越大,过渡期越短,投资者从债券互换中获得的回报率就越高。

三、消极债券组合管理策略

1. 买入并持有策略

买入并持有策略(buy-and-hold strategy)是投资者根据投资目标构造一个投资组合,并持有到债券到期的一种策略。这是策略不需要考虑用积极的交易策略获得高额收益,只需要寻找那些到期期限(或久期)接近于投资者预定的投资期限的债券,尽量减少债券价格和再投资的风险。由于这一策略对投资者而言没有特别的要求,它是最简单的一种债券组合管理策略。当然,在选择债券的过程中,也需考虑债券的质量、息票利率水平、到期期限和是否具有提前赎回条款等重要契约特征。

在投资实践中,投资经理经常运用的修正的买入并持有策略。这种策略是在买入债券之后,当发现该品种有较为有利的价位时,增加其持仓量。对应于此种策略,投资者主要考虑短期债券。这种策略的缺点是资金流动性较差。

2. 指数化策略

指数化策略的理论来源于证券市场有效性的前沿研究,它是通过债券组合的特点与某类债券市场指数一致。这种策略的理论依据是债券市场是有效的,债券市场价格充分反映债券价值的全部信息,投资者不可能战胜市场。

采用指数化投资策略时,选定恰当的债券市场指数十分重要,因为它直接决定着投资者的风险-收益情况。投资者可根据风险-收益特征,选择不同的债券目标指数。

目标指数选定后,下一步就按照这一指数构造一个债券组合。这个指数化的债券组合与目标指数的收益率差别称为跟踪误差。跟踪误差的产生有三个原因:(1)构造这种指数化债券组合的交易成本;(2)指数化债券组合的构成与目标指数本身的差别;(3)编制指数机构所支付的价格和采用指数化策略的投资者所支付的交易价格之间的差异。

3. 现金流匹配策略

所谓现金流匹配策略(cash-flow catching)是指投资最低成本的组合,并且该组合的现金流模式与投资者所将面临的现金流支出恰好匹配。这种策略之所以是一种消极管理策略,是因为一旦债券资产组合确定后,组合没有任何再投资现金流,也没有任何再投资利率风险。并且由于债券仅在到期时才出售,所以也没有利率风险。因此,任何变化因素,甚至是收益率曲线较大的变化也不会影响组合结构,仅仅在债券存在违约风险时,才会改变匹配策略所决定的债券组合构成。

作为一个专项债券投资组合方法,现金流匹配策略最典型的表现为纯现金流匹配投资组合(pure cash-matched dedicated portfolio)。图6-18表示的是一个典型的养老基金在30年期间的按规定需支付的债务流。此投资组合的目标是建立一个组合,确保在每次按规定支付债务前,该组合能够产生足够的现金流满足支付需求。可见,这是一种极度保守的债券组合管理策略。

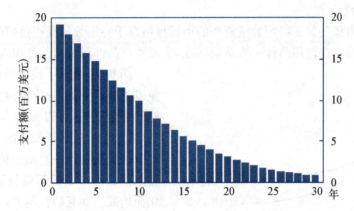

资料来源:Martin L. Leibowitz "The Dedicated Bond Portfolio in Pension Funds — Part Ⅰ:Motivations and Basics," the Financial Analysts Journal, January/February 1986.

图 6-18 规定支付的现金流

四、债券组合投资免疫策略

久期和凸度对债券价格波动的风险管理具有重要意义,债券基金经理可以通过合理运用这两种工具实现资产组合现金流匹配和资产负债有效管理。如果债券基金经理能够较好的确定持有期,那么就能够找到所有的久期等于持有期的债券,并选择凸性最高的那种债券。这类策略称为免疫策略(immunization strategies)。选择免疫策略,就是在尽量减免到期收益率变化所产生负效应的同时,还尽可能从利率变动中获取收益。常用的免疫策略主要包括:所得免疫(income immunization)、价格免疫(price immunization)和或有免疫(contingent immunization)。

1. 所得免疫

所得免疫策略(income immunization strategies)保证投资者有充足的资金可以满足预期现金支付的需要。这对于养老基金、社保基金、保险基金等机构投资者具有重要的意义,因为这类投资者对资产的流动性要求很高,其投资成败与否的关键在于投资组合中是否有足够的流动资产可以满足目前的支付。

为此,有效的投资策略可以投资于债券投资组合获得利息和收回本金恰好满足未来现金需求。这种方法被称为现金配比策略(cash matching strategy)。现金配比策略限制性强,弹性很小,这就可能会排斥许多缺乏良好现金流量特性的债券。另一种可选择的策略是久期配比策略(duration matching strategy),这种策略只要求负债流量的久期和组合投资债券的久期相同即可,因而有更多的债券可供选择。但是,这一策略也存在一定不足之处,例如为了满足负债的需要,债券管理者可能不得不在极低的价格时抛出债券。

为此,有必要将两种配比策略的优点结合起来,即水平配比策略(horizon matching strategy)。按照这一策略要求,投资者可以设计出一种债券投资组合,在短期内运用现金配比策略,在较长的时期内运用久期配比策略。这样,既具有了现金配比策略中的流动性强的优点,又具有了久期配比策略中的弹性较大的优点。

2. 价格免疫

价格免疫由那些保证特定数量资产的市场价值高于特定数量资产负债的市场价值的策略组成。价格免疫使用凸性作为衡量标准,实现资产凸性与负债凸性相匹配。

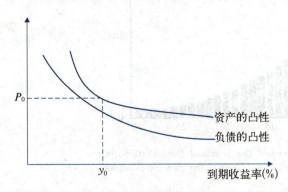

图 6-19 资产凸性与负债凸性的匹配策略

图 6-19 展示了债券投资组合的价格免疫策略。例如,一家保险投资基金有足够的资金支持,可以使债券投资组合(资产)的市场价值等于未来的支出(负债)的现值。只要资产凸性高于债券的凸性,两者间差额的市场价值就将随着利率的变化而增减。而且凸性越大,从利率变化所获得的利得也就越大。因此,在这种情况下,就可以判断这家保险投资基金"价格免疫"了。

3. 或有免疫策略

不同于所得免疫和价格免疫,或有免疫策略并不是一个严格意义的消极策略或积极策略,而是一种积极-消极的混合投资策略或结构性积极管理策略。该策略是指投资者允许组合在一定限度内(保证最低收益率或价值)进行积极管理,一旦触及该限度,投资者应立即停止运用这种方法,而是市场利率来免疫剩余资产,以确保资产的终值。

或有免疫(contingent immunization)最早是由利伯维茨和温伯格(M. L. Liebotiwz & A.Weinberger,1982)提出的。[①] 它是投资者在运用积极策略追求高收益率的同时,依靠传统免疫方法确保投资期内有一个最低收益,即它是由传统免疫来提供安全保障的积极管理策略。这种策略既可满足债券管理者实行激进管理的要求,又可以满足投资组合使用者将利率方向运动的风险最小化的需要。现在,假定债券管理者愿意从事更积极的投资,但是只愿意承担有限的风险损失,既可以保证组合的最终价值。这样,管理这可在开始时采取一些积极的策略,并增加相应的风险容忍度和承受一些风险损失,而不用立即

---

① M. L. Liebotiwz & A. Weinberger, contingent Immuziton-Part I: Risk Control Procedures, *Financial Analysts Journal* 38. Nov.-Dec.1982.

采取利率免疫策略。

为说明这种策略,假定现行利率为10%,管理者的资产组合为1 000万元,管理者通过常规的利率免疫技术锁定现有利率,两年后的资产价值为1 210万元。现在,假定资产管理者更愿意从事更积极投资,但只愿意承担有限的风险,既保证资产的最终价值不低于1 100万元。由于在现行利率下只要有909万元(1 100万元/1.10^2)就可以在两年后达到最小可接受的最终价值,而资产组合的现值为1 000万元,管理者可在开始时承受一些风险损失,因此开始时可采用积极策略,而不立即采取利率免疫策略。

实施或有免疫策略的关键,在于设定触发点,以锁定利率波动风险,以保证未来获得1 100万元。如果T代表到期的剩余时间,r为任一特定时间的市场利率,那么必须要保证达到最低可接受的最终价值1 100万元$/(1+r)^T$,因为资产组合如果免疫就会在到期无风险增至1 100万元。这个值就是触发点:如果实际资产价值跌至到触发点,积极管理立即停止;或达到触发点,会导致最初的免疫策略的变换,以保证最低的可接受业绩得以实现。

图6-20表明或有免疫策略的两种可能结果。在6-20(a)中,资产组合价值下降并在点t^*点触及触发点,并在该点资产组合获得利率免疫,其资产组合价值将平滑地升至A,即1 100万元。在图6-20中,资产组合表现很好,并未触及触发点,因而资产组合值也高于1 100万元。

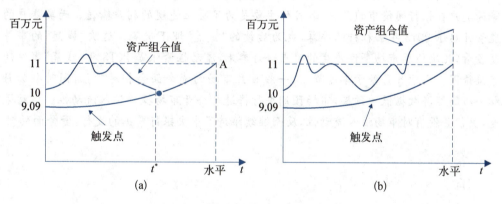

图6-20 或有免疫策略的两种可能结果

案例分析

2013年"钱荒"vs.2017年"债市暴跌":流动性对债券市场的冲击

一、2013年6月末金融市场"钱荒事件"复盘

2013年6月5日,一则"光大兴业同业市场千亿资金违约"的消息绷紧了市场的神经[①]。尽管事后两家银行分别通过不同渠道对此消息进行了否认,但是市场的情绪已发生微妙的转变。6月6日,SHIBOR隔夜利率飙升135.9个基点至5.98%。同日,中国农业发展银行发行的200亿金融债流标。在流动性紧张的背景下,央行没有松动流

---

① "银行间债市再现违约黑天鹅,央行勒紧缰绳打套利",《21世纪经济报道》,2013年6月8日。

动性缰绳的意思。6月7日,央行不仅取消了公开市场短期流动性注入操作(SLO),继续发行央票,同时还进行了100亿的28天期正回购收拢资金。当日,银行间市场的大额资金交易系统迎来史上最长延时,全市场大面积违约。6月18—19日,时任美联储主席本·伯南克(Ben Bernanke)就逐渐收缩美国央行的资产购买给出了确定性的时间表,表示美联储的债券购买行动减缓并于次年中期中止,这一事件再次使缓和的气氛紧张起来。19日下午,银行间市场人民币交易系统闭市时间被迫延迟了半个小时至下午5点。6月20日,央行继续发行20亿央票表明"立场",货币市场的紧张程度达到最高潮,短期利率接近崩溃的边缘。隔夜拆借超过10%,金融市场这是什么信号?2008年9月16日雷曼倒闭时美元隔夜LIBOR才6.43%。恐慌情绪在中国金融市场蔓延,SHIBOR隔夜拆借利率飙升578.4个基点至13.444%,银行间市场质押式隔夜回购利率最高至30%,7天回购利率也一度飙升至25%。各家商业银行为了揽储,纷纷提高3个月短期理财产品的收益率。6月22日后,央行的态度才发生转变,市场的恐慌情绪也有所缓和,利率逐渐下行。6月25日,央行发布公告称下一步将根据市场流动性的实际状况,积极运用各种工具,适时调节银行体系的流动性,平抑短期市场的异常波动,稳定市场预期,保持货币市场稳定。进入7月后,市场利率才逐渐回落,"钱荒"最终以央行向市场重新注入流动性落幕。

2013年4月,中央国债登记公司开始暂停信托理财产品、券商资管产品、基金专户等丙类户在银行间债市的开户,其目的主要是为了防止违规的利益输送。丙类账户的监管开启了2013年去杠杆的序幕,也为后续的"钱荒"埋下伏笔。这次"钱荒"的事件复盘看,此次债券市场事件产生的时点恰好季末,流动性紧张是2013年"钱荒"事件的直接诱因。由于6月处于季度节点,一般6月市场的资金面会相对紧张,同时叠加月初公布的经济数据低于预期,市场预期央行将进行公开市场操作注入流动性。但结果是,央行并没有对市场注入流动性,反而继续维持了中央银行票据的发行,资金面的紧

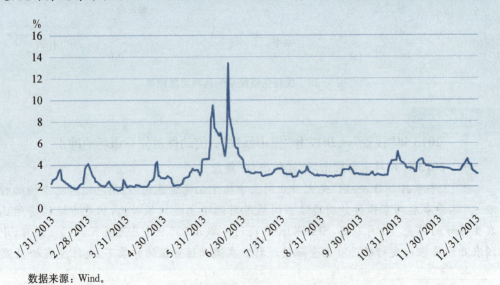

数据来源:Wind。

图 6-21 SHIBOR 隔夜拆借利率走势

张导致了长短端利率的快速上行,银行间 7 天回购利率从 6 月 3 日的 4.66% 飙升至 6 月 20 日的 11.62%,10 年期国债利率从 6 月 3 日的 3.45% 上行至 6 月 20 日的 3.70%。

二、2017 年我国债券市场的暴跌

2017 年我国金融市场的"债市暴跌",是中央决策层"防系统性金融风险"与监管层"去杠杆"的政策导向下产生的。截至 5 月 10 日,债券市场下跌幅度已经超过 2013 年"钱荒"时期[①]。本轮金融市场"去杠杆"过程始于 2016 年第四季度,当时债券市场杠杆处于较高水平,收益率却在走低,于是通过再加大杠杆提高在债市的收益率,进一步推升了债券杠杆。截至 2016 年 3 季度末,债券市场在货币政策宽松、"委外"业务规模大幅扩张与加杠杆拉动对债市的庞大需求主导下经历了 3 年大牛市[②]。2013 年第 4 季度 10 年国债到期收益率走势从 4.7% 左右下降至 2016 第 3 季度的 2.7% 左右,具体见图 6-22(a)。

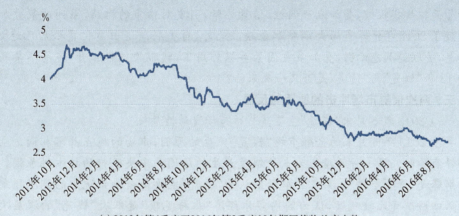

(a) 2013年第4季度至2016年第3季度10年期国债收益率走势

资料来源:Bloomberg。

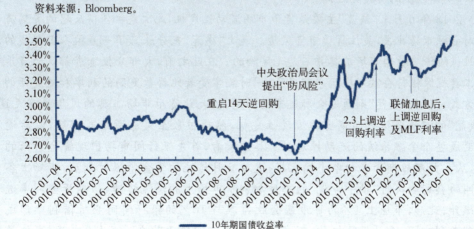

(b) 2016年第4季度以来的债券市场大调整

资料来源:Wind;长江证券研究所。

图 6-22　债券市场三年牛市大行情 vs.金融"去杠杆"引发债市大调整

---

① 蔡浩:《本轮债是调整深度已超 2013 年"钱荒"时期》,FT 中文网,2017 年 5 月 11 日。
② "委外业务"是指商业银行(另有部分保险、财务公司等机构少量参与)将其自营资金或理财资金委托给基金、券商、信托和私募等公司投资的新模式;也有部分中小银行的委外业务以投资顾问方式操作。

2016年第4季度,在CPI重回2%、中央政治局抑制资产泡沫"防风险"、美国新总统唐纳德·特朗普(Donald J. Trump)上台的背景下,加上年底本身资金就较紧张,债市出现第一轮大幅杀跌。在2017年1月份,伴随年末考核压力暂时度过,债券市场迎来一次短暂的反弹。然后,第1季度国内外经济基本面向好,中国GDP增长率为6.9%,创下最近5个季度的新高,货币政策中性偏紧持续,央行2次逆回购利率(市场解读为货币市场"加息")。

在这一强化金融监管的战略背景下,金融市场严监管政策陆续不断出台。4月份中旬,银监会,开展银行业"监管套利、空转套利、关联套利"(简称"三套利")专项治理,导致"委外"业务出现大幅萎缩。继银行"委外"业务和同业系列监管政策之后,5月份初,证监会监管政策又指向券商资管资金池业务。在"一行三会"统筹监管风暴之下,大资管面临规模收缩,叠加地产调控,信贷缩紧,引发对债市的抛压,系列政策叠加直接导致了2017年债券市场大调整和暴跌。此外,自美联储退出量化宽松后已连续3次加息,美联储加息牵引,叠加多重因素共振作用下,债市收益率飙升,市场不禁联想到2013年"钱荒"与"债灾"是否又一次来临?

三、两次债券市场冲击的原因与反思

(一) 2013年6月末"钱荒"主要是货币市场流动性危机

关于2013年6月末的金融市场"钱荒"产生的原因,市场的观点并不相同。主流的解释有4种。第一种解释认为本轮钱荒产生的原因是中央银行的技术性原因。第二种解释是"资金空转"。第三种解释则认为"钱荒"主要由金融系统中的期限错配引起。第四种解释比较新颖,认为国内实体经济"杠杆见顶"是本次"钱荒"的深层次原因,即实体经济的负债率过高。

2013年6月末"钱荒"主要是货币市场流动性危机,此次危机值得反思的警惕流动性对金融市场冲击,关注货币市场风险。这次"钱荒"充分暴露了一直被人们忽视的流动性风险——货币市场工具并不是无风险的。在此之前,大部分投资者都认为货币市场工具就像银行存款一样几乎零风险,同时又享受着比存款更高的利率和更灵活的存取方式。但是"钱荒"则通过金融链条的传递、放大让货币市场工具的风险暴露无遗。"钱荒"的起点是银行间市场的流动性危机,然后扩散至交易所债券市场,最后逐渐演变成整个金融系统的流动性危机。具体来看,首先银行间市场出现资金紧张的现象,从5月起短期资金利率小幅上扬;进入6月传统的资金紧张时期后,市场上各类传闻的盛行和央行"袖手旁观"的态度加剧了市场上的恐慌情绪,短期资金利率进一步飙升;此后,市场上4%的货币基金收益率与10%的银行间同业拆借利率形成了巨额套利空间,大量保险机构、财务公司大量赎回货币基金。虽然"钱荒"事件最终以央行"救市"告终,但留给金融体系的是真实版的"压力测试"和对金融机构风险控制的考验。

(二) 2017年"债灾"诱发于监管部门主动"去杠杆"

与2013年金融市场"钱荒"的被动性不同,2017年我国的"债灾"更多是监管部门主动"去杠杆"所导致。

美国"次贷危机"后,为刺激经济增长,我国货币政策总体实施稳健偏宽松的货币政策,社会融资总量占 GDP 比重从 2008 年第 3 季度末的 125% 上升至 2017 年第 1 季度末的 216%(见图 6-23)。金融体系流动性充裕,资金在金融体系"空转"甚至出现所谓的"资产荒"逻辑。金融体系资产出表、监管套利等业务"野蛮"生长,资金"脱实向虚",经济金融体系孕育着较大金融风险隐患。2016 年 10 月 28 日,针对以房地产为代表的虚拟经济过度膨胀问题,中央政治局会议提出注重抑制资产泡沫和防范经济金融风险。4 月 25 日,中央政治局以"金融安全"为主题进行集体学习,习近平总书记首提金融安全的战略任务,加强金融监管、防范金融系统风险成为 2017 年的中共中央重要战略决策。

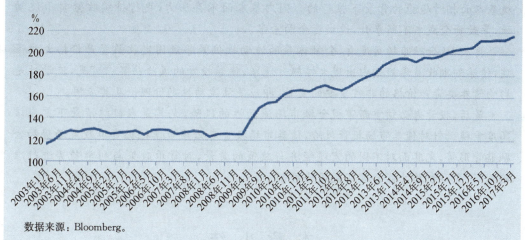

数据来源:Bloomberg。

图 6-23　我国社会融资总量占 GDP 比重(2003.1—2017.3)

监管政策在金融安全和防风险的大基调下,"一行三会"的金融监管政策导向,金融体系"去杠杆"成为监管共识,直接导致金融体系流动性趋紧。在宏观经济基本面向好且在美联储连续 3 次加息背景下,我国货币政策由宽松逐渐回归中性偏紧持续,央行在 2017 年 2 次提升逆回购利率;同时,2017 年 3 月份以来,银监会出台系列针对银行理财产品、"委外"业务和同业、"反三套利",证监会针对券商资产管理资金池业务整顿等系列政策,都是针对金融体系"去杠杆"措施的具体政策实施。

2017 年第 1 季度以来,"去杠杆"一直是金融监管的重点,也是金融监管部门的监管共识。随着对理财、非标与同业负债监管或进一步趋严,给金融资产价格带来进一步的压力,尤其是固收类产品。同时,中小型银行及其他杠杆率较高的金融机构面临着更大的流动性冲击,导致国债和信用债在内的长期债券收益率快速上行,如图 6-22(b)所示。

四、两次债券市场风险事件的总结

2013 年金融体系"钱荒"与 2017 年"债市暴跌",是近年我国债券市场两次重大风险冲击事件。两次债券市场风险的背后,都是加强金融监管和收紧货币政策导致了债券市场流动性偏紧的结果。关于两次债券市场风险事件的总结如下。

首先，从金融监管部门角度而言，以商业银行为代表的金融机构高杠杆和期限错配，监管趋严推进激进"去杠杆"是主要政策诱因。2013年上半年，央行为打压商业银行配置"非标"资产过高，控制机构过度的期限错配，维持收货币回笼，直接引发2013年6月末"钱荒"。2017年债券市场大幅波动与暴跌，是在中央决策层和金融监管部门"自上而下"推行金融"去杠杆"、防范金融风险的政策背景下发生的，更多是"一行三会"监管部门主动"去杠杆"所导致的结果，采取主动释放金融体系风险和解压的方式进行的。

其次，从货币政策角度而言，货币政策回归中性甚至中性偏紧，市场利率中枢上移。对比两次债券市场风险事件的货币政策背景，两次货币政策边际性收紧均是在宏观基本面相对趋稳的背景下推行的。国内基本面不存压力，央行持续收紧货币流动性，导致资金成本不断攀升，造成资金面紧张。

再次，从金融市场角度看，金融体系的流动性偏紧导致固定收益资产价格大幅下跌，债券到期收益率短期内出现大幅飙升现象，债券投资的风险凸显。可见，流动性是影响债券类资产价格的非常重要的变量，即应关注流动性定价理论及其应用。

最后，投资者必须重新审视金融市场流动性的风险，尤其是在极端情景下更应该高度重视。针对债券市场投资风险，债券市场投资者必须审慎把握货币政策趋势和金融监管形势，尤其面对不同的宏观经济与政策的背景，对货币政策与利率趋势进行准确判断，金融机构才能合理实施风险控制。

本章小结

本章首先介绍货币时间价值理论，这包括现值、终值、名义利率、实际利率、单利和复利、即期利率和远期利率、到期收益率等概念与内涵。在此基础上，我们就可以根据复利和贴现的计算公式来估计债券的现值，即债券的内在价值，对久期与凸度进行介绍。同时，由于不同债券属性存在差异，导致债券的到期收益率水平和债券价格发生变化，从而形成收益率期限。债券收益率曲线表达的是债券收益率和到期期限之间的关系，它在债券投资与风险管理中处于非常重要的核心位置。在此基础上，我们对债券投资组合管理策略进行分析，具体分为积极组合管理策略和消极组合管理策略。在本章最后，结合我国2013年"钱荒"和2017年上半年的"债市暴跌"，对金融市场流动性对债券投资的冲击进行案例分析和讨论。

重要概念

货币的时间价值　单利　复利　即期利率　远期利率　到期收益率　收益率曲线
贴现现金流　DCF估值法　久期　凸性　预期假说　流动性偏好假说　市场分割假说

信用风险 "美国 30 年国债之谜" 尼尔森-辛格尔模型、斯文森模型 债券组合管理 免疫策略

习题与思考题

1. 影响债券定价的因素有哪些？这些因素如何影响债券价值？
2. 收益率曲线的理论假说有哪些？
3. 如何根据经济周期与货币政策实施收益率曲线管理策略？
4. 利率期限结构的拟合方法主要有哪些？
5. 久期与凸度在债券投资中主要有何应用？
6. 债券组合管理的主动性策略与被动性策略有何不同？
7. 简述免疫策略在利率风险管理中的作用。
8. 金融市场流动性对债券投资有何影响？

第七章

金融衍生品与投资应用

学习目标

本章对金融衍生市场中远期、互换、期货和期权四类衍生品及其投资应用进行重点分析和讨论。通过本章学习,能够达到以下要求:

1. 掌握远期、互换定价机制及其投资应用,熟悉信用违约衍生品 CDS。
2. 熟悉期货产品合约定价,掌握股指期货与利率期货的投资策略应用。
3. 熟悉 Black-Scholes 期权定价公式,了解期权波动率期限结构。
4. 掌握期权投资策略,熟悉期权的衍生物及其风险对冲。

第一节 远期与互换

一、远期合约产品

(一) 远期合约概述

远期合约是一种最简单的衍生品合约。现货交易的最大缺点在于无法规避现货价格波动的风险。一个大豆加工公司的收益很大程度上依赖在生产时的大豆现货市场价格。如果在投资规划时就能确定大豆买入的价格,企业家就可安心致力于大豆加工生产了。远期合约正是为了适应这种规避未来风险的需要而产生的。

远期合约(forward contracts)是为规避现货交易风险的需要而产生的,它是指交易双方约定在未来的某一确定时间,按确定的价格买卖一定数量的某种资产的合约。合约标的资产(the underlying)可以是商品,如大豆和石油等;也可以是金融工具,如外汇和利率等金融工具。金融远期合约主要包括远期利率协议、远期外汇合约和远期股票合约。在合约中规定在将来买入标的物的一方称为多方(long position),而在未来卖出标的物的一方称为空方(short position)。合约中规定的未来买卖标的物的价格称为交割价格(delivery price)。如果信息是对称的,而且合约双方对未来的预期相同,那么合约双方所选择的交割价格应使合约的价值在合约签署时等于零,即交割价格对双方是同等有利的。这意味着双方无需成本就可签署合约,从而进入远期合约的多头或空头状态。

远期合约是一种非标准化的合约，即远期合约不在交易所进行交易，而是一般在金融机构之间或金融机构与客户之间通过谈判后签署的。远期合约通常用实物交割。已经签订的远期合约也可以在场外市场交易。在签署远期合约之前，双方可以就交割地点、到期日、交割价格、交易单位和合约标的资产的质量等细节进行谈判，以便尽量满足双方的需要。因此，远期合约与后面将要介绍的期货合约相比，远期合约相对而言比较灵活，这正是远期合约的最主要的优点。

但远期合约也有一些明显的缺点。首先，因为远期合约没有固定的、集中的交易场所，不利于市场信息的披露，也就不能形成统一的市场价格，所以远期合约市场的效率偏低；其次，由于每份远期合约在交割地点、到期日、交割价格、交易单位和合约标的资产的质量等细节上差异很大，给远期合约的流通造成很大不便，因此远期合约的流动性比较差；再次，远期合约的履行没有保证，当价格变动对其中一方有利时，交易对手有可能没有能力或没有意愿按规定履行合约，因此远期合约的违约风险会比较高。

(二) 远期合约的定价

远期价格是远期市场为当前交易的一个远期合约而提供的交割价格，它使得远期合约的当前价值为零。远期价格与标的资产的现货价格紧密相关。这个远期价格显然是理论价格，它与远期合约在实际交易中形成的实际价格（即双方签约时要确定的交割价格）并不一定相等。但是，一旦理论价格与实际价格不相等，就会出现套利机会。若交割价格高于远期价格，套利者就可以通过买入标的资产现货、卖出远期并等待交割来获取无风险利润，从而促使现货价格上升、交割价格下降，直至套利机会消失；若交割价格低于远期价格，套利者就可以通过卖空标的资产现货、买入远期来获取无风险利润，从而促使现货价格下降，交割价格上升，直至套利机会消失。而此时，远期价格又等于实际价格。

由于远期价格是今天签署的远期合约规定的在将来特定时间交割单位基础资产的交割价格，这样就存在与远期合约相关的价格或价值，即交割价格 F_0、远期价格 F 和当前价值 f。远期价格 F 是这样决定的：在期初，由于签署远期合约是没有任何货币支付的，因此当前价值 $f=0$，从而此时远期价格等于合约的交割价格，即 $F=F_0$。初始时间过后，当前价值 f 会随远期价格的改变而发生变化，这种变化实际上取决于标的资产的现货价格、市场利率和其他因素的变化。

下面，我们研究时间 $t=0$ 时签署，时间 T 时交割一种资产的远期合约的远期价格 F 的定价问题。为确定远期价格 F，在此首先假设：

(1) 没有交易成本；

(2) 标的资产是任意可分的；

(3) 标的资产的储存是没有成本的；

(4) 标的资产是可以卖空的。

若标的资产当前的现货价格（时间 $t=0$）为 S，理论上的远期价格（到期日为 T）是

$$F = Se^{rT} \tag{7.1}$$

其中 r 为无风险利率。

下面，我们给出该公式简要的证明。首先反设 $F > Se^{rT}$。我们构造如下组合：在现

在时间 $t=0$ 借入现金 S，在现货市场上以价格 S 购买一单位标的资产，然后在远期市场持有一单位的空头头寸。这个组合的总成本为零。在时间 T 时我们交割该资产收到现金 F，并且偿还贷款 Se^{rT}。结果，我们以零的净投资获得一个正收益 $F-Se^{rT}>0$。交易的细节见表 7-1。

表 7-1 $F>Se^{rT}$ 时的套利策略

$t=0$	初始成本	最终收入
借入 S 美元	$-S$	$-Se^{rT}$
买入 1 单位资产	S	0
卖空一个远期	0	F
合　计	0	$F-Se^{rT}$

若 $F<Se^{rT}$，我们可以构造一个相反的组合：在现在时间 $t=0$ 卖空一单位标的资产，在时间 0 和 T 之间借出收益 S，并在远期市场持有一个单位的多头。这个套利组合在时间 $t=0$ 时的净现金流量为零。在时间 T 时，我们从贷款中收到 Se^{rT}，支付现金 F 获得一单位资产，最后归还这一单位标的资产给贷款者。最终的盈利为 $Se^{rT}-F>0$。交易的细节见表 7-2。

表 7-2 $F<Se^{rT}$ 时的套利策略

$t=0$	初始成本	最终收入
借出 S 美元	S	Se^{rT}
卖空 1 单位资产	$-S$	0
买入一个远期合约	0	$-F$
合　计	0	$Se^{rT}-F$

因为两个不等式都导致了套利机会的出现，而在定价合理的市场上套利机会是不存在的，所以等式必然成立。

现货价格 S 和远期价格的关系如图 7-1 所示。现货价格从 S_0 开始随机地发生变化，最后变成 F_0。但时间 $t=0$ 时的远期价格是用当前的现货价格以现行利率向前推算出来的。

二、互换产品

（一）互换合约概述

互换合约（swap contract），又称掉期合约，是指交易双方约定在未来某一时期相互交换某种合约标的资产的合约。更为准确地说，互换合约是指交易双方之间约定的在未来某一期间内交换他们认为具有相等经济价值的现金流（cash flow）的合约。在现实生活中较为常见的

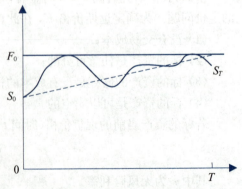

图 7-1 现货价格和远期价格的关系

两种合约是利率互换合约和货币互换合约,此外还有股权互换、信用违约互换等互换合约。利率互换合约,是相同种货币资金的不同种类利率之间的交换合约,一般并不伴随本金。货币互换合约,是指两种货币之间的交换合约,在一般情况下,是指两种货币资金的本金交换。

自从1981年美国所罗门兄弟公司为IBM和世界银行办理首笔美元与马克和瑞士法郎之间的货币互换业务以来,互换市场的发展非常迅猛。按名义金额计算互换合约已成为交易量最大的一种金融衍生工具。但是在2007年发生的全球性金融危机当中,导致大量金融机构陷入危机的最重要一类衍生金融产品也正是信用违约互换(CDS)。最基本的信用违约互换涉及两个当事人,双方约定以某一信用工具为参考,一方向另一方出售信用保护,若信用工具发生信用事件,则信用保护出售方必须向购买方支付赔偿。

我国20世纪80年代就已经推出货币互换合约,之后推出利率互换合约,近年来我国互换合约市场高速成长,互换合约也成为许多投资组合的重要组成部分。目前,中国外汇交易中心人民币利率互换参考利率包括上海银行间同业拆放利率(Shibor,含隔夜、1周、3个月期等品种)、国债回购利率(7天)、1年期定期存款利率,互换期限从7天到3年,交易双方可协商确定付息频率、利率重置期限、计息方式等合约条款。

(二) 互换产品合约机制

1. 利率互换

利率互换(interest rate swaps),是指互换合约双方同意在约定期限内按不同的利息计算方式分期向对方支付由币种相同的名义本金额所确定的利息。由于双方使用相同的货币,利率互换采用净额支付的方式,即互换双方不交换本金,只按期由一方向另一方支付本金所产生的利息净额。利率互换有两种形式:(1)息票互换,即固定利率对浮动利率的互换;(2)基础互换,即双方以不同参照利率互换利息支付(如美国优惠利率对LIBOR)。

双方进行利率互换的主要原因是双方在固定利率和浮动利率市场上具有比较优势。假定A、B两公司都想借入7年期的1 000万美元的借款,A公司想借入与1年期相关的浮动利率借款,B公司想借入固定利率借款。但两家公司的信用等级不同,故市场向它们提供的利率也不相同,如表7-3所示。

表7-3 市场提供给A、B两公司的借款利率

公司	固定利率	浮动利率
A公司	7%	LIBOR+0.4%
B公司	8.5%	LIBOR+0.7%

注:LIBOR,即伦敦银行间拆借利率(London Interbank Offered Rate),表示市场基准利率。

根据上表,比较两家公司的融资成本可知,A公司的借款利率均比B公司低,即A公司在两个市场上具有绝对优势。但A公司在固定利率市场上融资,其成本可比B公司节省1.5%(8.5%−7%),在浮动利率市场上融资,其成本比B公司节省0.3%〔LIBOR+

0.7%−(LIBOR+0.4%)〕。所以 A 公司在固定利率市场上有比较优势。同理，B 公司在浮动利率市场上融资，融资成本只比 A 公司高出 0.3%，远低于在固定利率市场上的绝对劣势 1.5%。故 B 公司在浮动利率市场上具有比较优势。这样，双方就可以利用各自的比较优势为对方借款，然后进行互换，从而达到共同降低筹资成本的目的。

互换双方为降低交易成本及信用风险，通常通过中介机构来完成互换交易。在本例中，我们假设银行从中收取 0.4% 的利差。从而 A、B 公司通过银行中介进行的互换过程如图 7-2 所示：

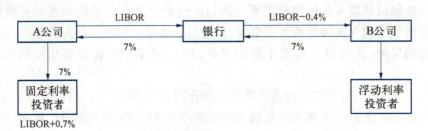

图 7-2　利率互换合约机制示意图

双方的互换方案是，A 公司在固定利率市场上以 7% 的利率融资，B 公司在浮动利率市场上以 LIBOR+0.7% 的利率融资，双方通过银行进行利率互换，A 公司以浮动利率与 B 公司的固定利率进行互换，从而 A 公司获得浮动利率贷款，B 公司获得固定利率贷款。

通过互换，A 公司的总融资成本为：7%+LIBOR−7%=LIBOR，与直接进行浮动利率融资的成本 LIBOR+0.4% 相比，节约 0.4%。B 公司的总融资成本为 7%+LIBOR+0.7%−(LIBOR−0.4%)=8.1%，与直接进行固定利率融资 8.5% 相比，节约 0.4%。银行则通过这项互换业务赚取利差为 LIBOR+7%−(LIBOR−0.4%+7%)=0.4%。从而互换双方通过发挥各自的比较优势并进行利率互换均达到了降低融资成本的目的。双方总的筹资成本降低了 0.8%，这就是互换利益。互换利益是双方合作的结果，由双方共同分享，但具体分享比例由双方谈判决定，未必平均分派。

2. 货币互换

货币互换(currency swaps)，是指互换合约双方同意在约定期限内按相同或不同的利息计算方式分期向对方支付由不同币种的等值本金额确定的利息，并在期初和期末交换本金。与利率互换的不同之处在于，货币互换中双方要以不同货币支付利息及本金，所以在每一个阶段双方都要以不同货币支付现金利息给对方，而不是只有一方支付现金给另一方。根据利息支付方式不同，货币互换可分为下面三种形式：(1) 固定对固定，即将一种货币的本金和固定利息与另一种货币的等价本金和固定利息进行交换；(2) 固定对浮动，即将一种货币的本金和固定利息与另一种货币的等价本金和浮动利息进行交换；(3) 浮动对浮动，即将一种货币的本金和浮动利息与另一种货币的等价本金和浮动利息进行交换。

货币互换产生的主要原因是双方在各自国家中的金融市场上具有比较优势。假定英镑和美元汇率为 1 欧元=1.5 美元。A 公司想借入 5 年期的 1 500 万美元借款，以浮动利率支付利息，B 公司想借入 5 年期的 1 000 万欧元借款，以固定利率支付利息。但由于两公司在不同市场的信用等级不同,及两国金融市场对 A、B 两公司的熟悉情况不同,因此市场向它们提供的利率也不相同,如表 7-4 所示。两家公司通过银行中介进行货币互换,并且支付给银行中介一定的利差。

表 7-4 市场提供给 A、B 两公司的借款利率

公司	欧元	美元
A 公司	5.6%	LIBOR+0.2%
B 公司	6.7%	LIBOR

从双方的融资成本看,双方各有优势。A 公司在欧元市场上具有融资优势,B 公司在美元市场上具有融资优势,双方通过银行进行货币互换,即 A 公司以固定利率的欧元融资与 B 公司的浮动利率美元进行互换,这样双方都能通过互换获得利益。双方进行货币互换的过程如图 7-3 所示:

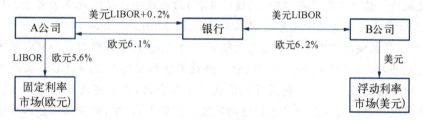

图 7-3 货币互换合约机制示意图

双方的融资方案为:在期初,A 公司在欧元固定利率市场上以 5.6% 的利率借入 5 年期 1 000 万欧元借款,B 公司在美元浮动利率市场上以美元 LIBOR 利率借入 5 年期 1 500 万美元借款,双方互换本金,期间双方互换不同币种利息,并在期末再次交换本金。通过互换,两家公司的融资成本结果见表 7-5,其中 A 公司能节约成本 0.5%,B 公司能节约成本 0.5%,而银行中介从中赚取的利差为:欧元 0.1% 和美元 0.2%。从而两家公司通过货币互换降低了融资成本,获得互换利益。

表 7-5 货币互换前后 A、B 两家公司融资成本

公司	互换前成本	互换后成本	节约的融资成本
A 公司	美元 LIBOR+0.2%	美元 LIBOR+0.2% 欧元 5.6%−6.1%=−0.5%	欧元 0.5%
B 公司	欧元 6.7%	美元 LIBOR−LIBOR=0 欧元 6.2%	欧元 0.5%

通过对上述互换案例的分析,我们可总结出确定互换方案的基本过程如下:(1)建立成本和融资渠道矩阵;(2)确定各方比较优势;(3)划分互换利益;(4)为互换定价,即确定互换合约中各方应支付的利率。

专栏 7-1

信用违约互换与"中国版 CDS"

CDS 是信用违约互换（credit default swap）的简称，是当前全球金融市场中最普遍的信用衍生产品。在信用违约互换交易中，违约互换购买者将定期向违约互换出售者支付一定费用，而一旦出现信用类事件，违约互换购买者将有权力将债券以面值递送给违约互换出售者，从而有效规避信用风险。CDO 是担保债务凭证（collateralized debt obligation）的简称，资产证券化家族中重要的组成部分。它的标的资产通常是信贷资产或债券。这也就衍生出了它按资产分类的重要的两个分支：CLO（collateralized loan obligation）和 CBO（collateralized bond obligation）。前者指的是信贷资产的证券化，后者指的是市场流通债券的再证券化，但是它们都统称为 CDO。

长期以来，违约风险一直是持有债权机构所面临的主要潜在危险。若违约事件发生，这意味着债务方可能出于种种原因不能按期支付债务的利息，必然导致金融机构所持的金融资产价格贬值。因此，如何通过"剥离"或"转让"方式规避这一风险，就成为全球金融界的一大挑战。信用违约掉期（即信用违约互换）的出现满足了这种市场需求。信用违约掉期是 1995 年由美国著名投资银行摩根大通（J.P. Morgan Chase）创新的一种金融衍生产品，信用违约互换的出现解决了信用风险的流动性问题，使得信用风险可以像市场风险一样进行交易，从而实现风险分担和风险转移效果。信用违约互换（CDS）实质上是一种金融资产的违约保险。作为一种高度标准化的金融合约，信用违约掉期使持有金融资产的机构能够找到愿意为这些资产承担违约风险的担保人，其中，购买信用违约保险的一方被称为买家，承担风险的一方被称为卖家。双方约定如果金融资产没有出现违约情况，则买家向卖家定期支付"保险费"，而一旦发生违约，则卖家承担买方的资产损失。承担损失的方法一般有两种，一是"实物交割"，一旦违约事件发生，卖保险的一方承诺按票面价值全额购买买家的违约金融资产；二是"现金交割"，违约发生时，卖保险的一方以现金补齐买家的资产损失。信用违约事件是双方均事先认可的事件，其中包括：金融资产的债务方破产清偿、债务方无法按期支付利息、债务方违规招致的债权方要求召回债务本金和要求提前还款、债务重组。一般而言，买保险的主要是大量持有金融资产的银行或其他金融机构，而卖信用违约保险的是保险公司、对冲基金，也包括商业银行和投资银行。合约持有双方都可以自由转让这种保险合约。信用违约互换结构（CDS）如图 7-4 所示。

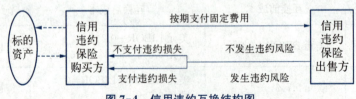

图 7-4 信用违约互换结构图

1998 年国际互换和衍生品协会（ISDA）创设了标准化的信用违约互换合约，此后，CDS 交易得到了迅猛发展，2007 年底已经达到 50 万亿美元规模，成为海外债券市场中最普遍的信用衍生产品。2008 年美国次贷危机爆发后，CDS 名义本金额总规模虽有波动,但"野蛮生长"的局面已经得到控制,甚至在2015—2016年出现一定程度下降(见图 7-5)。

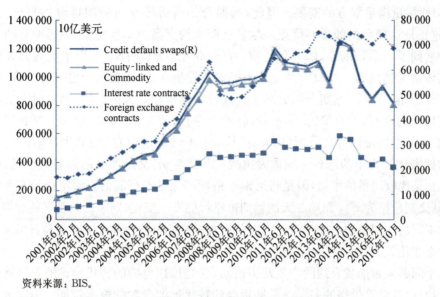

资料来源:BIS。

图 7-5　全球金融衍生产品合约的名义本金额

我国的信用风险互换产品,即"中国版的CDS"是以信用风险缓释工具创新的方式出现于中国金融市场。2010年交易商协会发布《银行间市场信用风险缓释工具试点业务指引》,从此拉开了我国信用衍生工具创新的序幕;2016年9月,交易商协会发布修订后的《银行间市场信用风险缓释工具试点业务规则》,以及信用风险缓释合约、信用风险缓释凭证、信用违约互换(CDS)、信用联结票据等四份产品指引,CDS产品创新正式启动。同年10月,10家机构在银行间债券市场开展了15笔CDS交易,名义本金总计3亿元,交易参考实体涉及石油天然气、电力、水务、煤炭、电信等行业,"中国版CDS"首次登陆中国金融市场。据CDS协议,若信用事件发生,CDS信用保护买方可以从信用保护卖方获得CDS交易本金的75%。随着2016年债券违约事件增多,投资者对于CDS的需求也将上升。多类信用风险缓释工具的引入丰富了资本市场的做空和对冲机制,有利于降低信用风险对市场的冲击,完善风险分担机制,促进债券市场健康发展。

第二节　期货产品定价与投资应用

一、期货合约发展及其功能

(一) 从远期合约发展到期货合约

远期合约是非标准化的合约,即它不在交易所交易,而是在金融机构之间或金融机构与客户之间通过谈判后签署的。已有的远期合约也可以在场外市场交易。在签署远期合约之前，双方可以就交割地点、交割时间、交割价格、合约规模和标的物的品质等细节进行谈判，以便尽量满足双方的需要。因此，远期合约与将要介绍的期货合约相比，灵活性较大，这正是远期合约的主要优点。尽管远期合约交易简单且实用，但远期合约在交易过程中遇到了一系列困难，如商品性质、等级、价格、交货时间、交货地点等都是根据双方的具体情况达成的。当双方情况或市场价格发生变化，需要转让已签订的合同时，则变得非常困难。另外，远期合约最终能否履行主要依赖对方的信用，而对对方信用状况作全面细致的调查，费时费力，成本较高，难以进行，使交易的风险增大。这类问题促使1848年美国芝加哥期货交易所（Chicago board of trade, CBOT）的诞生。但是交易所在将合约标准化过程中却遇到一项重大挑战：将交割期、交割商品的数量和质量、交割地点标准化是比较简单的事情，但是将远期价格标准化是不可能的。假定合约在今天已经订立，其交割价格为 F_0，而第二天的远期价格可能发生变化，则第二天创立的远期合约可能具有不同的交割价格 F_1。事实上，定价合理的交割价格可能在一个交易日呈现连续不断的动态变化。

这个问题随着期货合约的产生迎刃而解，它是远期合约的替代物。随着价格变化而修改合约，以此消除价格的多样性是期货合约替代远期合约的根本特征。再次考虑以交割价格 F_0 签订的远期合约，并且在第二天新合约的交割价格为 F_1。此时，交易所的清算机构将所有较早合约的交割价格都通过调整校正到 F_1。按照这种思路，芝加哥期货交易所于1865年推出了标准化合约，同时实行了保证金制度，向签约双方收取不超过合约价值10%的保证金，作为履约保证。这是具有历史意义的制度创新，促成了真正意义上的期货交易的诞生。

期货合约（futures contract）是指买卖双方之间签订的在将来一个确定时间按确定的价格购买或出售某项资产的协议。国际期货市场的发展，大致经历了由商品期货到金融期货、交易品种不断增加、交易规模不断扩大的过程。商品期货是最早产生的期货合约，其标的物为实物商品。按照实物商品的种类不同，商品期货可分为农产品期货、金属期货和与能源期货三个层次。商品期货推出后，随着第二次世界大战后布雷顿森林体系的解体，20世纪70年代初国际经济形势发生急剧变化，固定汇率制被浮动汇率制所取代，利率管制等金融管制政策逐渐取消，汇率、利率频繁剧烈波动，促使人们重新审视期货市场。在这种背景下，金融期货应运而生。率先出现的是外汇期货。利率期货和股票指数期货也应运而生。进入90年代后在欧洲和亚洲市场，金融期货交易占据了市场的大部分份额；在国际期货市场上，金融期货也成为交易的主要品种。目前，我国期货交易品种多数为商品期货（如铜、锌、螺纹钢、燃料油、豆类、棉花、玉米等），2010年4月中国金融期货交易所推出沪深300股指期货，金融期货品种严重偏少。

在创造一项新的期货合约时，交易所详细规定了合约的确切条款，这主要包括期货品种、交易单位、最小变动单位、价格波动限制和最后交易日等一系列内容。表7-6是沪深300期货标准合约条款。

表 7-6　沪深 300 期货标准合约条款

交易品种	沪深 300 期货	最后交易日	合约到期月份的第三个周五,遇法定节假日顺延(非完整周)
交易单位	1.00 张	交割日期	合约到期月份的第三个周五,遇法定节假日顺延(非完整周)
报价单位	0.2 指数点	交割地点	—
最小变动价位	0.2 指数点	最初交易保证金	
涨跌停板幅度	上一交易日结算价的 10%	交割方式	现金交割
合约交割月份	—	交易代码	IF
交易时间	上午 9:15—11:30,下午 13:00—15:15	上市交易所	中国金融期货交易所

(二) 期货合约的功能

一般而言,期货合约的基本功能有如下三种。

1. 风险管理功能

现货价格风险是商品生产经营者在生产过程中不可避免地会遇到的风险。即无论价格向哪个方向变动,总会使一部分商品生产经营者遭受损失。期货市场的基本功能之一就是具有管理风险(risk management)的功能,具体表现为利用商品期货管理价格风险,利用外汇期货管理汇率风险,利用利率期货管理利率风险和利用股指期货管理股票市场系统性风险。在某些特定的假设前提下,期货交易可以使风险在具有不同风险偏好的投资者之间进行转移和再分配,并将这些风险分配给那些最具有承受能力而又最愿意承担风险的投资者,从而稳定现货市场价格波动。

在期货市场上,投资者通常采用套期保值方式进行规避或对冲风险,利用衍生工具控制系统风险与非系统风险。

2. 价格发现功能

在市场经济条件下,价格是根据市场供求状况形成的。期货市场上来自四面八方的交易者带来了大量的供求信息,标准化合约的转让又增加了市场流动性,期货市场中形成的价格能真实地反映供求状况,同时又为现货市场提供了参考价格,起到了"价格发现(price discovering)"的功能。

研究表明,期货市场的交易者具有更好的信息,因此能将经济运行状况的信息传递给现货市场的交易者。在期货交易中,投机者为了能在交易中获利,必须努力寻找和评估有关期货的价格信息。由于期货市场上存在着这样一批专门进行信息收集和分析的投机者,使得期货市场的信息利用效率大大提高。他们在交易的过程中频繁地根据新获得的信息进行买卖交易,这些交易行为本身将各种基础金融产品所内含信息的变化、市场参与者对新信息的判断以及他们对基础金融产品未来价格变化趋势的预测,通过各自的交易行为传递给市场,由于市场的高度可竞争性以及交易者为了获利而进行的信息搜寻活动,使期货产品的价格能够及时、准确地反映基础金融产品所包含的信息的变化,交易者也将迅速调整自己的资产组合,使得期货的价格能够更好地反映未来市场利率的变化。这些调整资产组合的行动(基础金融产品市场)以及现货和期货市场的套利活动将对现货市场产生影响,使得现货市场的价格能够更好地反映其内在价值。

3. 投机功能

期货市场的一个主要经济功能是为生产、加工和经营者等提供价格风险转移工具。要实现这一目的,就必须有人愿意承担风险并提供风险资金。扮演这一角色的就是投机者。投机者是期货市场的重要组成部分,是期货市场必不可少的润滑剂。投机(speculation)交易增强了市场的流动性,承担了套期保值交易转移的风险,是期货市场正常运营的保证。如果没有这些风险承担者,只要套期保值者参与期货交易,那么只有在买入套期保值者和卖出期货保值者的交易数量完全相符时,交易才能成立,风险才能得以转移。但从实际来看,买入套期保值者和卖出期货保值者之间的不平衡是经常发生的。投机者的加入恰好能抵消这种不平衡,促使套期保值交易活动的实现。因此,可以这样说,正是因为有投机者参与,套期保值行为才能顺利进行,而使期货市场具有经济功能。

专栏 7-2

我国沪深 300 股指期货上市后的功能分析

我国自 2010 年 4 月推出沪深 300 股指期货后,股指期货市场投机特征明显,尤其推出初期不但没有抑制现货市场过度波动,反而在一定程度上加剧了市场波动。首先,从 HS300 期货成交量看,股指期货推出后交易异常活跃,截至 2010 年 10 月底股指期货平均每日的交易金额达到 2 398 亿元,超过了沪深两市的总成交金额,市场投机特征异常明显,并且大部分交易额由市场投机者产生。而对海外市场,如港交所参与衍生品的交易者套期保值者占 41%,套利者占 17%,投机者占 42%。其次,从期货对现货市场的影响看,在股指期货推出初期对现货市场冲击明显。图 7-6(a)中对比了股指期货成交金额与沪深 300 指数收益率的 5 天波动,在股指期货成交额放大的两个阶段:4、5 月底和 10 月份,对应的沪深 300 现货波动有所上升;股指期货成交额保持和下降的 6—9 月,沪深 300 现货波动较小。这说明当前机构投资者缺位,投机交易频繁的情况下,股指期货客观上加剧了现货市场的风险。第三,股指期货的持仓量可以在一定程度上反应套期保值者和套利者的数量,从统计数据看,沪深 300 股指期货日均持仓量为 2.6 万手,日均成交量为 27.6 万手,相差近 12 倍。投机交易与套保交易比率过大,说明日内投机性交易频繁,做长期持有套期保值的投资人占比很少,过度强大的投机力量就可能增加证券市场的波动[①]。

股指期货作为中国资本市场上一种重要风险对冲机制,2015 年中国 A 股市场发生了严重股灾,在本次股灾中股指期货扮演着何种角色? 是否在 A 股"股灾"中沦落成为"恶意做空"工具引发监管部门以及学界质疑。本章最后一部分的案例分析《2015 年 A 股"股灾"过程中股指期货角色分析》将对这一问题重点解析。

---

① 张宗新、张潇:《证券市场对冲机制的运行与监管》,《新金融》2011 年 1 月。

(a) 现货指数波动率与期货成交量

(b) 期货成交量与持仓量

图 7-6 沪深 300 股指期货推出后的市场特征

二、期货合约产品的定价原理

(一) 期货—现货平价原理

由于期货市场具有价格发现功能,期货价格能够较为准确地反映出现货市场上真实的供求状况及其变动趋势。因此期货和现货的价格之间必然存在着一定的联系。这种联系可以用持有成本(cost of carry)理论来解释。按照这一理论,在市场供求较正常的情况下,期货合约价格须高于现货的价格,以补偿持有现货的成本(如商品仓储费、保险费和资金成本等)。

下面,根据持有成本模型来推导期货—现货平价原理(future-spot parity theorem)。期货市场上,持有成本指储存成本和资产收益的差。用公式表示为

$$持有成本 = 储存成本 - 资产收益$$

一方面,当交易者购买现货,并持有至期货合约到期日进行交易,就有确定的成本。为了避免套利的出现,期货价格应不大于标的资产的现货价格与至交割时产生的持有成本的和,即

$$F_T \leqslant S_0(1+C) \tag{7.2}$$

这里,F_T 为 T 时刻交割的期货合约的现时价格,S_0 为相关资产的即期价格,C 为相对于 S_0 的从现时持有至期货交割的持有成本。

另一方面,当现货价格相对期货价格而言较高时,交易者则会通过卖空现货,并买进金融期货以获得套利利润。为了防止套利(其实两种市场存在一个动态的均衡过程),金融期货价格不应小于相关资产现货价格与持有成本之和,即

$$F_T \geqslant S_0(1+C) \tag{7.3}$$

由(7.2)、(7.3)两式可以推导出:

$$F_T = S_0(1+C) \tag{7.4}$$

因此,从理论上讲期货价格都应该高于现货价格(正向市场)。然而在实践中,我们常会看到在某一段时期内期货价格低于现货价格(反向市场)。这其实反映了期货价格和现货价格的两种不同收敛方式。随着时间的推进,现货价格与期货价格如同在正向市场上一样,会逐步趋同,到交割月份趋向一致(价格收敛性)。

从期货与现货之间的平价关系我们可以看出,现货价格与期货价格在一般情况下是不一致的。两者之间的差称为基差(basis),用公式表示为

基差 = 现货价格 − 期货价格

从基差的定义可以看出,当期货价格高于现货价格时,基差为负,期货价格升水现货价格贴水;当期货价格低于现货价格时,基差为正,期货价格贴水现货价格升水。不同的期货价格收敛方式,对期货投资风险有较大的影响,即称为期货的基差风险(basis risk)。

图 7-7 是以 2012 年 4 月到期的 IF1204 品种为例,说明沪深 300 股指期货的升水与贴水状况。从该图可见,随着到期日的临近,股指期货的大幅升水逐渐收窄,并间断性出

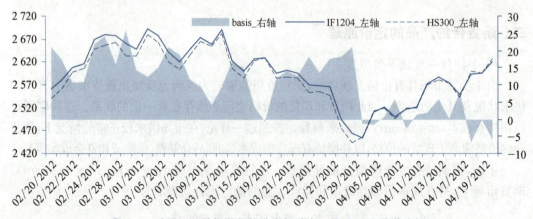

图 7-7　沪深 300 股指期货的升水与贴水:以 IF1204 品种为例

现部分贴水。可见,在期货和现货价格运动过程中,基差总是在不断变动。基差变动成为判断是否完全实现套期保值的依据。由于期货合约到期时,现货价格与期货价格会趋于一致。套期保值者利用基差的有利变动,不仅可以取得较好的保值效果,而且还可以通过套期保值交易获得额外的盈余。

(二)期货市场的到期效应

Samuelson(1965)在其论文中首次提出了到期时间的假设,即期货价格的波动性应随着到期日的临近而上升。这一假设被称为 Samuelson 猜想或期货市场到期效应(convergent effect)。

对于期货市场到期日效应存在的原因,Stoll 和 Whaley(1987,1999)、Bollen 和 Whaley(1997)等的研究认为,"到期日效应"存在的内在根源是现金交割制度。具体来看,归因于市场中三种行为的存在,指数套利(index arbitrage)、套期保值(hedging)和资产组合保险(portfolio insurance),这三种行为在交易时间上的不均衡分布,很可能造成股票市场波动性的增加,并在到期日临近时更为明显。可见,到期日效应的影响因素包括:期货合约到期日及最后结算价格的确定方法、投资者结构与行为(套利、套保、资产组合保险)、现货市场交易机制(如买空机制)、现货市场深度、是否存在多种衍生品(股指期货、股指期权、个股期权等)同时结算等。

随着到期日的临近而波动率上升,这一结果对于套期保值者、投机商、交易所等期货市场参与者都有重要的意义。对于套期保值者而言,为了避免频繁地调整头寸,应该尽量选择远期合约进行保值;对于投机者而言,交易交割月前一个月的合约有可能获得更多的获利机会;对于交易所,在设计保证金制度、涨跌停板制度以及期权合约设计定价的时候应该充分考虑到期效应的存在。

三、股指期货合约产品及其定价

股票指数期货(stock index futures)(以下简称股指期货)是一种以股票价格指数作为标的物的金融期货合约。股票指数期货推出的目的在于向市场中的投资者提供一种有效的风险规避工具,防止由于整个股票市场的剧烈涨跌给组合投资者造成较大的损失,同时也给市场中敢于承担风险的投资者提供一种可获得风险收益的金融工具。

股票指数期货的定价同样应使得市场不存在套利的机会,从而使套利者通过套利形成的财富的现金价值,与他没有进行套利活动时形成的财富的现金价值完全相等,即套利不能影响他的期初和期末的现金流量状况。

2008 年 11 月 19 日,道琼斯工业指数(DJIA)收盘为 7997.28 点。求 1 个月到期的 DJIA 期货理论价格。

表 7-7 DJIA 期货公平价值分析

	标的现价	期货价格	理论价格	公平价值	价差(基点)	上限	下限
INDU	7 997.28	8 031.00	7 986.1	−11.17	33.72	−3.39	−18.95
无风险利率:	2.17%	到期时间:12/22/08		股息:26.14		股息收益:3.80%	
远期利率:	8.66%	到期天数:31		总股息百分比:			100%

数据来源:Bloomberg。

从 Bloomberg 数据表可知：(1) 无风险利率为 $r_f = 2.17$；(2) 距离交割日 31 天；(3) 1 个月期的 DJIA 成分股股利为 26.14。

为推导股指期货的无套利定价过程，考虑以下无风险投资策略：

(1) 在 t 时刻以年利率 r 借入 $P(t) \times M$ 的现金，其中 $P(t)$ 表示当前的股票指数点数，M 为合约乘子，r_f 为无风险利率；

(2) 用借入资金 $P(t) \times M$ 复制与指数一样的证券组合；

(3) 卖出一份期货合约，T 日到期，假定其价格为 $F(t, T)$。

构建对冲组合的现金流如表 7-8。

表 7-8 DJIA 期货对冲组合的现金流表

	期初现金流	期末现金流
(1) 借入现金	7997.28×5	$-7997.28 \times 5 \times (1 + 0.0217 \times 31/360) = -40061$
(2) 买入价值 7997.28×5 成分股组合	-7997.28×5	股票现值 $P(t) \times 5$ + 红利 26.14×5
(3) 卖出一份期货合约		$-[P(t) - F(t, T)] \times 5$
合计	0	$-40061 + P(t) \times 5 + 26.14 \times 5 - [P(t) - F(t, T)] \times 5 = 0$

注：5 为合约乘子，即指数每 1 点为 5 美元。按合约乘数大小不同，CBOT 开办的道指期货产品体系包括小型道指期货($5)、中型道指期货($10)和大型道指期货($25)三个品种。

根据表 7-8 对冲组合的现金流情况，由无套利原则可以得到期末现金流应该等于期初现金流，即

$$-40061 + P(t) \times 5 + 26.14 \times 5 - [P(t) - F(t, T)] \times 5 = 0$$

经整理可得

$$F(t, T) = 7997.28 \times (1 + 0.0217 \times 31/360) - 26.14 = 7986.1$$

上式表明，当前股票指数期货价格应该等于当前现货指数到交割日的价值(按无风险借贷利率)再减去期间股票发放的红利。

在期货合约定价中，为描述方便，假设资金的利率以复利计算，记在 t 时刻的 1 元钱到了 T 时刻变为：$e^{r(T-t)}$。考虑到这期间的现金红利情况，在 t 到 T 时刻是一个现金流过程，未到期之前的红利则都是以复利计息，这样到期末总的现金红利记为 D。这样，按照前面的无套利定价的思路，考虑期初的零现金流到了期末现金流也应为零，可得到当前时刻的指数期货合约定价公式：

$$F(t, T) = P(t) e^{r(T-t)} - D \tag{7.5}$$

在实际运用公式(7.5)时，由于股利发放金额和时机都难以确定，我们就采取一种近似方法来计算 D：假定上市公司的股利是在期初发放的，股利收益率 d 等于上一年指数期货合约相应的标的物指数成分股发放的现金股利之和/上一年指数样本股日平均总市

值之和,这样可得到近似调整但计算方便的指数期货合约理论定价模型:

$$F(t,T) = P(t)e^{(r-d)(T-t)} \tag{7.6}$$

式中,d 为持有期内股指的成分股票的红利现金流近似成连续的收益率值。

四、利率期货产品及风险对冲

(一) 利率期货产品介绍

利率期货(interest rate future)是指以债券类证券为标的物的期货合约,它可以回避银行利率波动所引起的证券价格变动的风险。通常,按照合约标的的期限,利率期货可分为短期利率期货和长期利率期货两大类。短期利率期货大多以银行同业拆借中 3 个月期利率为标的物,债券期货大多以 5 年期以上长期债券为标的物。国债期货(treasury future)属于利率期货的主要品种,是以国债为交易标的的期货合约。

利率期货合约最早于 1975 年 10 月由芝加哥期货交易所(Chicago board of trade, CBOT)推出,在此之后利率期货交易得到迅速发展,并成为规模最大、交易最活跃的金融期货合约品种,其成交量甚至已占到整个期货交易总量的一半左右。美国的利率期货交易场所是芝加哥期货交易所与芝加哥商业交易所(Chicago mercantile exchange, CME)。其中,短期利率期货交易主要集中在 CME,包括 3 个月国库券期货合约及 3 个月欧洲美元期货等。中长期利率期货交易主要集中在 CBOT,美国主要的中长期利率期货合约有长期国债期货和 10 年、5 年、2 年期中期国债期货。除了 2 年期国债期货交易单位为面值 20 万美元或其倍数以外,其他三种期货合约的交易单位均为面值 10 万美元或其倍数。

在我国金融市场,1993 年 10 月 25 日,上海证券交易所曾推出国债期货合约,由于市场过度投机和 1995 年"327 事件",中国证监会于 1995 年 5 月 17 日正式关闭上交所国债期货合约。2013 年 9 月 16 日重启国债期货 5 年期合约并在中国金融期货交易所(简称"中金所")上市交易;2015 年 3 月 20 日,中金所又推出 10 年期国债期货合约。

表 7-9 中金所 5 年期国债期货合约表

交易品种	5 年期国债期货	最后交易日	合约到期月份的第二个周五,遇法定节假日顺延(非完整周)
交易单位	每手百万	交割日期说明	交券日:最后交易日后第一个交易日;缴款日:最后交易日后第二个交易日;收券日:最后交易日后第三个交易日
报价说明	百元净价	合约说明	合约价值=合约价格×(合约面值/100 元)
最小变动价位	0.005 元	当日结算价	
涨跌停板限幅	上一个交易日结算价的±1.2%	最后结算价	
合约交割月份	3,6,9,12(最近的三个季月)	保证金说明	最低交易保证金:合约价值的 1%

交割方式	实物交割	限仓说明	（一）进行投机交易的客户某一合约在不同阶段的单边持仓限额规定如下：1. 合约上市首日起，持仓限额为 1 000 手；2. 交割月份前一个月下旬的第一个交易日起，持仓限额为 600 手；3. 交割月份第一个交易日起，持仓限额为 300 手。（二）进行投机交易的非期货公司会员持仓限额由交易所另行规定。（三）某一合约结算后单边总持仓量超过 60 万手的，结算会员下一交易日该合约单边持仓量不得超过该合约单边总持仓量的 25%。进行套期保值交易和套利交易的持仓按照交易所有关规定执行。
普通交易时间	上午 9:15—11:30，下午 13:00—15:15	交易代码	TF
最后交易日交易时间	上午 9:15—11:30	上市交易所	中国金融期货交易所

（二）利率期货合约的定价

1. 短期利率期货定价

短期利率期货合约的定价基础是远期隐含收益率（implied forward rate，IFR）。当期货合约的利率水平与远期收益率不相等时，交易者就会在市场上进行大量的套利交易，这样就使得期货市场的利率水平和隐含远期收益率一致，从而形成利率期货合约的价格水平。

由于短期利率期货的价格是由预期价格决定的，那么期货价格 F_T 应等于预期的价格 $E(T)$，即

$$F_T = E(T) \tag{7.7}$$

但是，在利率期货合约的实际报价中，由于利率期货合约的报价是用到期收益率来表示，那么预期的价格就是该利率债券的预期收益率。按照预期假说理论的解释，预期远期收益率是短期利率期货合约收益率的反映。这样投资于长期债券的收益就等于投资于短期债券进行滚动投资而取得的收益。由此，远期收益率可表达为

$$(1+R_n)^n = \prod_{i=2}^{n}(1+R_{ei}) \times (1+R_1) \tag{7.8}$$

其中，R_1 表示当前市场上公布的 1 年期债券的利率；R_n 表示当前市场上公布的第 n 年期债券的利率；R_{ei} 表示第 i 年预测的 1 年投资利率。

在 $n+1$ 的情况下，上式变为

$$(1+R_{n+1})^{n+1} = (1+R_{en+1}) \prod_{i=2}^{n}(1+R_{ei}) \times (1+R_1)$$

整理得，

$$1+R_{en+1} = \frac{(1+R_{n+1})^{n+1}}{(1+R_n)^n} \tag{7.9}$$

上式中 R_{en+1} 为 n 至 $(n+1)$ 年短期投资的预期收益率,即隐含的远期收益率。在此,n 为年数,短期国库券的期限都在 1 年以下,有必要将 n 相应缩短为月数。

2. 中长期利率期货定价

关于中长期利率期货定价,我们有必要先补充两个极为重要的概念:最便宜可交割债券和转换因子。最便宜可交割债券(cheapest-to-deliver bonds,CTD),是指在长期国债交易中,现货市场存在多种可供期货合约的空方选择的可交割债券。例如,芝加哥交易所规定,在长期国债期货的交割中,空方可选择期限长于 15 年且在 15 年内不可赎回的任何息票利率的债券以用于交割。这样,一般卖方都会选择一种最经济的债券进行交割,这种债券被称为最便宜可交割债券。

至于转换因子(conversion factors,CF),则是指将中长期国债期货合约的价格折算成不同息票利率的、可用于交割的现货债券价格的一种比率。其实质是将面值 1 美元的可交割债券在其剩余期限内的现金流,用 6%(2000 年 3 月之前为 8%)的标准年息票利率(每半年计复利一次)所折现的现值。

下表是在我国中金所上市交易的 5 年期国债合约(TF1707)的最便宜可交割债券 CTD 和转换因子。5 年期国债合约(TF1707)是 2016 年 9 月 12 日上市,最后交易日为 2017 年 6 月 9 日。假定期货建仓日期设定为 2017 年 5 月 26 日,相关最便宜可交割债券 CTD 为"12 附息国债 15",转换因子 1.018 5。

表 7-10 我国 5 年期国债合约(TF1707)的最便宜可交割债券 CTD 和转换因子

期货合约	TF1706.CFE	交割券代码	120015.IB
期货建仓日	2017-05-26	现券简称	12附息国债15
期货结算日	2017-06-09	现券建仓日	2017-05-26
年天数规则	实际天数	IRR计算至	交割日
价格设置	⊙ 期货+现券->衍生	○ 期货+衍生->现券	○ 现券+衍生->期货
默认期货价	成交/结算价	默认现券收益率	成交/收盘价
期货建仓价	96.9850	现券净价	98.7180
发票价格	99.8093	现券全价	99.5796
交割收益率	3.6493	现券收益率	3.6600
期现价差	0.2298	转换因子	1.0185
IRR	4.4325	交割利息	1.0301
基差	-0.0612	区间付息	—

资料来源:Wind。

转换因子计算方法很多,在此我们只介绍最直观的一种。设 CF 为转换因子,i 表示年息票利率,S 为该债券在剩余期限内的付息次数(每半年一次),则当 S 为偶数时,存在:

$$CF = \sum_{t=1}^{S} \frac{i/2}{(1+0.03)^t} + \frac{1}{(1+0.03)^S} \tag{7.10}$$

当 S 为奇数时,存在:

$$CF = \frac{1}{(1+0.03)^{1/2}} \left[\sum_{t=1}^{s} \frac{i/2}{(1+0.03)^t} + \frac{1}{(1+0.03)^s} + \frac{i}{2} \right] - \frac{1}{2} \times \frac{i}{2} \quad (7.11)$$

一般而言,实际息票利率高于标准息票利率的可交割债券,其转换因子将大于1,且剩余期限越短,越接近于1;而实际息票利率低于标准息票利率的可交割债券,其转换因子将小于1,且剩余期限越长,越接近于1。

中长期利率期货的定价是以持有成本为基础,在此重点介绍利率期货的持有成本模型。由于中长期政府债券是可以储存的期货商品,交易者可以选择不同的交割月份进行实物交割。因此,中长期国债期货的理论价格应该等于调整后的现货价格加上持有成本,用公式表达如下:

$$F_T = S_0 + C \quad (7.12)$$

式中,F_T为理论上的期货价格,S_0为用于交割的现货价格,它是将任何可交割债券的价格除以其转换因子得到的数值,C为持有成本。

持有成本C用公式表达为

$$C = \frac{1}{CF} \left[(P+A) \left(r \times \frac{T}{365} \right) - 100 \times Y \times \frac{T}{360} \right] \quad (7.13)$$

其中,P为最便宜可交割债券的价格,A表示从最近一次付息日到购买现货债券日之间的应计利息,r表示无风险利率,T表示从购买现货债券到期货合约结算日的天数,Y表示所购买现货债券的息票年利息。

(三) 利用利率期货进行风险敞口对冲

利率风险是国债期货的主要风险。利用利率期货合约工具可以有效实现投资风险管理,对利率风险敞口进行对冲,这也是利率期货的基本功能。利率波动是债券价格及其固定收益类投资组合的最重要风险,利率期货的风险敞开对冲机制,可以用图7-8进行说明。利用利率期货进行风险敞口对冲,分为部分对冲(partially hedged)和全对冲(fully hedged)交易策略,对债券投资组合(fixed income portfolio)进行投资保护。采取部分风险敞开对冲交易策略,当债券价格下降或债券到期收益率上升,买入利率期货合约可以减少利率上升的风险敞开,从而减少债券投资组合亏损风险;当债券价格上升或债券到期收益率下降,买入利率期货合约也降低了债券投资组合投资收益。采取全对冲交易策略,买入利率期货合约可以将债券资产组合的风险敞口完全抵补,从而债券投资组合现金流固定在特定水平,即持有债券票面利率水平。当然,从整个投资组合的角度来看,并不是所有利率风险敞口都应该对冲。在不存在无风险套利机会情况下,任何完全对冲的投资组合不存在获得高于无风险收益的机会。要优化对冲的效果,首先要找到期货和现货的联合收益分布,然后构建出投资组合的风险—收益边际,最后找到最优的对冲比例从而最大化投资者的预期效用。

例如,在我国金融监管加强、金融去杠杆稳步推进的大背景下,10年期国债收益率在2016年10月出现了反转。2016年上半年之前,市场利率水平处于历史平均水平之下,并一度偏离一个标准差以上,但伴随着政策监管加强和市场流动性收紧,2017年的利率水

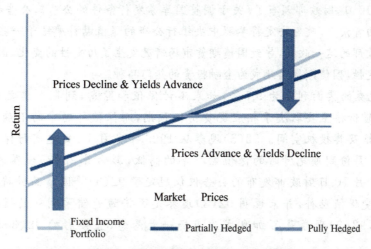

图 7-8 利率期货的风险敞开对冲机理

平却在逐步回归历史均值,在 5 月中上旬一度靠近 3.7%,相比 2016 年同期,当前利率水平的安全边际更低。在流动性收紧的过程中,金融去杠杆对利率风险的影响增加,需要利用债券衍生品进行风险对冲。从 10 年期国债到期收益率与 10 年期国债现货价格走势可见,国债价格对市场利率具有高度敏感性,利用国债期货可有效进行利率风险敞口对冲。

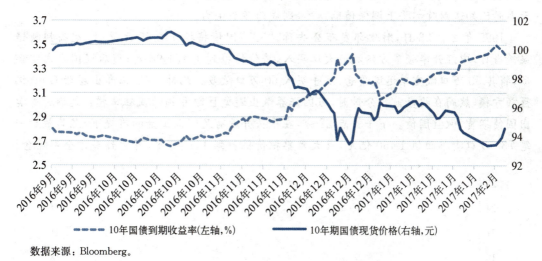

数据来源:Bloomberg。

图 7-9 国债到期收益率与国债现货价格走势

专栏 7-3

1995 年国债期货"327 事件"

"327"即 F92306,是"92(3)国债 06 月交收"国债期货合约的代号,对应 1992 年发行 1995 年 6 月到期兑付的 3 年期国库券。1992 年 12 月 28 日,上海证券交易所首次设计并试行推出了 12 个品种的期货合约。国债期货试行的两周内,交易清淡,仅成交 19 口。

1993年7月10日,财政部颁布了《关于调整国库券发行条件的公告》,公告称,在通货膨胀居高不下的背景下,政府决定将参照中央银行公布的保值贴补率给予一些国债品种保值补贴。财政部的这一政策,导致国债期货市场情况发生了历史性的变化,国债收益率出现巨大不确定性,国债期货因此成为金融投资的热门品种。

92(3)现券的票面利率为9.5%,如果不计保值和贴息,到期本息之和为128.50元。由于期货价格主要取决于相应现货价格预期,而保值补贴率的不确定性直接决定着现货价格及其投机空间。92(3)现券从1993年7月11日起实行保值,因而,其中1995年7月份到期兑付时的保值贴补率的高低,影响着92(3)现券的实际价值。而1993年7月10日财政部发布的公告仅仅规定了92(3)等国债品种将与居民储蓄存款一样享受保值贴补,并未说明92(3)现券是否将随着储蓄利率的提高进行同步调整。因此,92(3)现券是否加息成为市场一大悬念,直接影响92(3)现券的到期价值。

"327事件"多空对决在万国证券、辽宁国发集团(简称辽国发)和中国经济开发信托投资公司(简称中经开)之间展开。1995年,宏观调控提出三年内大幅降低通货膨胀率的措施,同时1995年初通胀率已下降了2.5%;而当时的国债保值贴息率已经达到7%—8%水平。时任万国证券总经理,有中国证券教父之称的管金生预测,"327"国债的保值贴息率不可能上调,并推算,"327"国债将以132元的价格兑付。当时327国债市价在147—148元波动,万国证券联合辽国发,成为市场空头主力。而隶属于财政部的中经开,由于当时已知道财政部将上调保值贴息率,则成为多头主力。

1995年2月23日,财政部发布公告称,"327"国债将按148.50元兑付,空头判断错误。当日,中经开率领多方借利好大肆买入,将价格推到了151.98元;随后辽国发由空翻多,将其50万口做空单迅速平仓,反手买入50万口做多。此时,万国证券出现账面60亿巨额亏损,然而在收盘前8分钟时,万国证券做出避免巨额亏损的疯狂举措:大举透支卖出国债期货,做空国债。下午4点22分,在手头并没有足够保证金的前提下,尤其最后一笔730万口卖单面值1 460亿元,巨大卖单把价位打到147.40元,并导致多方全部爆仓。

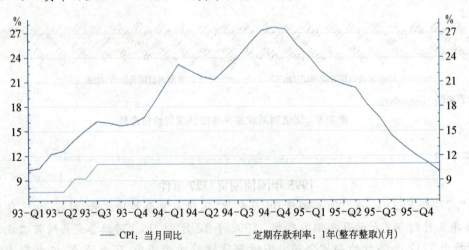

图7-10 1993—1995年我国CPI和银行储蓄存款利率

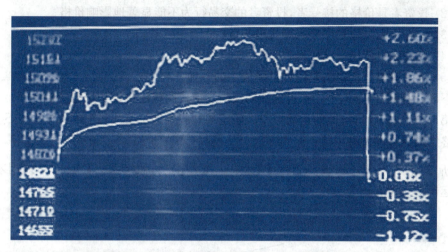

图 7-11 "327 事件"当日 F92306 的价格走势

最后 8 分钟的多空绞杀对决,万国证券以盈利而告终;而以中经开为代表的多头则出现了约 40 亿元的巨额亏损。

1995 年 2 月 23 日晚上,上交所在经过紧急会议后宣布:1995 年 2 月 23 日 16 时 22 分 13 秒之后的所有交易是异常的无效的,经过此调整当日国债成交额为 5 400 亿元,当日"327"品种的收盘价为违规前最后签订的一笔交易价格 151.30 元。这也就是说当日收盘前 8 分钟内空头的所有卖单无效。上交所这一决定,使万国证券的尾盘疯狂操作获得的成果瞬间化为泡影,万国亏损 56 亿人民币,面临破产境地。

327 国债期货事件,堪称中国资本市场发展史上最疯狂最富戏剧性的事件,该事件涉及金额之大、影响范围之广、影响时间之长都是史无前例的,被英国《金融时报》称为"中国证券史上最黑暗的一天"。叱咤上海滩的证券教父管金生被判入狱 17 年,上交所总经理尉文渊被迫辞职,证监会主席刘鸿儒退位,万国证券被对手申银证券兼并(组建"申银万国证券"),中国第一个金融衍生品夭折。

第三节 期权产品定价与投资应用

一、二项式期权定价模型

二项式期权定价模型(binomial option pricing model,BOPM),是对期权进行估价相对简单且行之有效的方法,它是通过统计中的二项分布(假定只有两种可能结果)而推算出来的。

BOPM 建立的基础假设主要有:

(1)市场为无摩擦的完美市场,即市场投资没有交易成本。这意味着不支付税负,没有买卖价差(bid-ask spread)、没有经纪商佣金(brokerage commission)、信息对称等;

(2) 投资者是价格的接受者,投资者的交易行为不能显著地影响价格;

(3) 允许以无风险利率借入和贷出资金;

(4) 允许完全使用卖空所得款项;

(5) 未来股票的价格将是两种可能值中的一种。

下面,我们可以分六个步骤对看涨期权的二项式期权定价模型进行分析。

第一步,未来股价可能的运动形态。假定某种股票的价格从目前的价格水平 S_0 变化的最终结果只存在两种可能:S_u 和 S_d。S_u 表示上涨的价格,S_d 表示下跌的价格。为便于分析,设定 $S_u = S_0 \cdot u$,$S_d = S_0 \cdot d$,其中 u 和 d 固定。假定 $d < 1+r < u$ [①],则未来股价的运动形态可表达为

$$S_0 \diagup \begin{matrix} S_u = S_0 \cdot u \\ S_d = S_0 \cdot d \end{matrix}$$

第二步,期权的价格分布。由第一步,我们可以计算看涨期权在到期日时的价值。看涨期权的价格分布为

$$c_0 \diagup \begin{matrix} \max(0, S_u - X) = c_u \\ \max(0, S_d - X) = c_d \end{matrix}$$

第三步,构建无风险对冲投资组合。通过抛出看涨期权来抵消股票投资的风险,即构建一个包含一个看涨期权和一只股票的组合。根据这一组合,无论未来股价上升或下降,均可以得到一组确切的未来现金流量,因此这一组合是一个无风险对冲投资组合(Hedge Portfolio)。首先卖出一个看涨期权,其结果是在当期 0 时刻收到相当于期权价格($+c_0$)的正值现金流,但要求在到期日支付期权值为($-c_u$ 或 $-c_d$)。然后购入一定数量的股票(h_c 将在第四步骤中确定)。

表 7-11 对冲组合的现金流

交 易 策 略	当期(0 时刻)	到期日(T 时刻)	
		$S_T = S_u$	$S_T = S_d$
卖出一个看涨期权	$+c_0$	$-c_u$	$-c_d$
买入 h_c 股票	$-h_c \cdot S_0$	$+h_c \cdot S_u$	$+h_c \cdot S_d$
净现金流	$c_0 - h_c \cdot S_0$	$h_c \cdot S_u - c_u$	$h_c \cdot S_d - c_d$

第四步,确定对冲比。h_c 为卖出看涨期权后所必须购买的股票数量,以此对冲未来的投资风险。由于该组合为无风险组合,故在到期日 T 时刻股价上升时的现金流必然等于

[①] 如果 $d > 1+r$,则股票收益率恒高于无风险收益率,这种情况下每个人都将以 r 借入资金然后投资于股票,以获取套利利润;若 $u < 1+r$,则股票收益率恒低于无风险收益率,这种情况下每个人都将卖空股票,以 r 借出资金,以获取套利利润。

股价下降时的现金流,于是存在:

$$h_c \cdot S_u - c_u = h_c \cdot S_d - c_d \tag{7.14}$$

由此可以解出 h_c:

$$h_c^* = \frac{c_u - c_d}{S_u - S_d} \tag{7.15}$$

第五步,根据无风险套利原则解出看涨期权的价格。由无套利定价原则可知,投资组合在期初的现金流,在期末只能获得无风险收益,否则套利者必然会进行套利活动使组合价格重新达到均衡。故根据表 7-11,期初 0 时刻的现金流为 $c_0 - h_c \cdot S_0$,期末 T 时刻的现金流为 $h_c \cdot S_u - c_u$ 或 $h_c \cdot S_d - c_d$,用无风险利率 r 对期末现金流进行贴现得

$$c_0 - h_c S_0 = \frac{h_c S_u - c_u}{1 + r} \tag{7.16}$$

再将该投资组合对冲比 h_c^* 代入上式,从而可将二项式期权定价模型的一般形式表达为

$$c_0 = h_c^* S_0 + \frac{c_d - h_c^* S_d}{1 + r} \tag{7.17}$$

第六步,将单期扩展为多期。如果将当期 0 时刻到 t 时刻分成无限个时间间隔,并允许股票价格在每一个价格时间中以很小的幅度上下波动,那么随之产生的期权定价模型就是著名的 Black-Scholes 期权定价模型。

专栏 7-4

二叉树模型估值

假定不支付红利股票的 3 个月期的美式看跌期权,股票价格 15 元,执行价格 15 元,无风险利率为 3%,波动率为 50%。即:$S=15, X=15, r=0.03, \sigma=0.5, T=0.25$。

为构造二叉树,假定到期期限分为 4 个阶段,每段长度 $\Delta t = 0.25/4 = 0.0625$。利用前面的公式计算相关变量:

$$u = e^{\sigma\sqrt{\Delta t}} = 1.133\ 15$$

$$a = e^{r\Delta t} = 1.001\ 88$$

$$d = \frac{1}{u} = 0.882\ 49$$

$$p = \frac{a - d}{u - d} = 0.476\ 28$$

据此,进一步推算二叉树中各节点的股价和齐全的价值,结果如图 7-12 所示。图中每一个节点有两个数,上方为股票价格,下方为对应的期权价格。

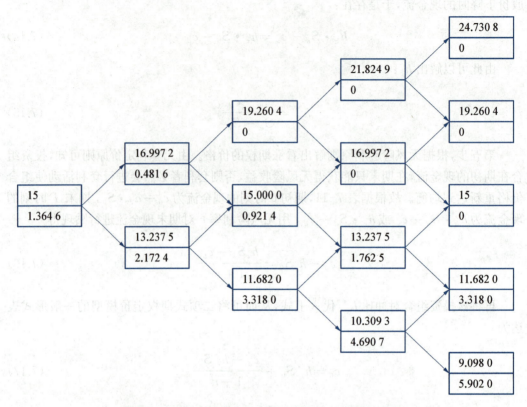

图 7-12 不支付红利的美式看跌期权的二叉树模型估值

二、Black-Scholes 模型及其求解

（一）Black-Scholes 期权定价模型

Black-Scholes 微分方程的推导思路和二叉树模型中的风险中性定价完全一致。因此，我们首先要刻画股票和期权的价格行为，通常，股票价格行为模型用几何布朗运动来描述：

$$\frac{\mathrm{d}S}{S}=\mu\,\mathrm{d}t+\sigma\,\mathrm{d}z \tag{7.18}$$

其中，第一项为随机漂移项，$\mathrm{d}z$ 服从维纳过程，满足 $\mathrm{d}z=\varepsilon\sqrt{\Delta t}$。而 ε 服从标准正态分布。对于一个很短的时间间隔 Δt，由于对数收益率 r 近似等于百分比收益率 $\frac{\mathrm{d}S}{S}$，我们可以得到：

$$S_t=S_0 e^{r\Delta t}\approx S_0 e^{\mu\Delta t+\sigma\varepsilon\sqrt{\Delta t}} \tag{7.19}$$

但对于一个较长的时间间隔而言,则上式不再成立。利用伊藤引理的基本结论[①],我们可以求出:

$$r = d\ln S = \left(\mu - \frac{\sigma^2}{2}\right)dt + \sigma dz$$

从而,对于时间间隔 $T-t$,股票的对数价格变动(或对数收益率)服从正态分布:

$$r_{t,T} = \ln S_T - \ln S_t \sim \left[\left(\mu - \frac{\sigma^2}{2}\right)(T-t), \sigma\sqrt{T-t}\right] \tag{7.20}$$

而股票的价格变动则服从对数正态分布:

$$E(S_T) = S_t e^{\mu(T-t)}, \quad Var(S_T) = S^2 e^{2\mu(T-t)}[e^{\sigma^2(T-t)} - 1]$$

假定期权价格为 f,对于看涨期权 $f=C$,对于看跌期权 $f=P$,而期权的价格行为则可以通过伊藤引理获得:

$$df = \left(\frac{\partial f}{\partial S}\mu S + \frac{\partial f}{\partial t} + \frac{1}{2}\sigma^2 S^2 \frac{\partial^2 f}{\partial S^2}\right)dt + \frac{\partial f}{\partial S}\sigma S dz \tag{7.21}$$

对于看涨期权,构建无风险资产组合 $V = \frac{\partial f}{\partial S}S - f$,即由 $\frac{\partial f}{\partial S}$ 份股票多头和一份看涨期权空头组成。这样,$dV = \left(-\frac{\partial f}{\partial t} - \frac{1}{2}\sigma^2 S^2 \frac{\partial^2 f}{\partial S^2}\right)dt$,从而与 dz 无关。而在套利均衡条件下,$dV = r_f V dt$。于是,可以得到 B-S 微分方程:

$$\frac{\partial f}{\partial t} + r_f S \frac{\partial f}{\partial S} + \frac{1}{2}\sigma^2 S^2 \frac{\partial^2 f}{\partial S^2} = r_f f \tag{7.22}$$

类似的,对于看跌期权,则无风险资产组合由 $\frac{\partial f}{\partial S}$ 份股票多头和一份看跌期权多头组成。

对于股票看涨期权,求解微分方程(7.22)可以得到其定价公式

$$c = SN(d_1) - Xe^{-r_f(T-t)}N(d_2) \tag{7.23}$$

其中:

$$d_1 = \frac{\ln(S/X) + (r_f + \sigma^2/2)(T-t)}{\sigma\sqrt{T-t}}$$

---

① 如果随机变量 x 满足 $dx = a(x,t)dt + b(x,t)dz$,而 $f = f(x,t)$,则有 $df = \left(\frac{\partial f}{\partial x}a + \frac{\partial f}{\partial t} + \frac{1}{2}\frac{\partial^2 f}{\partial x^2}b^2\right)dt + \frac{\partial f}{\partial x}bdz$。

$$d_2 = \frac{\ln(S/X) + (r_f - \sigma^2/2)(T-t)}{\sigma\sqrt{T-t}} = d_1 - \sigma\sqrt{T-t}$$

类似的,可以得到股票看跌期权的定价公式:

$$p = Xe^{-r_f(T-t)}N(-d_2) - SN(-d_1) \tag{7.24}$$

(二) B-S 期权定价求解

根据 B-S 公式,很容易对期权价格进行求解。首先,介绍 B-S 公式的 EXCEL 求解过程。在此,举例股票价格 S 为 25 元,执行价格 X 为 25 元,无风险利率为 8%,股票的波动率为 30%,期权的到期年限为 0.5 年。表 7-12 计算出相应的看涨期权和看跌期权的价格。

由于 B-S 公式是关于期权定价的连续时间公式,因此容易分析期权价格的敏感性,即可以利用 B-S 公式求出的看涨期权的价格与看涨期权的内在价值进行比较分析,分析两者随着股票价格变化的差异。表 7-13 列示了执行价格 X 为 100 元,无风险利率为 6%,股票的波动率为 10%,期权的到期年限为 0.5 年,随着股票价格 S 变化,看涨期权价格和内在价值的变化情况。由表 7-12 和图 7-13 可见,当股票价格较低时,看涨期权的价格和内在价值相等。随着股价的上涨,两者的差异逐渐增大。

表 7-12　B-S 公式求出的看涨-看跌期权价格

运用 B-S 公式进行期权定价求解		
当前股价	25	
执行价格	25	
无风险利率	8%	
到期时间(年)T	0.5	
股价波动率	30%	
d1	0.294 627 825	
d2	0.082 495 791	
N(d1)	0.615 860 834	
N(d2)	0.532 873 834	
看涨期权价格	2.597 032 043	← $S^* N(-d1) - X^* exp(-r^* T)^* N(d2)$
看跌期权价格(利用平权)	1.616 768 021	← $C - S + X^* exp(-r^* T)$
看跌期权价格(利用 B-S 公式)	1.616 768 021	← $X^* exp(-r^* T)^* N(-d2) - S^* N(d1)$

表 7-13 期权价格和内在价值的变化

σ	T	r	S	X	d1	d2	N(d1)	N(d2)	看涨期权价格	看涨期权内在价值
0.1	0.5	0.06	90	100	−1.03	−1.101 1	0.151 4	0.135 4	0.48	0.00
0.1	0.5	0.06	91	100	−0.874	−0.944 8	0.191	0.172 4	0.66	0.00
0.1	0.5	0.06	92	100	−0.72	−0.790 3	0.235 9	0.214 7	0.87	0.00
0.1	0.5	0.06	93	100	−0.567	−0.637 4	0.285 5	0.261 9	1.13	0.00
0.1	0.5	0.06	94	100	−0.415	−0.486 1	0.338 9	0.313 4	1.44	0.00
0.1	0.5	0.06	95	100	−0.266	−0.336 5	0.395 2	0.368 3	1.81	0.00
0.1	0.5	0.06	96	100	−0.118	−0.188 4	0.453 2	0.425 3	2.23	0.00
0.1	0.5	0.06	97	100	0.028 9	−0.041 8	0.511 5	0.483 3	2.71	0.00
0.1	0.5	0.06	98	100	0.173 9	0.103 2	0.569	0.541 1	3.25	0.96
0.1	0.5	0.06	99	100	0.317 5	0.246 78	0.624 6	0.597 5	3.85	1.96
0.1	0.5	0.06	100	100	0.459 6	0.388 91	0.677 1	0.651 3	4.50	2.96
0.1	0.5	0.06	101	100	0.600 3	0.529 63	0.725 9	0.701 8	5.20	3.96
0.1	0.5	0.06	102	100	0.739 7	0.668 96	0.770 3	0.748 2	5.95	4.96
0.1	0.5	0.06	103	100	0.877 6	0.806 93	0.809 9	0.790 1	6.74	5.96
0.1	0.5	0.06	104	100	1.014 3	0.943 57	0.844 8	0.827 3	7.57	6.96
0.1	0.5	0.06	105	100	1.149 6	1.078 91	0.874 8	0.859 7	8.43	7.96
0.1	0.5	0.06	106	100	1.283 7	1.212 96	0.900 4	0.887 4	9.32	8.96

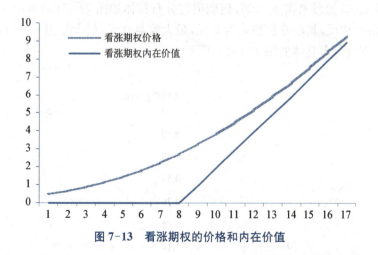

图 7-13 看涨期权的价格和内在价值

三、上证 50ETF 期权定价

2015 年 2 月 9 日,中国金融市场史上首只场内期权产品,市场期待已久的"期权元年"终于诞生。上证 50ETF 期权是在未来某特定时间,以特定价格买入或者卖出上证 50 指数交易开放性指数基金的权利和合约。

50ETF 期权定价,可以根据 Black-Scholes 定价模型。在此以 2017 年 5 月 31 日到期、执行价格为 2.05 元的欧式期权为例。假定 2017 年 5 月 25 日,标的资产上证 50ETF——500050.SH 指数的价格为 2.466 元,历史波动率为 10%,1 年 Shibor 利率 4.34%,则 50TEF 欧式认购期权多头的期权理论价格应为 0.417 2 元,最大风险 -0.42 元,最大收益无限,盈亏平衡点 2.467 2 元,到期损益分布具体如图 7-14(a)所示。该期权空头的期权定价恰好相反,其理论价格应为 -0.417 2 元,最大收益 0.42 元,最大亏损无限,盈亏平衡点 2.467 2 元,到期损益分布具体如图 7-14(b)所示。

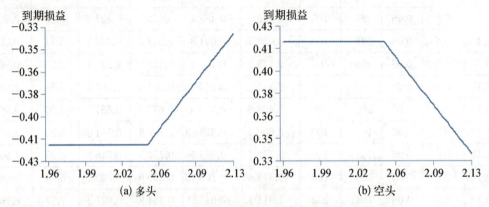

图 7-14　上证 50ETF 欧式认购期权多头与空头到期损益分布

根据上述参数,上证 50ETF 欧式认沽期权多头的期权理论价格应为 0 元,最大风险 0 元,最大收益 2.05,盈亏平衡点 2.05,到期损益分布具体如图 7-15(a)所示。该期权空头的期权定价恰好相反,其理论价格应为 0 元,最大收益 0 元,最大亏损 -2.05,盈亏平衡点 2.05 元,到期损益分布具体如图 7-15(b)所示。

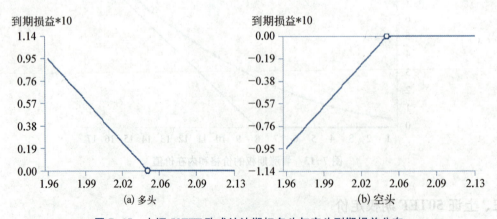

图 7-15　上证 50ETF 欧式认沽期权多头与空头到期损益分布

专栏 7-5

中国大陆市场权证定价的严重偏差

利用 Black-Scholes 模型求解出来的期权价格仅仅是完美的理论价格,它与现实价格存在一定偏差。在此我们利用 Black-Scholes 模型求解出港中行法兴二零三购(中国银行认购证)的期权理论价格,并把它与实际价格进行对比,发现两者之间存在一定偏离(见图 7-16)。

图 7-16 中国银行认购证(13849.HK)的理论价格和实际价格

然而,考察我国大陆市场的权证定价,则出现严重偏差状态。自 2005 年股权分置改革启动权证市场以来,在"T+0"和涨跌幅限制的交易制度下,大陆资本市场的权证交易一直处于严重投机状态(2006 年中国的权证市场在交易量和成交额上跃居全球首位),权

资料来源:Wei Xiong and Jialin Yu (2011)。

图 7-17 五粮液认沽权证(038004.SZ)的理论价格和实际价格

证市场价格与内在价值严重偏离。以五粮液认沽权证为例,该证于 2006 年 4 月 3 日发行,2008 年 3 月 26 日到期,行使价格为 7.96 元(发行当日股票价格为 7.11,处于实值区)。随后五粮液的股票价格从发行权证日的 7.11 元一路飙升到 2007 年 10 月 15 日的 71.56 元,即使是到了行权期,该股价格还徘徊在 26 元左右,意味着五粮液的认沽权证理论上因为长期处于深度虚值区而导致价格趋于零(最多体现为时间价值)。但是现实中该权证价格竟从原来的 0.99 元也一路上升到 8.15 元左右,甚至超过了行使价格,这与其理论价值严重背离。由 7-17 图可见,除了发行后极短时期外,权证实际价格长期严重偏离 B-S 模型测算的理论价值。

四、期权波动率及其指数化产品

(一) 波动率估计

在影响期权定价模型的五个因素中,标的股票的现有价格,期权执行价格,期权的到期时间,无风险利率都是可见的,唯有波动率是不可预测的。通常,有两种方法可以对波动率进行估计,即历史波动率(historical volatility)与隐含波动(implied volatility)。其中,历史波动率估计法的逻辑基础在于假定股票波动率水平在过去和未来保持不变,主要包括简单移动平均法和 GARCH 模型方法。

1. 方差估计法

计算方式如下:先计算出标的资产价格 S 第 i 天的报酬 u_i,即 $u_i = \ln(S_i/S_{i-1})$,利用此前一段时间(可选择 3 个月、半年)资产报酬数据,估计日报酬的标准差。即

$$\sigma^2 = \frac{1}{m-1} \sum_{i=1}^{m} (u_{n-i} - \bar{u})^2$$

$$\sigma = \sqrt{\frac{1}{m-1} \sum_{i=1}^{m} (u_{n-i} - \bar{u})^2} \tag{7.25}$$

这里,$\bar{u} = \frac{1}{m} \sum_{i=1}^{m} u_{n-i}$ 为 u_i 的算术平均。可以再根据 $\hat{\sigma} = \frac{\sigma}{\sqrt{\tau}}$ 将日波动率转换为年化波动率,τ 为一年中的交易日天数。需要注意的是,简单移动平均法假设,最近 n 天内不同时期收益率数据的权重是完全相等的。

2. GARCH 模型估计

由于采用方差估计波动率时,并未考虑报酬率会随着时间而改变,因而无法充分反映市场波动率的情形。Engle(1982)提出的 ARCH 模型,条件方差是过去方差的函数,条件方差可随着时间而改变。因此,根据 ARCH 模型的这一性质,可以用 ARCH 模型来研究和解释金融市场的波动率问题。尤其是 Bollerslev(1986)提出的 GARCH 模型,充分显示了估计金融市场波动性的参数精简原则。因而在许多文献中,我们可以发现利用 GARCH(1,1)模型来估计波动性具有相当良好的效果。于是在实际应用中,许多学者建议不断利用 GARCH(1,1)模型,不但符合参数精简原则,又比较能掌握市场上真实的波动性。

3. 隐含波动率

隐含波动率是估计股票波动率的另一类方法。它假定 B-S 模型是正确的,并利用期权价格和其他参数反推波动率的数值。隐含波动率的计算要求股票资产都存在相应的期权市场。

在现实市场中,隐含波动率和历史波动率往往不一致。实证研究表明,隐含波动率是对波动率 σ 的一个更好地估计。图 7-18 是 2015 年 2 月 9 日上证 50ETF 期权上市以来至 2017 年 1 月底期间的历史波动(方差估计)和隐含波动的对比图。

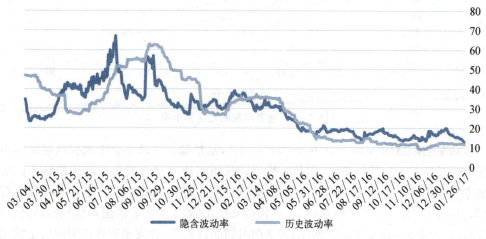

资料来源:Bloomberg。

图 7-18 上证 50EFT 期权历史波动和隐含波动

(二) 波动率微笑和波动率期限结构

B-S 公式的另一个重要假设是:标的资产的波动率是一个常数。在现实经济世界中,这个假设显然是无法成立的或存在缺陷的。大量实证研究已经表明,金融资产价格序列的波动率并非恒定常数,而是一个时序波动过程。

因此,应用期权市场价格和 B-S 公式推算出来的隐含波动率具有以下两个方向的变动规律:

"波动率微笑"(volatility silme)是指隐含波动率会随着期权执行价格不同而不同。由于隐含波动率是执行价格和到期日的函数,特别地,当执行价格等于股票最初价格 S_0 时,隐含波动率最小,当执行价格偏离 S_0 时,隐含波动率会增加,这种现象通常称为"波动率微笑"。在到期日延长时,隐含波动率也会增加。也就是说,以同一产品为标的,剩余期限固定的期权的隐含波动率随着其执行价格的不同而变化,分别以执行价格和隐含波动率为坐标轴得到的曲线为"波动率微笑"。波动率微笑存在经验表明,B-S 定价模型所依赖的假设在现实金融市场中只能部分得到证实。

对于不同金融期权而言,隐含波动率的形状也不尽相同。一般而言,货币期权的隐含波动率大致呈现 U 形。平价期权的波动率最低,而实值和虚值期权的波动率会随着实值或虚值程度的增大而增大,两边比较对称。而股票期权的隐含波动率大致呈现 L 形,并向右下方偏斜(如图 7-19)。当执行价格上升的时候,波动率下降,而一个较低的执行价格所隐含的波动率则大大高于执行价格较高的期权。由于股票收益率存在明显的负偏斜,因此,股票的波动率微笑的斜率一般都为负。

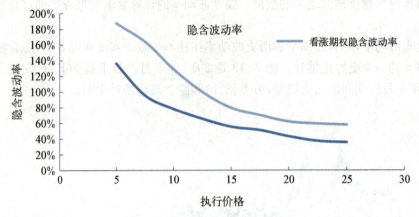

图 7-19 股票期权的隐含波动率

波动率期限结构(volatility term structure),是指隐含波动率会随期权到期时间不同而变化。具体是指在其他条件不变时,平价期权所对应的隐含波动率随到期日不同所表现出来的变化规律。一般来说,不同的标的资产所表现出来的期限结构具体形状会有所不同,但它们大都具有以下特点:(1)从长期来看,波动率大多表现出均值回归,即到期日接近时,隐含波动率的变化较剧烈,随着到期时间的延长,隐含波动率将逐渐向历史波动率的平均值靠近。(2)波动率微笑的形状也受到期权到期时间的影响。一般而言,期权到期日越近,波动率"微笑"就越显著,到期日越长,不同价格的隐含波动率差异越小,接近于常数。

把波动率微笑与波动率期限结构结合起来,我们就可以得到波动率曲面(surface),从而考察市场对资产未来分布的预期。波动率曲面,又称为波动率矩阵。假如对某一标的股票 S,期权市场对一组存续期长为 $T_i(i=1,2,3,\cdots,I)$ 和执行价为 $K_j(j=1,2,\cdots,J)$ 的期权有效报价 $C=(T_i,K_j)=C_{ij}$,我们可以计算出相应的隐含波动率 σ_{ij},如此便可以形成一个用来表达隐含波动率的矩阵,在存续期内对波动率进行拟合,便可得波动率曲面。图 7-21 是 2017 年 1 月 26 日上证 50ETF 期权的波动率拟合估计。

(三) 波动率指数(VIX)产品

波动率指数 VIX(volatility index),是由美国由芝加哥期权交易所(CBOE)在 1993 年所推出,是指数期权隐含波动率加权平均后所得之指数。CBOE 波动率指数 VIX 与标普 500 指数 SPX 走势图看,VIX 指数与股票现货指数的波动率高度相关。VIX 指数设计起初是选取 S&P100 指数期权隐含波动率推出,后来该指数在 2003 年修正将选取标的从 S&P100 改为 S&P500。VIX 反映了期权市场参与者对于大盘后市波动程度的看法,因此便常被利用来判断市场多空的逆势指标,当 VIX 越高时,表示市场参与者预期后市波动程度会更加激烈同时也反映其不安的心理状态;相反,若 VIX 越低,则市场参与者预期后市波动程度会趋于缓和的心态,也因此 VIX 又被称为投资者恐慌指标(the investor fear gauge)。

以波动率指数 VIX 为标的基础,可以开发 VIX ETF 类、VIX 期货类和 VIX 期权产

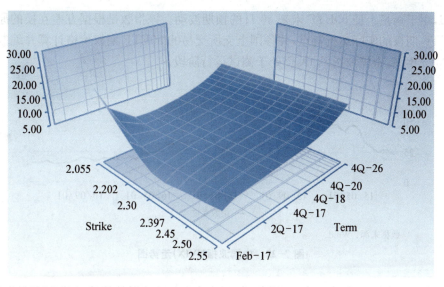

数据来源：Bloomberg。

图 7-20　上证 50ETF 期权的波动率曲面

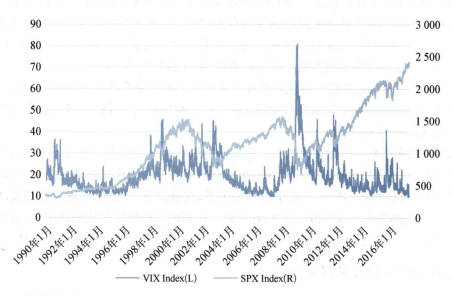

数据来源：Bloomberg。

图 7-21　CBOE 波动率指数 VIX 与标普 500 指数 SPX 走势图

品。如 VIX Option 是以 CBOT 波动率指数为基础类资产而开发的非权益类期权产品，这是全球第一个为个人投资者提供交易波动率的期权合约工具，这一产品可以为投资者提供风险对冲和投资的交易工具。

在我国，目前波动率指数产品主要上海证券交易所主导。2015 年 6 月 26 日，上海证券交易在借鉴国际市场经验基础上，根据上证 50ETF 期权的交易价格情况，发布了中国首只基于真实期权交易数据编制的波动率指数——中国波指（iVIX）。中国波指是由上交所发布,用于衡量上证 50ETF 未来 30 日的预期波动。该指数是根据方差互换的原理,结合 50ETF 期权的实际运行特点,并各国上交所交易的 50ETF 期权价格计算并编制而成。截至 2017 年中,中国波指 iVIX 仍处于测试运行阶段。

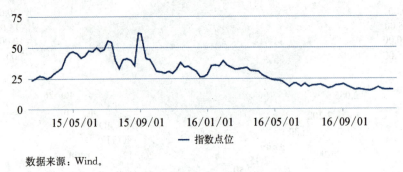

数据来源：Wind。

图 7-22　中国波指(iVIX)走势图

我国波动率指数产品的推出,对推动中国证券市场发展的战略性影响主要有以下几方面：

(1) 极大丰富了我国证券市场的投资交易品种。近年来,波动率指数日益受到投资者青睐的主要原因和其近年来股市的波动有关；2015 年 A 股"股灾"后,中国市场波动率加大,中国波动率指数 iVIX 可以满足市场波动条件下的投资者交易需求。此外,可以进一步发展基于波动率指数的衍生产品包括期货、期权和 ETF 等。

(2) 提供了较为可靠的市场风险指标。从西方市场经验看,VIX 推出后,VIX 成为全球投资者评估美国股票市场风险的主要依据之一。我国推出 iVIX,可以为投资者提供重要的市场风险基本风向标。

(3) 波动率指数产品能够提供有效的市场避险功能。大量研究以波动率指数为对象进行了实证检验。Whaley(1993)以 S&P100 指数期权为基础建立波动性指标,其研究结果指出 VIX 指数和 S&P100 指数呈负相关关系,在避险方面的应用；通过模拟波动性指标的衍生品的避险效果,说明波动性指标可以在不影响其他风险参数的情况下,有效规避投资组合的 Vega 风险。我国推出 iVIX,可以为投资者提供规避风险的投资工具。

五、期权的衍生物及其风险对冲

期权定价有六种基本敏感性度量,主要是衡量影响期权价格的因素,包括：德尔塔(delta)、伽马(gamma)、希塔(theta)、拉姆达(lambda)、罗(rho)和维加(vega)。

(一) 德尔塔

在任何确定的时间内,衍生证券的价值是标的资产价格的函数。这个函数对标的资产价格变化的敏感度用希腊字母德尔塔(elta, Δ)来描述。德尔塔是 Black-Scholes 期权定价模型的一个重要衍生概念,在证券组合中对投资者具有重要意义。其公式表达为

$$\Delta = \frac{\partial f}{\partial S} \tag{7.26}$$

其中 $\partial f/\partial S$ 是期权价值对股票价格的一阶偏导数。在 Black-Scholes 期权定价模型中,德尔塔特性如下:

(1) 看涨期权的 delta 为正,看跌期权的 delta 一定为负值。这正负号表示期权价格和标的资产价格之间的变动关系。

(2) delta 数值的范围介于 -1 和 $+1$ 之间。当 $S_t > X$ 时,期权的价格收敛于 $S_T - X$,期权的价格 C 与 S_t 的变化基本上是同步变化,于是 $\Delta = \dfrac{\partial C}{\partial S} \approx 1$;当 $S_t < X$ 时的推理类似。

(3) 平价期权的 delta 数值约为 0.5。

(二) 伽马

伽马(gamma)是衡量标的物价格变化所引起的 delta 值的变化,即 delta 对标的资产价格 S 的一阶偏导数(或期权价值对资产价格 S 的二阶偏导数),方程表达方式为

$$\Gamma_c = \frac{\partial \Delta}{\partial S} = \frac{\partial^2 C}{\partial S^2} = \frac{N'(d_1)}{S\sigma\sqrt{T-t}}$$

$$\Gamma_c = \Gamma_p > 0 \tag{7.27}$$

这一指标反映了保值比率变动的幅度和频度。参数 Γ 既可以用来作为 Δ 对市场变化的反应,也可以用来说明更敏感和更深入分析的对冲。在此,由于 S 的变化所引起的 C 的变化进行展开,得到

$$dC \approx \Delta dS + \frac{1}{2}\Gamma(dS)^2 \tag{7.28}$$

为了使股票价格变化之后,期权价格变化与执行匹配,我们必须"增加一些 Γ"。当 $S \approx X$ 且到期时间很短时,Γ 达到最大。因此,当我们买入的是快要到期且处于平值状态的看涨期权时,我们进行 Γ 的对冲成本将很低。如果做到这一点,并且重新调整股票数量以达到想要的 Δ 对冲,则我们就同时完成了 Γ 对冲和 Δ 对冲。

显然,当 $S \to 0$ 和 $S \to \infty$ 时,都有 $\Gamma \to 0$。在期权临近平价时,Γ 值最大。在接近到期期限时,处于平价状态的期权的 Γ 会非常大,这意味着此时期权头寸的价值对股票价格的变化极其敏感。

为说明期权定价的敏感度分析,在此进行举例说明。假定股票期权的执行价格 $X = 30$ 元;到期时间 T 为 12 个月,无风险利率 r 为 5%;股票波动率 30%。当股票价格从 10—50 元价格波动时,则的敏感性如何?为测算看涨期权对股票价格敏感性,在此我们通过 Matlab 软件进行模拟,则看涨期权的敏感性度量结果如图 7-23 所示。

(三) 西塔

西塔(Θ, theta)是期权定价中的另一个重要参数。西塔(Θ)被定义为

$$\Theta = \frac{\partial f}{\partial t} = -re^{-rT}XN(d_2) - \frac{1}{2}\sigma^2 S^2 \Gamma \tag{7.29}$$

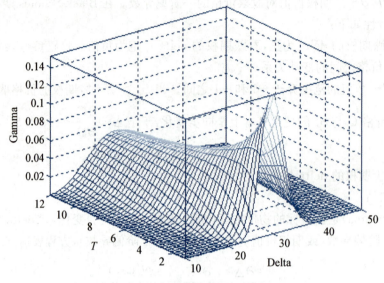

图 7-23 看涨期权的敏感性度量

西塔度量的是衍生证券价值的变动方向。如果时间增加，期权曲线将向右移动。西塔正是度量的曲线的这种移动。

通过以上介绍德尔塔（Δ）、伽马（Γ）和西塔（Θ），可见这些参数能够估计在一个小的时期内衍生证券价值的变化。这样，将这三个参数写在一个方程中，就可以将 B-S 模型进行重新表达。即根据期权定价的偏微分方程 $\frac{\partial V_c}{\partial t}\mathrm{d}t + rS\frac{\partial V_c}{\partial S}\mathrm{d}S + \frac{1}{2}\sigma^2 S^2 \frac{\partial^2 V_c}{\partial S^2}\mathrm{d}t - rV_c = 0$，可得

$$\Theta + rS\Delta + \frac{1}{2}\sigma^2 S^2 \Gamma = rV_c \tag{7.30}$$

特别地，用 $\delta \cdot f$、$\delta \cdot S$、$\delta \cdot t$ 表示 f、S 和 t 的微小变化，则有

$$\delta \cdot f = \Delta \cdot \delta \cdot f + \frac{1}{2}\Gamma \times (\delta \cdot S)^2 + \Theta \times \delta \cdot t$$

作为 $\delta \cdot f$ 的一阶近似。

（四）维加

当波动率变化一个单位时（通常为 1%），衍生证券的价值变化称为维加（vega，Λ）。用公式表达为

$$\Lambda = \frac{\partial f}{\partial \sigma} \tag{7.31}$$

Λ 反映的是证券价格本身波动对衍生证券价格的影响。若构造的组合使 Λ 值等于零，则该组合的价值不受波动率变化的影响。按照 Black-Scholes 期权定价公式，可以得到不支付红利股票的欧式看涨期权和看跌期权的 Λ 表达式：

$$\Lambda_C = \frac{\partial C}{\partial \sigma} = SN'(d_1)\frac{\partial d_1}{\partial \sigma} - Xe^{-r(T-t)}N'(d_2) = S\sqrt{T-t}z(d_1)$$

$$\Lambda_P = \frac{\partial P}{\partial \sigma} = \frac{\partial S}{\partial \sigma} + \frac{\partial}{\partial \sigma}(Xe^{-r(T-t)} - S) = \Lambda_C \tag{7.32}$$

从上式可以看出,$\Lambda_P = \Lambda_C > 0$。也就是说,欧式看涨期权和看跌期权的价格都随着波动率 σ 的增加而增加。

(五) 罗

当利率变化一个单位时(通常为 1%),衍生证券的价值变化称为罗(ρ)。用公式表达为

$$\rho = \frac{\partial f}{\partial r} \tag{7.33}$$

可见,ρ 反映的是衍生产品价格对利率变化的比率。按照 B-S 定价公式,可以得到不支付红利股票的欧式看涨期权和看跌期权的 ρ 表达式:

$$\rho_C = \frac{\partial C}{\partial r} = Xe^{-r(T-t)}N'(d_2)$$

$$\rho_P = \frac{\partial P}{\partial r} = -X(T-t)e^{-r(T-t)}N(-d_2) \tag{7.34}$$

从上式可以看出,当 $\rho_C > 0$ 时,随着无风险利率增加,欧式看涨期权的价值也相应增加;当 $\rho_P < 0$ 时,欧式看跌期权的价值随着无风险利率增加而减少;当 $\rho = 0$ 时,该组合的价值不受利率变化的影响。

> **案例分析**
>
> ### 2015 年 A 股"股灾"过程中股指期货角色分析
>
> **1. 股指期货在 2015 年 A 股股灾中充当"恶意做空"工具的质疑**
>
> 从 2014 年下半年到 2015 年上半年,A 股经历了一轮由资金和杠杆造就的牛市。2015 年 6 月 15 日,上证综指站上 5178 点的高位,之后却出人意料地单边下跌,A 股市场迎来了一场幅度、深度超乎以往的股灾。股指期货作为中国资本市场上一种重要风险对冲机制,在本轮股灾中担任何种功能,是否在 A 股"股灾"中沦落成为"恶意做空"工具成为监管部门以及学界关注的焦点。
>
> 而股指期货作为市场上为数不多的一项做空机制,成为各界关注的对象。股灾发生地前三周里,政府一共推出了降准降息等"十六道金牌"救市重磅政策,但事实证明,政府的前期救市行为收效甚微。7 月初,政府将救市焦点转移到股指期货市场,出台了一系列针对股指期货的政策。尤其是 7 月 6 日中金所出台《关于进一步加强股指期货交易监管的通知》,规定"自 2015 年 7 月 7 日起,对中证 500 指数期货客户日内单方向开仓交易量限制为 1 200 手,并进一步加强股指期货套期保值交易管理,重点加强对期

现货资产匹配的核查"。7月8日,中金所出台《关于调整中证500股指期货交易保证金的通知》,这是股灾发生后首次对中证500股指期货日内开仓交易量限制和卖出持仓保证金标准进行调整,规定自即日起"中证500股指期货各合约的卖出持仓交易保证金,由目前合约价值的10%提高到20%(套期保值持仓除外);自2015年7月9日(星期四)结算时起,中证500股指期货各合约的卖出持仓交易保证金进一步提高到合约价值的30%(套期保值持仓除外)"。这是本次股灾发生后中金所首次出台针对股指期货市场投机的最严厉限制政策,并达到立竿见影的政策效果。7月8日上午,上证综指开始绝地反弹,之后,监管层陆续出台对股指期货的监管措施,A股市场才逐渐从股灾中走出。直至2017年2月17日,中金所在综合评估市场风险的基础上,颁布调整股指期货保证金新规定,将股指期货日内过度交易行为的监管标准从原先的10手调整为20手,套期保值交易开仓数量不受此限;同时,将沪深300和上证50股指期货各合约非套期保值持仓的交易保证金标准,由股灾期间合约价值的40%调整为20%;中证500股指期货各合约非套期保值持仓的交易保证金标准,由股灾期间合约价值的40%调整为30%。这标志着我国股指期货市场股灾中的"特殊管制"政策中才正式"松绑"。

本教学案例围绕2015年A股股灾事件,分析股指期货市场在股灾中的所扮演的"角色",分析股灾期间A股现货市场与股指期货市场的运行特征,从而探讨股指期货在市场非理性下跌中可能的作用机制。基于以上分析,对未来中国股指期货市场的发展提出启示和思考。

2. 2015年A股股灾期间的现货市场与股指期货市场运行特征

目前,我国的股指期货有三个品种,即IF(沪深300股指期货)、IH(上证50股指期货)与IC(中证500股指期货),分别以对应的现货指数为标的物。

2015年股灾期间,股指期货呈现如下显著的运行特征。

(1) 成交量与成交额急剧放大。

6月15日之前,IF1507合约的成交量只有3—6万手左右,成交额只有500—1 000亿元。6月15日,IF1507合约成交量增至15万手,成交金额达到2 376亿元,比

资料来源:Wind。

图7-24　IF1507合约成交量与成交额

上一个交易日增加69%。也就是在这一天，上证综指在触及5178点的高点后开始走低。6月18日开始，IF1507合约成交量和成交额的增速均异常增大，IF1507合约的成交额首次突破万亿，达到1.63万亿元，成交量超过现货2倍以上；6月19日，IF507合约成交量再次放大，达到192万手。A股股灾发生后，IF合约成交量以每天接近翻倍的速度增长。之后的一段时间，IF1507合约的成交量稳定在200—300万手，成交金额稳定在2.5—3.5万亿元。

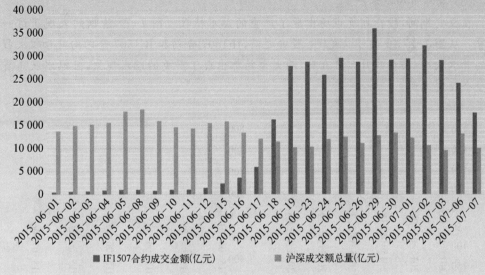

图7-25 期货现货成交额对比

(2) 空头持仓大增。

一般期货的买单持仓量和卖单持仓量应该是相等的，但是中金所的数据统计的是排名前二十家的买方持仓量和卖方持仓量。从统计看，股灾期间前二十家持仓中卖方持空仓量剧增，空单持仓量稳步增长。以IC1507品种为例，6月2日到6月15日之间，

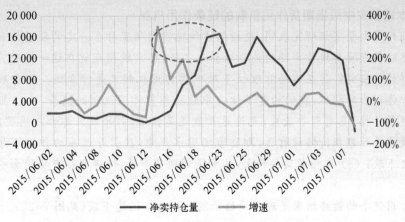

资料来源：Wind。

图7-26 IF1507合约净卖单持仓量

IF1507合约的净卖单持仓量(卖单量-买单量)一直维持在2 000手以内,而从6月15日开始,净卖单持仓量一路攀升,于6月23日达到峰值16 703手,是之前的8倍还多。之后几天一直在8 000—16 000手波动。6月26日、7月3日,其净空单持仓量大幅增加,对应上证综指当天跌幅:7.4%、5.77%。值得注意的是,7月8日当天,IF1507合约的净卖单持仓量锐减,对应的恰好是第二天上证综指的"绝地反弹"。

(3) 期指市场贴水严重。

在股灾期间,股指期货市场出现了严重的贴水情况。图7-27清晰的表现了这一现象。从图7-27,我们可以发现:股灾之前,IF1507合约和IC1507合约均处于较大程度的升水状态;而从6月5日开始,两大合约都出现了严重的贴水现象,且贴水状态贯穿整个股灾期间。

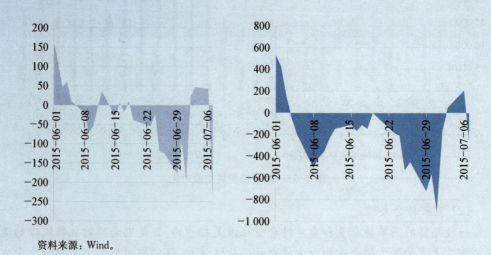

资料来源:Wind。

图7-27 IF1507、IC1507合约升贴水情况(点数)

3. 本轮股灾中股指期货作用机制的链条作用机制

从国内外大量实证研究表明,股指期货和现货间确实存在一定的联动性和引导效应。既然股指期货与现货市场的关联性如此之强,那么股指期货在这一轮股灾中到表现出怎样的特征呢?其在市场非理性下跌中的作用机制又是什么呢?结合股指期货在股灾中体现出的特征,我们构建了股灾中股指期货作用机制的链条:(1)期货价格领先于现货价格,具有引导效应;无论是开盘还是盘中,引导效应都十分明显;(2)期指空头效应导致期指价格被打压,期货市场贴水严重,在引导效应的作用下导致现货价格随之下跌;(3)期指成交额放大,体量远超现货市场,使得期指市场的影响效应大大增强。

该作用链条的最终结果是现货价格紧随期指价格迅速下跌(见图7-28)。

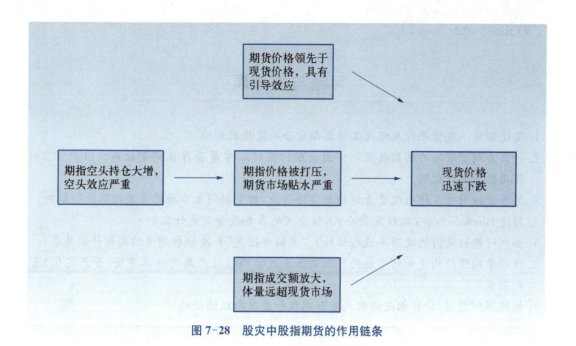

图 7-28 股灾中股指期货的作用链条

本 章 小 结

本章首先介绍了远期和互换这两类衍生投资工具，接下来重点对期货和期权定价和投资应用进行分析。期货合约定价是远期合约的替代物，其具有风险管理、价格发现和投机功能，股票期货、外汇期货和利率期货定价在金融市场实践中有重要价值。利用 Black-Scholes 模型和二叉树模型可以对期权产品进行求解，本章对我国证券市场的上证 50TEF 期权定价、权证产品定价及其偏差进行解析。在影响期权合约定价因素中，波动率是其中最重要的参数，利用波动率可以构建期权波动率指数并开发波动率指数化产品，这在西方市场和我国资本市场都得到重要应用。接着，重点介绍了期权定价的德尔塔(delta)、伽马(gamma)、希塔(theta)、拉姆达(lambda)、罗(rho)和维加(vega)等衍生物及其风险对冲。在本章最后案例部分，主要对 2015 年中国证券市场 A 股"股灾"过程中，股指期货角色进行了分析讨论。

重 要 概 念

远期合约　互换合约　信用违约衍生品CDS　期货合约　股指期货　利率期货　期权　内在价值　时间价值　二项式期权定价模型　Black-Scholes期权定价模型　期权波动率　波动率指数　德尔塔(delta)　伽马(gamma)　希塔(theta)　拉姆达(lambda)

罗(rho) 维加(vega)

习题与思考题

1. 简述期货—现货平价原理及其对其期货合约定价的影响。
2. 什么是期货市场的到期效应？中国金融衍生所以常是否存在到期效应？以沪深300股指数据进行说明。
3. 结合金融衍生市场的投资者结构与市场行为，对金融衍生市场的主要功能进行解析。
4. 简述Black-Scholes期权定价公式，该公式的各参数含义是什么？
5. 如何对期权定价的波动率进行估计？"波动率微笑"和波动率期限结构是什么关系？
6. 波动率期限结构是如何形成的？我国推出波动率指数产品对证券市场（资产定价）有何影响？
7. 根据下列数据，计算相关的欧式看涨期权和看跌期权的价格。

	S_0	X	r	T	σ
a.	80	70	0.05	3个月	0.30
b.	60	66	0.06	2个月	0.40
c.	50	60	0.04	1年	0.25
d.	100	100	0.055	4个月	0.50
e.	120	130	0.059	6个月	0.22
f.	40	40	0.048	2年	0.60
g.	12	10	0.045	4个月	0.33
h.	25	25	0.05	3个月	0.28

8. 根据上题的相关数据，计算参数德尔塔(Δ)、伽马(Γ)和西塔(Θ)，并说明上述参数在风险对冲交易中的应用。
9. 选取上海证券交易所某只上市交易权证的数据，计算其隐含波动率。
10. 中国推出沪深300股指期货的是加大市场波动，抑或减缓市场波动？以现货市场与期货市场的经验数据进行说明。

第八章

基金投资风格与绩效评价

学习目标

基金投资和绩效评价是现代投资理论的重要组成部分,本章重点对共同基金发展创新、投资风格与绩效评价进行讨论分析。通过本章学习,能够达到以下要求:

1. 掌握封闭式基金、开放式基金、交易所基金(ETF)以及分级基金的内涵与特性,熟悉共同基金类型和产品创新。

2. 掌握基金投资风格划分与新晨星风格箱应用,熟悉基金投资风格漂移及其对投资绩效的影响。

3. 掌握基金投资绩效评价体系和方法,熟悉运用单因素模型、多因素模型和绩效持续性模型对投资组合绩效进行评价,应用投资绩效归属分析对基金择时能力和择股能力进行判断。

第一节 共同基金类型和产品创新

一、基金投资类型分析

基金(fund),作为一种专家管理的集合投资制度。按照基金发行方式大类划分,可分类共同基金(或公募基金)与私募基金。其中,共同基金(mutual funds)是在证券投资信托制度下,由专业的证券投资信托公司发行受益凭证的方式,募集公众投资人资金,并将资金管理权授予专业投资管理人进行运作,投资于金融工具。其中,出资者按出资比例获得投资收益并承担投资风险,投资管理人则按协议规定获得相应的收益。图8-1说明共

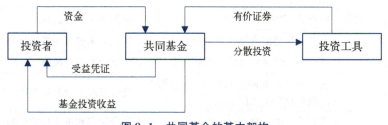

图 8-1 共同基金的基本架构

同基金的基本框架。而私募基金(private fund)是相对于公募(public offering)而言,是向社会不特定公众发行。作为资本市场的重要参与者,根据私募基金内涵又可分为对冲基金、私募股权基金和创业投资基金(也可称为风险投资基金)三种。

由于共同基金是基金市场的最典型代表以及数据可得性等因素,我们在投资课程所指的基金特指共同基金。作为当今世界最流行的金融投资工具之一,共同基金品种繁多,有按产业、地区以及收益与风险的不同组合划分的各类品种,目前基金的多样性仍在发展之中。证券投资基金是指证券投资基金组织为募集资金以投资于证券市场,实现证券投资的目的,而向社会公开或向特定投资者发行的、证明持有人按其持有份额享有资产所有权、收益分配权和剩余资产分配权及其他权益的一种证券类凭证。证券投资基金在组织体系上是由基金持有人、基金组织、基金管理人、基金托管人等通过信托关系构成的。

(一)按基金的组织形式,可分为公司型基金和契约型基金

公司型基金,在组织上是指按照公司法(或商法)规定所设立的、具有独立法人资格,并以营利为目的的证券投资基金或类似法人机构,在证券上是指由证券投资基金公司发行的证券投资基金证券。契约型基金,在组织上是指按照信托契约原则,通过发行带有受益凭证性质的基金证券而形成的证券投资基金组织,在证券上是指由证券投资基金管理公司作为基金发起人所发行的证券投资基金证券。公司型基金以美国的投资公司为代表。我国目前设立的基金则为契约型基金。

(二)按基金证券的规模是否变动,可分为封闭式基金和开放式基金

封闭式基金(closed-end fund)是指基金证券的预定数量发行完毕,在规定的时间(也称"封闭期")内基金资本规模不再增大或缩减的证券投资基金。其具有股权性、债权性及监督性的特点。

相比较而言,开放式基金(open-end fund)的基金证券数量基金份额发行数量并不固定,投资人可随时向基金公司申购或要求赎回基金,基金的发行数量随投资者的买卖而变动。为维持流动性,流动性风险是开放式基金的主要风险之一,为此强调流动性管理。在投资策略中,保持一定持仓结构或流动性较强的资产。其具有股权性、存款性及灵活性的特点。

封闭式基金和开放式基金最大的区别,在于变现的方式不同。对于开放式基金,投资者可以直接向基金公司按净值赎回基金份额。表8-1是开放式基金和封闭式基金的比较。

表8-1　开放式与封闭式基金的比较

	开放式基金	封闭式基金
受益凭证的发行数量	不固定,随投资人申请或赎回基金而变动	在存续期内固定不变
基金交易价格的确定	根据资产净值(NAV)而定	根据市场供求而定
基金的买卖方式	投资人可随时向基金公司申请或赎回	如同买卖股票一样进行基金交易
基金的主要风险	主要面临流动性风险和投资风险	主要面临投资风险
基金投资收益	为应对投资人的赎回需求,基金经理的投资仓位受到限制	投资经理充分利用资金进行投资操作
适合市场	适合开放的金融市场	适合保守和正起步的金融市场

(三)按投资对象不同,可分为股票基金、债券基金、货币市场基金、指数基金等

股票基金是以股票为主要投资对象的投资基金,是投资基金的主要种类。在我国,根据《证券投资基金运作管理办法》的规定,60%以上的基金资产投资于股票的,为股票基金。而基金资产投资于股票、债券和货币市场工具,并且股票投资和债券投资的比例不符合《证券投资基金运作管理办法》规定的,则为混合基金。

债券基金是指全部或大部分投资于债券市场的基金。假如全部投资于债券,可以称其为纯债券基金;假如大部分基金资产投资于债券,少部分可以投资于股票,可以称其为债券型基金。债券基金具有低风险且收益稳定的特点,利息收入是债券基金的主要收益来源。

货币市场基金(money market funds)是指投资于货币市场上短期有价证券的一种基金。在我国,根据《证券投资基金运作管理办法》的规定,基金资产仅投资于货币市场工具的,为货币市场基金。货币市场基金投资的货币市场工具包括国库券、商业票据、银行定期存单、政府短期债券、企业债券等短期有价证券。

指数型基金是采取指数化的投资方式,以跟踪目标指数的变化、拟合目标指数为投资目标的基金产品。即按照某种指数构成的标准购买该指数包含的证券市场中的全部或者一部分证券的基金,其目的在于达到与基础指数同样的收益水平。如交易型开放式指数基金(ETF)就是基金市场上最重要的指数基金。

图8-2是截至2016年底,按净值标准计算的美国与我国证券投资基金的类型分布。

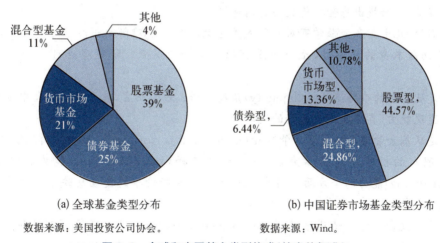

(a) 全球基金类型分布　　　　　(b) 中国证券市场基金类型分布

数据来源:美国投资公司协会。　　　数据来源:Wind。

图 8-2　全球和中国基金类型构成(按净值标准)

(四)按投资风险与收益的不同,可分为成长型基金、收入型基金和平衡型基金

成长型基金主要投资于资本和收益的增长均高于平均速度的公司股票,基金经理人强调的是谋求最大资本增值,而不是股利收入,根据投资的进取态度,还可分为"积极成长型基金""成长收益型基金"等。例如,"积极成长型基金"的投资目标在于追求本金最大的增长,因此股利和利息的收入不是投资的重点;但"成长收益型基金"则因为要兼顾本金成长和年度的配息,因此会选择配股/配息比较高的股票来投资。

收入型基金主要投资于可带来现金收入的有价证券,以获取当期的最大收入为目的。收入型基金资产成长的潜力较小,损失本金的风险相对也较低,一般可分为固定收入型基金和权益收入型基金。

平衡型基金的投资目标是既要获得当期收入,又要追求资本的长期增值,通常是把资金分散投资于股票和债券,以实现资金安全性和赢利性的统一。

专栏 8-1

"封闭式基金折价之谜"

"封闭式基金折价"是国内外封闭式基金市场的普遍现象,并一直是理论和实务界关注的焦点问题。由于封闭式基金(closed-end fund)(以下简称基金)的特点决定:在基金存续期间内,投资人不能自由的赎回所持有的基金股份,只能在二级市场上变现从而实现投资收益。因而,封闭式基金的变现能力就受到一定的限制,这往往表现在基金的市场价格与其单位资产净值(NAV)之间存在不一致,通常将两者的比率定义为基金的折价率(或者溢价率,即负的折价率):

$$D_{it} = \frac{price_{it} - NAV_{it}}{NAV_{it}} \times 100 \tag{8.1}$$

这一现象被 Lee、Shleifer 和 Thaler(1991)称之为"封闭式基金之谜"。要解释这一现象,必须深入分析带有基础性特征的各种因素如何对封闭式基金的交易价格产生影响及影响的程度,从而找出基金折价交易的内在机制。

在国外,几十年来金融学家对封闭式基金的折价这一难解之谜提出了各种解释。然而,由于问题本身的复杂性,至今还没有形成统一的观点。研究观点可分为以下四种思路:

一是从基金的市场流动性(liquidity)角度解释。一般而言,基金投资组合中股票的流动性与变现能力,直接决定着基金的流动性。

二是从基金管理人的投资才能理论(managerial performance theory)角度解释,认为基金管理人的投资才能具体来说,包括证券选择(stock selection)能力和时机选择(market timing)能力两个方面。国外相关研究,基金折价率的变动反映了资金管理人的投资能力。

三是从投资者主观情感理论(investor sentiment theory)或理性预期理论(rational expectation theory)角度解释,认为基金的折价主要受投资者的情绪影响。

四是从证券市场摩擦(market frictions)成本角度解释,认为如果市场是完全有效的、无摩擦的、国际一体化的,基金市场价值应该与其资产净值完全一致,即不存在套利机会。而事实上由于代理成本、交易成本、未实现资本利得的递延税、资产的不完全流动性、汇率波动以及全球市场分割性等因素的存在,导致市场是有摩擦的,因而存在折价现象。但这种理论只能解释基金折价现象的普遍存在,而无法解释同种基金之间不同折价率的现象。

图 8-3 是 2005 年 8 月 19 日中国证券市场的封闭式基金折价水平。

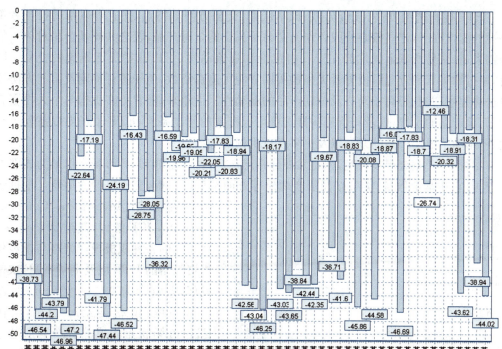

数据来源:聚源数据分析系统。

图 8-3 封闭式基金折价率

二、交易所基金(ETF):迅猛发展的基金产品

ETF(exchange traded funds)又称为交易所交易基金,是一种较近的新型投资公司理念的创新产品。与传统的共同基金与其他投资公司的产品一样,ETF 能够提供给投资者机会以具有竞争力的价格来购买一篮子证券产品。相对封闭式、开放式基金而言,ETF 基金的历史颇短。1993 年,道富环球投资与美国证券交易所合作,推出了全球第一只交易所基金产品——标准普尔预托证券(SPDR)。

表 8-2 基金投资品种的发展和创新

投资公司基金产品起源发展
1893 年第一只封闭式基金起源于比利时
1924 年第一只开放式共同基金在波士顿成立
1961 年第一只免税单位投资信托基金出现
1976 年零指数基金出现
1993 年第一只 ETF(交易所交易基金)诞生

资料来源:*Investment Company Institute*,*Closed-End Fund Association*。

ETF 拥有透明度高、投资分散、成本低廉、交易方便等特点,使它可以帮助投资者策略性的配置资产,建立核心持股。作为交易所买卖的金融产品,较之共同基金相对单一的分销渠道,交易所基金的优势在于日内定价和强流动性,可以非常灵活迅速的交易。同时,通过购买 ETF 产品,投资者无须购买期货便可追踪指数,免于签订掉期及第三方协议等法律程序,并获得高于期货及掉期产品的流动性。近年来,随着更多机构与个人投资者对 ETF 产品的了解,以及监管机构推出更可行有效的管制条例,ETF 市场得以蓬勃迅猛发展,带动了更多产品的开发以及更多发行机构的加入。

尽管 ETF 基金起步较晚,但是发展异常迅速。目前,全球 ETF 市场运作最为成熟的是美国,它在基金数量、类型以及资产规模等方面都首屈一指,交投也最为活跃。根据美国投资协会(Investment Company Institute, ICI)统计,截至 2015 年末,在美国的各种积极投资策略与指数化投资策略的 ETF 以及期货 ETF 快速发展,总资产为 25 240 亿美元(见图 8-4,单位:10 亿美元)。目前,美国 ETF 市场涵盖的追踪资产类别已十分广泛,基础资产包括股票、债券、商品、外汇等诸多品种,为投资者提供了较大的选择空间。近年来,美国 ETF 的创新型产品设计主要从两个角度出发:一是为满足投资人资产配置分散风险的需求,设计出商品类 ETF、固定收益类 ETF、全球股票 ETF 等品种;二是为投资人提供了不同的风险收益偏好选择,推出了杠杆 ETF、反向 ETF、主动管理型 ETF 等品种。

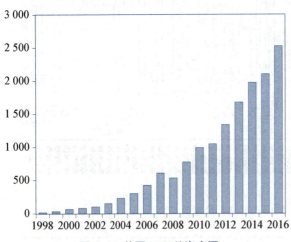

图 8-4 美国 ETF 总资产国

中国大陆市场在 2004 年 11 月推出首支上证 50 指数 ETF 以来,发展较为迅速。截至 2017 年 6 月末,我国共有的 ETF 产品 157 支,规模达到 2 414.77 亿份,资产净值 3 630.97 亿元,占基金市场份额 3.62%。ETF 产品不但涉及大陆主要证券指数型 ETF 基金,还包括 ETF 联结基金、跨市场 ETF、跨境 ETF 等创新产品①。

ETF 不但投资当前证券市场的重要的投资标的,而且 ETF 既可以在场内买卖,又可以在场外申购赎回,因此其交易价格与单位净值应保持一致,若两者相差过大,则会产生套利机会。例如,2012 年 4 月,嘉实基金管理公司发行的嘉实沪深 300ETF 是一支跨市场(股票现货市场和股指期货市场)的 ETF,采用的是实物申赎的跨市场运作模式。对投资者而言,组合证券都采用实物申赎使得申赎成本较为确定,该产品还可以借助融券交易实现"T+0"套利交易。

---

① ETF 联接基金将其绝大部分基金财产投资,跟踪同一标的指数的 ETF。通过联接基金,投资者不仅可以享受到 ETF 密切跟踪指数的特点,同时可以享受到普通开放式基金的交易模式,如定投、转换等。2009 年 8 月,首批联接基金交银施罗德上证 180 公司治理指数 ETF 联接基金和华安上证 180ETF 联接基金成立。

表 8-3　共同基金与交易所交易基金之比较

交易所交易基金	共 同 基 金
定价和交易都在交易日内进行	每个交易日均可买卖,根据每日收市结算资产净值定价
"基金内"申购/赎回机制降低了基金份额持有人日支付交易税收的可能	净赎回行为需要基金份额赎回者纳税
投资者通过交易所交易形式进行基金份额买卖,不会导致优先投资组合受到影响,从而降低其他基金份额持有人纳税的可能性	个人投资者与基金之间的交易行为(即赎回),需要基金份额赎回者缴纳资本收益税
可运用每个交易规则,通过限价订单、股票交易或股票限价委托等方式进行交易	不能采取限价委托方式,只能根据收市结算净值定价进行交易
买入基金份额必须符合标准保证金有关规则要求	不能以保证金形式直接买入基金;但在全额支付持有 30 天后视为"资产良好抵押"
提供中低度费率	根据不同基金提供中低度费率
通过任何经纪人公司结算进行交易	从预先签订共同基金销售合同的经纪人公司购买基金,或直接从基金公司购买
提供正规的经纪人公司结算费用	有的基金支付销售佣金;有的无佣金基金可通过基金市场购买单经纪人公司需支付交易费用
无须先期销售或赎回费用	基金公司会收取"积极型"交易费用

资料来源：Barclays Global Investors,www.ishares.com。

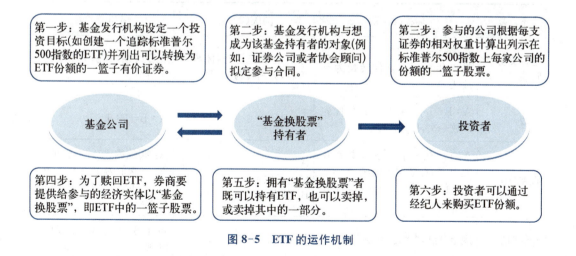

图 8-5　ETF 的运作机制

三、新型创新产品——分级基金

分级基金又称为杠杆型基金,是指在一个投资组合下,通过对基金收益或净资产的分解，形成两级（或多级）风险收益表现有一定差异化基金份额的基金品种。其主要特点是将基金产品分为两类份额，并分别给予不同的收益分配。分级基金起源于20世纪80年代海外，90年代以后发展迅速。2007年6月，国内首只结构化分级基金国投瑞福获批。

从分级基金的分级方式来看，多数分级母基金分为低风险收益端（优先份额）和高风险收益端（进取份额）两类份额。低风险产品获得约定固定收益（或随银行利率变化的浮动收益），高风险品种获得剩余收益，同时承担本金损失的风险。不同分级基金中，高风险份额和低风险份额的比例不同，导致他们的杠杆有所差异，而且随着分级条款的差异以及基金净值的波动，这些杠杆比例还可能会变化。

表8-4是国投瑞福、国投瑞和、长盛同庆为例，说明分级基金的结构化设计。为进一步说明基金收益风险、收益结构化过程，在此以国投瑞和为例进一步说明结构分级过程。具体而言，瑞和沪深300指数分级基金分为瑞和300、瑞和小康、瑞和远见三类份额，其中，瑞和300基金净值跟踪和复制沪深300指数的表现，瑞和小康和瑞和远见则按收益增长预期进行分级；瑞和300份额的基金份额净值在1.0元至1.1元区间内变动时，在计算瑞和小康与瑞和远见的净值时，两者将按8∶2分成，瑞和小康份额的基金份额净值变动额是瑞和300份额的1.6倍；而当瑞和300份额的基金份额净值在1.1元之上变动时，在计算瑞和小康与瑞和远见的净值时，两者将按2∶8分成，瑞和远见份额的基金份额净值变动额是瑞和300份额的1.6倍。两个区间的1.6倍，成就了该基金的杠杆功能；当瑞和小康与瑞和远见份额跌破面值后，杠杆效应将消失，其跌幅与普通沪深300指数基金相当。

表8-4 国内分级基金的风险收益分配

条　款	瑞福（2007）	同庆（2009）	瑞和（2009）
基金交易及转换	存续期5年，仅"进取"上市交易，2年后可有条件转换为开放式	分别上市交易，封闭期3年后，分别转为LOF	无存续期，分别上市交易，可拆分合并
分级	A∶B=1∶1（初始）；每年优先开放一次，比例调整	A∶B=4∶6	A∶B=1∶1
收益分配	A：1年期定存+3%+超额收益10%；存续期内追溯 B：优先分配后分配，超额收益90%	A：5.6%+10%*超过60%的收益 B：其余收益	A：阀值内80%+阀值外20%（阀值为10%） B：阀值内20%+阀值外80%
分红期限	现金分红，"优先"强制分红	封闭期末分红	每年份额折算，无现金红利
投资	股票型主动管理	股票型主动管理	跟踪沪深300指数

资料来源：华宝兴业基金管理公司。

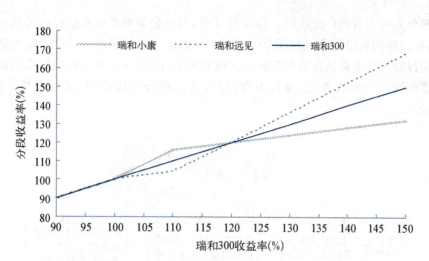

图 8-6　国投瑞银瑞和的风险收益结构化

第二节　基金投资风格

目前,投资风格的使用已经非常普遍,特别是在证券投资基金领域,投资风格发挥着巨大的作用。为满足投资者不同的风险管理需求,证券投资基金采取差异化战略,表现出一定的投资风格,反映其在构建投资组合过程中表现出的策略与理念。基金的投资风格已被公认为是解释基金收益波动的主要变量,不仅为投资者提供了关于基金持股特征和运作特征的重要信息,还为客观、公正地评价基金经营业绩提供了科学的前提。研究表明,基金间长期收益差异的 90% 可以通过基金投资风格的差异来解释,这足以说明投资风格的重要性。

一、投资风格分类

投资风格的实际使用可以追溯到 60 年前的本杰明·格雷厄姆和罗威·普莱斯。Sharpe(1992)首先在多因素模型的基础上,提出了基于基金收益率时间序列的投资风格分类方法,成为投资风格分类的经典方法。本节我们就以基金为例对投资风格的分类进行介绍。基金投资风格指的是基金管理人在构建投资组合和选择股票的过程中所变现出的风格,例如是长线投资还是短线投资,是偏好风险小的稳定收益还是高风险高收益。

根据基金具体的投资领域的不同,开放式基金可以分为债券型基金、股票型基金、混合型基金、货币型基金等。这种分类方法是最常见的,也是一种较为宏观的分类方法。然而,进一步研究探讨,我们会发现,根据不同划分基金投资风格的标准,基金的投资风格还可以更为细致的划分。

晨星投资风格箱(Morningstar style box)方法晨星公司是对基金投资风格分类的主要工具。它创立于 1992 年,旨在帮助投资者分析基金的投资风格,该方法迅速得到机构投资者和个人投资者的广泛认同。2002年3月,晨星公司对于原有的投资风格箱方法进行改进,推出新的晨星投资风格箱(New Morningstar style box)。晨星投资风格箱方法判断基金投资风格主要从影响基金业绩表现的两个因素考虑:基金投资股票的规模和风格。股票的规模分为大盘、中盘和小盘;股票的风格分为价值型、成长型和平衡型,如图8-7所示。

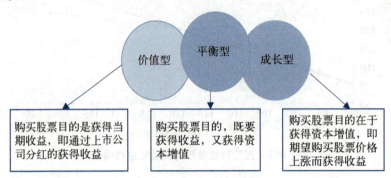

图8-7 基金投资风格分类

按照基金所投资股票规模的大小分为大盘、中盘和小盘。如果某基金投资的权重股的股票流通市值属于大盘,那么该基金的投资风格就应该属于大盘基金。相应地,还有中盘基金和小盘基金两种。如图8-8(a)所示,晨星投资风格箱是一个正方形,划分为九个网络,即"九宫格"投资风格箱。纵轴描绘股票市值规模的大小,分为大盘、中盘和小盘。横轴描绘股票的价值-成长风格,定义为价值型、平衡型和成长型。在图8-8(a)中,1号代表基金的风格为"大盘价值型",9号代表基金的风格为"小盘成长型"。投资风格箱简单直观地展现了基金的投资风格,它是晨星对基金进行风格分类的基础。

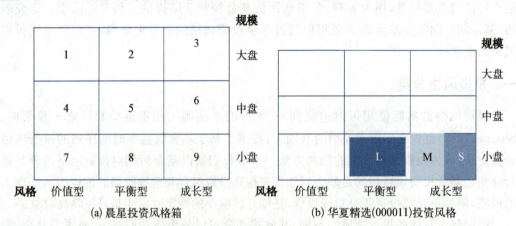

注:L表示长期;M表示中期;S表示短期。数据来源:天相数据库。

图8-8 晨星"九宫格"投资风格箱

二、投资风格类型划分——基于投资组合角度衡量的新晨星风格箱法

从划分的角度来看,基金的投资风格有多种分类,而基于投资组合角度衡量(portfoliobased style analysis，PBSA)的方法主要是根据基金实际持有股票的特征来划分的，并通过基金实际持有的股票进行检验，从而确定股票组合的风格特征，进而确定基金的投资风格。

在众多的此类基金风格研究的方法中，以晨星公司(Morning Star)提出的晨星风格箱法最为著名。这一方法首先根据一定的市值门限将股票分为大盘、中盘、小盘不同市值区间；然后，再在特定的市值区间中分别根据不同的因素为股票的成长性和价值打分，进而根据不同的得分将股票定为到价值-成长坐标系(VCG)中；最后，将所有股票的 VCG 得分汇总，从而得到该基金的投资风格，并将它定位到相应的晨星风格相中。

1. 价值-成长坐标体系

新晨星公司风格箱法采用"10 因子分析"方法衡量股票的价值-成长定位，其中 5 个因子分析价值得分、5 个因子分析成长得分。在衡量股票市值规模时，则采取更具有弹性的划分方法取代市值中位数来界定大、中、小盘。其中，股票的价值得分反映投资人综合对上市公司预期收益、净资产、收入、现金流和分红的考虑，愿意为每股股票支付的价格状况。成长得分反映上市公司的成长性，包括收益、净资产、收入和现金流四项因素。其权重分布详见表 8-5。

表 8-5 衡量价值-成长坐标的 10 项因素

价值的分因子及其权重		成长得分因子及其权重	
预期每股收益价格比	50%	预期每股收益增长率	50%
预期每股净资产价格比	12.5%	每股收益历史增长率	12.5%
预期每股收入价格比	12.5%	每股收入历史增长率	12.5%
预期每股现金流价格比	12.5%	每股现金流历史增长率	12.5%
预期每股红利价格比	12.5%	每股净资产增长率	12.5%

2. 股票规模分类

按照总市值的规模将其股票划分为大盘、中盘和小盘三类。具体划分标准如下：将股票按照其总市值进行降序排列，计算各股票对应的累计市值占全部股票累计总市值的百分比 Cum-Ratio，且 $0 < \text{Cum-Ratio} \leq 100\%$。

(1) 大盘股：累计市值百分比小于或等于 70% 的股票，即满足 $\text{Cum-Ratio} \leq 70\%$。

(2) 中盘股：累计市值百分比在 70%—90% 的股票，即满足 $70\% < \text{Cum-Ratio} \leq 90\%$。

(3) 小盘股：累计市值百分比大于 90% 的股票，即满足 $\text{Cum-Ratio} > 90\%$。

在完成规模分类的基础上，把大盘、中盘和小盘分别作为一个"打分集合"，对其中的股票衡量价值得分和成长得分。

3. 股票价值衡量

股票的价值得分反映投资人综合对上市公司预期收益、净资产、收入、现金流和分红的考虑，愿意为每股股票支付的价格状况。价值得分主要考虑到股票预期每股收益、预期每股净资产、预期每股主营业务收入、预期每股经营活动现金流净额、预期每股现金红利五个因素。对于特定的规模分类即大盘、中盘、小盘股,晨星分别计算其中各股票的价值得分。

(1) 对于每只股票,分别计算五个预期指标 e/p、b/p、r/p、c/p 和 d/p,如表 8-6 所示。

(2) 对每个指标分别通过排序进行打分。

(3) 综合上述五个预期指标得分得到每只股票的价值得分 OVS(overall value score)。

表 8-6 衡量价值得分相关的预期指标及权重

指 标	定 义	权 重
p	表示计算时点的股票收盘价	/
e_1/p	当前会计年度预期每股收益与股价的比值	50%
b_1/p	当前会计年度预期每股净资产与股价的比值	12.5%
r_1/p	当前会计年度预期主营业务收入与股价的比值	12.5%
c_1/p	当前会计年度预期每股经营现金流与股价的比值	12.5%
d_1/p	当前会计年度预期每股红利与股价的比值	12.5%

4. 股票成长衡量

股票的成长得分主要反映上市公司的成长性,考虑到每股收益增长率、每股净资产增长率、每股主营业务收入增长率、每股经营活动现金流净额增长率等四个因素。与价值得分相比,没有考虑每股红利因素。对于特定的规模分类即大盘、中盘、小盘股,晨星分别计算其中各股票的成长得分。

(1) 对于每只股票,分别计算其四个指标的增长率 $g'(e)$、$g'(b)$、$g'(r)$ 和 $g'(c)$,如表 8-7 所示。

(2) 对于上述每个指标分别通过排序进行打分。

(3) 综合四个指标得分得到每只股票的成长得分 OGS(overall growth score)。

表 8-7 衡量成长得分相关的指标及权重

指 标	定 义	权 重
$g(e_1)$	来自独立第三方的预测每股收益增长率:目前国内缺乏权威的数据来源,因此暂不采用此指标	/
$g'(e)$	每股收益的历史平均增长率	25%
$g'(b)$	每股净资产的历史平均增长率	25%
$g'(r)$	每股主营业务收入的历史平均增长率	25%
$g'(c)$	每股经营现金流的历史平均增长率	25%

5. 价值-混合-成长得分和门限值的确定

将股票成长得分 OGS 减去价值得分 OVS，得到股票价值-混合-成长得分 VCG（value-core-growth），即股票的价值-成长定位。当某只股票的 VCG 大于或等于成长门限值时，晨星将其定义为成长型。当某只股票的 VCG 小于或等于价值门限值时，晨星将其定义为价值型。当某只股票的 VCG 介于上述两个门限值之间时，晨星将其定义为混合型。

那么，门限值是如何确定的呢？对于大中小盘的门限值确定，我们通过对全部股票的总市值进行降序排列，确定各股票对应的累计市值占全部股票累计市值的百分比 Cum-Ratio 的值；对于 Cum-Ratio=70% 对应股票的总市值被称为"大中盘门限值"，对于 Cum-Ratio=90% 对应股票的总市值被称为"中小盘门限值"。

在股票规模分类基础上，分别确定大盘股、中盘股、小盘股的价值门限值和成长门限值，使得在上述每一规模分类中，价值型、混合型、成长型股票的流通市值合计各占总流通市值的三分之一。门限值的确定每月更新一次。

股票风格箱如图 8-9 所示。需要说明的是，从价值-成长定位看，股票风格分为价值型、混合型、成长型；而基金投资风格分为价值型、平衡型、成长型。因此，在描绘股票风格时，风格箱横轴中间列代表"混合型"；而在描绘基金投资风格时，该中间列代表"平衡型"。

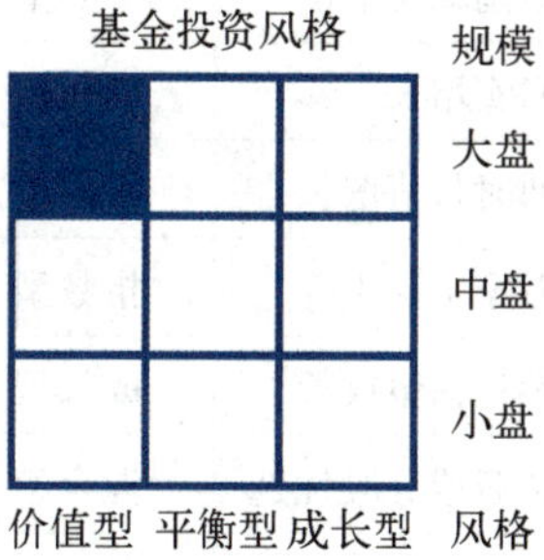

三、基金投资风格漂移

（一）基金投资风格漂移

图 8-9 投资风格确定

在基金市场上，每一支基金都有其特定的投资管理风格，并按照大盘股、中盘股、小盘股、价值股、成长股等股票进行分散配置管理，进而形成大盘价值、大盘成长、中盘平衡、小盘成长等投资管理风格。

一般而言，基金在募集发行时通常会标明自身的投资风格，基金经理也应该将管理重点放在相应的配置风格进行投资管理。但是，在实际运作过程中基金往往违背事先约定的投资风格，尤其是基金经理在追逐市场投资热点过程中，往往无意识地偏离其管理风格，即出现所谓的"风格漂移"(style drift)现象。一般认为，"风格漂移"是特指对于某一特定的考察期间，基金在资产组合的变化过程中的实际投资风格偏离基金招募说明书里投资目标和投资策略所约定的投资风格这样一种市场现象。

（二）中国证券市场的投资管理风格漂移

对我国公募基金而言，风格漂移并不是一个新话题。其一般手段是：在牛市时，专注于中小盘投资的基金，会向大盘股和蓝筹股倾斜，分享指数成分股上涨的盛宴；而在熊市和震荡市中，专注于大盘或者蓝筹的基金，投资重点会转向小盘股或者题材股。

董铁牛等(2008)选择 2003 年 10 月前成立的所有 45 支开放式基金作为研究样本，通过对它们进行投资风格分类及风格漂移的实证分析发现，股票型和混合型基金的实际投资风格与募集时所标明的风格背离程度较大，投资风格漂移现象严重，实际表现出的大盘成长型风格不仅占有非常高的比例，而且其他投资风格向它日趋演变的趋势也非常之显著,这可能由样本阶段后期股市的牛市行情所导致。

李学峰(2007)对牛市和熊市不同市场条件下,同样发现基金投资风格出现漂移,见表8-9。

表8-8 部分股票和混合型基金的投资风格漂移检验结果

基金名称	标注风格	实际风格	投资风格漂移
华安创新	成长型	股票-大盘成长	股票-大盘成长
融通新蓝筹	平衡型	股票-大盘成长	股票-大盘价值→股票-大盘成长
大成价值增长	价值型	股票-大盘成长	混合-大盘成长、中盘价值→股票-大盘成长
嘉实成长收益	混合型	股票-大盘成长	股票-大、中盘成长→股票-大盘成长
华安180	指数型	股票-大盘成长	股票-大盘平衡→股票-大盘成长
富国动态平衡	平衡型	股票-大、中盘成长	股票-中盘成长→股票-大盘成长
嘉实增长	成长型	股票-大、中盘成长	股票-中盘成长→股票-大盘成长
博时价值增长	平衡型	股票-大盘平衡	股票-大盘价值→股票-大盘成长
万家上证180	指数型	股票-大盘平衡	股票-大盘价值→股票-大盘平衡
泰达荷银成长	成长型	股票-中盘成长	股票-中盘成长→股票-大、中盘成长
金鹰成分股优选	混合型	股票-中盘成长	股票-中盘成长→股票-大、中盘成长
易方达平衡增长	平衡型	混合型-大盘成长	混合型-大盘成长→股票-大盘成长
宝康灵活配置	混合型	混合型-大盘成长	混合型-大盘成长→股票-大盘成长

资料来源:董铁牛等(2008)。

表8-9 各基金的投资风格分析表

基金简称	宣称类型	牛市实际类型	熊市实际类型	基金简称	宣称类型	牛市实际类型	熊市实际类型
开元	成长型	中小盘成长	大盘价值	金泰	平衡型	中盘成长	大盘价值
兴华	成长型	中盘成长	大盘价值	安信	成长型	大盘成长	大盘偏成长
裕阳	平衡型	大盘成长	大盘价值	普惠	成长型	大盘成长	大盘价值
泰和	平衡型	大中盘成长	大盘价值	同益	成长型	大盘成长	大盘偏价值
汉盛	成长型	大盘成长	大盘价值	景宏	成长型	大盘成长	大盘成长
安顺	平衡型	大盘成长	大盘偏价值	裕隆	成长型	大盘成长	大盘价值
裕元	成长型	大盘成长	大盘价值	同盛	平衡型	大盘成长	大盘偏价值
景阳	成长型	大盘成长	大盘偏成长	景博	成长型	大盘成长	大盘价值
金鑫	成长型	大中盘成长	大盘价值	—	—	—	—

资料来源:李学峰(2007)。

(三) 投资风格漂移与投资绩效

基金投资管理风格发生漂移的动机,无非是提升基金业绩。然而,基金投资风格是否一定能够提升绩效关系?

根据李学峰(2007)对国内基金投资管理风格票漂移现象的实证发现,投资风格漂移的基金优于未发生漂移的基金。在该文研究中,根据各基金是否明显发生了"风格漂移"将其分为2组。基金安信,景阳,景宏3只基金在整个研究期间没有发生明显的"风格漂移"现象,可划分为一组;其余14只基金在整个研究期间发生了明显的"风格漂移"现象,可归为另一组。通过计算两组基金的超额收益率和夏普指数,可得"风格漂移"对基金绩效的影响,具体结果见表8-10。

表8-10 "风格漂移"对基金绩效的影响

基金简称	超额收益率	标准差	夏普指数	本组超额收益率均值	本组夏普指数均值
兴 华	0.001 53	0.014 74	0.104 07		
开 元	0.000 87	0.018 18	0.047 99		
金 泰	0.000 63	0.016 46	0.038 25		
泰 和	0.001 30	0.017 30	0.075 33		
金 鑫	0.000 94	0.018 95	0.049 35		
裕 元	0.001 65	0.018 48	0.089 55		
安 顺	0.001 57	0.017 94	0.087 69	0.000 98	0.056 96
同 益	0.001 37	0.016 82	0.081 37		
裕 阳	0.000 87	0.016 76	0.052 12		
裕 隆	0.000 95	0.018 36	0.051 96		
同 盛	0.000 83	0.017 10	0.048 42		
普 惠	0.000 69	0.016 66	0.041 28		
汉 盛	0.000 39	0.016 82	0.023 41		
景 博	0.000 11	0.015 78	0.006 69		
安 信	0.001 25	0.016 15	0.077 62		
景 阳	0.000 80	0.019 10	0.042 12	0.000 68	0.039 51
景 宏	−0.000 02	0.018 58	−0.001 21		

资料来源:李学峰(2007)。

由表8-10可见,发生明显"风格漂移"的14只基金的平均超额收益率(0.000 98)和平均夏普指数(0.056 96)均高于未发生明显"风格漂移"的3只基金的平均超额收益率(0.000 68)和平均夏普指数(0.017 94)。换言之,未固守宣称的投资风格的基金的绩效要优于基本固守宣称的投资风格基金的绩效。

值得注意的是,风格漂移同样带来风险:(1)从短期来看,风格漂移能为投资者带来超额收益,但却提高了其持有基金资产的风险。(2)喜欢风格漂移的基金,往往换手率比较高,特别是在熊市或者震荡市中,大盘基金钟情于小股票,其换手率也将上升,直接导致交易成本的上升。

第三节　基金投资绩效评价

马克维茨(Marowitz,1952)首次提出了投资组合理论,他的"期望—方差"分析框架奠定了此后证券投资理论发展的基础,成为资本资产定价模型(CAPM)的核心,从而推动了投资组合理论发展从简单的收益率计算到同时考虑收益率和风险的综合业绩度量。从 20 世纪 60 年代开始,投资组合业绩评价在学术界内引起了极大的兴趣,许多业绩评价方法应运而生。

基金投资组合评业绩价的目的是评价投资计划能在多大程度上实现投资目标;评价投资经理执行投资计划的结果,即投资经理执行投资计划的成功程度。在本节中,主要介绍基金投资业绩评价的重要方法。

一、单一参数度量模型

(一) 夏普比率

由威廉·夏普(W. Sharpe,1966)所建立的收益与易变性比率(reward-to-variability ratio),又称为夏普比率(Sharpe ratio,SR)。夏普通过测量超额收益与总风险比率来测量风险调整后的总业绩。基本原理是源于资本市场线(CML)的分析框架,假定了投资者组合包括风险资产组合和无风险资产两部分。其基本原理是与资本资产定价模型(CAPM)是一致的。夏普比率(SR)表示如下:

$$SR = \frac{R_i - R_f}{\sigma_i} \tag{8.2}$$

其中,R_i 表示预期风险资产组合收益率,R_f 表示无风险利率,σ_i 代表总风险。式(10.3)衡量了所实现的投资组合收益率 R_i 超过无风险利率的部分,除以用收益率的标准差所衡量的收益波动率。夏普比率反映了基金经理的市场判断能力以及分散和降低非系统风险的能力。如果投资组合指数高于市场基准组合指数,即位于市场基准的 CML 之上,表明投资组合业绩要好于市场基准组合。不同投资组合的 SR 之间可以进行比较,夏普比率(SR)越高,表明投资业绩越好。

(二) 特雷诺比率

由杰克·特雷诺(J. Treynor,1965)所建立的收益与变异性比率(Reward-to-volatility ratio),称为差异回报率。特雷诺比率(Treynor ratio,TR)的计算公式如下:

$$TR = \frac{R_i - R_f}{\beta_i} \tag{8.3}$$

其中，β_i 是投资组合 i 的贝塔系数，表示投资组合所承担的系统风险；R_i 为投资组合收益率；R_f 为市场无风险利率。特雷诺比率表示了基金承受每单位系统风险所获取风险收益的大小。

特雷诺比率将基金的投资回报与投资风险联系起来，特雷诺认为足够分散化的投资组合没有非系统性风险，仅有与市场变动相关的系统性风险。因此，他采用基金投资收益率的 β 系数作为衡量风险的指标。严格地说，特雷诺比率是用证券市场线（SML）的斜率作为评价基金绩效的标准，若 TR 指数在 SML 之上，表明投资组合业绩好于市场基准组合业绩。例如，若基金 A 位于市场基准的 SML 之上，表明基金 A 的表现优于市场基准；若基金 B 位于市场基准的 SML 之下，表明基金 B 的表现劣于市场基准；两只基金在比较时，TR 指数越高则投资业绩越好。

特雷诺比率比夏普比率提出稍早一些，两种业绩衡量比率的区别就在于夏普比率使用了以标准差所衡量的全部风险，而特雷诺比率则仅仅考虑了用 β 值所表示的市场风险。对于完全多样化的基金，或从实际的角度出发只要高度多样化，则不论使用哪种度量比较方法，即夏普比率或特雷诺比率，所得到的排序结果都是一致的。但是，对于非高度多样化的基金则可能会出现不同的结果。例如，使用特雷诺比率，一个非高度多样化的基金可能会优于另一个高度多样化的基金。但当使用标准差计量风险时，非高度多样化的基金往往会比高度多样化的基金表现出更高的风险。所以，当以夏普比率比较时，非高度多样化的基金又可能劣于高度多样化的基金。夏普比率和特雷诺比率共同存在的缺陷是，它们只是提供了相对的业绩排名，而不是绝对的排名，比如夏普比率指标只表明了风险调整后的组合收益是否在市场基准收益之上，但不能确定这种超额收益在统计上的显著性。

(三) 詹森指数

业绩风险调整的方法是差异回报率（differential return）方法，这种风险调整回报率的度量是由麦克尔·詹森（M. Jensen，1968）所创立的，所以也称之为詹森的 α 方法。詹森指数在一定程度上克服了 SR 和 TR 在计量应用上的不足。

詹森指数是建立在 CAPM 基础之上的，并根据经验 CAPM 事后模型来测算实现的收益率，这一事后经验 CAPM 为

$$R_{jt} - R_{ft} = \beta_i (R_{mt} - R_{ft}) + \mu_{jt} \tag{8.4}$$

上式表明投资组合 j 的风险升水（$R_{jt} - R_{ft}$）等于该组合系统风险 β_i 与市场基准组合的风险升水，再加上随机游走误差 μ_{jt}。如果 CAPM 成立，那么全部资产和投资组合处于均衡状态，则说明投资组合没有产生任何超额收益，投资组合业绩与市场基准组合业绩相同。

在(8.4)式加入截距 α_j 代表组合投资业绩，转变为(8.5)式，即基金经理投资组合收益率有多少来源于获取高于风险调整后的平均收益率的能力，即

$$\alpha_j = R_{jt} - [R_{ft} + \beta_i (R_{mt} - R_{ft})] + \mu_{jt} \tag{8.5}$$

其中，α_j 就表示为詹森业绩指数。一个正的显著的 α_j 值代表了基金经理较好的市场预测能力，或者较好证券选择能力，或者同时具备上述两者能力使得所评价的基金高于平

均业绩的程度。在基金之间比较时,詹森指数越大越好。

詹森指数是绝对绩效指标,比较容易得到解释,也方便实证检验,其奠定了基金绩效评估的理论基础,也是至今为止投资组合业绩评价使用最广泛的模型之一。对于詹森的 α 可以使用统计的方法检验其不等于 0 的显著性。显著性大小使用 t 值来表示的,事实上 t 值就是 α 除以回归的误差项。当 t 值超过 2 时,不论正负,从统计意义上讲都是显著的,比如当某一基金的 t 值为 3 时,就是说基金的业绩优于平均值,并且这一结果在统计上是显著的。

由于詹森指数是从 CAPM 推导出来,假定了基金的非系统风险已经被投资组合彻底分散了,模型只是反映了收益率和系统风险之间的关系,但是 CAPM 模型自身存在着问题,如果非系统风险没有彻底消除,则詹森指数可能给出错误信息。

(四) M^2 指数

M^2 指数是由莫迪格里安尼(Franco Modigliani & Leah Modigliani, 1997)祖孙两人共同提出的,因此被称为 M^2 指数。这一指标实质是经改进的夏普指标,目的是纠正投资者只考虑基金原始业绩的倾向,同时他们应该注意基金业绩中的风险因素,从而帮助投资者选取真正业绩最佳的基金。M^2 测度指数对风险的测度也采用了基金所承担的总风险 σ_m,但该风险调整业绩指标能够更好地解释收益率和基准指数之间的差异。M^2 测度指数公式为

$$\begin{aligned} M^2 &= R_{p^*} - R_m \\ R_{p^*} &= E(r_{p^*}) - r_f = S_p \sigma_m \\ R_m &= E(r_m) - r_f \end{aligned} \tag{8.6}$$

其中,r_m 为投资基准收益率;r_f 为无风险收益率;r_{p^*} 为风险调整后基金的收益率。这个是将所有待评估的资产组合的风险调整到市场风险水平,称为风险调整绩效。莫迪格里安尼(Modigliani)祖孙给出了构造一类等价风险组合的方法,等价风险组合是指所有由该投资组合 i 和无风险资产构成的新组合,从而使这一投资组合的总风险等于市场基准组合的总风险。然后测定并比较它们在相同风险下的收益率。例如,投资基金 A 原来的标准差是市场指数的 1.5 倍,那么经调整的资产组合应包括 2/3 的基金 A 和 1/3 的无风险资产。我们把经过调整的资产组合成为 P^*,那么资产组合 P^* 就与市场基准组合具有相同的标准差,通过比较两者之间的收益率就可以考察基金的业绩表现。在图 8-10 中,M^2 指数就是投资组合 P^* 与 M 之间的垂直距离(即期望收益率之间的差额)。当 $M^2 > 0$ 时,表明基金的业绩超过了相同风险下的市场基准组合;当 $M^2 < 0$ 时,表明基金的业绩低于了相同风险下的市场基准组合。在不同基金之间比较时,M^2 值越大,说明其业绩也越好。

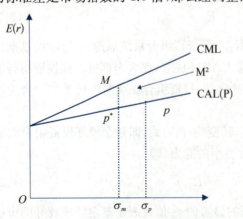

图 8-10 资产组合 P 的 M^2 测度指数

表 8-11　中国股票型开放式基金单因子检验(2014—2016)

名　　称	Alpha	Sharpe	Treynor	Jensen
华夏全球精选	−0.001 4	−0.040 7	−0.003 3	−0.001 6
中银标普全球精选	−0.000 2	0.001 6	0.000 3	−0.000 4
嘉实研究阿尔法	0.001 2	0.108 7	0.004 2	0.001 2
大摩品质生活精选	0.002 1	0.097 6	0.005 0	0.002 1
鹏华环保产业	0.000 7	0.081 4	0.004 0	0.000 7
景顺长城优质成长	−0.000 4	0.053 2	0.002 6	−0.000 4
景顺长城成长之星	0.000 3	0.070 6	0.003 2	0.000 3
上投摩根核心成长	0.001 7	0.108 7	0.005 2	0.001 7
富国城镇发展	0.003 9	0.143 5	0.007 1	0.003 9
富国高端制造行业	−0.000 2	0.066 0	0.003 6	−0.000 2
上投摩根民生需求	0.002 3	0.125 9	0.005 8	0.002 3
华安大国新经济	0.001 5	0.090 9	0.004 5	0.001 5
安信价值精选	0.003 1	0.172 8	0.007 3	0.003 1
景顺长城中小板创业板	0.001 4	0.091 8	0.004 9	0.001 4
建信改革红利	0.001 6	0.113 8	0.005 3	0.001 6
大摩进取优选	0.000 5	0.078 9	0.004 1	0.000 5
前海开源中证军工 A	0.000 9	0.086 3	0.004 5	0.000 9
大成高新技术产业	0.002 2	0.058 9	0.002 9	0.002 2
景顺长城研究精选	−0.000 5	0.055 1	0.002 7	−0.000 5
汇添富环保行业	0.001 2	0.074 5	0.004 1	0.001 2
汇添富移动互联	0.001 0	0.073 8	0.004 2	0.001 0
嘉实医疗保健	0.000 0	0.062 7	0.003 2	0.000 0
建信中小盘	0.000 8	0.076 4	0.004 1	0.000 8
招商行业精选	0.000 0	0.058 5	0.002 9	0.000 0
嘉实新兴产业	0.001 7	0.104 6	0.005 4	0.001 6
建信潜力新蓝筹	0.000 4	0.066 4	0.003 3	0.000 3
国富健康优质生活	−0.001 3	0.033 3	0.001 7	−0.001 3
鹏华先进制造	0.001 4	0.082 6	0.004 3	0.001 4
鹏华医疗保健	0.000 6	0.062 4	0.003 5	0.000 6
工银瑞信高端制造行业	−0.001 7	0.032 8	0.001 8	−0.001 7

数据来源：Wind。

二、多因素绩效评估模型

经风险调整后的经典单因素绩效评估指标出现以后,其普及应用一度滞后。对此现象的一种解释是因为统计数据对业绩呈现出普遍的负评价。Roll(1977,1978)在对CAPM模型有效性表示怀疑的基础上,首先对有关基金绩效的测定方法提出质疑。Roll的怀疑主要源于他对SML作为市场基准组合代替的适当性的疑惑,并认为CAPM存在不可检验性。具体到投资业绩评价上,Roll认为基于事后经验的CAPM模型为基础的市场基准组合指数可能并不能代表有效的"期望—方差"的关系,因此不能在风险—收益象限内找到那些偏离SML的点,来确定基金经理业绩是不是好于市场基准组合的业绩,通过类似詹森α指标提供的绩效排名不可靠。对于詹森指数,Roll指出也存在着联合检验问题(joint test problem),误差项期望值不为零,出现了异常收益,说明可能SML统计错误范式的结果,也可能是基金经理具有较好的管理组合的能力的结果。

Admati et al.(1986)的研究结果也表明即使基金经理有良好的选股能力与择时能力,但通过詹森阿尔法作为绩效评价标准也很难体现出来。在以上这些研究的基础上,研究者们发现,用多因素模型来代替单因素模型进行基金绩效的评估能够得到较好的估计效果。若基金收益率受到多种因素的影响,那么我们在评价基金绩效的事后必须考虑哪些因素会对绩效产生作用。

(一)基于APT理论的多因素模型

这是由Leman和Modest(1987)首次提出,运用套利定价理论(APT)来确定基准进行基金业绩评价。他们认为影响证券收益的因素为:市场平均指数收益、股票规模、公司的账面价值与市场价值比(BE/ME)、市盈率(P/E)、公司前期的销售增长等。Fama和French(1993)在此基础上提出了"三因素模型"。它是以市场组合的超额收益率、组合中小规模(Small size)股票与大规模股票的收益率之差、高账面值与市值股票与低账面值与市值股票之差作为变量。这个模型认为投资组合的超额收益可以通过组合收益对三种因素的敏感性得到解释,而且可以改善CAPM的平均定价误差,很好地描述横截面平均股票收益率的变动。Carhart(1997)在三因素模型的基础上,增加了证券收益率的态势变量,建立了四因素模型。对美国1962—1993年间基金业绩的持续性进行了检验该模型显著地降低三因素模型的平均定价误差,很好地描述了横截面平均收益率的变动。

以上多因素模型基本的假设是:(1)各种证券剩余收益之间不相关;(2)任意两个影响证券收益的因素之间以及任意影响因素和剩余收益之间不相关。多因素模型的一般数学表达式如下:

$$R_i = a_i + b_{i1}F_1 + b_{i2}F_2 + \cdots + b_{in}F_n + \varepsilon_i \tag{8.7}$$

其中,R_i为证券i的收益率;$F_1, F_2, \cdots, F_n$分别代表影响i证券收益的各个因素值;$b_{i1}, b_{i2}, \cdots, b_{in}$分别代表各个因素对证券收益变化的敏感系数;$a_i$表示为证券收益率中独立于各种因素变化的部分。

(二)夏普风格指数方法

该方法首先是由夏普(Sharpe,1992)提出,是一种选取代表不同风格的基准投资组合对基金收益率进行拟合的方法。传统的基金业绩评估主要是通过构造风险调整指标进行的,但这种评估方法的缺陷是忽略了基金投资风格对基金业绩的影响。夏普(Sharpe,1988)最先使用投资风格指数进行基金投资风格的鉴别,夏普的风格分析(style analysis),也即根据基金主要资产收益率变化来决定基金的风险敞口分析,并使用二次编程的方法目的是根据基金的投资策略的初步信息来构建最佳的资产分类风险敞口。他构建了一个有十二类资产的模型,将基金可投资的资产分为债券、国库券、公司债券、外国股票等,并确立了如下的资产分类因素模型:

$$R_i = [b_{i1}F_1 + b_{i2}F_2 + \cdots + b_{in}F_n] + e_i \tag{8.8}$$

其中,R_i 是第 i 只资产的收益率;F_{i1},F_{i2},…,F_{in} 分别代表各种对资产有影响的因素的值;b_{i1},b_{i2},…,b_{in} 分别是分别代表各个因素对证券收益变化的敏感系数;e_i 是资产收益不能被影响因素解释的部分,也就是第 i 只资产的非因素收益组成部分。

与一般的线性回归方法不同的是,该因子模型中敏感系数的估计采用的是约束条件下的二次规划方法,约束条件为:所有的敏感系数 b_{ij} 之和为1,并且 b_{ij} 的值为非负。

$$b_{i1} + b_{i2} + \cdots + b_{in} = 1$$

在所有敏感系数中,最大的 b_{ij} 所对应的资产风格就是该基金的投资风格。对资产 i 而言:

$$R^2 = 1 - \frac{Var(e_i)}{Var(R_i)} \tag{8.9}$$

则 R^2 就是基金投资风格对基金收益的贡献,$1-R^2$ 为基金经理管理能力对基金收益的贡献。Sharpe(1992)的研究发现基金业绩中90%以上的部分是由基金投资风格决定的,具有不同投资风格的基金在市场上的表现具有显著差异。所以,在基金业绩评估中对影响基金业绩的共同因素进行调整时,对基金经理人非主观因素如资产的风险水平和资产的投资风格都应该进行调整,只有这样才能对基金业绩进行有效评估。

对资产分类因素模型方程变形如下:

$$e_i = R_i [b_{i1}F_1 + b_{i2}F_2 + \cdots + b_{in}F_n] \tag{8.10}$$

其中,e_i 表示基金的收益率 R_i 和一个相同风格的被动式资产组合的收益率 $[b_{i1}F_1 + b_{i2}F_2 + \cdots + b_{in}F_n]$ 之间的差异。风格分析的目的是为了选择这样一种风格使得差异 e_i 的方差(Variance)最小化。这样的差异 e_i 被 Sharpe(1992) 称为跟踪误差(Tracking error),差异的方差被称为跟踪方差(Tracking variance)。要注意的是风格分析的目的并不是要最小化差异 e_i 的平均值或者差异 e_i 的平方值,这样的方法也不是为了挑选出一种投资风格使得某种基金看起来更好或者更差。投资风格分析其实是为了发现更多的关于基金评估期间内由于基金主要资产收益率变化所带来基金的风险敞口问题的信息。

Sharpe 风格指数方法在判断某一资产组合的投资风格时,其一个隐含的前提假设就是基金经理人在整个期间内的投资风格未发生变化。这一前提假设与市场的实际状况有较大的差异,特别是当基金经理人在这段时间内变化了其投资风格时,该方法计算的就是

基金在 t 以前这段时间内投资风格的平均水平,而不是基金在 t 时刻的投资风格,这是 Sharpe 方法的一个重要缺陷。目前针对 Sharpe 方法的这个缺陷进行改进的方法有很多,如晨星公司的"风格箱"就是针对基金投资风格变化的鉴别方法,但该方法对基金持股明细数据的要求比较高,由于我国证券投资基金仅公布持股前十位的股票,所以无法有效使用晨星公司的"风格箱"进行投资风格鉴别。因此,使用 Sharpe 的投资风格指数方法进行投资风格鉴别是目前比较可行的方法。

三、投资绩效归属分析

(一) 投资绩效分解

由于对投资组合总体业绩的评价并不反映业绩的来源,从而需要对投资组合业绩作进一步分解。投资组合业绩分解主要来源于微观预测能力,对单个股票价格运动的预测能力、对宏观运行的预测能力,对股票市场总体走势和固定收益证券走势预测的能力。理论模型将这两方面的能力分别称之为证券选择能力和市场时机选择能力。

投资绩效归属评价主要是分析基金超额业绩的取得是否归因于基金经理的杰出能力,西方学者早在 1966 年就已经开始对此作深入的理论研究,基本思路一般采用传统的 CAPM 模型为基准和出发点,将投资基金的择时能力和选股能力明确分离和准确量化,然后进行相关评价和能力分析。最为典型的是 Fama(1972)提出了一个按照上述风险调整回报率方法的详细分析框架,由此能得出对基金业绩比较细致的分解。Fama 分解技术的基础是假定总业绩来源于风险承受能力和证券选择能力。我们可以从股票选择好坏以及与给定风险水平相联系的一般回报率水平的角度检验基金的总体业绩。这样,詹森超额收益可以分解为:总超额回报率=选择回报率+风险回报率,即

$$TR = R_P - R_f = [R_P - R_x(\beta_P)] + [R_x(\beta_P) - R_f] \tag{8.11}$$

其中,R_P 为风险组合收益;R_f 为无风险组合收益;R_x 为市场基准组合收益;β_P 为投资组合风险。$R_P - R_f$ 衡量了詹森超额收益,$TS = [R_P - R_x(\beta_P)]$ 衡量了证券选择能力,$RP = [R_x(\beta_P) - R_f]$ 为基金预期应有的超额收益率,衡量了风险承受能力。

在图 8-11 的 Fama 基金业绩分解图中,TS 表示了基金经理选择能力带来的收益,点 E 和点 F 所代表的是相同资产组合系统风险,但是其非系统风险却不同,所以点 E 和点 F 之间的收益差,也即 TS 是基金经理积极证券选择的结果。但是点 E 和点 F 所代表的总风险是不同的,由于点 F 上的证券组合的风险是不可分散的,所以点 E 上的证券组合也有部分是不可分散的风险。SML 上代表了单个证券或者证券组合的收益率和市场风险之间的线性关系,在有效市场假说成立的前提下,SML 成立表示基金只能获取相对应于市场风险的收益。Fama 将其中风险承受能力分解为投资者承受风险能力和基金经理风险承受能力;证券选择能力又可以进一步分解为净选择能力和分散化能力。这样 (8.11) 式中的证券选择能力可以继续分解为

$$R_P - R_x(\beta_P) = [R_P - R_x\sigma(R_P)] + [R_x\sigma(R_P) - R_x(\beta_P)] \tag{8.12}$$

其中,$NS = R_P - R_x\sigma(R_P)$ 表示净资产回报率,代表了基金管理人的证券选择才能

为基金带来的收益部分。$D=R_x\sigma(R_P)-R_x(\beta_P)$ 表示为分散化带来的收益,代表了基金按照事后 SML 获取相对应于非市场风险的收益。

式(8.12)中的风险承受能力可以继续分解为

$$R_x(\beta_P)-R_f=[R_x(\beta_P)-R_x(\beta_\gamma)]+[R_x(\beta_\gamma)-R_f] \tag{8.13}$$

其中,β_γ 为投资者目标风险(Target risk),也即合适的市场风险。其中 $R_x(\beta_P)-R_x(\beta_\gamma)$ 表示为基金管理者人愿意承受更高系统风险证券组合投资所带来的收益;$R_x(\beta_\gamma)-R_f$ 表示为基金投资者愿意接受的风险所获取的收益。

Fama 业绩分解具体步骤如下:首先设定评估期,计算期间内周收益率时间序列 R_{Pt},期间收益率 R_P;R_f 为期间无风险组合收益;R_{xt} 为对应期间的市场基准组合周收益率时间序列,期间收益率为 R_x。然后,分别计算下列指标:

总超额收益率:$TR=R_P-R_f$

风险溢酬:$RP=[R_x(\beta_P)-R_f]$

证券选择回报率 TS 指标:$TS=[R_P-R_x(\beta_P)]=R_P-[R_f+(R_x(\beta_P)-R_f)]$

净资产回报率:$NS=R_P-[R_f+R_x\sigma(R_P)]$

分散化溢酬:$D=R_x\sigma(R_P)-R_x(\beta_P)$

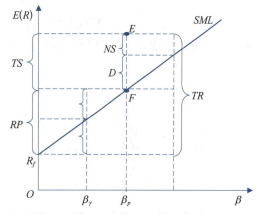

图 8-11 Fama 基金业绩分解图

最后,根据计算出来的各个指标进行基金间的横向比较,来反映基金管理人投资才能高低。

(二) 投资组合时机选择

评价投资组合的时机选择能力是衡量投资绩效的重要内容。Fama(1972)认为,基金业绩可以通过基金的两种预测能力进行分析,一是"微观预测"能力,指相对于各股票整体而言,预测个股的价格走势的能力;二是"宏观预测"能力,指预测整个股票市场的总体价格走势的能力。前者通常称为证券选择能力,后者称为市场时机把握能力。

关于投资时机选择能力的研究,主要有以下三个模型:即 T-M 模型(Treynor & Mazuy Model)、H-M 模型(Henriksson & Merton Model)和 C-L 模型(Chang & Lewellen Model)。

1. T-M 模型

Treynor 和 Mazuy(1966)是最早对市场时机把握能力研究做出显著贡献的学者。他们认为,如果基金能够预测市场收益,那么,当它认为市场收益高时,将持有更高比例的市场组合,反之,则会减少市场组合的持有比例。因此,组合收益和市场收益之间会呈现出非线性的函数关系。据此,他们建立了一个包含二次项的模型,用来检验基金的市场时机把握能力。

T-M模型认为,具备择时能力的基金经理应能预测市场走势,在多头时,通过提高投资组合风险水平以获得较高的收益;在空头时通过降低投资组合风险水平以避免较大的损失,因此特征线不再是有固定斜率的直线,而是一条斜率会随市场状况改变的曲线,回归模型为

$$R_{it} - R_{ft} = \alpha_i + \beta_1(R_{mt} - R_{ft}) + \beta_2(R_{mt} - R_{ft})^2 + e_{it} \tag{8.14}$$

式中,R_{it} 为基金在 t 时期的收益率;R_{ft} 为 t 时期的无风险收益率;α_i 为选股能力指标,β_1 表示为基金投资组合所承担的系统风险,β_2 为择时能力指标,e_{it} 为误差项。

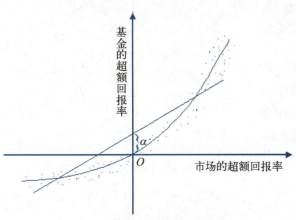

图 8-12　基金回报率与市场回报率关系的二项式回归模型

Treynor 和 Mazuy 认为,如果 $\beta_2 > 0$,表示市场多头走势时,即 $R_{mt} - R_{ft} > 0$,这时市场收益率大于无风险收益率。由于 $(R_{mt} - R_{ft})^2$ 为正数,因此,证券投资基金的风险溢酬会大于市场组合的风险溢酬;反之,当市场呈现空头走势时,证券投资基金的风险溢酬下跌幅度会小于市场投资组合风险溢酬的下跌幅度,这样,基金的风险溢酬仍会大于市场投资组合风险溢酬,因此选择 β_2 可用于判断基金经理的择时能力,β_2 越大,表明基金经理的择时能力越强。

$\alpha_i > 0$ 表明基金经理具备选股能力,这里 α_i 与 Jensen 指标的区别在于这里的 α_i 已对择时能力做了调整,将择时能力与选股能力明确分离。

2. H-M 模型

Henriksson 和 Merton(1981)提出了另一种相似但更简单的方法。Merton 首先在 1981 年发展了一种评价市场时机把握能力的非参数检验理论模型。该模型的基本思路是,基金经理要么预测股票市场收益高于无风险资产的收益,要么预测无风险资产收益高于股票市场收益,并不预测股票收益与无风险资产收益差别的大小;如果基金经理希望把握市场时机,他就会根据其预测情况,调整基金持有的市场组合和无风险资产的比例;通过对市场收益高于或低于无风险收益的条件概率进行分析,研究者即可判断基金是否具有市场时机把握能力。该模型的局限性在于,如果采用这种非参数检验模型来评价预测能力,研究者必须能够观察到基金实际的预测情况,但对于一般的研究者而言是很难做到的。Henriksson & Merton 延续了 Merton(1981)的思路,提出了一种市场时机把握能力的参数检验模型(以下简称 HM 模型),该模型的表达式为

$$R_{it} - R_{ft} = \alpha_i + \beta_1(R_{mt} - R_{ft}) + \beta_2(R_{mt} - R_{ft})D + e_{it} \tag{8.15}$$

与 T-M 模型的一样,H-M 模型的 β_1 表示为基金投资组合所承担的系统风险,β_i 为择时能力指标,e_{it} 为误差项,α 表示证券选择能力对组合收益的贡献。如果 β_2 显著高于

β_1,则表示期望的投资组合的上升 β 要高于下降 β,这表明基金经理具有市场时机把握能力。其中 D 就是一个虚拟变量,在市场上升时期($R_{mt}>R_{ft}$)其取值为零,在市场下降时期($R_{mt}<R_{ft}$)其取值为 -1。因此,市场上升时期参数 β_1 代表了投资组合的值。在这样一个时期,因为 $D=0$,所以回归方程将简化为

$$R_{it}-R_{ft}=\alpha_i+\beta_1(R_{mt}-R_{ft}) \tag{8.16}$$

图 8-13 的右半部分描绘了这一方程式所表示的特征线。而左半部分则描绘了在下降市场时期,即 $D=-1$ 时的特征线,其方程形式为

$$R_{it}-R_{ft}=\alpha_i+(\beta_1-\beta_2)(R_{mt}-R_{ft}) \tag{8.17}$$

TM 模型和 HM 模型都是基于 CAPM 基础建立的。近年来的实证研究表明,CAPM 在解释横截面股票收益时并没有涵盖各类风险因素,其有效性值得怀疑,学者们开始采用 Fama 和 French 三因素模型(以下简称 FF3)对上述模型进行改进(改进后的模型分别简称为 TM-FF3 模型和 HM-FF3 模型)。改进后的模型增加了 FF3 中零成本投资组合的小盘股组合超过大盘股组合的收益率,高 B/P(账面值市值比)股票组合超过低 B/P 股票组合的收益率。

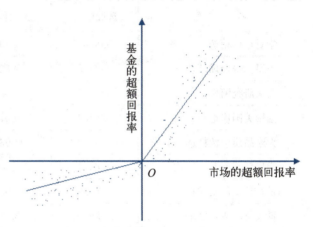

图 8-13 基金回报率与市场回报率关系的虚拟变量模型

上述模型都侧重于研究时机选择或者股票选择能力,但这两项能力往往是很难区分开来的,Grinblatt 和 Titman(1994)给出了基于 T-M 和 H-M 模型的择时选股能力检验。

对于 T-M 模型构造估计量:

$$\pi_i^{TM}=\alpha_i+\gamma_i^{TM}\left[\frac{1}{T}\sum_{t=1}^{T}(r_{mt}-r_{ft})^2\right] \tag{8.18}$$

对于 H-M 模型构造估计量:

$$\pi_i^{HM}=\alpha_i+\gamma_i^{HM}\left[\frac{1}{T}\sum_{t=1}^{T}Max(0,-(r_{mt}-r_{ft}))\right] \tag{8.19}$$

3. C-L 模型

在 1984 年,Chang 和 Lewellen(1984)在 H-M 模型的基础上进行进一步的变形和改进,提出了 C-L 模型。Chang 和 Lewellen 对 Heriksson 和 Merton 的基金整体绩效评估模型进行了改进,其所建立的回归模型为

$$R_{it}-R_{ft}=\alpha_i+\beta_1\min(0,R_{mt}-R_{ft})+\beta_2\max(R_{mt},R_{ft})+e_{it} \tag{8.20}$$

上式中的 β_1 为空头市场时的 β，β_2 为多头市场时的 β；$Min(0, R_{mt}-R_{ft})$ 代表选取零与 $(R_{mt}-R_{ft})$ 两者的最小值。通过 $(\beta_2-\beta_1)$ 的验定，可以判断基金经理的择时能力，如果 $(\beta_2-\beta_1)>0$，表示基金经理具备择时能力。

美国许多学者运用 T-M 模型、H-M 模型和 C-L 模型对美国的证券投资基金进行了多次的实证研究，均没有发现证明基金具有时机和证券选择能力的证据，关于以上基金经理的择时能力和选股能力评估模型的运用，主要是针对开放型证券投资基金进行的实证，显示出基金经理并不具备市场择时能力与选股能力，并将此归因于美国证券市场的有效性。

表 8-12 基于 T-M 模型的选股能力和选时能力(2014—2016)

名　　称	选股能力	选时能力	跟踪误差(%)	信息比率
华夏全球精选	0.000 1	−1.197 6	3.315 6	−18.153 3
中银标普全球精选	0.000 5	−0.639 5	4.085 6	−12.138 4
嘉实研究阿尔法	0.002 6	−1.004 4	1.149 8	21.112 5
国泰美国房地产开发	0.000 3	0.011 3	4.088 3	−9.448 5
大摩品质生活精选	0.009 3	−4.933 2	3.688 6	10.060 3
鹏华环保产业	0.005 4	−3.108 7	2.755 4	0.248 5
景顺长城优质成长	0.002 6	−2.050 6	2.927 6	−6.646 6
景顺长城成长之星	0.004 7	−3.019 3	2.785 8	−0.847 6
上投摩根核心成长	0.005 4	−2.340 6	2.537 1	12.596 1
富国城镇发展	0.009 0	−3.436 2	3.261 1	30.451 3
富国高端制造行业	0.006 3	−3.861 8	3.977 2	−4.108 3
上投摩根民生需求	0.004 0	−1.139 2	2.522 7	19.298 7
华安大国新经济	0.006 3	−3.150 9	3.337 1	5.798 2
安信价值精选	0.003 9	−0.618 6	1.621 6	36.076 9
景顺长城中小板创业板	0.008 7	−4.570 9	3.908 1	4.282 6
建信改革红利	0.004 8	−1.966 2	2.440 1	11.289 4
大摩进取优选	0.007 3	−4.187 8	3.383 6	−0.797 3
大成高新技术产业	0.007 6	−2.962 7	2.665 6	7.577 6
景顺长城研究精选	0.004 8	−3.058 8	3.027 5	−4.904 9
汇添富环保行业	0.009 0	−4.393 1	3.721 2	1.839 5
汇添富移动互联	0.006 7	−3.201 0	4.783 5	0.601 5
嘉实医疗保健	0.006 4	−3.663 8	2.935 2	−3.240 2
建信中小盘	0.005 1	−2.445 5	3.042 6	0.491 3

续　表

名　　称	选股能力	选时能力	跟踪误差(%)	信息比率
招商行业精选	0.004 5	−2.548 8	2.944 5	−2.379 9
嘉实新兴产业	0.004 4	−1.553 5	2.453 8	5.732 0
建信潜力新蓝筹	0.004 8	−2.517 9	2.657 3	−0.712 0
国富健康优质生活	0.004 3	−3.115 8	3.126 1	−8.092 5
鹏华先进制造	0.007 5	−3.234 8	2.992 1	4.610 8
鹏华医疗保健	0.009 8	−5.151 1	3.743 2	−0.854 4
工银瑞信高端制造行业	0.008 0	−5.188 0	4.001 0	−7.824 8

资料来源：wind。

专栏 8-2

基金仓位的估计和测算

基金的持仓数据是以季度为频率进行公布，因此，如何动态跟踪基金的持仓水平和结构，分析基金投资动向的就成为公众投资者分析基金投资的逻辑、基金的资产配置的投资决策参考。近年来，国内各主要证券研究机构纷纷成立基金研究中心，并向社会公众投资者公布基金仓位的估计测算结果而备受市场的关注。

针对基金仓位的估计问题，各家机构开发了不同的测算模型。例如国信证券采取复合指数方法测算基金仓位，在计算过程中用中证 100/200/500 指数的收益率分别代表大中小盘的平均收益率，将基金的收益率对复合指数收益率做多元线性回归，通过跟踪误差最小化，得出指数的对应系数，即为大中小盘的仓位，加总后为总仓位。估计方程为

$$R = \alpha + \beta' R_m + \varepsilon \tag{8.21}$$

其中 R 为开放式基金的收益率；R_m 为开放式股票型基金所投资的证券的收益率，由中证 100/200/500 指数的收益率向量替代；β' 即为所求权重向量，即监测的基金仓位。

在此，应用国信证券的思路，将仓位估计问题转化为以下最优：

$$Min \quad TE = \frac{1}{T} \sum_{t=1}^{T} \left(IR_t - \sum_{i=1}^{N} \phi_i XR_{i,t} \right)^2$$

$$S.T. \quad 0.6 < \sum_{i=1}^{N} \phi_i < 0.95 \ \& \ \phi_i \geqslant 0 \ for \ i = 1, 2, 3, \cdots, N \tag{8.22}$$

其中，TE 为某基金 T 个交易日内净值增长率与加权指数收益率之间跟踪误差的平均值（在此设 $T=20$）；IR_t 为第 t 期的基金净值收益率；$XR_{i,t}$ 为指数 i 第 t 期的收益率；$\sum_{i=1}^{N} \phi_i$ 为要估计的基金仓位。

通过以上模型对成立半年以上的开放式股票型基金的仓位估计结果如图 8-14 所示。

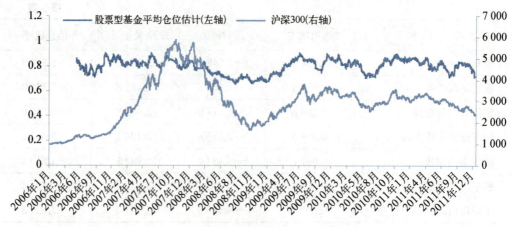

图8-14 开放式股票型基金仓位水平的估计

四、投资基金绩效的持续性

基金业的发展状况是证券市场是否成熟的标志之一,完善的基金评价体系是基金业可持续发展的重要内容之一,但静态的业绩评价结果仅代表基金在过去一段时间内的表现,单凭过去的表现也难以做出正确的投资决策,因此要对基金业绩的持续性特征即基金业绩可预测性加以研究。

(一) 投资基金绩效持续性问题的提出

投资基金绩效的持续性(performance persistence)是投资组合绩效评估的重要内容之一。简单地讲,基金业绩持续性就是指基金在一段时期内业绩是否连贯和保持一致性,基金过去的业绩是否能预测其未来的业绩,即前期业绩较好的基金在下一期仍然比较好,而前期业绩较差的基金在下一期仍然比较差的现象。

如果基金绩效没有持续性,那就不可能通过过去的绩效来对基金经理的未来表现对于估计。只有考察了基金在过去几年的业绩表现,我们才可以对基金经理未来的管理水平做出预测,我们才可以对资金在基金之间的转移做出判断。对基金持续性的研究可以方便投资者更好的选择有才能的基金经理。对于基金的过去绩效表现,究竟归功于基金经理的运气还是基金经理的才能,基金的历史业绩得到的评价结果是否在未来仍继续有效,这都需要对基金的业绩是否具有持续性做研究。

基金绩效的持续性对于基金未来的业绩增长有很重要的预示作用,基金业绩持续性问题研究也是基金业绩评价体系的一个重要组成部分,是对基金管理者管理能力的一种检验。基金业绩评价的结果仅能反映其过去的表现,而这支基金的业绩是否具有稳定性、基金经理人是否具有一贯的投资风格是我们关注的焦点。基金业绩的可持续性及可预测性是评价证券投资基金绩效的主要因素。基金业绩持续性的评价可以为投资者未来投资提供参考信息并指导投资决策,特别是对普通投资者而言,关心的不仅仅是过去的收益,更主要的是看其收益是否稳定而具有持续性,即前后两期业绩之间是否具有显著的相关性,如果有,就可以用过去的收益来对未来的收益进行预测,这样可以使投资收益最大化和提高投资效率。从基金管理公司角度看,评价基金业绩的持续性,有助于公司合理评估基金经理的投资水平和专业能力,为基金经理的薪酬制度和激励机制提供决策依据,也为基金管理公司聘用或解雇基金经理提供参考建议。基金业绩的持续性对于基金未来的业绩增长,进而对基金未来的市值变化有很重要的预示作用,而业绩持续性是一个比较难以量化的指标,持续性评价也对基金经理人的投资能力和基金经理人的运气做出了解释。

国外对于投资基金业绩持续性研究的文献众多,但研究结论分歧比较大。20 世纪 60—80 年代的研究大多认为,基金业绩没有表现出明显的持续性,但是 20 世纪 90 年代以来的研究则基本上认为基金的业绩确实存在一定的持续性,并从以下三个层面重点研究:(1) 业绩持续性的期限长短,即长期持续性或短期持续性;(2) 各种类类基金业绩的持续性问题;(3) 业绩持续性能否形成投资策略,即投资者能否利用基金业绩持续性,进行获取超额收益。这种策略其实在基金评级中获得极大程度的应用,如基金评级机构的评级结果对投资者的影响力日益增长,晨星公司的星号评级的预测能力日益得到投资者认可就是基金业绩持续性的实践应用。

(二) 基金业绩持续性的检验方法

研究基金业绩持续性,可以从不同的视野、层次和方位进行分类,一般基金业绩持续性可以分为绝对业绩持续性、相对业绩持续性;长期业绩持续性、短期业绩持续性等。基金业绩的持续性分析就是按照事件发生的时间顺序对基金的业绩座次进行分析,以检验前期表现较好的基金当期是否也有不俗的表现、前期表现较差的基金是否仍然没有提升自身的业绩,是对单个基金业绩的动态分析。早在夏普和詹森提出基金业绩的分析指标之时,有关基金业绩持续性的分析就已经开展。学术界对基金业绩持续性的实证研究成果较多,用到的研究方法主要有以下三种:(1) 基于基金输赢变化的卡方 χ^2 统计量检验;(2) 基于基金收益率排序的 Spearman 秩相关系数的检验;(3) 基金收益序列的自回归系数检验。

1. 基于基金输赢变化的双向表法

双向表(contingency table),又称列联表,实际上是一张简单的概率分布表,是一种对多只基金整体业绩的长期持续性进行检验的方法。如果基金一段时期的业绩表现分成赢(win)和输(lose)两类,定义在第 t 期内收益率高于中数的基金为"赢家",收益率低于中数的基金为"输家",每期都有各自的"赢家"和"输家"。双向表反映了第 t 期的"赢家"成为第 $(t+1)$ 期的"赢家"和"输家"的概率以及第 t 期的"输家"成为第 $(t+1)$ 期的"赢家"和"输家"的概率。对于同一只基金前后两期的业绩变化可以分别用 WW、WL、LW、LL 来表示。

N 个基金的收益率从最低 R_1 到最高 R_2 进行排序形成一个向量 $R=[R_1,\cdots,R_{0.5N},R_{0.5N+1},\cdots,R_N]$,以中位数为判断基准,收益率处于 $R_1,\cdots,R_{0.5N}$ 之间的基金,其为输家;而处于 $R_{0.5N+1},\cdots,R_N$ 之间的基金则为赢家。即 $L=[R_1,\cdots,R_{0.5N}]$,$W=[R_{0.5N+1},\cdots,R_N]$。在双向表中,WW 表示连续两个时期内基金均为"赢家",而 LL 表示在连续两个时期内均为"输家",WL 表示在 t 期为"赢家",而在 $(t+1)$ 期则为"输家"的基金,LW 表示在 t 期为"输家",而在 $(t+1)$ 期则为"赢家"的基金。

若基金绩效不存在持续性,则双向表中这四个概率相等;若基金绩效存在持续性,则双向表中的"赢—赢"概率将大于"赢—输"概率,"输—输"概率将大于"输—赢"概率。

对于基金业绩是否具有持续性,可采用交积比率(cross product ratio)CPR 和 χ^2 统计量来检验基金是否存在业绩持续性。

χ^2 独立性检验量具体公式为

$$\chi^2 = \sum_{ij} \frac{(n_{ij} - e_{ij})^2}{e_{ij}} \tag{8.23}$$

其中观察值个数为 n_{ij},观察的期望值为 e_{ij},χ^2 统计量在大样本条件下近似的服从自由度为 $(r-1) \times (c-1)$ 的 χ^2 分布,r 和 c 分别是行数和列数。

Fienberg(1980)提出的交积比率检验方法如下:

$$CPR = (WW \times LL)/(WL \times LW) \tag{8.24}$$

CPR 的取值范围是 $(0, +\infty)$。在业绩没有持续性的假设下,CPR 统计量将趋近于 1,CPR 越趋近于 0,说明持续性越不明显,CPR 越趋近于正无穷,说明持续性越强。交叉积比率检验是对各基金与基金平均水平相比的盈亏状况是否具有整体的持续性的检验,其实际上是一种绝对业绩和相对业绩相结合的持续性检验。

原假设(H_0):若基金业绩整体上没有持续性,则 WW,LL,WL,LW 的数目应该各占基金样本总数的 1/4,此时 CPR 应该等于 1,说明前期业绩无法预测后期收益;备择假设(H_1):CPR 大于 1,整体上具有业绩持续性。

如果检验结果交积比率 CPR 显著大于 1,排列期业绩与业绩期业绩有正相关性,也就是基金业绩有持续性;如果交积比率 CPR 显著小于 1,排列期的业绩与业绩期的业绩有负相关性,也就是基金业绩有反转性(见表 8-13)。

表 8-13 基于双向表法的基金业绩检验

排列期 \ 业绩期	W	L	Percentage Repeat-W WW/WL	CPR (WW*LL)/(WL*LW)	Z-test Ln(CPR)/σ
W	两期都是胜利者的个数 WW	胜利者变为失败者的个数 WL		大于1,有持续性;等于1,无持续性;小于1,有反转性	检验持续性或者反转性的显著程度
L	失败者变为胜利者的个数 LW	两期都是失败者的个数 LL			

Brown 和 Goetzmann(1995)认为,在样本较大且各观测值相互独立时,可以利用 CPR 的自然对数的标准差来构造统计显著性。方法如下:

$$\sigma_{\ln(CPR)} = \sqrt{1/WW + 1/LL + 1/WL + 1/LW} \tag{8.25}$$

此时,可以构造 Z 统计量进行检验,$Z = \dfrac{\ln(CPR)}{\sigma_{\ln(CPR)}}$,在观测值相互独立时,Z 值渐近服从均值为0,方差为1的正态分布。在给定显著性水平下进行检验,当 Z 值大于临界值即 $z > z_\alpha$,拒绝 H_0,认为基金业绩整体上具有持续性;否则,认为基金业绩整体上不具有持续性。

2. **单只基金业绩长期持续性的半期平均秩差检验**

半期平均秩差检验的思想是:如果基金业绩具有长期的持续性,那么,特定基金的业绩在基金全体中的排行应该保持在一个稳定的水平。将基金业绩的秩序列分为前后两段,如果待评价基金在两段的平均秩相等,或差别不大,则认为该基金的业绩排行稳定,相对业绩具有长期持续性;否则,认为其不具备长期持续性。

半期平均秩差检验的步骤如下:

(1) 将各周全部基金的净值超额收益排序,得到各基金业绩的秩系列;

(2) 将所得到的秩序列分为前后时间长度相等的两段,并分别计算其均值 $\overline{r_1}$ 和 $\overline{r_2}$;

(3) 当 $n \to \infty$ 时,假定基金业绩不具有持续性时,基金在某时点的秩 r 服从均值为 $(n+1)/2$、方差为 $(n^2-1)/12$ 的正态分布,即:$r \sim N((n+1)/2, (n^2-1)/12)$,从而半期平均秩差序列 $\overline{r_1} - \overline{r_2}$ 的分布为:$\overline{r_1} - \overline{r_2} \sim N\left(0, \left(\dfrac{n^2}{4} - 1\right) \bigg/ 3n\right)$。

依此,构造检验:H0 即假设 $\overline{r_1} \ne \overline{r_2}$;H1 即假设 $\overline{r_1} = \overline{r_2}$。

检验统计量:$\bar{d} = \overline{r_1} - \overline{r_2}$。

在原假设条件下 $\bar{d} \sim N\left(0, \left(\dfrac{n^2}{4} - 1\right) \bigg/ 3n\right)$。从而在一定的显著性水平下进行双尾检验,当 $\bar{d}$ 介于正负临界值之间时,拒绝原假设,认为基金相对业绩具有长期持续性,否则,认为没有长期持续性。

3. **基金业绩短期持续性的自相关检验**

基金业绩短期持续性的自相关检验是通过检验基金超额收益序列的自相关是否显著来对基金持续性进行检验的。序列的 k 阶自相关系数指序列自身同其滞后 k 期序列间的相关系数,表示原序列同滞后序列间相关程度的大小。计算公式为

$$r_k = \frac{\sum_{i=1}^{n-k}(x_i - \bar{x})(x_{i+k} - \bar{x})}{\sum_{i=1}^{n}(x_i - \bar{x})^2} \tag{8.26}$$

式子中,n 为样本数据个数,k 为滞后期,$\bar{x}$ 为样本数据平均值。

当 $n \to \infty$ 时,随机序列自相关系数的分布近似于以 0 为均值,$1/\sqrt{n}$ 为标准差的正态分布。m 个独立 $N(0,1)$ 随机变量的平方和服从自由度为 χ^2 的分布。

依此,构造检验:H0 即假设序列不存在自相关;H1 即假设序列存在自相关。检验统计量 Q_m 表达为

$$Q_m = \sum_{k=1}^{m}(\sqrt{n}\, r_k)^2 = n\sum_{i=1}^{m} r_k^2 \tag{8.27}$$

其中,n 为样本数据个数,m 为最大时滞。

在原假设下，检验统计量 Q_m 服从自由度为 m 的 χ^2 分布。从而在一定的显著性水平下进行单尾检验。若能通过检验，则要进一步看各阶自相关系数的符号来判断基金是否具有持续性。当各阶自相关系数都为正时，可认为基金的绝对业绩具有短期持续性，而当有负的自相关出现时，仍不能认为基金业绩具有短期持续性。

(三) 中国基金业绩的持续性检验

随着中国证券投资基金规模的快速发展，国内学者对基金业绩持续性检验越来越多。如倪苏云、肖辉和吴冲锋(2002)计算了22只封闭式基金在1999年10月—2001年11月的风险调整收益，采用横截面回归方法对基金短期业绩持续性进行了实证分析，发现在市场单边上升阶段基金业绩没有表现除持续性，而在包含上升和下跌的整个样本区间内，出现反转现象。何龙灿、顾岚(2003)应用半期平均秩差检验、基于双向表法的交积比率法对2000年1月—2002年9月中国20只基金为样本业绩长期持续性进行了检验；应用收益自相关检验法对基金短期业绩持续性进行检验。吴启芳、汪寿阳和黎建强(2003)采用横截面回归方法考察了40只封闭式基金在1999年1月—2003年6月的相对业绩与绝对业绩，发现无论历史收益期的长短，基金业绩经常出现反转，同时发现排名期在6—12个月时有一些持续性。杨义灿和茅宁(2003)利用列联表方法考察了2000年1季度到2003年1季度所有封闭式证券投资基金的原始收益率，发现我国基金不存在业绩持续性。

1. 基于双向表法的交积比率法检验

刘建和、韦凯升应用交积比率法检验了国内2004年存在的全部封闭式基金的业绩持续性。表8-14列示数据为在相邻的每年收益率为依据的列入赢方一组和列入输方一组的基金数量及所占百分比，同时也列示了从1999—2004年以一年为时间间隔的综合数据。从收益率方面看，对于列入赢方的一组基金来说，除了1999—2000年这一检验期间外，在本期列入赢方的基金在下一期列入赢方的可能性比下一期列入输方的可能性大。从对比的结果来看，赢方持续在下一期列入赢方的可能性一般大于50%，而输方在下一期也列入输方的百分比也都大于40%，这说明封闭式基金存在着一定的业绩持续性表现，但这种现象呈现逐步趋于均化，即趋向于无业绩持续性表现这种状态。在此值得注意的是，χ^2 检验值保持在较低水平，这说明封闭式基金的业绩持续性的可靠程度不高；另一方面，在大部分的时间段内，χ^2 值体现出一定高低不稳定特征，这从侧面也验证了基金持续性检验效果并不理想。

表8-14 基于双向表法的基金业绩检验结果

		2000年		
		赢方	输方	
1999年	赢方	2(33.33%)	1(66.7%)	$\chi^2 = 0.83$
	输方	2(100%)	0(0%)	
		2001年		
		赢方	输方	
2000年	赢方	7(70%)	6(60%)	$\chi^2 = 0.22$
	输方	6(60%)	4(40%)	

续　表

2001 年	2002 年		
		赢方	输方	
	赢方	9(56.25%)	7(43.75%)	$\chi^2 = 0.02$
	输方	10(58.82%)	7(41.18%)	
2002 年	2003 年		
		赢方	输方	
	赢方	15(62.5%)	9(37.5%)	$\chi^2 == 2.18^*$
	输方	10(41.67%)	14(58.33%)	
2003 年	2004 年		
		赢方	输方	
	赢方	14(51.85%)	13(48.15%)	$\chi^2 = 0.07$
	输方	13(48.15%)	14(51.85%)	
	综合结果		
		赢方	输方	
	赢方	47(58.75%)	33(41.25%)	$\chi^2 = 0.15$
	输方	41(51.25%)	39(48.75%)	

注：*表示 5% 水平上显著。

2. 基于半期平均秩差方法的基金业绩长期检验

何龙灿、顾岚(2003)应用半期平均秩差检验对 2000 年 1 月—2002 年 9 月 20 只基金为样本业绩长期持续性进行了检验。计算样本基金的 $\bar{d}$ 统计量。

由于该检验方法的检验统计量 $\bar{d} = \bar{r}_1 - \bar{r}_2 \sim N\left(0, \left(\frac{n^2}{4} - 1\right)\big/3n\right)$，这里，$n = 20$，因此 $\bar{d} \sim N(0, 1.65)$。在 5% 的显著性水平下，该检验的临界值为 ±2.52。

从表 8-15 的检验结果显示，全部样本基金的统计量都介于 ±2.52 之间，落在接受域内，因此可认为各样本的业绩存在长期持续性。

表 8-15　基于半期平均秩差检验结果

基金名称	$\bar{d}$ 统计量	基金名称	$\bar{d}$ 统计量
基金安顺	−0.939 4	基金景阳	1.000 0
基金安信	−0.833 3	基金开元	−1.439 4
基金汉盛	0.871 2	基金普丰	−0.909 1
基金金泰	−0.666 7	基金普惠	0.636 4
基金金鑫	−0.530 3	基金泰和	0.515 2
基金景博	0.303 0	基金开元	−1.348 5
基金景宏	−0.151 5	基金同盛	−0.393 9

续　表

基金名称	$\bar{d}$ 统计量	基金名称	$\bar{d}$ 统计量
基金同益	−0.984 9	基金裕隆	1.212 1
基金兴和	0.621 2	基金裕阳	−0.212 1
基金兴华	2.166 7	基金裕元	1.083 3

3. 基于自相关的基金业绩短期检验

应用上述案例的数据,何龙灿、顾岚(2003)运用收益自相关检验法对 20 只基金的短期业绩持续性进行检验。在检验过程中,对 20 只基金的超额收益分别计算最大滞后 4 期的自相关系数,即 $m=4$,并计算各期的 Q 统计量,计算结果见表8-16。从统计结果看,各基金收益的自相关系数非常小。取显著性水平为 0.05%,则通过查 χ^2 分布表到 $\chi^2_{0.95}=9.488$。除基金天元得 Q 统计量(9.619 2)大于临界值外,其他基金的 Q 统计量均小于临界值(见表 8-16)。这表明,在 0.05% 的显著性水平上,除基金开元外,其他基金都不具备显著性的短期绝对业绩的持续性。同时,基金开元的各阶自相关系数为正,说明基金开元具有显著的短期绝对业绩持续性。

表 8-16　基金收益自相关性的检验结果

基金名称	滞后 1 期	滞后 2 期	滞后 3 期	滞后 4 期	Q 统计量
基金安顺	0.025 3	0.126 2	0.224 0	0.033 0	9.023 0
基金安信	0.067 8	0.129 2	0.218 7	0.011 9	9.207 7
基金汉盛	0.060 5	0.051 8	0.149 6	0.034 0	3.973 8
基金金泰	0.096 6	0.238 0	0.151 91	0.091 3	5.494 8
基金金鑫	0.078 5	0.094 2	0.056 0	0.143 3	5.149 8
基金景博	0.085 5	0.023 3	0.115 2	0.000 1	2.808 1
基金景宏	0.093 5	0.054 0	0.145 0	0.048 7	4.663 5
基金景阳	0.212 6	0.120 7	0.006 1	0.032 2	9.001 2
基金开元	0.104 8	0.123 3	0.098 5	0.161 6	8.247 7
基金普丰	0.036 0	0.007 4	0.230 8	0.082 0	8.157 5
基金普惠	−0.010 0	−0.004 0	0.201 5	0.039 9	5.627 4
基金泰和	0.076 5	0.048 9	0.060 8	0.088 4	2.627 4
基金开元	0.062 7	0.207 9	0.085 3	0.133 7	2.626 3
基金同盛	0.068 2	−0.074 2	0.148 7	0.001 4	9.961 9
基金同益	0.018 8	0.005 5	0.191 2	0.042 9	4.290 0
基金兴和	0.040 6	0.073 6	0.149 3	0.114 4	5.157 4
基金兴华	0.037 0	−0.005 5	0.095 9	0.094 9	5.644 0

续 表

基金名称	滞后1期	滞后2期	滞后3期	滞后4期	Q统计量
基金裕隆	0.100 8	0.126 4	0.164 2	0.060 2	2.607 7
基金裕阳	0.075 3	0.095 7	0.186 0	−0.001 7	7.540 2
基金裕元	0.125 9	0.181 4	0.106 9	0.083 2	6.575 5
平 均	0.072 8	0.070 9	0.142 3	0.064 8	—

案例分析

晨星公司基金业绩评价体系

1. 引言

成立于1984年的晨星公司(Morning star Inc.)是美国著名的基金评级公司，它的评级结果对基金投资具有举足轻重的作用。与其他基金评级公司不同，晨星是一家非上市的私人公司，不隶属于任何其他公司。晨星主要定位于为基金投资者提供服务方面，它主要侧重于对基金本身，而非对基金管理公司的评价上。在美国，晨星并不是最早从事基金评级的公司，但目前已成为在投资者中最具影响力的基金评级机构。在评估方式上，美国两家最具影响力的基金评估机构——晨星公司和标普Micropal公司各有侧重。晨星侧重于对基金业绩量化指标的评价，采用"向后看"的评价方法，即对基金的历史业绩进行风险调整，最终确定其评级结果；而标普Micropal公司力图将对基金管理公司本身的评价，融入对基金表现的综合评价中，它除对基金进行分析评价外，还会对被评价的基金管理公司进行评级。目前，基金评估公司对美国共同基金业发展的影响越来越大，每年进入证券市场90%的增量资金都流向了被权威评估机构评为四星或五星的基金。

美国晨星公司的基金评估体系是国际上也是较成功的，下面我们主要介绍晨星评价体系及其在国内的实践。

2. 美国晨星公司对基金业绩的评价框架

晨星评级体系主要包括以下六大方面：业绩表现(performance)、风险分析(risk analysis)、风险校正评级(Morningstar risk-adjusted rating)、现代投资理论指标(MPT statistics)、投资风格分析(investment style)和其他项目。

晨星公司基金评级系统采用星级评级制(1—5星)。根据基金过去的月收益数据，晨星公司给出该基金过去1年、3年、5年和10年的评级（至少拥有过去36个月收益数据的基金才能进入晨星的评级系统）。并根据过去不同时期的评级，综合计算出该基金的总评级(overall star rating)。简单来讲，晨星公司需要对基金的收益和风险分别评级，而后计算收益评级和风险评级的差额，并根据差额的大小把基金评定在5个不同的星级中。

3. 晨星基金评级的计算方法

晨星公司对共同基金所作的典型评级，主要包括以下几项内容。

(1) 业绩表现(Performance)。

需要对基金各年分季度的收益率情况以及全年的收益率情况比较,此外还针对基金的买卖可能发生的费用、税收进行校正,与各种市场指数进行比较,与同类型基金进行比较并排名等。

(2) 风险分析(Risk Analysis)。

晨星公司对风险的衡量采用自己特有的相对风险分析方法,具体做法如下:

第一步:将基金每月净值增长率减去90天国库券收益率,得到基金每月相对于国库券的超额收益率,然后对考察期间数值为负的超额收益率求取平均值,即R1。该指标称为基金的下行风险指标(Downside risk)或称平均亏损指标(Mean shortfall)。

第二步:对所有同类基金进行同样的处理,求取所有同类基金的下行风险指标(Downside risk)的平均值,即R2。

第三步:将单个基金的下行风险指标除以同类基金下行风险指标的平均值,即R1/R2,得到单个基金的相对风险指标,即R3。如果该指标高于1.00,这表明该基金的风险比同类基金风险高,低于1.00则相反。

第四步:对单个基金的相对风险指标与同类其他基金进行比较,并得出百分位排名R4。

第五步:对市场上所有的基金进行同样的处理,可以得到单个基金相对于所有的基金的相对风险指标排名R5。

(3) 风险校正评级(Morningstar Risk-adj Rating)。

晨星公司采用风险校正评级方法,同时将基金业绩与风险统一成一个指标,根据指标高低将基金评为五个级别,称为星级评定。具体做法如下:

第一步:针对考察期(一般为1年、3年、5年、10年),计算基金每月的超额收益率,然后求取考察期间平均超额收益率(X1)。

第二步:针对考察期,计算同类基金平均超额收益率的均值(X2)。

第三步:选定除数。将考察期同类基金平均超额收益率的均值与90天国库券的收益率X3进行比较,选其数值大者为除数,即MAX(X2,X3)。

第四步:对单个基金,将其考察期间平均超额收益率与除数相除,即X1/MAX(X2,X3),得到单个基金相对收益评分X4。

第五步:将单个基金相对收益评分X4与上面所得到的单个基金风险相对指标R3相减,得到单个基金评级指标,即X5。

第六步:对所有同类基金进行上述处理,然后将所有同类基金根据评级指标进行百分比排名,确定单个基金的星级X6。星级划分标准如表8-17:

表8-17 晨星评级系统的5种级别评定标准

星　级	X5所处百分比区间	收益在同类比较	风险在同类比较
*****	1—10	最高或高	最低或低
****	10—32.5	中高	中低

续　表

星　级	X5所处百分比区间	收益在同类比较	风险在同类比较
***	32.5—67.5	中	中
**	67.5—90	中低	中高
*	90—100	最低或低	最高或高

晨星公司对各基金1年、3年、5年、10年的历史表现,分别进行上述评级并列出。一般来说,晨星公司以最近三年的星级为标准,评定公司级别,并在"同类评级"(Category Rating)用圆形图标出。时间低于3年的基金不予评级。最后,还会根据过去所有历史时期星级情况,计算历史星级平均数。根据华尔街日报近期做的调查,投资者的投资主要集中在拥有4星、5星评级的基金(而3星以下基金则完全是资金净流出的)。另外,基金在行销的过程中也要借助评级来促进市场知名度和影响力,晨星评级是国外基金的广告行销中肯定要刊载的内容。

4. 晨星基金评级方法的两个缺陷

根据现有的实证研究,发现一种矛盾的现象,一方面,晨星评级对资金投向影响巨大(获得5星评级或者升级为5星评级的基金,将在其后的7个月中获得超常资金流入);另一方面,晨星评级与日后的基金业绩表现没有明确的关系。造成这种现象无非两个原因:一是历史表现并不能完全有效地预测未来表现(晨星评级完全依赖历史数据);二是晨星评级本身存在着某种偏差(评级并不能完全反映业绩)。

晨星评级是一个完整的评级体系,在晨星评级体系中,总星级评级(overall rating)是最为投资者所关注的,但恰恰是这个评级指标存在着相当的缺陷。我把这个指标上的缺陷分为两种:一种是评级赋权方法上的缺陷;另一种是对比基准的缺陷。

(1) 评级赋权方法的缺陷　晨星总评级是对过去不同时段评级的加权平均,并对加权平均结果进行四舍五入。这种赋权方法会导致两种误差。一种是平均作用带来的误差,一种是四舍五入的进位制导致的误差。

平均作用带来的误差:由于晨星总评级是对基金过去不同时段(3年、5年和10年)评级的加权平均。那么,在平均作用的影响下,基金的存续期越长,基金就越不可能得到5星评级(或者是1星)。例如,一个存续期超过10年的基金,除非在过去的3年、5年和10年中都得到5星(或者是1星),否则它是无法得到5星总评级(或者是1星总评级)。而一个存续期不足5年的基金,只要过去3年的评级为5星(或者是1星),它的总评级就是5星(或者是1星)。而我们知道,这两个不同存续期的基金所获得的5星评级(或者1星评级)的信息量是不同的。换句话说,存续期越长的基金,越可能得到中庸的评级,而存续期越短的基金,越可能得到极端的评级(5星或1星)。在这种情况下,如果仅考虑总评级星级,而不考虑这个星级的覆盖时段,会导致偏差。

晨星评级中的进位制所导致的。而非对称会导致长期基金的评级偏离实际业绩。长期基金对业绩变化的不对称反应不是一个小问题,它会导致长期基金的平均总评级偏高,而这种偏高的评级并不是由于业绩好带来的,而仅是由于评级方法导致的(尽管长期基金比短期基金更容易得到中庸的总评级,但它的评级平均值却高于短期基金)。表五统计了不同存续时间的基金的平均评级分,显然,长期基金的平均评级确实高于中、短期基金。

(2) 评级基准的缺陷 晨星在对美国基金评级时,没有把不同的基金分开。而美国基金可以细分为三类:全市场股票基金、行业基金和混合基金(混合基金可以投资可转债)。这三类基金有着不同的投资对象和风险收益特征,如果将它们混在一起进行评级,势必混淆对不同类型基金的正确判断。

如果投资者同时投资于美国国内的各个类型基金,晨星的评级方法并没有什么问题。但大量的投资者只投资于全市场股票基金(出于风险收益特征或税收地位的考虑),这时采用晨星的评级标准会给人们造成一种全市场投资股票基金业绩偏好的错觉。

如果剔除行业基金和混合基金的样本,对全市场股票基金进行单独评级,则全市场股票基金获得5星、4星评级的比例下降(5星、4星的基金个数下降了34和53个),获得2星、3星评级的比例提高。对于仅投资全市场股票基金的投资者来说,剔除行业和混合基金样本后的评级更真实。

评级基准是基金评级中特别需要考虑的问题,由于不同类型的基金存在着系统性差异,以全部样本基金作为评级基础并不合适,特别是当投资者的投资对象仅仅局限于某一类型基金的时候,以全部基金作为对比基准会产生系统性偏差。

代码	基金名称	基金分类	晨星评级(三年)	晨星评级(五年)	净值日期	单位净值(元)	净值日变动(元)	今年以来回报(%)
540006	汇丰晋信大盘股票A	股票型基金	★★★★★	★★★★★	2017-05-19	2.7902	0.0078	8.19
163110	申万菱信量化小盘股票(LOF)	股票型基金	★★★★★	★★★★★	2017-05-19	2.5185	-0.0029	-5.89
000478	建信中证500指数增强	股票型基金	★★★★★	★★★★★	2017-05-19	2.2173	0.0003	-2.76
000471	富国城镇发展股票	股票型基金	★★★★★	★★★★★	2017-05-19	1.8800	-0.0100	-6.37
450009	国富中小盘股票	股票型基金	★★★★★	★★★★★	2017-05-19	1.5460	-0.0040	4.53
000457	上投摩根核心成长	股票型基金	★★★★★	★★★★★	2017-05-19	2.0870	-0.0110	16.59
310318	申万菱信沪深300指数增强	股票型基金	★★★★★	★★★★★	2017-05-19	2.0113	-0.0001	4.15
160716	嘉实中证锐联基本面50指数(LOF)	股票型基金	★★★★★	★★★★★	2017-05-19	1.2797	0.0036	5.46
100032	富国中证红利指数增强	股票型基金	★★★★★	★★★★★	2017-05-19	1.1500	0.0050	6.72
159916	建信深证基本面60ETF	股票型基金	★★★★★	★★★★★	2017-05-19	2.9233	0.0188	11.24
000311	景顺长城沪深300指数增强	股票型基金	★★★★★	★★★★★	2017-05-19	2.0130	-0.0030	8.17
162213	泰达宏利中证财富大盘指数A	股票型基金	★★★★★	★★★★★	2017-05-19	1.2390	-0.0005	6.29
159910	嘉实深证基本面120ETF	股票型基金	★★★★★	★★★★★	2017-05-19	1.4664	0.0077	8.23
110022	易方达消费行业股票	股票型基金	★★★★★	★★★★★	2017-05-19	1.7250	0.0160	22.08
530015	建信深证基本面60ETF联接	股票型基金	★★★★★	★★★★★	2017-05-19	1.5392	0.0091	10.40
161227	国投瑞银瑞福深证100指数(LOF)	股票型基金	★★★★★	★★★★☆	2017-05-19	0.8870	0.0000	1.72
159905	工银深证红利ETF	股票型基金	★★★★★	★★★★★	2017-05-19	1.2923	0.0090	10.99

资料来源:晨星中国网站　www.cn.moningstar.com。

图 8-15　截至 2017 年第 1 季度末部分公募基金产品的晨星评价

5. 国内基金评价框架的实践与对我国基金评价的启示

国际著名基金评估机构晨星公司进入我国开展业务的计划已付诸实施,国内外其他评级机构也跃跃欲试,瞄准着中国基金评估市场巨大的商机。我国许多有识之士也意识到了基金评级制度的重要,有一些券商和机构也尝试建立基金评级体系,其中银河证券基金研究评价中心、北京天相投资顾问公司等逐渐在业内形成一定影响,并主要借鉴美国晨星公司的评级方法。应该说,晨星的评级方法有其科学性,但该方法本身也有一定的缺陷,为未来建立我国的基金评级体系提供借鉴。

表 8-18　截至 2017 年第 1 季度末部分公募基金产品的银河证券基金中心评价

基金代码	基金名称	3 年评级	较上期	近1年趋势	5 年评级	较上期	近1年趋势
000041	华夏全球精选	★★	→	下降	★★★	↑1	震荡
020011	国泰沪深 300	★★★			★★★		
020021	国泰上证 180 金融 ETF 联接	★★★★			★★★		
040002	华安 MSCI 中国 A 股	★★			★★★		
040018	华安香港精选	★★★	↓1	震荡	★★★★	→	震荡
040021	华安大中华升级	★★★	↓1	下降	★★★★★	↑1	
040180	华安上证 180ETF 联接	★★★★			★★★★		
040190	华安上证龙头 ETF 联接	★★★★			★★★★		
050002	博时裕富沪深 300A	★★★★★			★★★★★		
050013	博时超大盘 ETF 联接	★★★★			★		
050015	博时大中华人民币	★	↓2	震荡	★★★★	↑1	上升
050021	博时深证基本面 200ETF 联接	★★★★★			★★★★★		
070023	嘉实深证基本面 120ETF 联接	★★★★★			★★★★★		
090010	大成中证红利	★★★★★			★★★★★		
090012	大成深证成长 40ETF 联接	★			★		
100032.OF	富国中证红利	★★★★★			★★★★★		
100038.OF	富国沪深 300	★★★★★			★★★★★		
100053.OF	富国上证综指 ETF 联接	★★★★			★★★		
110003.OF	易方达上证 50	★★★★			★★★★		
110019.OF	易方达深证 100ETF 联接	★★			★		
110021.OF	易方达上证中盘 ETF 联接	★★★			★★★		

续表

基金代码	基金名称	3年评级	较上期	近1年趋势	5年评级	较上期	近1年趋势
110022.OF	易方达消费行业	★★★★	↑1	上升	★★★★		
110026.OF	易方达创业板ETF联接	★			★★★★★		
110031.OF	易方达恒生H股ETF联接人民币	★★	→	低位			
110032.OF	易方达恒生H股ETF联接美元现汇	★	→	低位			
118001.OF	易方达亚洲精选	★		低位	★	→	低位
118002.OF	易方达标普消费品人民币	★★★	→	下降			
159901.SZ	易方达深证100ETF	★★			★★		
159902.SZ	华夏中小板ETF	★			★★★		
159903.SZ	南方深成ETF	★			★		
159905.SZ	工银瑞信深证红利ETF	★★★★★			★★★★		

本 章 小 结

本章首先从共同基金类型和产品创新出发,对不同基金类型进行分析,同时对近年来国内市场的创新型基金产品ETF和分级基金进行剖析。在此基础上,按照晨星投资风格箱(Morningstar Style Box)方法,对基金投资风格分类和筛选标准进行阐述,并对证券市场的投资管理风格漂移现象进行介绍。接下来,本章着重对基金投资组合绩效评价进行分析,介绍了投资组合绩效评价的经典模型,这包括投资组合绩效评价单因素和多因素经典理论。在此基础上,本章对投资基金业绩持续性作重点分析,阐明了基金投资业绩持续性的重要性及其评价方法。在本章案例部分,我们重点介绍了晨星公司(Morning Star)基金业绩评价体系在基金评价中的具体实践和应用。

重 要 概 念

共同基金 封闭式基金 开放式基金 交易所基金(ETF) 分级基金 新晨星风格箱 投资风格漂移 夏普比率 特雷诺比率 詹森指数 M^2测度 择时能力 选股能力 T-M模型 H-M模型 C-L模型 投资绩效持续性

习题与思考题

1. 封闭式基金为何出现折现现象?如何理解"封闭式基金折价之谜"?
2. 与共同基金相比较,交易所交易基金(ETF)有何优点?
3. 以国内某分级基金为例,说明分级基金如何实现基金收益的结构化分配。
4. 什么是晨星投资风格箱(Morningstar style box),方法如何对基金投资风格划分?
5. 什么是基金投资管理风格漂移?基金风格漂移是否提升投资绩效?
6. 基金业绩评价的单一参数度量模型主要有哪些指标?简述其各自计算方法和优缺点。
7. 简述多因素绩效评估模型的主要指标、计算方法和优缺点。
8. 如何利用 Fama 分解对投资组合的绩效进行有效分解?
9. 如何测度基金经理的选股能力和择时能力?
10. 基金业绩持续性的检验方法主要有哪些?如何应用这些检验方法进行业绩持续性评价?

第九章

资产配置与投资策略

学习目标

资产配置实质是指根据投资者的不同风险偏好,将投资资金在不同资产进行有效分配,从而达到一定投资目的的过程。本章重点从资产配置出发,分析投资者不同风险偏好前提下的资产配置决策程序和配置战略选择。通过本章学习,能够达到以下要求:

1. 掌握资产配置导向、程序及其策略选择。
2. 掌握大类资产配置战略思路、配置方法和投资策略,把握经济周期与资产配置作用机制。
3. 掌握投资组合管理策略、积极投资策略与消极投资策略。
4. 掌握投资风格策略、价值股策略、成长股策略与 GARP 策略。

第一节 资产配置

一、资产配置及其演变阶段

在第二章中,我们介绍了如何应用单个资产构建有效组合,使其在一定的风险水平上获得最大的期望值。其实,马科维茨组合最优化理论加上风险和期望收益率因素模型,就可以帮助投资者构造出理想的股票组合。

然而,在金融市场不断深化的今天,投资者面对不同的金融市场,根据投资需求将投资资金在股票、债券、衍生工具和现金等不同类别之间进行分配。而在基本资产类别之间而不是在同一类别内单个资产之间的投资决策就称为资产配置(asset allocation)。资产配置实质是一种风险管理策略,基于投资者的投资目标、风险偏好或风险承受能力不同,平衡可投资品种(现金、股票、债券、衍生品)的风险-收益特征来减少市场波动对投资组合的影响。

当然,资产配置作为一种风险管理策略并不是一种固定不变的模式。尤其随着金融市场发展和投资者风险管理水平的提高,资产配置的发展历程在不断演化,与之相对应的配置资产也呈现不断变化。具体而言:

第一阶段:始于20世纪30年代到80年代的传统模式,资产配置主要包括股票、债券和现金。在这一阶段,许多投资者开始受到资产配置观念的影响,作为这个过程的一部分,他们兼收并蓄了多种多样的投资策略,包括大盘、中盘和小盘股票,价值型和成长型的投资风格。对于许多投资者来说,债券也被纳入进来作为实现资产配置分散化的重要方式。在这一投资指引下,其经典的投资原则是资产组合包括把60%股票、30%债券和10%现金。

第二阶段:自20世纪80年代中至末期开始,资产配置除传统资产外,还包括海外资产和其他资产。随着金融市场环境的变化,投资者在关注传统资产类别的同时,越来越倾向于一些类似于股票的另类资产,开始把部分资产转投至风险投资基金、房地产、杠杆买断交易(LBO)、石油及天然气投资项目以及国际和新兴市场股票及债券等。

第三阶段:20世纪90年代以后,进一步将绝对收益策略纳入资产配置。在这一阶段,专业投资者和个人投资者的资产配置范围已演变至包括各式各样的专业投资策略(一般通过基金或专业管理账户进行),即所谓"市场中立"和"绝对回报"策略。在股票市场领域,包括认股权证和可转换股套利、封闭式对冲基金和交叉拥有权套利、混合证券套利、及其他涉及衍生工具的投资技术策略。在固定收益市场方面,包括期货、掉期安排、信贷风险和收益曲线图错位定价及附带和明确期权技术策略等。

二、资产配置的重要性:70∶20∶10的思维模式

在任何一个具体的证券选择的决定做出之前,投资者必须有一个相对明确的资产配置的决策。因此,资产配置是投资决策的重要环节。对于多数的专业投资者而言,资产配置意味着:(1)计算各种不同资产的收益率、标准差和相关性;(2)运用这些变量进行均值-方差最优化从而选择不同风险收益率的资产组合;(3)根据投资者的投资目标、历史、偏好、限制以及其他因素,分析和执行备选的某一资产配置方案。

其实,对于广大投资者而言,资产配置不仅仅意味着对不同资产收益、标准差和相关性进行数学的最优化运算,而且具有更为深远的意义。布林森等人(Brinson et al.,1991)的研究表明,他们通过对82家大型的、拥有多元化资产的美国养老基金1977—1987年的投资组合样本进行分析后,发现投资收益差异的91.5%来自资产配置决策,决定基金总回报波动中的大部分可由投资管理过程中的波动解释——时机、证券选择和资产配置决策。

可见,"自上而下"的战略性资产配置程序有助于投资者把握对投资结果影响最重大的因素:资产分配和子资产分配决策。研究表明,收益变化的70%源自资产分配,20%源自子资产分配,10%源于自选股。根据这项研究,可以将资产配置的战略思路归纳为70∶20∶10的思维模式。

为说明资产配置差异性在中国证券市场的存在,在此应用华夏基金管理公司旗下的基金2008年1—10月的业绩表现进行说明。从表9-1可见,不同资产配置类型的基金业绩在2008年出现了显著性差异。

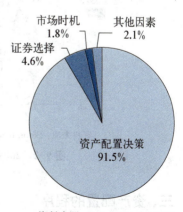

资料来源:Brinson et al.,1991。

图9-1 美国养老基金在1977—1987年期间业绩贡献分解

表 9-1 华夏基金旗下基金的业绩差异性

名 称	年化收益率(%)	投资类型	名 称	年化收益率(%)	投资类型
华夏债券 AB	10.114 333 81	债券型	华夏红利	−41.982 895 73	混合型
华夏希望债券 A	9.842 317 171	债券型	华夏复兴	−42.885	股票型
华夏债券 C	9.659 037 381	债券型	华夏蓝筹核心	−46.235 9	混合型
华夏希望债券 C	9.506 892 635	债券型	华夏行业精选	−46.744 1	股票型
华夏现金增利	3.955 844 635	货币市场型	华夏成长	−46.975 5	股票型
华夏策略精选灵活配置	1.223 482 796	混合型	华夏全球精选	−47.613 6	股票型
			华夏优势增长	−47.691 7	股票型
华夏回报	−27.989 300 54	混合型	基金兴和	−48.516	股票型
华夏回报 2 号	−35.081 764 25	混合型	华夏平稳增长	−54.493 4	混合型
华夏大盘精选	−39.093 001 98	股票型	华夏中小板 ETF	−55.754 1	股票指数型
基金兴华	−40.135 224	股票型	华夏上证 50ETF	−65.696 7	股票指数型

数据来源:Wind。

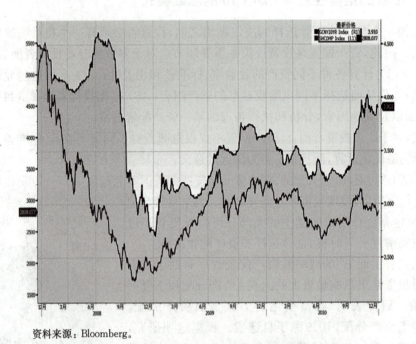

资料来源:Bloomberg。

图 9-2 2008 年 1—10 月,上证指数与我国国债到期收益率

三、资产配置的程序

在构建投资组合过程中,投资经理不仅要考虑组合构成中的股票和债券部分,而且还必须决定在整个投资组合中不同资产的合理构成。

投资者如何选择资产进行投资组合配置,通常需要首先考虑以下两个条件:(1)资本市场条件;(2)投资者的目标和限制条件。结合这些条件构建的投资组合才能更好的满足投资者的需要。在构建投资组合的过程中应该注意到,投资者的目标和限制条件及资本市场都会发生变化。因此,需要根据更新的投资者需求和资本市场的预期随时对组合进行调整,以求得最优组合。

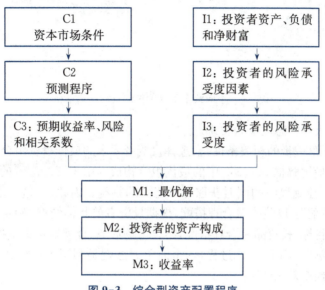

图 9-3　综合型资产配置程序

图 9-3 说明了这种构建投资组合的综合资产配置方法。正如夏普(Sharp,1987)所描述的,综合型资产配置有以下三个关键程序。

第一步,在确定资本构建之前,首先应将资本市场条件和投资者的具体目标及限制条件(如风险容忍度、投资期限、税收状况)进行归纳。

由于资本市场条件不同,投资者的风险收益的预期水平也存在差异,这必然影响到投资者的投资动机和资产配置决策。首先,我们分析资本市场条件对投资者行为决策的影响。在图 9-4 中,比较了投资者在不同市场化环境中的投资动机。在牛市中,投资者的主要动机是获利;然而在熊市中,投资者的主要投资动机却是避免损失。在牛市环境中,投资者提高了收益和风险预期,倾向接受广泛的资产类别和执行策略。许多投资者趋向强调资本增值、股票和类似股票资产、"激进与进取型风格"的金融产品和对冲策略受到投资者青睐。而在金融资产价格持续下跌阶段,许多投资者倾向于集中于较为狭窄的投资领域、资产类别和执行策略。投资者主要集中于资本保本和具有防御性特征的投资品种,例如短期和中期的固定收益债券。由于抑制预期和风险意识提高,投资者倾向强调"防御型风格"的投资品种和对冲基金策略。

除了资本市场条件这一外部环境外,投资者的具体目标和限制条件形成了资产配置决策的自身条件约束。因此,制订不同投资者需求的投资决策,需要根据投资者的风险-收益偏好对其风险容忍度进行估算。这是投资者制订投资决策的重要一步。由于不同投资目标是造成投资者之间投资组合差异的关键因素,投资者的投资目标可以通过投资者

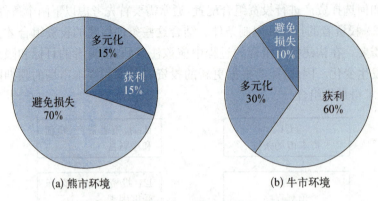

图 9-4　不同资本市场条件的资产配置动机

对待风险和预期收益的态度反映出来。

第二步，根据第一步的相关条件，来选择投资者要求的最佳投资组合。

这一步骤由最优解框 M1、M3 中的最优组合构成。由于资产配置的本质为投资者的效用最大化，即在控制风险的同时获取尽可能大的收益。因此，在这一步骤中，投资者要注重"两个合理搭配"：风险收益合理搭配，根据投资者的具体情况，确定合适的风险承受水平和预期收益目标；投资品种合理搭配，结合市场形势，合理确定重点投资品种。

为弄清最优解框 M1 的工作过程，一个简单方法就是利用下面公式计算出每一种可能的资产构成的预期效用(U)：

$$\overline{U_{pk}} = \overline{R_p} - \left[\frac{\sigma_p^2}{RT_k}\right] = \overline{R_p} - （风险"罚款"） \tag{9.1}$$

其中，$\overline{R_p}$ 和 σ_p 分别代表组合的预期收益和方差（由 C3 中得出），RT_k 是投资者 k 的风险承受度因素（由 I3 中得出）。

针对资产构成的前两步，投资者可以估计潜在资产的预期收益率和方差(C3)。估计潜在资产风险-收益的关系的基本方法有两个：第一个方法是历史法，即假设未来与过去相似，并根据过去的历史推测未来；另一个方法是情景法，即通过建立适当的经济情景，并估计各情景下的回报率和风险。

第三步，资产组合评估与调整，进行资产配置再平衡。

最优投资组合的实际绩效要达到投资者的投资预期或目的可能经历较长的时间，之后进入资产配置程度的第三步，即资产组合的评估、调整与再平衡过程。按照这一程序，投资者通过将信息加入到最优资产配置中，可以对投资组合进行调整。对最初资产构成的调整资本市场条件发生了根本性变化（如通货膨胀率上升）或者投资者条件出现了变化（如风险承受能力更强）。这样，投资者根据他们对风险以及市场收益率相对无风险收益率变化幅度的预测，调整其对风险资产与无风险资产的投资比率，以及不同投资工具之间的比率，从而使投资组合管理成为一个动态过程。

四、资产配置策略选择

在一个比较有效率的证券市场上，基金公司依据既定的投资目标，把资产配置作为构建投资组合的中心，把市场时机掌握和证券选择作为背景因素，从而减轻投资业绩对不确定性因素的依赖程度。在资产配置策略选择上，基金资产配置的领域总体确立了其投资活动的范围，这种投资范围可以包括资产类别和所有的地理区域。在确定了资产配置领域后，基金可在自己的投资组合中适当考虑资产配置策略。资产配置策略可根据配置风格和配置导向进行划分，各种类型也可以按多种方式组合在一起，如图 9-5 所示。

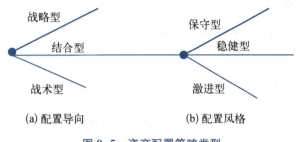

图 9-5　资产配置策略类型

1. 资产配置导向

按照资产配置的导向，可划分为战略性资产配置（strategic asset allocation）、战术性资产配置（tactical asset allocation）和两者结合型的三种形式。

战略性资产配置试图为投资者建立最佳长期资产组合，相对较少的关注短期市场波动。这种策略选择与不同类别资产之间长期相对投资的比重相关，其中波动率、相关系数的估计期间较长。战略性资产配置实质是提出如何在不同类别资产之间进行最优的长期投资组合问题。为达到这一目标，基金经理必须按照最优权重做出阶段性调整。影响战略配置进行修正的因素包括：(1) 关于资产类别的长期风险和预期收益关系；(2) 投资者的风险容忍度；(3) 对已实现的收益率造成的资产类别的相对价值重估；(4) 由于市场环境的改变而导致长期风险和预期收益的估计值随时间而改变。

资产配置方案确定之后，并不意味着可以一劳永逸，还需要根据市场形势的变化，对投资组合进行监控和动态的调整，这可以称之为战术性资产配置。战术性资产配置下预期收益率的估计期间较短，一般为 1 年或更短。在战术性资产配置中，基金经理应用目标评价技术和投资组合再平衡程序，通过各类资产的回报率相对变化获利。短期收益率的决定主要基于以下两种因素：(1) 市场目前是被高估还是低估；(2) 对未来经济状况的预期及不同资产类别的预期相对表现。

尽管预测市场变化和择机能力（timing ability）对战术性资产配置十分重要，但是市场时机却是难以把握。当投资者认为市场快走下坡时，总会想把资金抽离市场然后静观其变，直到他觉得股价已见底才再入市。图 9-6 显示假如由 1986 年 1 月 1 日至 1995 年 12 月 31 日一直全面持有所投资的股票（包括在 1987 年股市表现最差的日子），以标准普尔 500 指数为基准计算，年复合回报率（包括股息再投资）高达 14.8%。假如投资者欲随市场起落而抽离和入市，那他将要冒错失那些股市最大升幅日子的风险。当投资者错失的日子越多，实现的回报率便越低。

在实践中，许多投资者往往将战略型和战术型资产配置结合起来运用。战略型配置

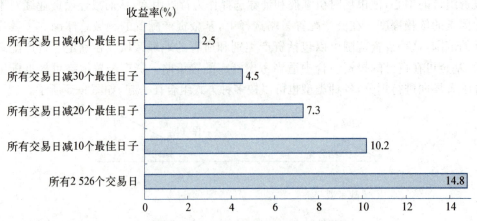

资料来源：Datastream, IBBotson Assocications and Sanford C. Bernstein。

图 9-6 择机能力与投资业绩

允许投资者就资产配置作出长期规划以完成多年甚至几十年的投资目标；而战术型配置有助于投资者预测并对资产价格的大幅度变化做出反应。

再以标普 500 为例，从 2009 年 3 月底—2017 年 3 月底的八年中，美国股市整体处于牛市状态，标普 500 股指已累计上涨 236%，相当于复合年化收益率 11.6%。其中回报率最高的 15 天贡献了近六成的累计回报。而如果去掉回报率最高的 45 天，累计总回报就是负数了。这表明在成熟发达的市场中，择时操作是比较困难的。

表 9-2 2009 年以来去除回报率最高日的累计回报状况

美国标普 500 指数	
本 轮 大 牛 市	累计总回报
2009 年 3 月 31 日至今	236%
去掉回报率最高的 15 天	135%
去掉回报率最高的 30 天	59%
去掉回报率最高的 45 天	−9%

资料来源：Bloomberg。

2. 资产配置风格

资产配置的风格可以被描述为保守型、激进型和稳健型三种。由于投资风格与金融市场环境有一定的互动和依赖关系，因此很难在所有市场环境下将任何特定的资产或投资风格化划分为保守型、激进型和稳健型。比如，在金融市场稳定且通货膨胀率低的情况下，持有债券和现金的投资比重可能被认为非常保守，而在金融市场波动大、通胀率高、利率和债券价格大起大落的情况下，这一投资组合可能被认为非常激进。

在相对稳定的金融市场条件下，保守型策略一般是投资相对较低比重的股票或类似股票资产（如高收益或新兴市场债券、私募股权、风险资本投资），以及相对较高的现金和短期投资、固定收益证券、国内投资等。在相同的金融环境下，激进型策略恰恰相反，往往

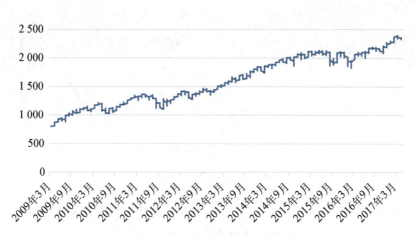

注：时间区间为 2009 年 3 月 31 日至 2017 年 3 月 31 日。
资料来源：Bloomberg。

图 9-7　美国标普 500 指数走势图(2009.3—2017.3)

选择比重较高的股票或类似股票资产，选择较低的现金或固定收益证券等。而稳健型资产配置则是位于保守型和激进型资产配置之间。

第二节　经济周期与大类资产配置

一、经济周期、政策周期与股市周期

本书第四章已经阐述，宏观经济与股市波动存在内在关联关系。宏观经济是上市公司盈余变动的外生变量，宏观经济与政策是公司价值和股市波动的重要影响变量。而如何理解宏观经济周期、政策周期和股市周期的关系是本节的重点内容。

政策周期是指宏观经济政策随着经济周期波动而出现周期性松紧变换的现象。经济周期与政策周期密切联系，不同的宏观经济组合状态，同样是宏观政策导向变化的外生因素。从经济周期与政策周期的关系看，由于"货币是经济的第一驱动力"，因而货币供应周期一般领先于经济周期，在经济衰退或经济复苏初期，货币供应量增加往往是货币政策放松的重要特征，宽松的货币供应环境相对应，此阶段利率也处于相对低位；在宽松货币政策刺激下，总需求扩张，而在经济高涨或过热时期，货币当局则通胀控制货币供应和提高利率以此预防通胀产生。相对经济增长周期，由于价格具有"黏性"效应，通胀周期一般滞后于经济增长周期（见图 9-8）。

从我国 10 年来的三轮经济周期和政策周期关系看，我国经济存在较为明显的三轮货币、总需求及通胀周期，其中货币周期领先总需求周期、总需求周期领先通胀周期（见图 9-8）。从货币政策周期与股市周期看，货币供应量与股市周期存在较为显著的关系，并且货币供应尤其是广义货币 M2 的周期整体领先股市周期。这表明，在中国证券市场上，流动性效应非常显著，尤其在经济扩张与流动性扩张"双扩张"的背景下，股市表现较好。而利率周期则是主要由通胀预期所推动，而控制通胀的紧缩政策背景下，市场流动性相对紧

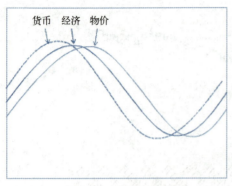 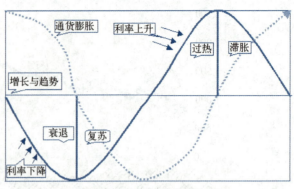

(a) 三位一体的经济周期　　　　(b) 经济趋势和货币政策取向

图 9-8　经济周期与货币政策周期

张而股市一般表现较差,尤其是通胀上升周期与经济增长周期下滑阶段相叠加,股市往往产生"熊市"特征,这在 2008 年中期和 2011 年中期的中国股市就是典型的这种情况。

由于推测和判断市场周期是依据"自上而下"基本面分析的内在逻辑关系,因此从某种意义上讲,预判股市未来走势就是判断经济周期、政策周期和股市周期之间的动态影响。证券分析师和投资者应特别关注自己在市场周期中所处的位置,以此做资产配置决策的主动性。同时,市场周期的持续时间和量级各不相同,在任何时候要关注的核心问题就是:当前市场处于周期的何种阶段?相对于所选择的投资基准,什么是资产类型的合理定位?总体而言,对大多数投资者而言,这是一个有关资产配置决策的重要前提条件,这关系到投资者是采取防御抑或积极投资策略,以及如何考虑子资产的分配问题。

二、经济周期对类别资产收益的影响

资产收益的差别是由于金融市场环境条件的变迁引起的,经济周期的变迁决定了股

(a) 上证指数与货币供应

(b) 利率Shibor、CPI、GDP与上证指数的走势

图 9-9　股市周期与货币政策周期：中国市场的证据（2000—2016）

票、债券和货币等不同资产形势相对收益率的变化。投资者在资产配置决策前，有必要首先对宏观经济周期的演变趋势进行准确识别，并据此对各种资产的相对收益变化进行科学预测，从而才可能进行正确的资产配置决策，这是投资者能否取得优秀投资业绩的决定性前提。图 9-10 表述了宏观经济周期变化和主要资产类型（股票、债券和现金）的相关性表现。表 9-3 也列示了 1970—1991 年美国经济增长周期不同阶段的不同类别资产的收益率差异。

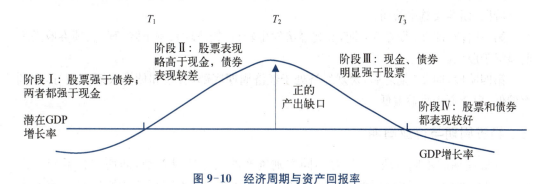

图 9-10　经济周期与资产回报率

表 9-3　美国经济增长周期不同阶段的资产收益率

	1970 年第 1 季度至 1995 年第 2 季度			
	阶段Ⅰ	阶段Ⅱ	阶段Ⅲ	阶段Ⅳ
美国平准组合	10.8(3.5)	6.0(3.7)	3.8(7.0)	19.9(6.3)
S&P500	11.4(4.5)	8.1(5.7)	1.0(8.8)	22.5(8.0)
政府债券	9.9(3.2)	2.8(3.0)	8.0(6.5)	16.1(6.6)
小盘股	18.2(8.9)	9.2(8.7)	−7.4(9.8)	29.6(13.3)

续 表

	1970年第1季度至1995年第2季度			
	阶段Ⅰ	阶段Ⅱ	阶段Ⅲ	阶段Ⅳ
全球股票资产	11.2(5.4)	13.0(4.9)	−2.6(10.2)	22.6(8.9)
商品	6.3(6.2)	23.6(5.1)	19.9(10.8)	−3.76(7.30)
现金	5.6(0.6)	6.5(0.3)	8.25(0.4)	8.1(0.7)

注：括号内为标准差。
资料来源：Strong, Steve, and Petsch Melanie, 1996. "Asset Returns and the Economic Environment", Commodity Research, Sept.11, 1995. New York: Goldman Sachs & Co.1996。

结合图 9-10 和表 9-3，我们对 GDP 增长率所处的不同阶段主要资产的收益状况进行比较分析：

第一阶段，即在 T_1 期之前，宏观经济处于复苏阶段，股票略强于债券，两者都强于现金。这是因为在经济增长的第一阶段，经济处于谷底并向持续非通胀的增长轨迹上发展。由于宏观经济复苏，社会投资的边际收益不断增加，投资需求和耐用消费品的持续增长推动经济回暖。与此相对应，周期类股票收入大幅增长，股票市场表现较好。同时在这一阶段，尽管经济增长明显超过社会的生产能力，但通货膨胀仍在可控制范围，货币政策环境较为宽松，使得债券的表现相对良好。同时由于宽松性的货币政策，也使得现金收益率比较低。

第二阶段，即 T_1 期至 T_2 期，宏观经济处于上升阶段，股票略强于现金，但利率也处于上升阶段，债券收益率偏弱。

第三阶段，即 T_2 期至 T_3 期，宏观经济发生转折，经济增长率下降，现金、债券收益率明显强于股票。

第四阶段，即 T_3 期之后，宏观经济处于经济周期底部，股票和债券表现都较好，但利率偏低，现金资产收益偏低。

三、经济周期与行业周期

经济周期的不同阶段，不但对不同类别资产的收益造成差别，即使在权益资产内部，不同行业的收益增长特性存在显著差异，从而决定了不同行业的股票投资收益率存在较大差异。因此，投资者应该根据所处经济周期的不同增长阶段，对其权益类资产在不同行业、不同部门间进行配置并进行适时动态调整，以增强投资组合降低风险和增加收益的潜力。投资者可以根据不同经济周期阶段上各个行业相对于整个市场的价格表现，进行有效资产配置决策。图 9-11 描述的是经济周期、股市周期和行业周期之间的关系，以及某种类型的股票相对其市场表现超越市场的时期。由于股票市场是宏观经济的"晴雨表"，股市周期一般提前于经济周期，因此投资者在权益资产配置根据这个规律就可以寻求最佳投资点，并依据不同类别资产的特性进行资产动态调整与配置。

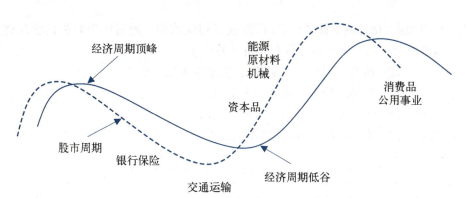

图 9-11 经济周期与行业周期：最佳投资点选择

四、国际投行的投资理论：美林"投资钟"和高盛股市周期理论

（一）美林的投资时钟理论

美林的投资时钟（Merrill Lynch investment clock），是将资产轮动及行业策略与经济周期联系起来的一种直观的方法。美林证券投资的投资策略团队，应用超过三十年的数据来验证该投资理论（Merrill Lynch，2004）。根据经济增长状况和通胀情况，投资钟模型将经济周期划分为四个阶段（见表 9-4）。

表 9-4 投资钟模型将经济周期划分

阶 段	增长率	通胀率	最佳资产类别	最佳行业板块
Ⅰ	下 降	下 降	债 券	防守性增长
Ⅱ	上 升	下 降	股 票	周期性增长
Ⅲ	上 升	上 升	大宗商品	周期性价值
Ⅳ	下 降	上 升	现 金	防守性价值

根据投资钟模型，可将经济周期分为四个阶段-衰退、复苏、过热和滞胀。每一个阶段都可以由经济增长和通胀的变动方向来唯一确定。在经济周期内资产类和行业进行轮动，每一个阶段都对应着表现超过大市的某一特定资产类别：债券、股票、大宗商品或现金（图 9-12）。

1973 年 4 月—2004 年 7 月美国市场主要资产回报的统计检验结果来看，上述四种资产的收益在投资时钟的阶段中都是非常显著的。后向检验在很高的置信水平下证实了"投资时钟"关于资产轮动的刻画与描述（见表 9-5）。

上述检验结果表明，在不同的经济周期阶

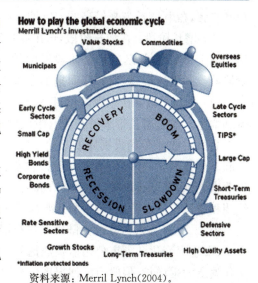

资料来源：Merril Lynch(2004)。

图 9-12 美林"投资钟"

段,通过识别拐点,及时调整资产配置,可以获得超额收益。通过历史数据比较几类资产的收益率,可以列出每个阶段各个资产收益率的排序:

(1) 衰退阶段:债券＞现金＞大宗商品;股票＞大宗商品;
(2) 复苏阶段:股票＞债券＞现金＞大宗商品;
(3) 过热阶段:大宗商品＞股票＞现金/债券;
(4) 滞胀阶段:大宗商品＞现金/债券＞股票。

表9-5 主要资产在经济周期不同阶段中的市场回报(美国)

经济周期阶段	债券	股票	大宗商品	现金
衰退	9.8%	6.4%	−11.9%	3.3%
复苏	7.0%	19.9%	−7.9%	2.1%
过热	0.2%	6.0%	19.7%	1.2%
滞胀	−1.9%	−11.7%	28.6%	−0.3%
长期平均回报	3.5%	6.1%	5.8%	1.5%

(二) 高盛股市周期理论

根据高盛股市周期理论,股票市场的走势从一个高点走向下一个高点的过程可以分成四个泾渭分明的阶段,并将这四个阶段分别定义为绝望阶段、希望阶段、增长阶段和乐观阶段(Goldman Sachs, 2009)。

(1) 绝望阶段:绝望阶段往往伴随着经济衰退,市场从高峰走向低谷。投资者对未来的预期感到失望。缓慢的盈利增长带来最低的实际回报率。

(2) 希望阶段:在希望阶段,产出缺口触底而失业率见顶。盈利增长被准确预见,市盈率扩张,盈利增长带来最高的实际回报率。

(3) 增长阶段:在增长阶段,产出缺口和失业率均有显著改善。现实赶上预期,盈利增速高于市盈率扩张,在增长阶段发生的大多数盈利增长并不能产生合理的回报。增长阶段的盈利增速最高,但实际回报率在所有阶段中仅排在倒数第二位。

(4) 乐观阶段:在乐观阶段,投资者对未来增长潜力感到过度乐观。市盈率扩张高于盈利增速。盈利增长带来排在所有阶段中第二位高的回报率。

高盛的股票市场投资周期理论,实际上是将股市周期的不同阶段与经济周期联系在一起。总体而言,在投资者绝望阶段往往伴随着经济衰退;在希望阶段,产出缺口触底而失业率见顶;在增长阶段,产出缺口和失业率均有显著改善;投资者要求的实际回报率在绝望和增长阶段上升,在希望和乐观阶段下降。

图9-13是高盛对欧洲大陆市场进行股市周期说明,在每一阶段刻画了年化的股权回报率、市盈率变化和上市公司盈余数据的变化。从图9-13可见,尽管在增长阶段公司的实际盈余大幅增长,但股市的回报率仍主要集中的希望阶段和乐观阶段。也就是说,公司的盈余增长率和投资者的股权回报率并不完全一致。在增长阶段发生的大多数盈利增长

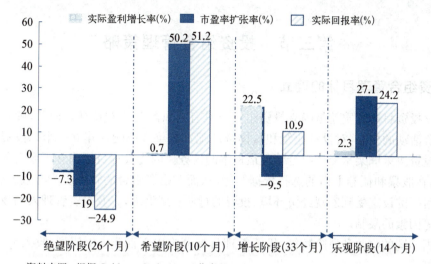

图 9-13 欧洲大陆股票市场四个周期的不同特征

并不能产生合理的回报,盈利增长只有在希望阶段被准确预见时和投资者对乐观阶段的未来增长潜力感到过度乐观时才会带来高回报。增长阶段的盈利增速最高,但回报率在所有阶段中仅排在倒数第二位。

为了进一步说明股票市场周期不同阶段的轮回机制,高盛以欧洲大陆股票市场为例对四个阶段的驱动机制进行了解释和说明,具体见图 9-14。

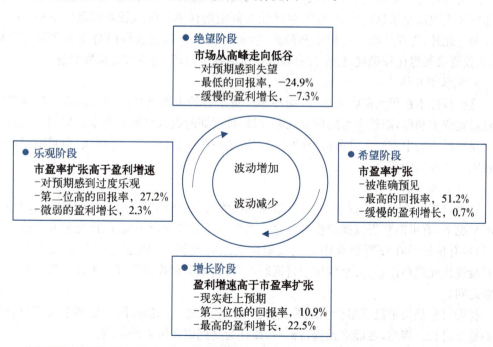

资料来源:根据 Goldman Sachs(2009)作者整理。

图 9-14 股票周期轮回机制:以欧洲大陆市场为例

第三节　投资组合管理策略

一、投资组合管理目标的确立

确立投资目标实质就是确立投资组合所具有的风险与收益特征。通常,确立投资目标是投资活动的核心,对投资业绩和具体资产配置有重大影响。建立一个以投资目标为核心的投资决策框架是资产组合管理最根本的任务。因为投资目标确立了今后的具体投资方向,在股票和债券上面的选择依据等等,从而对投资组合的管理更为有效。通常,投资管理目标的设定受到宏观经济环境、投资的行业发展潜力,以及投资管理人的投资经验和实力等因素的限制。

根据不同的收益和风险特征,投资管理目标分为以下四类:价值型、收入型、成长型和平衡型。

1. 价值型目标

这类目标较为注重公司股票价格与公司价值是否相符。投资经理对当前股票价格较为敏感,一般会选取市盈率和市净率较低的公司。由于一些特殊事件或投资者的情绪波动对股价造成不利影响也会吸引价值型投资经理的兴趣。此外,当一些周期性的股票如资源类、汽车、钢铁等在一个经济周期的底部时,也将是价值型投资经理重点关注的对象。

2. 收入型目标

这类目标更为强调当期收入最大化,及收入的稳定性和长期性。投资经理一般会选择那些绩优股以及派息较高的债券、可转让大额定期存单等收入较高而且比较稳定的有价证券。此外,为保证收入的稳定和持久,投资经理十分强调投资组合多元化以分散风险,其投资决策也比较稳健,经常持有较高比例的现金资产,坚持按时派发股息。

3. 成长型目标

这类目标不在于当前收入多少,而在于投资组合的未来价值的增长潜力。投资经理比较看重资本利得,而较少考虑现金红利,以牺牲近期的收入来换取资本的增值。投资经理主要选择市场中有较大升值潜力的小公司股票,有的也投资于一些新兴、但目前经营还比较困难行业的股票。

4. 平衡型目标

这类目标既追求长期资本增值,又追求当期收入,从而使投资组合在承受相对较小风险的情况下,有可能获得较高的投资收益。投资经理主要投资于债券、优先股和部分普通股,这些有价证券在投资组合中有比较稳定的组合比例,一般是把资产总额的25%—50%投资优先股和债券,其余的用于普通股投资,其风险和收益状况介于成长型和收入型投资之间。

投资目标是决定投资组合业绩的关键因素,它的制定、实施、修正贯穿于投资组合管理的整个过程。当然,在确立投资目标时,往往会受到诸多因素的影响。

一方面,投资目标的选择会受到当时的社会、经济与科技的发展状况的影响。当经济进入快速发展阶段时,成长型投资组合往往会取得比价值型投资组合更显著的业绩,成长型投资目标及策略会比较盛行;当经济处在缓慢发展或衰退期时,因为众多行业发展停滞,而使非周期性行业(如耐用品、公共事业等)开始崭露头角,显现出稳定的发展特点。这时投资非周期性行业的收入性投资目标及策略更受青睐。

另一方面,投资目标也与市场环境密不可分。通常,在牛市阶段,市场人气高涨,投机气氛较浓,人们并不注重公司当前业绩,而更加强调上市公司未来的成长性,股票换手率高、流动性好,机构投资者往往实施进攻型战略,把获取资本利得作为主要的盈利模式,大多数投资经理将选择成长型投资目标;在熊市阶段市场人气低迷,人们不再对不可测的未来抱有幻想,而更注重公司当前业绩及红利回报,股票交投清淡、流动性差,投资者被迫采取防守型战略,以获取上市公司红利为主要盈利模式,由此,收入型投资目标更有效。

二、投资管理策略

根据风险收益偏好不同,在资产配置上可选择以下三种投资管理策略:

1. 积极策略

积极策略(active strategy)是想通过积极地组合管理和市场时机的把握来获得高于市场平均收益(即市场指数)的绩效,其投资目标是获取 Alpha 收益,因此这一策略又称为 Alpha 策略。

为战胜市场,积极投资者非常强调时机选择和精选个股。力图通过自上而下(top-down)和自下而上(bottom-up)混合策略获取 Alpha 收益。采取自上而下的投资策略,投资经理首先将对宏观经济的环境进行评估,并预测近期经济前景,在此基础上决定资金在资本市场不同部分之间的分配,特别是有多少以现金等物的形式持有,也就是所谓的资产配置阶段(asset allocation)。然后,投资经理根据预期的经济前景,对股票市场或其他市场的各个板块和行业进行分析,从而选出那些可以获取最高收益的市场板块和行业进行重点配置。最后再决定在每个板块和行业中个别股票的分布。

自下而上的组合构筑方法,主要关注个别股票的分析,而对宏观经济和资本市场的周期波动不很重视。投资经理主要通过基本分析的方法,来预测股票的未来收益,然后根据股票所处的行业及其他一些参数确定股票的内在价值,通过比较股票的内在价值和现行市价决定是否要将股票加入组合。最后的组合是满足这些选股条件的个别股票的集合。随着近年来数量化投资的兴起,积极策略这通常采取量化因子的方式,按照一定标准筛选个股。

作为积极策略,强调投资时机选择对组合业绩的贡献度,关注市场情绪等市场因素扰动因素,试图实现投资组合仓位的灵活控制从而达到积极投资目标。然而,从 2005 年 1 月至 2009 年 12 月的美国市场统计看,未能战胜市场基准的积极投资管理者的比重却非常高,这说明在成熟的市场体系下积极的管理策略并未达到"战胜市场"的初衷。

2. 消极策略

消极策略(passive strategy)是指通过构建消极指数进行投资,实现组合多样化。它基于这样一种理念:长期而言,持续的战胜市场指数是十分困难的,因此最好的策略就是复制市场组合,争取获得同市场指数相同的回报。在这种情况下,投资目标是跟踪某一指数,因而这种方法也被称为"指数化"(indexing)法。投资者组合偶尔也会因为股利再投

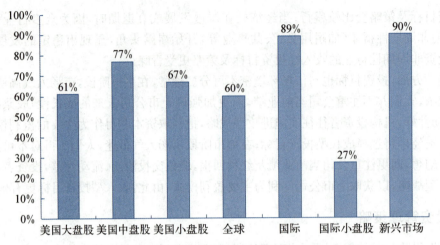

图 9-15　未能战胜市场基准的积极投资管理者（2005.1—2009.12）

资，某些股票合并、被目标指数剔除或其他新股票加入，而需要重新再平衡（rebalancing）。值得注意的是，指数化投资组合的目的并非要"击败"目标指数，而是要与该指数的绩效所匹配。评价一个指数投资组合经理是要看其追踪目标指数的能力，即能否使投资组合的收益率与目标指数的收益率之间的差距缩小，使得跟踪误差（tracking error）最小化。当然，如果投资者采取完全复制法（full replication），能够确保投资组合紧密跟踪指数，但是它可能不是最优的方法，原因在于该方法需要按照证券在指数中的权重购买所有证券，这将增加交易费用从而降低投资绩效。

所谓跟踪误差指标，即指基金净值日收益率与基准指数日收益率之间差值的标准差。其公式如下：

$$跟踪误差取拟合偏离度 = \sqrt{\frac{1}{T}\sum_{t=1}^{T}(R_{P,t}-R_{I,t})^2} \times 100\% \qquad (9.2)$$

其中，R_P 为基金净值的收益率序列数据；R_I 为标的指数的收益率序列数据；T 为根据时间频率和所选时段决定的收益率个数。

2008 年 1—10 月份，我国证券市场市场上开放式基金的跟踪误差情况，329 只开放式基金平均跟踪误差为 7.537 5%。表 9-6 是跟踪误差前 20 名和后 20 名的基金情况，从该表可见指数基金的跟踪误差相对较小。

表 9-6　我国部分开放式基金的跟踪误差（2008.1—2008.10）

前 20 名			后 20 名		
基　金　名　称	跟踪误差（%）	投资类型	基　金　名　称	跟踪误差（%）	投资类型
华安上证 180ETF	1.216 9	股票型	大成债券 AB	15.065 1	债券型
万家上证 180	1.623 1	股票型	大成债券 C	15.030 3	债券型

续 表

前 20 名			后 20 名		
基金名称	跟踪误差(%)	投资类型	基金名称	跟踪误差(%)	投资类型
大成沪深 300	1.949 1	股票型	国泰金龙债券 A	15.029 6	债券型
博时裕富	1.997 3	股票型	华夏债券 AB	14.911 9	债券型
嘉实沪深 300	2.107 6	股票型	华夏债券 C	14.888 1	债券型
融通巨潮 100	2.221 0	股票型	博时稳定价值债券 A	14.762 2	债券型
长城久泰中标 300	2.221 5	股票型	博时稳定价值债券 B	14.748 1	债券型
华夏上证 50ETF	2.355 4	股票型	中信稳定双利债券	14.681 7	债券型
国泰沪深 300	2.368 3	股票型	友邦华泰稳本增利 A	14.660 3	债券型
融通行业景气	2.378 3	混合型	易方达稳健收益 B	14.653 1	债券型
华安 MSCI 中国 A 股	2.444 3	股票型	易方达稳健收益 A	14.636 1	债券型
长盛中证 100	2.488 9	股票型	融通债券	14.530 6	债券型
易方达上证 50	2.535 4	股票型	嘉实超短债	14.499 7	债券型
益民创新优势	2.638 8	混合型	工银瑞信增强收益 A	14.469 8	债券型
中邮核心成长	2.779 6	股票型	鹏华普天债券 A	14.450 7	债券型
华富成长趋势	2.816 4	股票型	工银瑞信增强收益 B	14.443 2	债券型
景顺长城内需增长	2.983 0	股票型	万家增强收益	14.419 8	债券型
中邮核心优选	3.015 2	股票型	嘉实货币	14.395 4	货币市场型
诺安价值增长	3.039 9	股票型	长信利息收益	14.392 9	货币市场型
汇丰晋信龙腾	3.087 4	股票型	海富通货币 B	14.390 7	货币市场型

资料来源：Wind。

3. 混合策略

混合策略(mixed strategy)是介于积极策略或消极策略的一种中间策略选择，投资者主动利用股票选择能力，而在投资时机选择或类别资产选择是消极或中性的。

图 9-16 表明了这三种类型战略的风险-回报率特征。这三种战略，即完全消极或指数投资策略、混合型投资策略和完全积极策略。水平线是整个市场回报率，它是一个业绩基准，在市场回报率直线之上的任何部分是高于平均回报率；在市场回报率直线之下的任何部分均低于平均回报率。方框中虚线表示各战略的预期市场回报率。长方形的高分别表示各战略的预期回报率范围或用标准差衡量的风险水平。

从该图可见，完全消极的指数基金战略位于风险-回报率系列的下端，这是因为该战略对回报率机会保持完全被动。一个指数基金被认为不仅不能提供高于市场指数的回报率，而且也表明其与中间业绩有相对小的偏离。相反，完全积极战略利用了全部三个回报率机会：市场时机选择、类别资产替换和单个股票选择。如果一个投资者对所有这三个

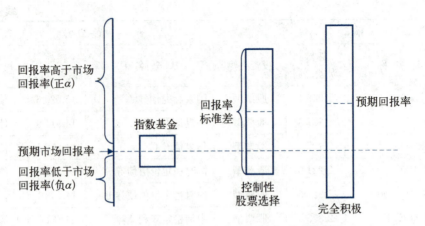

图 9-16　积极-消极投资策略的风险-收益关系

回报率机会都有预测能力,则他将取得高于市场或指数基金的回报率。同时,他将面临与其回报率相联系的更大的预期回报率范围或风险。当然,任何人的预测都不可能总是正确的。由于混合策略能够主动利用股票选择能力,但对投资时机或资产类别选择是中性或消极的,因此该类投资者将获得预期高于市场平均水平的回报率,这一回报率低于完全积极战略,但高于指数基金。同时,其风险也介于积极策略和消极策略之间。

专栏 9-1

巴菲特与 Protege Partners 对冲基金的"10 年赌约"

投资大师沃伦·巴菲特(Warren Buffett)认为,投资者通过积极投资"战胜市场"理论是不存在的。为此,2007 年,巴菲特以 100 万美金作为赌注($1 Million Bet),对机构投资者进行发出挑战,提出对冲基金的基金经理选择任何基金组合,10 年的收益都不会超过标普 500 指数基金的收益。来自 Protege Partners 资产管理公司对冲基金经理 Ted Seides 接受了巴菲特的挑战。Ted Seides 选择了五种对冲基金组合与巴菲特的标普 500 指数基金对赌。

巴菲特与 Protege Partners 对冲基金的"10 年赌约"的对赌协议如图 9-17:

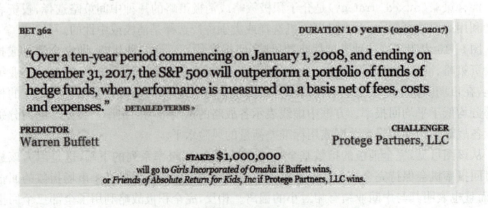

图 9-17　对赌协议

根据该"对赌协议"(bet contract),从2008年1月起买入一只成本很低的追踪低成本的标准普尔500指数基金——先锋标普500指数基金(Vanguard S&P500 Fund),然后坚定持有10年。而赌约的另一方这只纽约对冲基金可以持有任何组合,甚至可以持有一系列的对冲基金。以10年为期,届时收益率高者获胜。截至2016年12月底,巴菲特与Protege Partners对冲基金的"对赌协议"已经历时9年,"对赌"进展情况如何呢?据统计,标准普尔500指数的指数基金的年均回报率为7.1%,而Protege Partners对冲基金五种资产组合的业绩仅为年化2.2%;从累积收益率看,标普500指数基金的9年累积收益率已经达到85.4%,而Protege Partners对冲基金五种组合的9年累计收益率仅为22%(见图9-18)。可见,巴菲特"对赌"胜出的概率极大。2017年2月,巴菲特在Berkshire Hathaway公司致股东信中,对"对赌协议"组合收益进行比较说明,并明确表示"对赌"胜利的信心![1]

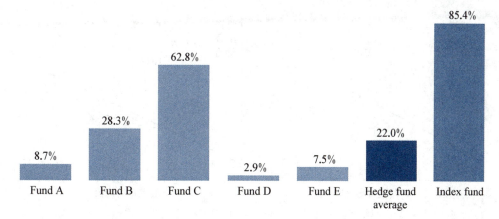

注:Protege Partners对冲基金的具体五种资产组合名称在"10年赌约"结束后才正式公布,暂以Fund A-E代码替代。
资料来源:*Buffett's Bet with the Hedge Funds:Year Nine*,http://www.investopedia.com,Feb 28,2017。
图9-18 对冲基金五种组合与标普500指数基金累计收益率比较(2008—2016)

三、投资组合策略实施

以上分析的是资产组合管理的三种常用策略。其实,在资产组合构建后,投资经理还必须对资产组合进行维护和管理。在资产组合管理过程中,投资经理一般有三种策略可以选择,即买入并持有策略、恒定混合策略和投资组合保险策略。其中,第一种策略是一种消极型策略,第二、第三种则是积极型策略。

1. 买入并持有策略

买入并持有策略(buy-and-hold strategy,BHS)是按确定恰当的资产配置比例构造某个投资组合后,在一定时期持有期间内不改变资产配置状态。买入并持有策略是一种消极型的长期投资策略,适用于有长期计划水平并满足于战略性资产配置的投资者。该

---

[1] *Warren Buffett's Annual Shareholder Letter for 2017*,Feb 25,2017. http://www.berkshirehathaway.com。

策略法具有最小的交易成本和管理费用,但有预测不准或不能反映市场环境变化的风险。

图 9-19(a)中,显示了购买并持有策略的支付是一条直线。假定投资者的资产组合是股票和货币市场工具(现金)混合,并保持 60/40 比重。这表示投资组合的价值是股票市场价值的增函数,组合价值和股票市场价值之间的线性支付斜率为 0.6,即股票市场价值每增加 1%,投资组合的价值增加 0.6%。投资组合的最低价值用截距表示,它表明了该投资组合的下跌风险(即股票市场价值等于零)。同时需要的是,买入并持有策略的提高潜力是无限的。该战略可分享股票市场不断上升所带来的收益。相应地,投资于股票的最初百分比越大,当股票业绩优于货币市场工具时,购买并持有策略的业绩将越好;当股票业绩劣于货币市场工具时,购买并持有战略的业绩越差。最后,需注意的是,投资组合中各资产类别的相对权重将随着市场的变化而改变。在较高的市场水平上,股票的百分比权重将较大;而在较低的市场水平上,股票的百分比权重将减少。

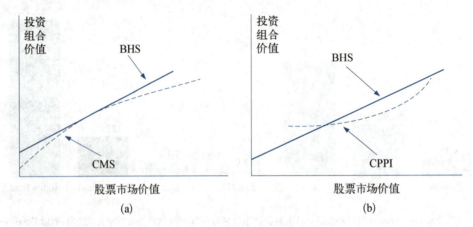

图 9-19　不同投资策略的比较

2. 恒定混合策略

恒定混合策略(constant mix strategy,CMS)是指保持投资组合中各类资产的固定权重。当金融市场发生变化时,对投资组合进行调整和再平衡。假定资产组合中只包含股票资产与债券资产,当股价上涨时,资产组合中股票价值将上升,为保持资产恒定混合投资者需要卖出股票并且买进债券;反之,股价下跌时,资产组合中股票价值将下降,投资者需要减少债券资产并且增持股票资产。

与 BHS 线性支付不同,CMS 在股票市场上涨时卖出股票和在股票市场下跌时买进股票的过程所得出的支付模式是一条曲线,见图 9-19(a)。在较高的市场水平上,恒定混合战略回报率低于购买并持有战略,这是因为在股票市场上涨时,恒定混合战略通过卖出股票减少了有较高回报率的资产所占的比例。在较低的票市场水平上实施购买股票策略,致使恒定混合战略的回报率减少。这种战略在市场向上运动时放弃了利润,而在市场向下运动时增加了损失。但是,CMS 优点在于当市场在一个波动区间波动时,投资者通过资产"高抛低吸"进行再平衡操作,从而使得实施 CMS 投资者的投资组合价值高于实施购买并持有策略的组合。

3. 投资组合保险策略

投资组合保险策略(constant-proportion portfolio insurance, CPPI)是一种动态性资产调整策略,所需的再平衡和交易的程度最高。这种方法的目的是在获得股票市场的预计高回报率的同时,限定下跌风险。

投资组合保险的一种常用形式就是著名的恒定比例投资组合保险。其表达方式为

$$股票金额 = m \times (全部投资组合价值 - 最低价值) \tag{9.3}$$

其中,m 为风险乘数(multiplier),用来衡量恒定比例投资组合保险策略的激进程度。在运用这一战略时,投资者要确定表示投资组合最低价值的一个最小数量。全部投资组合价值与最低价值之间的差异表示对最低价值提供有效保护。

作为一般的投资组合保险战略,CPPI战略的设计方式是,在股票下跌时将其卖出,在票上涨时将其买进。在CPPI战略下,即使在严重衰退的市场,也能期望投资组合运行得至少与最低价值一样好。

图9-19(b)说明,与购买并持有战略的线性关系相比,CPPI过程可以被特性化为一条曲线。在市场极端,相对于购买并持有战略而言,CPPI战略运作特别好。在市场的高水平上,该战略通过在市场上升时不断购买更多数量的股票而有效地运用了杠杆放大作用(通过乘数效应);相反,在市场下降时该战略通过乘数效应更快地减少了股票,与购买并持有战略相比,该战略减少了市场下降的影响。

从以上分析可见,每一种策略都有明显的特征,并给投资者带来特定的收益。然而,并没有哪一种方法明显优于其他方法。其实,一种方法的优势在很大程度上取决于所面临的市场环境类型和投资者的风险特征。表9-7描述了三种策略的市场环境及其不同特征。

表9-7 资产配置策略特征的比较分析

资产配置策略	市场环境	市场变动时的行动方向	支付模式	市场流动性要求
买入并持有	牛市	不行动	直线	小
恒定混合策略	波动性大	下降时买入,上升时卖出	凹	适度
投资组合保险策略	强势	下降时卖出,上升时买入	凸	高

第四节 投资风格策略

在本书第八章我们谈到晨星公司投资风格箱对基金投资风格分类和筛选标准。在本章我们重点从投资者策略选择的角度,对投资者(尤其是机构投资者)的风格策略进行分析。在此,重点阐述成长股策略、价值股策略和兼管成长-价值的GARP(growth at a reasonable price)策略。

一、价值型股票和成长型股票的特征比较

在 20 世纪 90 年代以来,投资管理领域一个重要的理论发展就是创造了基于价值型和成长型投资类型的投资组合策略。关于价值型和成长型投资的不同,在于两种投资类型对公司特征的认识存在较大差异。在此,我们可用公司价值评价的市盈率指标进行说明:

$$市盈率(P/E) = 每股价格 / 每股收益$$

其中,每股收益(EPS)可以用公司当前的财务绩效,也可以用未来的预期财务绩效来计量。投资组合经理是否将某只股票加入其投资组合,关键在于投资经理对公司当前绩效和未来绩效的权衡上。具体而言,价值型投资者将:(1) 关注市盈率的价格(即分子),并通过一些比较分析方法确信股票价格很"便宜";(2) 并不太关心当前的收益率或者影响收益率增长的基本因素;(3) 经常隐含地假设该股票的市盈率低于正常水平,时常会对其价格进行"纠正"。而成长型投资者将:(1) 关注市盈率中的每股收益(即分母)及其经济决定因素;(2) 积极寻找未来每股收益将会迅速增长的公司;(3) 经常隐含地假设市盈率在近期内不变,这意味着如果预期的收益率增长得到实现,股票价格将会上涨。

以上分析可见,价值型投资者重点关注股票的价格,预期市场对价格的纠错调整和公司可能的基本面改善;相反,成长型投资者重点关注公司未来的状况,而较少关注股票的估价。

尽管价值型和成长型投资在概念上区分是明显的,但是在实际投资中对各种股票类型进行划分却是一件十分困难的事情。为此,证券分析师经常使用可以获得的财务指标(如市盈率、市价/账面价值比率、股利收益率和每股收益增长率等)对持有的个股和基准投资组合进行界定。对于投资者而言,经常将安全边际的价值投资理念和未来成长的理念结合,构成投资哲学。如菲利普·费雪曾指出,投资有两种基本方法:一种就是格雷厄姆所倡导的,它的本质是找到极其便宜的股票,这种方法基本上可以避免遭遇大跌,他会用财务安全来保证这一点,也许会出现下跌,但是不会深跌,而且迟早价值会使其回归;另一种方法就是费雪的方法,找到真正的好公司——价格也不太贵,而且它的未来会有非常大的成长[1]。图 9-20 列示了按照类型和市场资本总额对公司进行分类的一种方法。在此,将价值型股票定义为相对便宜(如较低的市价/账面价值比率、较高的收益率)和成长机会适中的股票(如公用事业、受管制类行业);而成长型股票则是市盈率较高,股价相对昂贵但具有巨大增长和盈利潜力(如高科技类公司)。

二、成长股投资策略

(一)成长股投资的内涵

成长股投资,就是投资于销售收入与盈余增长高于市场平均水准的企业,最终目标是找出目前正在崛起的明星企业。从成功投资者的经验看,投资成长股就是寻找成长性好

---

[1] 注:巴菲特曾经说,他的投资哲学 85% 来自格雷厄姆,15% 来自菲利普·费雪。

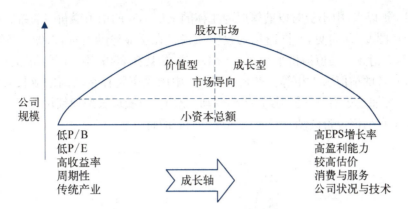

图9-20 成长型和价值型股票的特点

的行业并长期持有该行业内优秀的上市公司。

执行成长股投资应注意两个方面：首先是鉴别某一行业是否正处于成长阶段；其次是在这个行业中选择最有希望的公司进行投资。

(二) 投资策略的要素选择

1. 选择估值和财务比率的要素

投资者选择成长型股票要考虑的估值和财务比率要素包括：(1) 预估市盈率与历史市盈率；(2) 股价/销售收入比；(3) 市净率；(4) 股价/现金流量比；(5) 利润具有"杠杆效应"。

通常，企业具有明确的成长性，则投资者愿意支付较高价格来购买它的股票。因此，成长股股票的估值比率较高，明显高于市场平均水平。对于财务比率特征而言，成长股的销售收入和盈余增长率必须明显高于市场水平，利润具有"杠杆效应"明显，净利润的上升速度要远快于单位销售量的上升速度。此外，投资者要避免落入"假成长股"的陷阱，公司的成长具有持续性，避免选择一些以一次性、非经常性盈利项目等短线方式达到成长目标的企业。

2. 选择品质面的要素

投资者必须确认公司未来的成长计划，了解公司的主要业务和核心能力。成长型企业一般具有有利可图的投资方案，并且会保留比较多的盈余给研发相关的业务。从商业模式入手，深入分析企业提供的产品或服务、潜在竞争对手和替代产品、供应商、购买者等产业结构力量，获取企业的竞争优势来源。

通常，企业利用以下四个方式来创造成长：(1) 创造新产品或新服务；(2) 新市场开拓 (包括国际市场)；(3) 拓展产品线，推广现有产品的其他运作方式；(4) 兼并收购。

(三) 成长股溢价

"一只股票的股利增长率和盈利增长率越高，理性投资者愿为其支付的价格就越高" (马尔基尔，2010)。这是股票估值的重要规则之一。按照规则，较高的预期增长率必然推动较高的市盈率水平。

在我国，具有成长特征的中小板与创业板平均市盈率一直远高于主板市场的市盈率水平。2010 年以来,中小板对以蓝筹股为主体的上证 180 的估值溢价一直维持在 2.5—3 倍。同时,从图 9-21 可见,不同时期的投资风格存在明显轮动特征,2004—2009 年中小板与上证 180 指数的估值溢价平均在 1.5 倍左右,尤其在 2007 年中国经济过热的蓝筹股泡沫时期,两者的估值水平相等。2010 年之后,中国股市则存在较高的成长股估值溢价的特征。从长期趋势而言,受到投资风格轮动、流动性以及成长股业绩增速等诸多因素影响,导致中小盘估值溢价波动并具有长期均值回归的特性。

数据来源:Wind。

图 9-21　风格轮动之中小板与上证 180 的市盈率估值溢价序列

专栏 9-2

"股神"巴菲特也有遗憾:Berkshire Hathaway 资产组合解析

伯克希尔·哈撒韦(Berkshire Hathaway)创始人沃伦·巴菲特(Warren Buffett),由于卓越的投资业绩被全球投资者尊称为"股神"。从 1965—2016 年业绩表现看,Berkshire Hathaway 的账面价值在 52 年间增长 884 319%,年均回报 19.0%,远远超过同期 S&P500 指数的 9.7%年均增长率。更值得关注的是,52 年间,投资业绩"回撤"次数少且幅度小,即只有 2001 年与 2008 年出现投资亏损且可控(均在 10%之内),而同期 S&P500 指数出现年度回撤的次数得到 10 次(其中,3 次超过 20%),可见,Berkshire Hathaway 投资业绩体现了投资的稳健性和高夏普比率(Sharp Ratio)。正是巴菲特的卓越的投资业绩,Berkshire Hathaway 给其股东都来持续的高回报率,52 年间投资回报率高达 1 972 155%(见表 9-8)。截至 2017 年 5 月 22 日,Berkshire Hathaway 股价为 247 820 美元/每股,是全球股价最高的股票,即使是许多美国中产阶级,家庭金融资产也买不起 1 股 Berkshire Hathaway 的股票。

沃伦·巴菲特在创造投资神化的背后,是"股神"的选股策略和思路。巴菲特在选择公司的标准,非常强调护城河,但是很少涉及公司处于什么成长周期,这是一件非常遗憾的事情。其实,巴菲特本人也坦言承认,并不擅长投资科技股(哈格斯特朗,2008)。回顾巴菲特的投资史,在1998年之前,他有过非常成功的投资,例如吉利剃须刀、可口可乐、盖可保险、喜诗糖果、运通信用卡、富国银行,无一例外全都是消费类公司,而且都处于比较高速增长的阶段,股价都涨得很好。然后1998年开始,他的股票投资的成功案例并不多,真正成功的投资只有中石油和比亚迪,但相对他管理的资金规模,金额都不大。从2010年末巴菲特投资组合看,组合中市场价值超过10亿美元的股票有14支,很多公司则是长期持有(表9-9)。例如1988年投资的可口可乐公司,1990年投资的富国银行。从投资的角度看,一个公司,哪怕它的护城河再深,它的管理团队再优秀,当它过了成长期,进入平台期,从长期来看,它给你的回报往往是不理想的。例如,可口可乐是一个很好的例子,现在的可口可乐股价,比1998年跌了30%。巴菲特在2002—2003年时曾也检讨过,应在1998年将其卖掉,因为当时可口可乐在中国这样的新兴市场里的占有率已经很高。从行业周期的角度看,这不得说是一种遗憾(鹏华基金,2010)。

与2010年末Berkshire Hathaway资产组合相比,2016年IBM、APPLE列入Berkshire Hathaway前五大投资组合。这说明近年来"股神"巴菲特已经实现投资风格的部分转变,开始注重科技股的投资。(见表9-8、表9-9)。从Berkshire Hathaway的投资组合看,巴菲特错过了近年来美国最牛科技股——亚马逊(AMAZON)。从图9-22看,亚马逊也可以说是近年美国科技股的奇迹,自1997年公司NASDAQ公开上市以来,20年间给投资者带来的回报率高达50 000%左右,即1 000美元在IPO首日收盘价买入Amazon股票,2017年5月15日账面价值超过$491 000①。2017年5月,巴菲特在Berkshire Hathaway股东会上也坦言"too dumb to realize what was going to happen."("我太愚蠢以至于不知道到期发生了什么")。同时,巴菲特也承认买入IBM股票也是一个错误。自2011年以来,IBM的股价已经下跌了约11%。

表9-8　Berkshire Hathaway 的投资业绩表现(1965—2016)

Berkshire's Performance vs. the S&P500

Year	Annual Percentage Change		
	in Per-Share Book Value of Berkshire	in Per-Share Market Value of Berkshire	in S&P500 with Dividends Included
1965	23.8	49.5	10.0
1966	20.3	(3.4)	(11.7)
1967	11.0	13.3	30.9
1968	19.0	77.8	11.0
1969	16.2	19.4	(8.4)
1970	12.0	(4.6)	3.9
1971	16.4	80.5	14.6
1972	21.7	8.1	18.9
1973	4.7	(2.5)	(14.8)
1974	5.5	(48.7)	(26.4)

① Here's how rich you'd be if you invested $1,000 in Amazon when it first went public, http://www.businessinsider.com.

续 表

Year	Annual Percentage Change		
	in Per-Share Book Value of Berkshire	in Per-Share Market Value of Berkshire	in S&P500 with Dividends Included
1975	21.9	2.5	37.2
1976	59.3	129.3	23.6
1977	31.9	46.8	(7.4)
1978	24.0	14.5	6.4
1979	35.7	102.5	18.2
1980	19.3	32.8	32.3
1981	31.4	31.8	(5.0)
1982	40.0	38.4	21.4
1983	32.3	69.0	22.4
1984	13.6	(2.7)	6.1
1985	48.2	93.7	31.6
1986	26.1	14.2	18.6
1987	19.5	4.6	5.1
1988	20.1	59.3	16.6
1989	44.4	84.6	31.7
1990	7.4	(23.1)	(3.1)
1991	39.6	35.6	30.5
1992	20.3	29.8	7.6
1993	14.3	38.9	10.1
1994	13.9	25.0	1.3
1995	43.1	57.4	37.6
1996	31.8	6.2	23.0
1997	34.1	34.9	33.4
1998	48.3	52.2	28.6
1999	0.5	(19.9)	21.0
2000	6.5	26.6	(9.1)
2001	(6.2)	6.5	(11.9)
2002	10.0	(3.8)	(22.1)
2003	21.0	15.8	28.7
2004	10.5	4.3	10.9
2005	6.4	0.8	4.9
2006	18.4	24.1	15.8
2007	11.0	28.7	5.5
2008	(9.6)	(31.8)	(37.0)
2009	19.8	2.7	26.5
2010	13.0	21.4	15.1
2011	4.6	(4.7)	2.1
2012	14.4	16.8	16.0
2013	18.2	32.7	32.4
2014	8.3	27.0	13.7
2015	6.4	(12.5)	1.4
2016	10.7	23.4	12.0
Compounded Annual Gain-1965—2016	19.0%	20.8%	9.7%
Overall Gain-1964—2016	884 319%	1 972 595%	12 717%

资料来源:Berkshire Hathaway 2016 Annual Report。

资料来源：Bloomberg。

图 9-22　Berkshire Hathaway 股价

表 9-9　巴菲特的 2010 年末投资组合

公　　司	持股数量	持股占公司 比重（%）	持股成本 （百万美元）	市场价值 （百万美元）
American Express Company	515 610 700	12.6	1 287	6 507
BYD Company，Ltd.	225 000 000	9.9	232	1 182
The Coca-Cola Company	200 000 000	8.6	1 299	13 154
ConocoPhillips	29 109 637	2.0	2 028	1 982
Johnson & Johnson	45 022 563	1.6	2 749	2 785
Kraft Foods Inc.	97 214 584	5.6	3 207	3 063
Munich Re	19 259 600	10.5	2 896	2 924
POSCO	3 947 555	4.6	768	1 706
The Procter & Gamble Company	72 391 036	2.6	464	4 657
Sanofi-Aventis	25 848 838	2.0	2 060	1 656
Tesco plc	242 163 773	3.0	1 414	1 608
U.S. Bancorp	78 060 769	4.1	2 401	2 105
Wal-Mart Stores，Inc.	39 037 142	1.1	1 893	2 105
Wells Fargo & Company	358 936 125	6.8	8 015	11 123
Others			3 020	4 956
Total Common Carried at Market			33 733	61 513

资料来源：Berkshire Hathaway 2010 Annual Report。

表 9-10　巴菲特的 2016 年末投资组合

Ranking	Company	Number of Shares	% Stake	Value
1	Wells Fargo	500 000 000	10%	$27.6 billion
2	Coca-Cola	400 000 000	9.3%	$16.6 billion
3	IBM	81 232 303	8.5%	$13.5 billion
4	American Express	151 610 700	16.8%	$11.2 billion
5	Apple	61 242 652	1.1%	$7.1 billion
6	Phillips 66	74 587 892	14.4%	$6.4 billion
7	U.S. Bancorp	101 859 335	6%	$5.2 billion
8	Goldman Sachs	11 390 582	2.9%	$2.7 billion
9	Delta Airlines	54 934 718	7.5%	$2.7 billion
10	Moody's	24 669 778	12.9%	$2.3 billion

资料来源：Berkshire Hathaway 2016 Annual Report。

图 9-23　亚马逊(AMAZON)公开上市 IPO 后的投资回报

三、价值股选择策略

（一）价值股投资策略的内涵

价值型投资者通常希望自己的资金可以得到更多的回报。由于价值型公司的销售收入和利润增长性比整体市场平均水平低，因此，这些股票往往不会得到太多的正面掌声。

价值型投资者非常重视股票的价格要素。价值型投资者在制定投资决策时，关注的焦点是股票市场低估，更青睐于喜欢捡便宜货，而不是寻求公司"成长的故事"。格雷厄姆

(B. Graham)被视为"价值投资之父",其选股标准就是公司市场价值是否低于公开市场价格,强调"安全边际"。

(二) 投资要素选择

(1) 价值型投资的投资经理,必须研究股票历史和未来的市盈率、市净率、市销率和股价现金流量比。

(2) 价值型投资者应该考查潜在投资目标的负债比率和股息收益率。一支好的价值型股票投资标的必定拥有低的负债率、充足的现金流以及高的信用等级等特征。

(3) 筛选价值型股票时,建议使用两个次级指标:公司内部人买进(或公司增持)行为;近期盈余超过预期。

(4) 价值型股票的波动率低,Beta 系数小于 1。

(5) 价值型股票多数为防御型产业公司的股票。格雷厄姆(B. Graham)在《聪明投资者》中特别强调,并提出基于价值投资的权益证券估值的七条法则:

① 适度的企业规模:工业企业年销售额大于 1 亿美元;对公用事业类公司而言,总资产不低于 5 000 万美元。

② 强有力的财务状况:流动资产至少是流动负债的 2 倍;长期债务不应超过流动资产的净额;对于公用事业而言,负债不能超过股权(账面价值)的两倍。

③ 利润的稳定性:在过去 10 年,应持续盈利。

④ 股息记录良好:在美国市场要求一般具有连续 20 年支付利息。

⑤ 利润持续增长:过去 10 年,EPS 的增长率至少达到 1/3。

⑥ 适度的市盈率:格雷厄姆建议不应超过三年平均 15 倍;在此提醒的是,无论是华尔街还是中国 A 股投资者的一致性采用预期,往往存在预期偏差。因此,建议亲自来计算,而不是听从分析师的建议。

⑦ 适度的 PB:估值水平合理,股价不应超过账面价值的 1.5 倍。

专栏 9-3

A 股市场低股利现实:中国 A 股价值投资微观基础的缺失

股票红利收益率是上市公司内在价值评估的基本指标,也是价值投资者非常关注的重要指标。价值型股票一般具有高于上市公司平均水平的股息率和股利增长率,这类公司的高分红固定股利收益的特性决定了这类公司具有某些"类固定收益型"特征,从而在一定程度上降低了投资者的股权投资风险。

从美国标普 500 成分股的股利支付历史数据看,股票的股利收入长期高于通货膨胀率,这给收入驱动型投资者提供了分享股利收入增长的机会。随着时间的推移,标普 500 股票股利的提高已标普 500 已经使得投资者保持并增加了他们的股利收入,若收入驱动型投资者愿意接受股票价格的一定程度波动,持有股息的股票是一个值得考虑的长期投资策略(Mark Hirschey et al., 2011)。

与海外市场不同,长期以来我国资本市场价值投资理念难以培育的重要原因在于股息收益率过低,上市公司缺乏长期投资吸引力,从而导致价值投资的市场基础缺失。从我国市场整体情况看,2000—2011 年上证 A 股公司股息率仅为 1.48%,远低于无风险利率的定期存款利率(见图9-24)。对于长期投资资金来说,股市整体股息率过低,风险资产的股利率(上证综指红利率)和无风险收益(1年定期存款利率)的长期的倒挂现象,风险资产无法获取风险溢价,说明我国仍缺乏价值投资的市场基础。

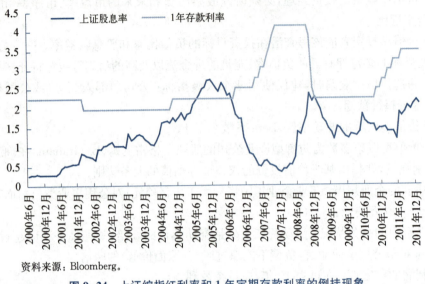

资料来源:Bloomberg。

图9-24 上证综指红利率和1年定期存款利率的倒挂现象

四、GARP策略:筛选成长性且估值合理的股票

(一) GARP策略内涵

GARP(growth at a reasonable price)为具有成长性且价值合理的投资风格策略,它弥补了市场上成长股选择策略和价值型投资策略的缺点,更强调了"成长型"和"价值型"两种风格的主要属性和优点。只侧重成长型风格的缺点在于投资者不太计较股票的买入价位,而价值型风格的策略的主要缺点在于,所谓的"价值股"之所以便宜,但这些企业的经营预期并不理想。GARP风格策略的产生,就是在很大程度上弥补这两种方法的不足,进而选出具有成长性且价格水平仍值得买进的股票。

GARP投资规则可以防范两个问题:第一,防范分析师和投资经理推荐一些只具有成长但股价不合理的股票。因为找到一个好的公司,只是投资成功的一半;如何以合理的价格买进,是成功的另一半。第二,防范推荐没有成长性的价值股。因此,GARP导向的分析师不仅要寻求成长型股票,而且对股票价格也非常敏感。

(二) 如何应用GARP进行估值

应用GARP选股策略,目标是寻找某种程度上被市场低估的股票,同时又有较强的持续稳定增长潜力,是一种兼顾上市公司成长与价值的量化策略,通过从成长性指标、估值指标及估值与成长相对估值(PEG)等维度打分,能够在两种经典股票风格(价值与成长)之间做出平衡。在此,图9-25中,就是高盛高华2010年下半年中国A股市场投资策略报告《接近底部?》中应用GARP策略,对各行业的价值和成长两个纬度进行打分评估。

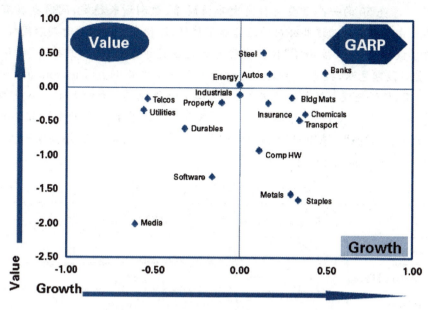

图 9-25　GARP 在高盛高华投资策略中的应用

在应用 GARP 筛选股票时,最重要的筛选指标就是 PEG 指标。应用 GARP 策略的投资者,一般在 PEG 指标介于 0—1 范围内选择股票,这代表公司的成长率大于其市盈率增长率,其目的是寻找出一些具有盈利成长能力,但尚未高估的股票(即市场尚未完全反应这个公司的成长潜力)。

(三) GARP 策略:投资大师彼得·林奇(Peter Lynch)的应用

传奇投资经理彼得·林奇(Peter Lynch)非常提倡 GARP 策略,他在富达公司(Fidelity Investments)于 1977—1990 年担任麦哲伦(Magellan)投资经理期间平均年化 29% 的投资业绩,在一定程度上归功于他所倡导的 GARP 投资策略。

在彼得·林奇所经营的麦哲伦基金的 1 400 种股票中,大致有四类股票:

(1) 是林奇希望能够收益 200%—300% 的成长股。

(2) 是股价低于实值的价值股,希望在股价上涨三分之一时就脱手。

(3) 是绩优股。如:公用事业、电讯、食品、广告公司的股票。这类股票带防御性,经得起经济不景气的打击。

(4) 是特殊情况,如再生股。

专栏 9-4

美国"漂亮 50"的终结 vs.中国 A 股"蓝筹泡沫"的破裂

"漂亮 50"(Nifty Fifty)美国股票投资史上特定阶段出现的大盘股的投资偏差现象,特指 20 世纪六、七十年代在纽交所交易的 50 只备受追捧的大盘股,如 IBM 公司(IBM)、麦当劳(McDonald's)、雅芳(Avon Products)、强生公司(Johnson & Johnson)、迪士尼(Disney)、柯达公司(Kodak)、施乐公司(Xerox)、默克公司(Merck)、可口可乐(Coco Cola)、美国运通(American Express)、宝洁公司(P&G)、百事可乐公司(Pepsi Co)、通用电气(GE)。漂亮50的一个重要特征是大市值股票、盈利增长稳定,同时也具有较高的P/E比率。由于人们认为这些公司的运作非常稳健,即使在经历较长时期后同样如此,因此这些股票被称为"一次性抉择"股。这些大盘股被视作可以"买入并持有"的优质成长股,盈利空间预期见涨,投资者会认为这种增长会一直持续下去(Dickson and Shenkar, 2011)。然而,投资经理全然漠视了这样一个事实:任何规模较大的大市值公司都不可能长期保持快速增长,以支持80倍甚至90倍市盈率。经过之后10年的市场自我修正,"漂亮50"从此不再"漂亮"。表9-11就是部分"漂亮50"市盈率从1972年高峰阶段到20世纪80年代初错误定价偏差的修正过程。

表9-11 部分"漂亮50"的市盈率变化 (单位:倍)

公司名称	1972年市盈率	1982年市盈率
索尼(Sony)	92	17
麦当劳(McDonald's)	83	16
迪士尼(Disney)	76	11
惠普(HP)	65	18
宝丽来(Polaroid)	90	16
国际香料公司(International Flavors & Fragrances)	81	12

资料来源:马尔基尔(2010)。

投资历史总是以某种特定的方式重演。2007年在中国股市高涨时期,大盘蓝筹股的高盈利能力同样受到中国投资者的普遍青睐,"上证50"成为"中国版漂亮50"。大盘股市盈率最高达70倍而演绎成"蓝筹泡沫"。随着2008年中国股市的"蓝筹泡沫"破裂,上证50成分股的估值水平迅速降低,从2007年10月份的70多倍市盈率下降到2012年第1季度的不足10倍P/E水平。而同期中小板指数的市盈率并P/E水平下降幅度则相对有限(见图9-26(a))。

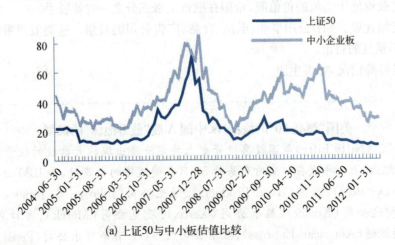

(a) 上证50与中小板估值比较

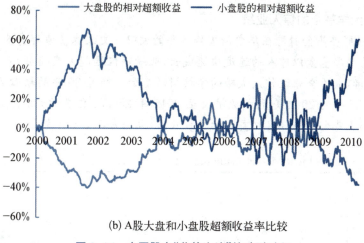

(b) A股大盘和小盘股超额收益率比较

图 9-26 中国股市"蓝筹泡沫"的破裂过程

从以上案例分析,违背价值投资的基本原则,则容易陷入价值投资的悖论境地。无论是 29 世纪 70 年代的美国股市"漂亮 50"终结还是 2007 年中国 A 股的"蓝筹泡沫"的破裂都说明了这一点。

案例分析

耶鲁捐赠基金的资产配置与绩效解析

1. 引言

耶鲁捐赠基金(The Yale Endowment)被称为是全球运作最成功的学校捐赠基金,备受世人瞩目,"耶鲁模式"也创造了机构投资者史无前例的骄人成就。

耶鲁大学捐赠基金(简称耶鲁基金)有着上百年的历史,然而其业绩突飞猛进却是在 30 年来大卫·史文森(David F. Swensen)执掌耶鲁基金后所创造的"耶鲁神话"。在 30 年间,耶鲁捐赠基金管理资产的市值增长了 12 倍之多,从 1985 年的近 20 亿美元增长到 2016 年的 254 亿美元,扣除每年投资回报率 5% 的开支后耶鲁基金仍以 13.9% 的投资回报率领跑全球高校基金(注:由于大学捐赠基金的特殊性,耶鲁基金每年将投资回报的约 5% 比率用于基金运营费用、学校奖学金、教学楼建设等支出),成为全球最赚钱的大学基金会组织机构。过去 10 年间有 9 年其投资收益率在美国剑桥联合会(Cambridge Associates)公布的大学捐赠基金收益率中排名第一。

虽然作为大学捐赠基金,耶鲁大学基金在资金来源和支出方面有其独特的地方,但其辉煌业绩的背后仍然有许多值得投资者尤其机构投资者学习和借鉴之处,它不仅注重金融投资理论的有效应用,比如资产组合理论、资本资产定价模型(CAPM)、有效市场假说(EMH)、行为金融学等,而且还结合自身资金池来源的特点对其资产组合进行科学有效的资产配置,以其较为稳定的资金池特质加大对非流动资产的另类投资(alternative investments)。除此之外,其注重长期价值投资的理念尤其给我国机构投资者带来了一些启示和思考。

2. 耶鲁大学基金的惊人业绩

1985年,耶鲁基金引进在华尔街工作6年的大卫·史文森负责耶鲁基金投资管理工作,此后的耶鲁基金以惊人的速度快速成长,业绩不仅远超大盘指数,而且领跑于多数机构投资者,成为全球运作最成功的学校捐赠基金。经过30年的精心运作,耶鲁基金市值由1985年的20亿美元成功扩大至2015年255.72亿美元,倍数高达11倍之多,总共为耶鲁基金带来352亿美元的投资收益(包括每年5%的支出)。

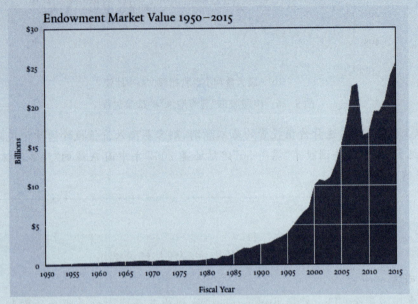

资料来源:耶鲁大学投资办公室(Yale Investments Office)。

图9-27 耶鲁大学基金规模与增长速度

由于大学捐赠基金的特殊性,耶鲁捐赠基金会每年需要扣除平均每年5%左右投资回报将被用于支付基金的运营费用、学校奖学金和教学楼建设等开支,30年来耶鲁基金实现了年均13.9%的净收益率(扣除每年5%的开支后),基金绩效表现仍领跑多数资产。

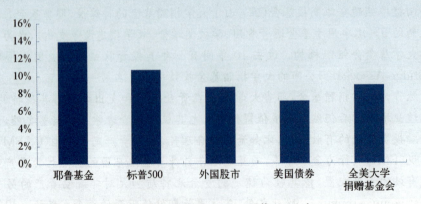

资料来源:耶鲁大学投资办公室(Yale Investments Office)、wind。

图9-28 耶鲁大学基金及其他基准的30年来业绩的比较

相比1985年之前,大卫·史文森(David Swensen)执掌的耶鲁基金实际资产组合和目标组合已经呈现显著的高期望回报率、低波动率的高夏普比率(high Sharp-ratio)特性。

3. 耶鲁大学基金取得如此骄人业绩的奥秘：资产配置策略

(1) 重视分散化资产配置——CAPM模型的有效运用。

在大卫·史文森接手耶鲁基金之前,基金一直保持着50%债券和50%股权的静态投资配置方案且4/5之上的基金资产配置于美国本土金融市场。1985年史文森接手之后,极为重视动态资产配置战略,实现资产分散化投资与多元投资,资产涵盖绝对收益、美国股票、外国股票、固定收益、私募股权、实物资产和现金,其中,"绝对收益(absolute return)"是耶鲁基金的首创名词,它是指事件驱动和价值驱动收益,事件驱动就是比如资产重组、破产清算等事件带来的收益,价值驱动就是通过套利获取的收益。耶鲁大学基金尤以风险投资(venture capital)、外国股票、私募股权(private equity)等标的区别于传统基金配置。目前,美国本土金融市场投资的证券占耶鲁基金比重约10%,而海外市场股票投资、股权PE,绝对收益资产、房地产不动产约占耶鲁基金投资的90%权重,这些资产都有着较小的相关性,很好地实现了分散化资产配置的投资目标,同时努力运用资产定价模型CAPM模型朝着有效前沿对资产进行优化动态配置,资产组合投资绩效的风险-收益效果不断优化,并于2001年起资产配置在接近有效边界后开始进入良性发展通道,并不断逼近有效前沿(efficient frontier)①。

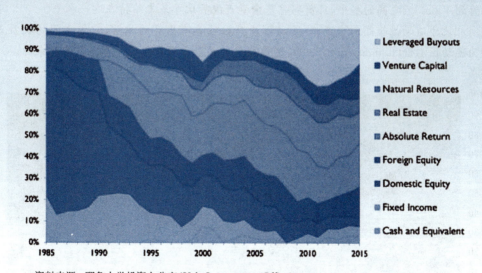

资料来源：耶鲁大学投资办公室(Yale Investments Office)。

图9-29 耶鲁大学基金资产配置的动变化

---

① 关于耶鲁基金资产配置优化有效前沿的具体分析,见本教材第二章案例分析《分散化投资为何称为"华尔街唯一免费的午餐"》。

(2) 加大对国外资产的投资——市场越无效,越容易获取超额收益。

不同于传统投资模式,耶鲁基金没有仅对国内资产进行投资,它对本国股票的投资比例持续减小的同时,对国外股票的投资比例却在持续增加。自 2005 年起,投资于外国股票的比例持续大于本国股票,且平均来说是本国的两倍以上。

耶鲁基金对待本国资产和外国资产配置的历史体现出其投资策略从对有效资产配置到无效资产配置的发展趋势。这种投资策略充分结合了有效市场假说和价值投资理论,因为耶鲁基金投资团队认为本国市场是相对有效的,而外国市场尤其是新兴国家是相对无效的,所以在外国市场中能够发现更多的无效定价资产,他们认为市场总是朝着更有效的方向发展的,无效定价资产的价格总是朝着真实内在价值靠拢,这就帮助他们能够获取超额收益。截至 2015 年 6 月,耶鲁大学基金中的外国股票占比达 14.7%,而本国股票仅占 3.9%。在这 14.7% 的比例中,有 4.5% 是投资于除本国以外的发达国家的股票,而新兴市场比例为 9%。

(3) 重视低流动性资产投资——获取流动性溢价的同时,发现低估价值。

按照资产流动性划分,耶鲁大学基金的资产可以分成三大类,流动性、半流动性和非流动性资产。其中流动性资产包括固定收益、股权和先进类资产,半流动性资产主要是绝对收益类资产,非流动性资产主要包括实物资产(大宗商品和房地产)和私募股权。

由于耶鲁大学基金的资金比较稳定,史文森团队利用此性质加大了对非流动性资产的投资。可以明显地看出,低流动性资产的占比呈现逐年增长的趋势,而流动性资产占比却逐年减小。1991 年,非流动资产占比才仅为 15.8%,到了 2012 年,非流动性资产已上升到了 65.3% 之高的水平,目前耶鲁基金资产配置比率基本维持在这一水平。

相比于流动性较高的资产,非流动性资产往往具有更高的收益,它们之间的收益差即为流动性溢价(liquidity premium),这是耶鲁大学基金高收益的一个很重要的来源。

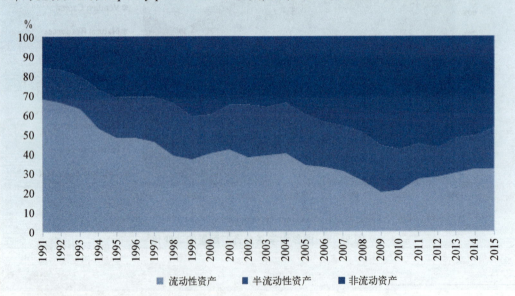

资料来源:耶鲁大学投资办公室(Yale Investments Office)。

图 9-30 耶鲁大学基金中流动资产与非流动资产占比变化比较

2015年,耶鲁大学基金对非流动资产的配置为53.2%,其资产配置情况如表9-12。从该表可以看出,耶鲁基金在传统类投资工具的资产配置比重明显低于其他大学基金的配置权重,仅在固定收益(fixed income)和国内股票(domestic equity)仅配置了8.9%资产比重,低于其他大学捐赠基金19.9%;而在杠杆收购(leveraged buyouts,简称LB)、风险投资(venture capital,简称VC)和房地产不动产(real estate)等三大类资产的配置权重却远远超过其他大学基金,耶鲁基金三类资产权重高达43.9%,而其他大学捐赠基金的三类资产平均配置权重仅为14.9%。可见,耶鲁基金投资绩效与其他大学捐赠基金的业绩差异背后的奥秘在于资产配置的差异,而恰恰凭借杠杆收购(LB)、风险投资(VC)和房地产不动产这三大非传统类资产配置的优势,成为"耶鲁模式"(Yale Model)的资产配置特色[①]。

表9-12　2015年耶鲁基金资产配置与其他大学捐赠基金配置比较

	耶鲁大学资产配置(%) (Yale University)	其他大学捐赠基金 平均资产配置(%) (Educational Institution Mean)
绝对收益(Absolute Return)	22.1	23.6
国内股票(Domestic Equity)	4	19.6
固定收益(Fixed Income)	4.9	9.2
国外股票(Foreign Equity)	14.9	21.4
杠杆收购(Leveraged Buyouts)	14.7	6.1
自然资源(Natural Resources)	7.9	8.0
房地产(Real Estate)	13	3.9
风险投资(Venture Capital)	16.2	4.9
现金(Cash)	2.3	3.5

资料来源:耶鲁大学投资办公室(Yale Investments Office)。

进一步研究发现,风险资本(venture capital,VC)的投资是耶鲁大学基金中最被其他机构看好和当作典范的一块投资内容,根据耶鲁大学基金2015年的年报,在过去的20年中,耶鲁大学基金的风险资产(VC)的回报是所有资产中最高的,其平均收益率高达92.7%。对大宗商品(油、气、林木)的投资是回报次高的,在过去20年中,为耶鲁大学基金赚得了年均17.0%的收益。

非流动性资产的投资对耶鲁大学基金的重要性可见一斑。其2015年资产配置收益情况与资产特性如表9-13。

---

① https://www.wsj.com/articles/harvard-to-outsource-management-of-its-35-7-billion-endowment-1485363650。

表 9-13　耶鲁大学基金分类资产的收益状况与特点

资产名称	预期收益	风险	过去 20 年平均收益	特　点
绝对收益类	4.80%	8.60%	10.10%	有两种投资策略：事件驱动、价值驱动；收益率与股票、债券的市场走势相关度较低
国内股票	6.00%	18.00%	14%	比债券和现金的风险高，收益高；通过积极的投资策略管理，发现倍低估股票
固定收益	0.50%	3.00%	5.10%	有稳定的现金流收益；可以对危机及其他非预期事件形成的冲击形成对比
境外股票（新兴国家及部分发展中国家）	7.50%	23.00%	15.00%	发达国家配置 5%；发展中国家配置 3%；中国、印度、巴西等地区配置 5%；通过积极的投资策略管理，发现被低估的投资机会
境外股票（发达国家）	6.00%	18.00%		
自然资源（油气林矿）	6.60%	24.50%	17.00%	有较好的防御全球性通胀的性质；有稳定的现金流收入；有较多非有效配置的投资机会
LB	10.00%	23.60%	16.40%	杠杆收购强调与有价值增值空间的公司合作，投资眼光放得更长远
VC	16.00%	37.80%	92.70%	多投资于创业公司，强调企业价值增值，弱化财务指标，风险较大
房地产	5.50%	15.00%	13.60%	可对非预期性通胀形成自然对冲，同时不影响预期收益

资料来源：耶鲁大学投资办公室（Yale Investments Office）。

(4) 重视非传统型资产——另类投资，成就"耶鲁模式"。

耶鲁基金由于其独特的资产配置方式与卓越的投资业绩表现，被业界誉称为"耶鲁模式"(Yale Model)。耶鲁模式的最大特色是高比重配置多元非流动资产，即另类资产(alternative assets)的投资策略选择。2015 年，耶鲁基金另类资产的配置比重达到 74%，过去 10 年另类资产平均占总配置的 76%。由于基金非传统的投资资产（外国资产、实物资产、私募股权和绝对收益）的流动性较差，信息不对称更加严重，市场有效性更低，优秀的基金管理人往往可以利用自身的高素质和资源与信息优势筛选出能够获得更多超额收益的资产，即"流动性溢价"。

超配非流动资产，追求流动性溢价是"耶鲁模式"获得超额收益的重要奥秘。当然，这一投资模式具有较大争议，即"耶鲁模式"主要注重非标类的另类资产投资，这一投资模式难以被机构投资者模仿。在这方面，能力差别较大的基金管理人获取的收益也会差别很大。根据美国剑桥联合会（Cambridge Associates）投资研究主管 Alex Pekker 博士的最新实证研究，在非传统投资资产收益分布中，前 25% 的基金和末尾 25%

的基金年均收益率差距高达20%。相比之下,传统投资类别中,股票和债券这一差距仅为3%左右(见图9-31)。因此,对于非流动性和非有效性资产投资占比较大的耶鲁大学基金来说,找寻一流的管理团队和基金经理是非常关键的。在这方面,耶鲁基金的投资管理团队呈现另类投资管理的优势的特色。目前,从投资管理团队由5人组成,大卫·史文森(David Swensen)是首席投资官、Dean Takhashi是资深投资管理主任、Alexander C. Banker是首席风险官、Alan S. Forman是不动产组合主管、Lisa M. Howle是海外股权投资主管。

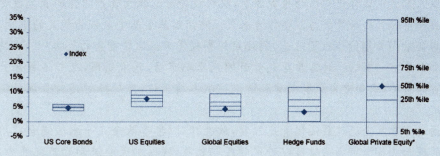

注:数据截至2016年12月31日。
资料来源:Alex Pekker, Cambridge Associate Report, Apr., 2017。

图9-31 能力不同的投资者另类投资回报率差异性大

超配多元化非传统型的另类资产,在低效率市场(less efficient markets)中追求高潜在回报是"耶鲁模式"取得高投资绩效的重要秘诀。相对传统类交易型金融资产而言,另类资产天然具有定价低效率特性,这恰恰为具有另类资产投资能力的投资者提供了在低效率市场挖掘潜在投资性资产的主动性投资机会。耶鲁大学基金的高收益不仅赢在资产分散化配置和对另类资产的加大配置,更为重要的是在不同另类资产的投资上。长期以来,耶鲁基金正是在挖掘低流动性、低效率市场的投资机会,尤其在风

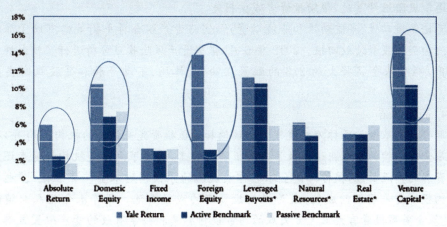

注:数据区间为2006年6月30日—2016年6月30日。
资料来源:耶鲁大学投资办公室(Yale Investments Office)。

图9-32 耶鲁大学基金的各资产收益状况都好于基准

险资本投资(venture capital)、杠杆收购(leveraged buyouts,LB)、油气资源(oil and gas)、林场(timber forests)以及不动产(real estate)等不同类别的非传统资产方面。在不同类别的子资产投资方面,耶鲁基金都秉持着精耕细作、积极主动挖潜的投资理念。通过细分其投资类别后,在每种资产的投资收益上,无论是与被动投资基准相比还是与主动投资基准相比,耶鲁大学基金的收益都处于领先地位。其中以绝对收益、国内与国外股权和风险资本投资最为明显。

(5) 重视长期价值投资,淡化市场择时。

按照首席投资官史文森的投资理念,机构投资者聚焦于资产组合的长期投资而不是在公开市场上的频繁交易。受作为永久性的捐赠基金其资金较为稳定的影响,耶鲁大学基金崇尚长期价值投资理念,因此对短期投资来说比较重要的策略——市场择时并不那么看重。市场择时需要花大量时间来跟踪市场,代价高昂,也并不符合长期价值投资的目标,正如史文森本人曾经所说:"从本质上说,市场择时是对长期投资目标的否定。"

通过耶鲁基金通过最优化资产配置,放弃择时(耶鲁基金几乎永远满仓),用价值投资的理念去各个市场选股可以稳定的获取收益,同时加大非流动资产配置力度,降低潜在的市场波动风险,实现以价值投资为核心的多元化配置,这从耶鲁基金的优异业绩表现已经得到很好的诠释。

(6) 再平衡策略——严防泡沫化,避免追涨杀跌。

"再平衡策略",是耶鲁基金动态资产管理的重要内容。首先,根据行为金融学理论,市场参与者常常伴随有追涨杀跌的心理,这种心理带给市场的结果就是严重的泡沫化,一旦泡沫破裂,未及时离开的参与者将损失惨重。史文森由此很重视"再平衡"策略,这种策略能很好地避免投资者追涨杀跌的非理性心理。当组合中的某项资产的价格由于市场普遍的非理性心理而存在较高的泡沫时,反映到资产组合中的结果就是持仓比例超过目标值较多,此时,"再平衡"策略系统就会显示卖出信号,在泡沫破裂前及时遏制风险继续蔓延,帮助投资者减少损失。

无论是流动性、半流动性和非流动资产,实施资产组合再平衡策略有助于降低潜在风险和提高投资绩效回报。2012 年 6 月,根据资产风险收益分析进行了较大规模重配资产,耶鲁基金将将大约 2/3 的配置在油气、林场、不动产和私募股权四类另类资产。

4. 简单小结

耶鲁捐赠基金被誉称为把现代金融理论和价值投资完美结合的机构。30 年以来,耶鲁基金以持续的骄人业绩打败了众多投资机构者,引发了无论是机构投资者还是个人投资者的广泛关注,被称为是全球运作最成功的学校捐赠基金,"耶鲁模式"也创造了机构投资史无前例的成就,成为机构投资者的成功典范。耶鲁基金超人业绩的背后,是基金首席投资官大卫·史文森的超常投资智慧和科学有效的资产配置策略。本案例通过对耶鲁捐赠基金的资产配置策略的重点介绍和解析,探索耶鲁基金投资奇迹的奥秘,希望能对我国机构投资者资产配置与策略选择有所启示。

本 章 小 结

实施战略资产配置,必须从"自上而下"的视角对宏观经济、政策周期和股市周期的内在联系,本章论证了经济周期、政策周期与股市周期的内在机制。本章提出了大类资产配置思路,并对国际投行的投资理论——美林"投资钟"和高盛股市周期理论进行介绍。在此基础上,从投资组合管理的角度提出投资组合管理策略,阐释被动性投资策略和主动性策略。接着,针对投资风格的差异,提出如何实施成长股策略、价值股策略和兼顾成长-价值的 GARP 策略。最后,以耶鲁捐赠基金为例,对机构投资者的资产配置与绩效进行解析。

重 要 概 念

资产配置 资产配置风格 美林"投资钟" 高盛股市周期理论 积极策略 消极策略 混合策略 买入并持有策略 恒定混合策略 投资组合保险策略 价值型股票 成长型股票 周期类股票 成长股溢价 GARP 策略

习题与思考题

1. 什么是资产配置?简述资产配置程序。
2. 战略性资产配置和战术型资产配置有什么主要不同?
3. 经济周期、政策周期与股市周期之间存在何种关系?
4. 如何根据经济周期变化进行资产配置?
5. 什么是美林"投资钟"理论?如何应用这一理论进行资产配置?
6. 什么高盛股市周期理论?如何应用这一理论分析股市周期?
7. 主动型投资策略和被动型策略有何区别?两种策略的适用性如何?
8. 什么是成长股策略?如何实施该投资策略?
9. 什么是价值股策略?价值股投资策略的投资要素主要有哪些?
10. 什么是 GARP 策略?如何应用 GARP 进行估值?

第十章

套保套利与对冲交易

> **学习目标**
>
> 随着全球金融衍生市场深化和中国资本市场创新,套利套保、对冲交易和量化投资成为最近10年资本市场的重要研究领域和创新业务热点。本章重点介绍与讨论利用金融工程技术进行套保套利与对冲交易,通过本章教学,重点掌握以下内容:
> 1. 套期保值的基本原理,套保交易策略在股指期货和国债期货市场中的应用。
> 2. 套利策略的基本原理,期限套利与跨期套利在金融衍生市场中的应用。
> 3. 对冲交易策略、宏观对冲交易策略与量化交易对冲交易策略及其在金融投资中的应用。

第一节 套 期 保 值

套期保值是指为规避外汇风险、利率风险、商品价格风险、股票价格风险、信用风险等,指定一项或一项以上套期工具,使套期工具的公允价值或现金流量变动,预期抵消被套期项目全部或部分公允价值或现金流量变动风险的一种交易活动。

如本书第七章所述,期货的一个基本功能就是进行套期保值。套期保值在过程上是一个风险转移的过程:现货多头为了转移自身持仓的市场风险,通过卖空股指期货方式,把风险转移到乐意承担市场风险一方;如果现货和期货的价格波动是完全相同的,那么,投资者就可以将市场风险完全转移。运用期货进行套期保值的过程是一个用基差风险替代价格风险的过程。

在海外市场,有许多标的指数推出了股指期货、国债期货和期权等金融衍生工具,对于交易者,应当选择与股票资产高度相关的金融衍生工具作为对冲标的。2010年,我国沪深300股指期货和正式推出,从此中国资本市场可以利用金融衍生工具进行套期保值。

一、套期保值的基本原理

套期保值是以规避现货风险为目的的期货交易行为。套期保值之所以能够规避价格风险,是因为期货市场上存在以下经济原理,即:(1)同品种的期货价格与现货价格走势一致;(2)随着期货合约到期日的临近,现货与期货价格趋向一致。

套期保值的核心不在于能否消除价格风险,而在于能否通过寻找基差变化或预期基差的变化来谋取利润,或者说通过观察期货市场与现货市场之间的价格变动来寻找套期保值的机会。从这种意义上说,基差逐利型套期保值是一种投机行为,只是它不是投机于价格,而是投机于现期价格的相对变化,即基差变化。

在进行股指期货套期保值时存在着以下两个方面的风险:交叉套期保值风险和基差风险。在套期保值过程中,所要保值的资产不会和指数成分股及数量完全一致,存在着种类相关和数量大体一致的可能,这就存在交叉保值的风险。即使投资者要保值的资产与股指期货的标的资产一致,但是保值资产的价值与股指期货价格的走势也很可能出现不一致的情况,即存在基差风险。

二、套期保值比率

在套期保值实际操作中,一个核心的问题就是最优套期保值比率的确定,也就是说对于一份现货,需要购买多少比例的股指期货来进行套期保值。

为了比较准确地确定合约数量,首先需要确定套期保值比率(hedge ratio)。套期保值比率是指为达到理想的保值效果,套期保值者在建立交易头寸时所确定的期货合约的总值与所保值的现货合同总价值之间的比率关系。

在极端理想的状态下,如果我们持有的投资组合与期货的运行保持完全一致,设 P 为投资组合的当前价值,A 为一个期货合约的当前价值。则理想状态的套期保值期货合约数量 N 为:$N=P/A$。按照上式,用投资组合的当前价值除以一个期货合约的当前价值,得出套期保值的期货合约数量,随后进行一个与需要保值的现货头寸方向相反的操作,卖出或者买入期货合约即可。

以上情形实际上暗含着认为最优套期保值率为1,这就相当于假设:(1)现货收益的方差和期货收益的方差相同;(2)期货和现货的当期收益完全正相关;(3)不同期的期货收益和现货收益不相关,期货和现货的收益率不存在引导关系。但是,现货和期货是在两个市场进行交易的品种,并且对于股指期货而言,现货组合一般不与股指期货的标的相对应,所以现实中很难满足上述的三个假设。

由于最优套期保值比率的计算(也即套期保值策略的最优化)是套保的核心,以下简要介绍一下既有的各种最优套期保值比率的估计方法。

1. OLS估计法

期货套期保值比率研究一般是在方差最小化框架下进行,假设我们进行多头套期保值,现货持有数量为1,在 t 期的收益率为 $r_{s,t}$,我们需要卖空 h 比例的期货来进行套期保值,期货在 t 期的收益率为 $r_{f,t}$,那么整个的套期保值组合的收益率为

$$r_{p,t}=r_{s,t}-h\times r_{f,t} \tag{10.1}$$

从而有 $r_{s,t}=h\times r_{f,t}+r_{p,t}$。在方差最小化框架下,需寻找合适的 h^* 使得 $r_{p,t}$ 的方差最小,实际上就相当于把 $r_{p,t}$ 看成误差项,而 h^* 则是相应的回归系数。此时,可以得到:

$$h^* = \rho \frac{\sigma_s}{\sigma_f} \tag{10.2}$$

其中,ρ 为期货与现货收益率的相关系数。

根据上式,可以采用最小二乘法来对 h 进行估计,模型如下:

$$r_{s,t} = \alpha + \beta r_{f,t} + \varepsilon_t \tag{10.3}$$

其中,$r_{s,t}$、$r_{f,t}$ 分别是期货和现货在 t 期的收益率,这样我们就可以得到最小二乘法下得最优套期保值比例 $h^* = \beta$。若考虑每张期货的价值和每单位现货价值并不相等,则实际需用来进行套保的期货合约数应为理想情况下的最优套保比率($N = P/A$)乘以 β,即

$$N_{\text{OLS}} = \frac{P}{A} * \beta \tag{10.4}$$

举个简单的列子,一个当前市值 2 000 万元的 A 股投资组合需要做套期保值,11 月沪深 300 股指期指的报价 3100 点,可以采取如下步骤进行操作:(1)采集过去 100 个交易日该投资组合的每日回报率并计算过去 100 日沪深 300 指数的每日回报率;(2)用以上两组历史数据进行回归,假设得出回归系数 $\beta = 0.85$;(3)计算理论上应卖出的期货合约份数为 $18.3 = \frac{20\,000\,000}{3\,100 \times 300} \times 0.85$。

在实际投资过程中,由于合约份数只可能是整数,具体卖出 18 份还是 19 份合约取决于投资者所选择的套保策略。此时,机构投资者通常会利用计算机,对行情以及投资组合的持仓情况进行实时跟踪,然后运用复杂的数学模型,对大盘以及投资组合下跌的可能性、幅度进行预测估计,并推算出当时最佳的套期保值比率。

2. VAR 估计法

尽管 OLS 法可以很迅速地得到最优套期保值率的估计,但 OLS 模型存在着很多假设。假设误差项的正态性,同方差以及不同期的误差项不相关,如果不满足这些假设条件,OLS 方法得到的估计就存在这一定的偏差。考虑到不同期误差项之间可能存在的相关系数,可以利用下面的向量自回归模型来进行估计。

$$r_{s,t} = \alpha_s + \sum_{i=1}^{m} \beta_{s,i} r_{s,t-i} + \sum_{i=1}^{n} r_{s,i} r_{f,t-i} + \varepsilon_{s,t}$$
$$r_{f,t} = \alpha_f + \sum_{i=1}^{m} \beta_{f,i} r_{s,t-i} + \sum_{i=1}^{n} r_{f,i} r_{f,t-i} + \varepsilon_{f,t} \tag{10.5}$$

上式右边考虑了期货和现货过去若干期收益率对当期收益率的影响,其中 $\varepsilon_{s,t}$ 和 $\varepsilon_{f,t}$ 为误差项,从而在 VAR 模型下的最优套期保值率为

$$h^* = \frac{Cov(\varepsilon_{s,t}, \varepsilon_{f,t})}{Var(\varepsilon_{f,t})} \tag{10.6}$$

3. ECM 估计法

由于基差反映的是期货和现货之间的关系,这一关系可以通过协整的方法来刻画,从

而可以使用 ECM 模型对最优套期保值比率进行估计。

VAR 模型考虑的是不同期的期货和现货收益率对当期收益率的影响,Ghosh(1993)指出,当期货和现货收益率的协整关系被忽略的时候,由 VAR 模型得到的最优套期保值率可能偏小。因此,当期货和现货收益率存在协整关系时,可考虑采用误差修正模型来进行建模:

$$r_{s,t} = \alpha_s + \sum_{i=1}^{m} \beta_{s,i} r_{s,t-i} + \sum_{i=1}^{n} r_{s,i} r_{f,t-i} + k_s Z_t + \varepsilon_{s,t}$$
$$r_{f,t} = \alpha_f + \sum_{i=1}^{m} \beta_{f,i} r_{s,t-i} + \sum_{i=1}^{n} r_{f,i} r_{f,t-i} + k_f Z_t + \varepsilon_{f,t} \tag{10.7}$$

其中,Z_t 为误差修正项,一般使用 $P_{s,t} - \alpha - \beta P_{f,t}$ 或 $P_{s,t} - P_{f,t}$ 代替,$P_{s,t}$ 和 $P_{f,t}$ 分别代表期货和现货的对数价格序列。根据误差修正模型计算得出的最优套期保值比率为

$$h^* = \frac{Cov(\varepsilon_{s,t}, \varepsilon_{f,t})}{Var(\varepsilon_{f,t})} \tag{10.8}$$

以上三个模型都属于静态模型。静态模型通常假设残差序列的方差是常数,但现实中大部分金融时间序列数据都有"波动性聚类"的特性,即残差序列的方差往往是随时间而变化的,即被套保组合和基准指数价格序列的波动的方差和协方差都是时变的,因此动态模型在静态模型的基础上考虑了方差的时变性。

4. GARCH 类模型估计法

Lien(1996)提出了广义自回归条件异方差模型,该模型不仅考虑一阶矩期货价格与现货价格变动之间的协整关系,同时考虑了二阶矩期货价格变动方差以及现货价格变动方差之间的相互影响,同时期货价格变动条件方差,以及期货价格变动与现货价格变动的条件协方差不再为一常数。条件均值模型如前述模型形式,实证分析中可采用多种设定,多元条件方差模型由下式给出:

$$\begin{bmatrix} \sigma_{ss,t} \\ \sigma_{sf,t} \\ \sigma_{ff,t} \end{bmatrix} = \begin{bmatrix} C_{ss,t} \\ C_{sf,t} \\ C_{ff,t} \end{bmatrix} + \begin{bmatrix} \alpha_{11} & \alpha_{12} & \alpha_{13} \\ \alpha_{21} & \alpha_{22} & \alpha_{23} \\ \alpha_{31} & \alpha_{32} & \alpha_{33} \end{bmatrix} \times \begin{bmatrix} \varepsilon_{s,t-1}^2 \\ \varepsilon_{s,t-1} \times \varepsilon_{f,t-1} \\ \varepsilon_{f,t-1}^2 \end{bmatrix} + \begin{bmatrix} \beta_{11} & \beta_{12} & \beta_{13} \\ \beta_{21} & \beta_{22} & \beta_{23} \\ \beta_{31} & \beta_{32} & \beta_{33} \end{bmatrix} \times \begin{bmatrix} \sigma_{ss,t-1} \\ \sigma_{sf,t-1} \\ \sigma_{ff,t-1} \end{bmatrix}$$
$$\tag{10.9}$$

其中,σ_{ss}、σ_{ff} 分别是均值方差的残差项 ε_{st}、ε_{ft} 的条件方差,σ_{sf} 代表现货市场与期货市场的条件协方差。将于模型中需要估计的参数比较多,Bollerslev, Engle 和 Wooldridge(1988)建议假设矩阵 A_i 和 B_i 为对角矩阵,非对角位置为 0,从而条件方差仅依赖于它自身的滞后残差以及滞后阶数。由此条件方差表示为

$$\sigma_{ss,t} = C_{ss,t} + \alpha_{ss}\varepsilon_{s,t-1}^2 + \beta_{ss}\sigma_{ss,t-1}$$
$$\sigma_{sf,t} = C_{sf,t} + \alpha_{sf}\varepsilon_{s,t-1}\varepsilon_{f,t-1} + \beta_{sf}\sigma_{sf,t-1}$$
$$\sigma_{ff,t} = C_{ff,t} + \alpha_{ff}\varepsilon_{f,t-1}^2 + \beta_{ss}\sigma_{ss,t-1} \tag{10.10}$$

由此类基于 GARCH 模型得到的最优套期保值比率是时变的，其表达式为：

$$h_{t-1} = \frac{Cov(R_{s,t}, R_{f,t} \mid I_{t-1})}{Var(R_{f,t} \mid I_{t-1})} = \frac{\sigma_{sf,t} \mid I_{t-1}}{\sigma_{ff,t} \mid I_{t-1}}$$

其中，h_{t-1} 为 $t-1$ 时刻的最优套期保值比率，I_{t-1} 表示 $t-1$ 时刻的信息集。由于条件会随着信息集的更新而变化，因此最优套期保值比率是时变的。

基于 GARCH 类的动态套期保值模型包括多种变型，区别主要表现在，条件均值方程是一元或二元模型、是否包括协整变量之间的误差修正项，条件方差方程中对不同参数的简化设定、是否包含了不同类信息的非对称效应。按条件异方差的设定方式，常用的多元 GARCH 模型包括 DCC（动态条件相关模型）、BEKK（对角 BEKK 模型）等。

三、股指期货套期保值

2010 年，我国沪深 300 股指期货正式推出，从此 A 股市场拥有了用以进行套期保值的金融工具。股指期货套期保值和其他期货套期保值一样，其基本原理是利用股指期货与股票现货之间的类似走势，通过在期货市场进行相应的操作来管理现货市场的头寸风险。主要操作方法与商品期货套期保值相同。即在股票现货与期货两个市场进行反向操作。根据股票价格和股票价格指数变动的趋势，在股票现货市场与股指期货市场做买卖方向相反、标的金额相同的操作，这样就可以锁定股票现货组合的收益（亏损），抵消股票现货价格变动而造成的收益减少（亏损加大）的风险。

根据套期保值方向，股指期货套期保值分为空头套期保值和多头套期保值。其中，股指期货的空头套期保值就是选择股指期货的交易品种建立空头头寸。采取这种策略的投资者主要针对股市行情看跌，持有股票现货的投资者利用股指期货的空头头寸的盈利补偿股票现货账面上的损失，以及特定投资者（如机构投资者以及股票承销锁定期内）预期股价下跌，但出于战略考虑不能卖出股票而进行空头套期保值。而多头套期保值就是选择股指期货的交易品种建立多头头寸。采取这种策略的投资者主要针对股市行情看涨（预期），利用股指期货控制购入股票的时机，以及特定投资者战略投资需要（如公司收购期间，被收购公司的股票价格可能随总体股市上涨而上涨，这时收购方公司买入对应股指期货合约，便可能减轻这方面的价格风险）。

专栏 10-1

沪深 300 套期保值策略的案例解析

选取样本内数据采用沪深 300 股指期货、沪深 300 指数 2016 年 1 月 4 日—2016 年 12 月 30 日的每日收盘价数据用来进行最优套期保值比率的估计；样本外数据采用沪深 300 股指期货、沪深 300 指数 2017 年 1 月 3 日—2017 年 2 月 23 日的每日收盘价，用来进行套期保值比率的效果检验。

沪深 300 股指期货数据由于合约期不同，每天有多个合约种类，因此筛选得出其中合约到期日为下个月的期货种类，这些期货的流动性较强，交易量较大。

由 OLS 估计可得沪深 300 指数的相关系数为：0.968 55，套期保值比例为：0.852 39。

由于到期时间较短,可忽略成分股分红带来的影响;对于交易成本,可将跟踪偏差 T_E 设定为 0.2%,将构建期限套利组合的单向交易成本 C_R 设定为 0.16%(含固定成本和变动成本,忽略冲击成本);无风险利率为一年期定期存款利率 3.5%,从而可确定相应的无套利区间[①]如下:

$$[0.993\ 9 \times S_t,\ 1.010\ 7 \times S_t]$$

以 2017 年 1 月 20 日为例,考虑股指期货 IF1702 合约,合约乘数为 300 元/点,距离交割日 $T-t=28$ 天,期货价格 IF1103 与沪深 300 指数价格同期走势图(1 分钟数据)如图 10-1(a)所示。根据套利成本画出来的无套利区间图如图 10-1(b)所示。从图 10-1(b)可以看出,在 2017 年 1 月 20 日这天,从分钟频率的数据来看 IF1700 不存在期现套利机会。

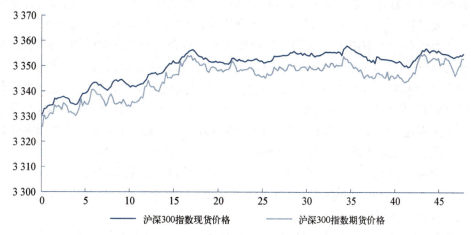

(a) 期货价格与标的指数价格走势图

资料来源:Wind。

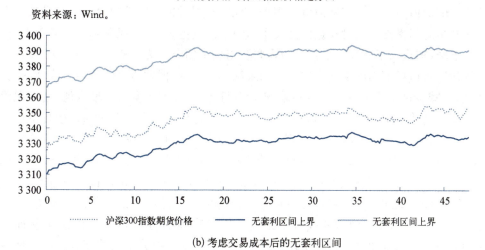

(b) 考虑交易成本后的无套利区间

资料来源:Wind。

图 10-1　股指期货的套利区间

---

① 无套利区间是指考虑交易成本后,将期指理论价格分别向上移和向下移所形成的一个区间,计算公式见式(10.20)。

四、国债期货套期保值

国债期货的标的利率与市场利率高度相关,债券投资者可以利用国债期货来降低现货头寸的利率敏感性,保证现有或将来预期的投资组合价值不受市场利率变动的影响,从而实现套期保值。

完全套期保值(perfect hedge)意味着现货市场上利率波动带来的亏损(或盈利)几乎完全被期货头寸价格变化带来的利润(或亏损)抵消。但是,在实际操作中,由于国债期货是一种虚拟的标准化合约,被实施套保的债券与期货合约的基础债券一般来说并不相同,也就是说套保者持有的现货价格的变化与国债期货的收益率变化并不完全相关,此外还存在整数倍合约的对冲限制以及对冲时间段不一致的情况。在这种情况下,对冲操作并不能完全规避资产的利率风险,这种策略被称为交叉套期保值(cross hedging)。

套期保值的效果取决于被套保债券的价格和期货合约价格之间的相互关系,即基差的变动,由此产生的风险称为基差风险(basis risk)。未实施套期保值的头寸面临现货价格不利变动带来的价格风险,而套期保值使用基差风险代替了价格风险。对国债期货而言,其价格与最便宜可交割债券(Cheapest to Deliver, CTD)的价格密切相关,对非最便宜可交割债券进行的交叉套保存在较大的基差风险。一般而言,被套保债券和实际最便宜可交割债券的相关度越小,套保策略的可靠性越低,带来的基差风险越大。由于国债期货在场内交易,合约流动性好,透明度高,因此,为了控制更大的市场价格风险,套保者往往愿意承担一定程度的基差风险,使用国债期货来对冲非最便宜可交割债券,包括持有的企业债券等非国债利率敏感性资产。

国债期货的套期保值策略可分为空头套期保值和多头套期保值两种:空头套期保值和多头套期保值。空头套期保值可以用来防范债券现货价格下跌的风险。假设投资者预期未来某个时间将支付大量现金而需要卖出国债或其他债券,如果预期未来利率上升,债券价格下降,那么为了获取一定量现金需要卖出更多债券。为了避免这种情况,投资者可以在国债期货市场上卖出期货合约。若未来利率上升,国债期货合约价格下降,空头方平仓获利,可减少现货上的损失。通过卖出国债期货合约,创建空头套期保值,套期保值者将价格风险转移给国债期货合约的买方。多头套期保值可以用来防范债券现货价格上升的风险。当投资者预期将收到大量现金用于购买债券,且预期利率下降,债券价格上涨时,可以运用多头套期保值,买入国债期货合约以锁定买价。此外,如果投资者知道国债将于近期到期并预期利率将下降,也可以运用多头套期保值来锁定再投资收益率。

计算套保系数的一个思路是使得现券头寸与期货头寸的基点价值之和正好为0(数值相等,方向相反),则此时只要收益率曲线平行变动,则净价总收益应该为0,从而达到套保的效果。为了方便进行基点价值的计算,我们可以使用关于国债期货的广泛使用经验准则:国债期货的久期相当于CTD券的久期,即

$$现券价值 \times 现券综合久期 = 套保系数 \times 期货名义价值 \times 期货久期$$
$$= 套保系数 \times 期货名义价值 \times CTD券久期$$

进而可以得到,套保系数=(现券价值×现券综合久期)/(期货名义价值×CTD券久期)

下面,我们采用 T1706 合约对仍相对活跃的非可交割券 160023 进行套保。2017 年 3 月初时,T1706 的 CTD 券为 170004,相对比较稳定。我们计算 150026 对应的套保系数为(以 3 月 1 日为计算起点,套保区间至 3 月 31 日):

3 月 1 日,160023、170004 的中债估值修正久期分别为 8.32、8.37;160023 的中债估值全价为 95.62 元。根据基于久期的经验法则,我们可以计算出 T1704 对应的套保系数应为 0.96;(在此先不考虑期货合约的整数效应)。则面值为 100 万的 160023 现券分别与 0.96 份 T1704 合约的净价波动情况,如图 10-2 所示,通过期货套保确实能起到稳定组合净值的作用(由于期货价格是净价的概念,所以我们也只考虑现券净价的变动)。

数据来源:Wind。

图 10-2 国债期货套保效果分析

第二节 套　　利

在金融市场上,基于某两种资产或合约的价差应该保持在一定合理区间的预期,当价差发生较大偏离时便可以实施低买高卖的套利策略。而根据套利标的不同,套利策略一般可有四种:期现套利、跨期套利、跨市套利和跨商品套利。本节我们主要讨论基于股指期货和国债期货的期现套利策略和跨期套利策略。

一、期现套利

1. 期现套利简介

期货期现套利是指利用期货市场与现货市场存在的价格差异,在冒较小风险的情况下赚取较高收益率的交易活动。以股指期货正向套利为例,当期货价格高于理论价格加上交易成本时,套利交易者可以卖出股指期货,买入现货指数股票组合,到期时卖出现货指数股票组合,将股指期货空头平仓。反向市场的操作则反之。虽然我国已开设融资融券业务,但考虑到目前市场中融资融券的利率较高(分别为 8.35%、10.35%),融券品种少等制度性问题,故目前实际操作中主要以正向套利情况为主。

实务中,影响套利成功与否的因素主要有两点:(1)跟踪标的指数的现货投资组合的构建。期现套利需要构建一个包含期货与现货的投资组合。其中,买入或卖出期货比较容易实现,但是同时按照指数中成分股的权重买入或卖出大量现货会导致较大的交易成本和冲击成本。为了降低不必要的成本,较好的方法是能构建一个既能较好地跟踪现货指数,同时又只包含较少股票或投资标的的现货组合。(2)无套利区间的确定。当期货价格落在无套利区间内时,没有套利机会;当期货价格在一定时间内持续落在无套利区间外时,可能存在套利机会。

2. 现货投资组合的构建

用沪深 300 成分股完全或部分复制构建现货组合,但由于股票交易不能实现"T+0",并且现货组合中股票成分过多,交易成本过高用沪深 300 成分股构建现货组合显然不是最好的选择则。而统指数基金只能在场外进行申购、赎回,申购赎回费率以及管理费率都较高,同时"T+0"交易和"未知价"结算等制度原因,使得传统指数基金难以很好地复制沪深 300 指数,因此不建议采取使用传统指数基金进行复制的办法来构建现货组合。沪深 300ETF 是以沪深 300 指数为标的,既能在二级市场进行交易又能在一级市场进行申购、赎回的交易性开放式指数基金。历经五年筹备,资本市场万众瞩目的两只沪深 300ETF 华泰柏瑞沪深 300ETF 和嘉实 300ETF 于 2012 年 5 月 28 日正式挂牌交易,之后我国又相继推出了多只沪深 300ETF。由于 ETF 型基金兼具交易成本低,对沪深 300 指数追踪效果好,并且可以进行"T+0"操作等特点,故以下将对通过沪深 300ETF 构建现货组合的方法进行介绍。我们选取了华泰柏瑞沪深 300ETF、嘉实沪深 300ETF、华夏沪深 300ETF、易方达沪深 300ETF、鹏华沪深 300ETF 等进行比较分析。

表 10-1 沪深 300ETF 年换手率、年成交量与年成交额 （单位:亿）

	年换手率(%)	年成交量	年成交额
华泰柏瑞沪深 300ETF	716.35	471.78	1 519.56
嘉实沪深 300ETF	55.31	28.27	97.37
华夏沪深 300ETF	15.11	7.08	23.75
易方达沪深 300ETF	25.11	6.87	9.11
鹏华沪深 300ETF	76.02	0.074	0.23
南方开元沪深 300ETF	14.81	1.22	1.59

数据来源:Wind。

选取 2016 年 1 月 4 日到 2016 年 12 月 30 日的数据作为研究样本,分别去每日数据的收盘价,比较各只沪深 300ETF 和沪深 300 指数的相关系数和跟踪误差。跟踪误差的计算公式如下:

跟踪偏离度:$TD = \ln(P_t/P_{t-1}) - \ln(I_t - I_{t-1})$

跟踪误差：$TE = \sqrt{\sum_{i=1}^{n}(TD - \overline{TD})^2/(n-1)}$

表 10-2　沪深 300ETF 拟合效果

	华泰柏瑞沪深 300ETF	嘉实沪深 300ETF	华夏沪深 300ETF	易方达沪深 300ETF	鹏华沪深 300ETF	南方开元沪深 300ETF
与沪深 300 价格相关性	0.987 364	0.985 965	0.988 20	0.990 20	0.912 49	0.976 435
与沪深 300 收益相关性	0.939 863	0.972 762	0.965 98	0.947 73	0.355 90	0.904 303
跟踪误差	0.000 174	0.000 169	0.000 17	0.000 17	0.000 33	0.000 179

数据来源：Wind。

通过上表的分析可知，沪深 300ETF 与沪深 300 指数的相关性很强，跟踪误差很小。综合考虑每只沪深 300ETF 的流动性、相关性和跟踪误差，华泰柏瑞沪深 300ETF、嘉实沪深 300ETF 和华夏沪深 300ETF 的效果最好。

3. 无套利区间的确定

"一价定律"是套利理论存在的基础，根据基于无风险套利的股指期货持有成本定价模型，可得到股指期货的理论定价公式：

$$F_{t,T} = S_t e^{r(T-t)/365} - D \tag{10.16}$$

其中：t 为当前时间，T 为到期时间，S_t 为 t 时刻的现货点数，D 为 t 到 T 时间内沪深 300 指数成分股的预期红利。

但在现实市场中，交易成本则是每个投资者都不可忽略的。交易成本的准确测算关系到无套利区间的界定。一般而言，交易成本可为三类，即佣金、税收和冲击成本。考虑现货指数模拟技术中的跟踪偏差因素以及套利过程中产生的固定成本和变动成本，我们可以得到：

$$\text{跟踪偏差} + \text{交易成本} = S_t T_E + 2(F_t + S_t)C_R \tag{10.17}$$

其中，T_E 为套利期间 $(T-t)$ 现货模拟指数的跟踪偏差；C_R 设为构建期限套利组合的单向交易成本；F_t 为 t 时的股指期货价格；S_t 为 t 时的股指期货标的指数。

当股指期货的实际价格高于其理论价格与上述跟踪偏差与交易成本之和时，套利交易者就可以进行正向套利。即

$$F_t > F_{t,T} + S_t T_E + 2(F_t + S_t)C_R \tag{10.18}$$

同理，当股指期货的实际价格低于其理论价格与上述跟踪偏差与交易成本之差，套利交易者可以进行反向套利。即

$$F_t < F_{t,T} - S_t T_E - 2(F_t + S_t)C_R \tag{10.19}$$

综合股指期货定价公式以及正反向套利的套利边界公式，可以得到相应的无套利区间：

$$\frac{e^{r(T-t)/365}-D-2C_R-T_E}{1+2C_R}*S_t \leqslant S_t \leqslant F_t \leqslant \frac{e^{r(T-t)/365}-D+2C_R+T_E}{1-2C_R}*S_t$$

(10.20)

二、跨期套利

跨期套利是利用同一市场不同交割月份的期货交易价格的偏差进行套利,如3月合约与6月合约间的套利。

1. 股指期货跨期套利

跨期套利是套利交易中最普遍的一种交易方式,主要包括三种基本的交易形式:牛市套利、熊市套利和蝶式套利。

牛市套利是指在看多股市的情况下,由于较远期的期货合约的涨幅要大于近月合约的涨幅,因此买入远月合约,卖出近月合约,赚取价差变化的策略,此策略需要在近月合约到期的时候平仓。

熊市套利是指在看空股市的情况下,由于叫远期的合约涨幅小于近期合约的涨幅,因此买入近月,卖出远月,赚取价差变化的套利行为,此策略应在近期合约到期时平仓,或者进行"期转现"操作。

蝶式套利是由两个方向相反,共享中间交割月份的跨期套利组合。可以看成是一个牛市套利和一个熊市套利的组合。采用蝶式套利的时候,当近月合约到期后,可以讲近月和中月合约进行相同数量的反向操作平仓了结。剩余一部分继续进行套利活动,也可以全部平仓了结。蝶式跨期套利涉及三份合约的买卖,实质上就是套利者同时进行近月和中间月合约的反向套利以及中间月份和远月合约的正向套利。

股指期货跨期套利与一般商品跨期套利原理一样,都涉及两个合同的买卖,套利者的策略也是卖出其认为被高估的合约,买入认为被低估的合约,等待价差朝有利方向变化时对冲头寸。举例来说,假设某年1月6日,3个月的沪深300指数期货合约的价格为3024.45点,6个月期的沪深300指数期货价格为3156.75点。某投资者预测3个月的期货价格上升速度将快于6个月期的期货价格,于是该投资者按此价格买入1份3个月期的合约,同时卖出1份6个月的合约,点数差价为132.3点。到了2月13日,3个月期和6个月期的价格分别为3078.65点和3194.75点。该投资者卖出1份3个月期的沪深300指数期货合约,同时买进1份6个月期的沪深300指数期货合约。通过跨期买卖,两种不同月份期货合约价格的差价由原来的132.3减少为116.3点,其利润(不考虑交易费用)为

$$(132.3-116.3) \times 3\,000 = 48\,000 元$$

2. 国债期货跨期套利

国债期货有当季合约和次季合约之分,进入交割月的前一个月,当季合约成交量逐渐下降,次季合约成交量逐渐上升,从而完成主力合约的切换。由于跨期套利需要在两个合约上建立反向头寸,对两个合约的交易量均有要求。一般来说,由于临近切换时近季合约

临近交割基差收敛,同时部分投资者选择平仓或换仓等,使得跨期价差波动较大,同时两个合约的成交量都比较好,此时存在较多的跨期套利机会。

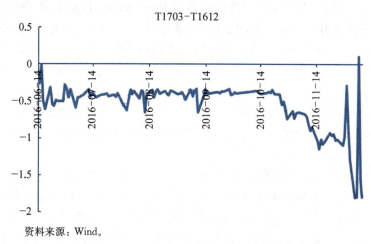

资料来源:Wind。

图 10-3　T1703-T1612 跨期价差走势

将跨期价差进行分解　跨期价差可以拆分为债券的当季基差和次季基差,还可进一步拆分为债券的当季净基差、债券的次季净基差、当季末至次季的现券持有收益。

　　CF1×跨期价差
　　=CF1×(次季合约－当季合约)
　　=CF2×次季合约－CF1×当季合约+(CF1－CF2)×次季合约
　　= －(债券现价－CF2×次季合约)+(债券现价－CF1×当季合约)
　　　+(CF1－CF2)×次季合约
　　=债券当季基差－债券次季基差+(CF1－CF2)×次季合约
　　=债券当季基差－债券次季基差
　　=债券当季净基差－债券次季净基差－当季末至次季的现券净持有收益。[①]

若忽略净基差,当季合约和次季合约之间的跨期价差就等于当季末至次季的现券净持有收益。可以理解为,投资者买入次季合约的成本理论上等于买入当季合约的成本扣减掉期间的现券净持有收益。因此,影响基差和净基差的因素都会对跨期价差产生影响,包括市场情绪、距离合约到期日的时间、移仓行为、预期未来 3 个月(当季末至次季)的现券净持有收益等。

以中金所 T1703、T1612 合约为例,2016 年 11 月 14 日,主力合约由 T1612 切换为 T1703。2016 年 10 月 17 日,次季合约 T1703 的结算价为 101.13 元,成交量为 885 手,CTD 基差为 1.047;当季合约 T1612 的结算价为 101.5 元,成交量为 11 840 手,CTD 基差为 0.56;次季合约 T1703—当季合约 T1612 的跨期价差为－0.37 元。2016 年 10 月 17

---

① CF1,CF2 分别表示同一可交割券对当季合约与次季合约的可转换因子。由于 CF1,CF2 的差异很小,可以忽略(CF1－CF2)*次季合约。

日,投资者 A 预期临近合约切换,跨期价差下降,建立跨期价差的空头头寸,买入 50 手当季合约 T1612,卖出 50 手次季合约 T1703,保证金比例均为 5%。2016 年 11 月 21 日,次季合约 T1703—当季合约 T1612 的跨期价差变为 -0.95 元,投资者 A 分别平仓获利,此时 T1612 的结算价为 100.495 元,T1703 的结算价为 99.55 元。建仓时的现金流出 $=$ $(101.13+101.5) \times 50\,000\,000 \times 5\% = 506\,575\,000$ 投资者 A 的跨期套利收益(未扣除保证金的资金成本) $= (100.495 - 101.5) \times 50\,000\,000 + (101.13 - 99.55) \times 50\,000\,000 =$ $(101.13 - 101.5) \times 50\,000\,000 - (99.55 - 100.495) \times 50\,000\,000 = 28\,750\,000$ 元。投资者 A 的跨期套利净收益(扣除保证金的资金成本) $= 28\,750\,000 - 506\,575\,000 \times 2.5\% \times 35/365 = 27\,535\,607.87$ 元。投资者 A 的跨期套利年化净收益率(扣除保证金的资金成本) $=$ $(27\,535\,607.87/506\,575\,000) \times 365/35 = 56.69\%$。

由于建仓时只需交纳期货保证金,跨期套利的年化收益率较高。总结而言,平仓获利的跨期套利收益来自跨期价差的变化,成本来自期货头寸所占用保证金的资金成本,风险主要来自跨期价差的反向变化、合约临近到期时的流动性风险。

跨期套利的风险来源于不同交易合约期限要件的差异性(合约交割时间上的差异性)、这种差异关系的不确定性,以及交易者对这种变化着的关系及其影响因素认识的局限。只有当交易者认为不同期限合约在交易当期(交易发生日与预计平仓日间)存在确定的价格关系,且这一关系出现了偏差时,才可能进行跨期套利。

跨期套利在不同月份的股指期货合约建立了两个相反的头寸,其风险远低于单边投机交易,但如果一天内价差朝极端不利的方向变化,即使套利者的预期正确,仍有可能会面临保证金不足而导致强制平仓的风险。另一个跨期套利常见的风险是,跨期套利买卖前后到期的两份合约,如果近月合约到期时仍没有出现获利了结,那么这时跨期套利面临近月合约的到期风险。一般情况下,套利交易者可以通过用现货代替期货,即跨期套利转期现套利的办法或者对跨期套利进行展期来规避近月合约到期风险。

第三节 对冲交易策略

对冲基金起源于 19 世纪 50 年代,基金经理买入有市场前景的优质股票,同时借入能反映市场平均指数的股票并卖出。在市场上涨时,买入的优质股票的涨幅会高于沽空平均指数而带来的损失,从而获利;而市场下跌时,买入的优质股票的跌幅会小于沽空平均指数而带来的收益。

图 10-4 显示了对冲基金指数从 1995—2013 年的表现超过了美国和全球的股市表现,而且对冲基金指数的波动率明显小于其他两个指数,特别是 2000—2001 年,在美股和全球股市下跌的情况下对冲基金指数逆市上涨,这使得对冲基金规模在接下来的五年里实现了巨大的上涨。2014 年后,美国股市强劲上涨,但是对冲基金指数的表现却差强人意,对冲基金指数的表现却大幅落后于美国股市。可以看出相对于美国和全球股市,对冲基金指数的波动明显小很多。

对冲基金策略可以分为以下几类:相对价值、事件驱动、宏观策略、方向策略。

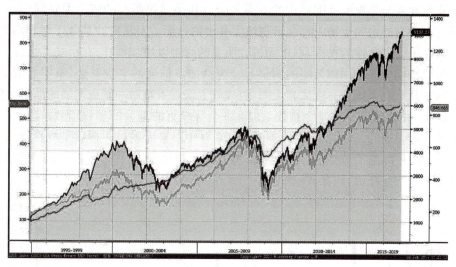

资料来源：Bloomberg。

图 10-4　对冲基金指数与股票指数的表现

相对价值策略利用相关投资品种之间的定价误差获利，常见的相对价值策略包括股票市场中性、可转换套利和固定收益套利。事件驱动策略投资于发生特殊情形或者是重大重组的公司，例如发生分拆、收购、合并、破产重组、财务重组或者股票回购等行为的公司。事件驱动的策略主要有受压证券投资和并购套利。宏观策略对冲基金是对冲基金产品中最具攻击性的品种，索罗斯的量子基金就是这种类型的产品，根据国际政治经济的重大事件和趋势，分析相关市场可能出现的变动和走势，在全球范围内买入和卖空各种证券及其衍生品，获取收益。方向策略对冲基金一般是指投资于股票市场并运用杠杆做多和（或）做空的对冲基金，例如：多/空策略对冲基金、新兴市场对冲基金、行业（区域）对冲基金、量化对冲基金等。该策略买入预期价格上涨的证券和（或）卖空预期价格下跌的证券。本节主要介绍宏观对冲交易策略和量化对冲交易策略。

2011 年是中国机构投资者的"对冲元年"，2010 年相继推出的融资融券和股指期货，结束了 A 股市场的单边市时代，也为在海外成熟市场发展多年的对冲基金进入中国市场创造了条件。伴随着各类资产管理机构纷纷"试水"，中国资本市场在其诞生的第 21 个年头迎来"对冲基金元年"。但是目前机构参与股指期货还有很多限制，譬如持仓限制、机构投资者数量有限等等，这些都限制了对冲基金的发展。

一、宏观对冲交易策略

全球宏观策略（global macro strategy）主要根据对不同国家的总体经济（及政治）、利率趋势、大类资金流动、政府政策改变、国际局势关系以及其他的系统性因子的研究而广泛投资于全球各类资产，包括货币、大宗商品以及固定收益类产品。"宏观"一词，来源于基金经理试图利用宏观经济的基本原理来识别金融资产的失衡错配现象，而"全球"则是指可以在全世界的范围内寻找发现这种价格错配的现象。

宏观对冲基金是投资范围最广的一类基金。几乎涵盖所有的资产类别（股票、债券、期货等），在所有的主要市场中都会出现该类基金的身影。宏观对冲基金还会利用做多或者多空对冲进行方向性的投资,在市场机会明显的时可以增加杠杆,在市场系统性下跌中可以通过股指期货。使用该策略的明星基金包括如罗伯逊的老虎基金、索罗斯的量子基金等。这些基金在市场上一度风光无限,也成就了宏观策略对冲基金发展的鼎盛与辉煌。

Eurekahedge 宏观对冲基金指数是由 223 个等权重的基金的加权指数。该指数旨在衡量对冲基金经理的绩效。如图 10-5 所示,2000 年以来宏观对冲指数呈线性增长,特别是 2000—2010 年,除了 2008 年增速放缓,整体增长速度在在 10% 左右。2011 年后宏观对冲基金增速明显减缓,约在 4% 左右。

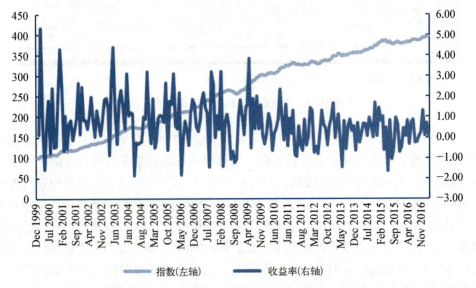

数据来源：www.eurekahedge.com。

图 10-5　Eurekahedge 宏观对冲基金指数及收益率

表 10-3　Eurekahedge 宏观对冲基金指数业绩表现(2017 年 3 月)

年化收益率(%)	8.31	夏普比率(%)	1.57
最好月度收益率(%)	5.33	年化标准差(%)	4.02
最差月度收益率(%)	−1.87	跌势差(%)	1.66
自成立以来收益率(%)	296.46	特雷诺比率(%)	3.79
最近三月收益率(%)	0.89	最大回测(%)	−3.94
2016 年收益率(%)	3.42	正回报月份占比(%)	71.98

数据来源：www.eurekahedge.com。

(一) 宏观策略对冲基金发展历史

全球宏观对冲基金起源于 20 世纪 80 年代几只成功的股市多空对冲基金—如索罗斯的量子基金(quantum fund)出现的风格漂移。股市多空对冲基金会受到其基本股票组合流动性的限制。随着这些多空对冲基金的规模不断扩大,它们需要寻找规模更大、流动性更好的市场(如货币市场)来配置手中的大量管理资产,这就标志着全球宏观策略的开始。

20世纪80年代中期至20世纪末是宏观策略对冲基金的黄金发展时期。该时期大量的全球宏观对冲基金公司如雨后春笋般相继成立,特别是以索罗斯的量子基金和罗伯逊的老虎基金为代表发展到了鼎盛时期。

80年代末到90年代初,全球宏观对冲基金因连连收获丰厚回报而广为流行。1992年,以索罗斯的量子基金为代表的对冲基金一举击垮了英格兰银行迫使英国、意大利退出欧盟组织,并直接导致英镑和意大利里拉的大幅贬值,使得对冲基金创造了以一个人的力量击垮一国中央银行、创造了一夜净赚10亿英镑的神话。而全球宏观对冲基金热也随之进入高潮,几乎占对冲基金行业总资产的一半。其后,斯坦哈特的斯坦哈特-范-博考维奇公司、罗伯逊的老虎基金以及威玛创立的商品期货公司的卓越不凡表现使得对冲基金进入了全球宏观对冲时代,进入了鼎盛时期。

表10-4 量子基金的重要投资活动

区域	时间	事件	起因	结局
欧洲	1992年	英镑危机	欧共体联系汇率制	狙击英镑,英镑汇率贬值20%,汇率机制崩溃,获利 $1Bln
美洲	1994年	墨西哥金融危机	为控制国内高企的通货膨胀而汇率被人为高估,且与美元挂钩固定	放弃与美元挂钩,比索大幅贬值,股市暴跌,索罗斯收入不菲
亚洲	1997—1998年	东南亚金融危机	为吸引外资的中长期贷款而汇率高估,且大多盯住美元固定汇率	货币体系崩溃,股市暴跌,国内通胀高企,量子基金获利巨大
亚洲	2012—2013年	日元贬值	2012年9月,安倍晋三当选自民党主席;2013年1月当选首相;推出大规模量化宽松	做空日元日元大幅贬值,获利 $4Bln

这些对冲基金的成功导致他们管理的对冲基金资产急剧的增大了起来,使得他们在市场操作时会影响到市场价格的短暂波动,全球宏观投资策略使得他们可以运用流动性非常好的货币市场工具、大宗商品以及国库券市场,这样他们就不用再担心市场容量的问题。

随后的一些宏观对冲基金的惨败教训使得全球宏观投资策略再一次进入低谷期。投资者也认识到,虽然利润潜力巨大,但由于宏观对冲基金交易组合的集中性,一旦政府政策突然逆转就很容易出现大幅回挫。索罗斯的量子基金兵败香港折戟俄罗斯卢布、长期资本管理公司的破产接管以及老虎基金的清算等案例代表着全球宏观对冲基金进入快速发展后的一个调整阶段。全球宏观对冲基金的资产管理规模在整个对冲基金中占比迅速下降到2004年的不足10%。

全球宏观在2000—2002年的异军突起和2008年的全球金融危机下,全球市场整体跌幅达20%,所有策略都是负增长,只有宏观对冲基金上涨了3.3%。宏观策略的优异表现再次引起广大投资者尤其是机构投资者的青睐。2008年后,全球宏观对冲基金再次进入成熟发展期。

(二) 宏观策略分类

全球宏观对冲基金按决策作出的依据可被分为自主发挥型策略(discretionary sub-strategy)和系统型策略(systematic sub-strategy)。自主发挥型宏观对冲基金,基金经理们主要依据自身的主观感受对市场形势进行定性分析来投资;而系统型宏观对冲基金的交易则依赖电脑算法来识别市场走势及决定买进或卖出。

1. 自主发挥型宏观对冲策略

投资组合经理通过对经济、金融、人口、社会和政治趋势的广泛分析来确定可投资的主题、投资组合进入退出的时间、价格和投资组合结构。

为了确定投资主题,管理者首先关注世界主要国家和新兴经济体的全球经济基本面,并与财政和货币政策制定者进行沟通,以便预测世界各地资产类别的供求情况。除了进行基础研究之外,许多基金经理还考虑一些技术指标(价格、成交量和资金流)来决定持有头寸和买卖时机。投资组合经理可能持有几十个头寸,但它们通常都与几个关键主题相关。鉴于投资主题集中且大多相关性,风险管理至关重要。投资组合经理通常倾向于长期持有证券,但也会调整头寸以降低风险、锁定利润以及测试市场中的流动性。自主发挥型宏观对冲策略的Alpha是由交易技巧生成的,这取决于经理能否快速收集分析大量的信息、灵敏地捕捉市场预期变动、缓解投资组合中的风险及正确地评估自己的优势和劣势。

2. 系统型宏观对冲策略

系统化宏观对冲策略是指使用计算机程序构建投资组合,并利用专有系统决定交易订单的买入和卖出。与自主发挥型宏观对冲基金不同,系统型宏观对冲基金的研究过程侧重于创建新的交易模型,并持续监控现有模型以控制风险。一般来说,先是根据研究论文来描述如何从某种市场无效率中获利以及这种无效率可以持续多久。论文作者向基金审查委员会提出建议,一旦批准,基金就会围绕该论文的原则建立金融模型,确定买卖的时机。并用历史数据检验模型的好坏。如果结果符合预期,模型将提交给模型审查委员会最终批准。

系统型宏观对冲策略的Alpha来源于建立更好的模型、更快地获取信息、获取更多信息以及技术优势。虽然一些系统型宏观对冲基金专注于一个类型的模型,更多的基金会采用多模型(多策略)方法。模型类型包括:趋势跟踪、均值回归、基本面、相对价值。趋势跟踪模型主要依赖于各个市场的历史的价格数据来识别趋势。模型通常在趋势市场表现良好,但会随着趋势逆转而受损。短期波动剧烈的市场会使盈利状况恶化。均值回归模型也基于价格数据。模型涉及很多证券,假设当证券价格偏离历史平均值将恢复正常水平。它不关心的价格走势趋势,而是侧重于做空相对于其历史平均水平价格过高的证券,并购买低于历史平均水平的证券。

基本面模型投资期限通常为中长期(六个月或更长),这是由于该模型关注的宏观经济数据:GDP增长、通货膨胀、失业率、货币价格和消费支出等来预测长期的供需差异。与均值回归和趋势跟踪模型不同,该模型的主要输入量不是价格数据,而是经济信息。相对价值模型考察类似证券的相对价格,并创建投资组合,每个标的头寸取决于投资组合中至少一个其他标的头寸。如点差交易、收益率捕获策略和收敛交易,这些交易在大多数时间内产生有利可图的月度业绩,但也可能经受显著的损失。

此外,还有其他的分类方法,如按照资产间的相对定价分为相对价值型和方向型交易策略。相对价值型交易子策略是指通过同事持有不同国家或市场的一对类似资产的多头和空头,以期利用相对定价偏差来盈利。如在持有新兴欧洲股票多头的同时做空美国股票,或者在做多 29 年期德国债券的同时做空 30 年期德国债券。方向型交易子策略是指经理们对一种资产的离散价格的波动情况下注,进一步分为宏观大宗商品策略和货币主观策略。宏观大宗商品策略,主要有三个投资方向:1. 农业策略。通过分析市场的农业经济数据着重投资于睡到、大都、玉米等或畜牧业市场;2. 能源策略。投资于能源商品市场,主要包括原油、天然气或其他石油产品;3. 金属策略。投资于硬商品市场,主要包括金、银、铂金等。

(三)宏观策略优势与风险

宏观策略最明显的一个特点就是投资范围非常广泛,可以说他是对冲基金中投资范围最广的一类基金,几乎在所有的主要市场中(股票、债券、货币、商品市场等)都会出现该类对冲基金的身影。另外宏观策略对冲基金会利用做多或者多空对资产价格变动方向进行下注,多为方向性的投资。而且在进行方向性投资的同时,宏观策略对冲基金通常会利用杠杆将受益和风险放大。

全球宏观策略的优势非常明显,由于其投资的灵活度和广泛度,其投资收益高于普通投资工具,而且高于大多数对冲基金策略。但他的劣势也很突出,由于他的方向性和杠杆操作,该策略基金整体波动较大,而且风险管理的难度也很大。

风险管理是一个对冲基金公司能否在激烈的市场竞争中获得成功的极其重要的一部分。为了在一个高度波动性的市场中赢得市场赢得生存,原先单一的选择优秀股票的技术不再是一个对冲基金公司投资经理人持久的竞争优势,在当下,择股能力必须要和一个充分规划和严格执行的风险管理系统相结合方能取得较好的市场表现。对冲基金公司在市场中所面临的风险主要可以分为三大类:市场风险、信用风险、流动性风险

(四)国内宏观对冲策略基金状况

由于有诸多投资上的限制,目前中国的宏观策略基金与海外相比仍然有很大差异,还算不上是真正的全球宏观。中国的宏观策略基金投资基本上仍然以国内市场投资为主。

2011 年 3 月,被称为中国首只对冲基金的券商集合理财产品——君享量化募集完毕,这只由国泰君安证券资产管理公司掌握的对冲基金将于下周进场交易,这标志着我国进入对冲基金时代。2011 年 4 月 1 日,国内第一只全球宏观策略对冲基金"梵基一号"结束募集正式开始投资运作。该基金投资范围包括 A 股,商品期货股指期货,债券,利率及相关产品,融资融券等,以及国家法律法规允许投资的其他金融衍生品。该基金公司于去年 12 月在香港发行成立的第一支环球策略对冲基金在短短三个月的投资期间就获取了40%的账面盈利。

尊嘉资产率先在国内建成业界领先的复杂金融模型,采用计算机实时在线数据处理系统以及独立开发的投资交易管理平台,构建了多风格、多层次的数量化投资策略,并通过自主研发的程序化交易系统来强化收益的客观性和可持续性。公司目前在运行的采用杠杆交易的宏观对冲策略以超高频交易策略为原型的基金有两只:盈冲一号及东方尊嘉

盈冲基金。

盈冲一号是将超高频交易策略计算周期降至分钟、小时以及日线级别后的多策略拟合产品。在市场趋势不明确的情况下，采用市场中性策略实现资产稳定增值；一旦市场趋势确定（无论向上还是向下），则利用杠杆，取得数倍于指数变动幅度的收益。

图10-6显示了盈冲1号自成立以来的累积净值，与沪深300指数相比，在2015年的股市的大起大落中盈冲1号涨幅超越大盘并且回撤很小，结果截至2017年3月3日，盈冲1号的净值已达4.15，而当日的沪深300指数与2011年的点数相差无几，可以看出对冲基金在对冲风险并获取超额回报方面的巨大优势。

资料来源：Wind。

图10-6 盈冲1号基金自基金成立以来净值走势

总的来看，宏观策略在我国还处于萌芽阶段。一方面使用该策略的对冲基金较少。另一方面国内的宏观策略对冲基金可投资的品种还较少，且局限于国内市场，较之能在全球范围内进行资产配置的海外宏观策略对冲基金还有较大差距。此外，宏观策略对于基金管理人的要求较高。通过调研等渠道获取大量信息的能力，对市场的非理性波动、宏观经济和重大经济政治事件的洞察力，是优秀的宏观策略对冲基金经理应该具备的，而目前国内此类人才还相对欠缺。不过，相信随着我国金融市场的不断发展，宏观策略也会在我国焕发出光彩。

（五）国际宏观对冲策略基金状况

全球宏观策略起始于20世纪80年代，源于一些主要从事多空股票策略和管理期货机会主义对冲基金的风格偏移。股票多空策略中比较典型的是自下而上型的对冲基金，这些策略都非常擅于多空那些不怎么受关注的小盘股。索罗斯的量子基金和罗伯逊的老虎基金就是这种类型。管理期货及其他衍生品本质上就是全球的和宏观的。摩尔·培根的摩尔全球和都铎·琼斯的都铎投资就是这种类型。

长期以来，全球宏观基金都是最为成功、类别最大的对冲基金。其名声实际上是由一些明星基金经理取得的极大成功造就的。

对于投资者而言,全球宏观基金的历史业绩相对来说比较好。其创造了很高的绝对收益的同时,波动率却比传统资产小很多。根据朝阳永续统计,在 1994 年 1 月到 2014 年 8 月这段时间里,全球宏观对冲基金的年平均收益率为 11.05%,波动率为 9.27%。与之相比,标准普尔 500 的年平均收益率为 8.6%,波动率为 16.0%。花旗银行全球公债指数的年平均收益率为 5.9%,波动率为 6.7%。

专栏 10-2

全球最大对冲基金——桥水基金的全天候对冲策略解析

1996 年,全球规模最大的对冲基金桥水基金(Bridgewater)建立了继绝对阿尔法(Pure Alpha)对冲基金的第二个对冲基金:全天候对冲基金(the ALL Weather Fund)。

全天候策略的理论基础是整个策略需要解决两个核心问题:第一,策略适应各种经济环境长期有效;第二,风险平衡,在最糟糕的经济环境中也不会产生过大的回撤。第一个问题是通过选择何种资产来解决,第二个问题通过各类资产占多少比例来解决。

(1) 适应各种经济环境。

桥水基金的创始人 Ray Dalio 指出本质上只有四种因素推动资产价格的变化:通胀、通缩、经济增长加速和经济增长减速。这 4 样组合起来,Ray 把经济环境划分成 4 个季节:经济增长和通胀均高于预期、经济增长低于预期,通胀高于预期、经济增长高于预期,通胀低于预期以及经济增长和通胀均低于预期。

在不同的经济环境中不同的资产有不同的表现,比如经济增速超预期时,则股票表现会比债券好。而通胀率下降超出预期,则债券会比较好。而经济只会在这四个季节中循环,Ray 指出只要把风险平分到这 4 个环境中即每个经济环境只承担 25% 的风险,则整个资产的风险头寸就可以完全平衡,不会在某个经济环境中承担过多的风险。这样,我们无须预测未来是什么样经济环境(其实也无法预测)照样使得资产处于完全地保护当中。对应上面的 4 个季节,Ray 给出了不同的季节中的那些资产价格会上升。

	经济增长	通货膨胀
市场预期 上升	25%的风险 股票 大宗商品 公司信用债 新兴市场债	25%的风险 通胀保护债券 大宗商品 新兴市场债
市场预期 下降	25%的风险 国债和公司债 通胀保护债券	25%的风险 股票 国债和公司债

资料来源:The all-weather Story, www.bridgewater.com。

图 10-7 Dalio 全天候策略图的应用

(2) 风险平衡。

All Weather 对冲基金的核心理念之一是风险平价,即平衡多种收益资产的风险暴露以在未来任何环境下都可以获得稳定的回报。具体而言,是通过资产配置,对低风险资产运用更高的杠杆,对高风险资产运用低杠杆,使得投资组合里所有资产的预期收益和风险都接近相同。这种资产配置的方法,可以形成一个更优的收益风险比率,因为分散化投资降低的风险要比杠杆运用增加的风险要多。

Ray Dalio 运用风险平价投资原则是因为他发现传统的平衡资产配置有一个非常严重的问题——传统的投资组合方法是通过忍受很高的短期风险(集中投资于股票)来获得高的长期回报。例如60%的股票和40%的债券,表面上看,这样的资产配置已经平衡了,但是从风险的角度看,这样一种资产配置是极度不平衡的——有将近90%的风险来自股票,而债券投资带来的风险只占10%。如果短期的风险高度集中在一种类型的资产,那么就很容易带来低长期回报的巨大风险,从而威胁到未来的偿债能力。

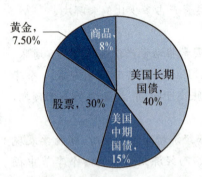

资料来源:Tony Robbins, Money Master the Game:7 Simple Steps to Financial Freedom, 2014。

图 10-8　Dalio 提供的简化版全天候策略配置

在桥水基金中那些全天候策略的基金,运用了非常复杂的配置结构并且始终运用杠杆来提高收益率,但是 Ray 也给普通的个人投资者提供了一个极简配置。

综上,为了履行风险评价的投资理念并构建最优贝塔组合,通常需要以下两个步骤。

第一,通过使用杠杆降低或者增加资产的风险水平使每个资产都拥有相近的预期收益和风险。借款购买更多的低风险(低贝塔)、低收益资产,如债券,使其具有与股票类似的风险和收益水平。同时(如果有必要),通过去杠杆化降低高风险(高贝塔)收益的投资品种(如股票),降低其风险和预期收益水平。因此,这样就形成了具有相近预期收益和风险,但不同经济相关性的投资收益流。

第二,从以上的投资收益流中选出投资组合,使其在任何经济环境下都不会与预期收益出现偏差。这主要是通过持有类似风险水平的投资组合,并且组合里的资产会在以下情形之一表现得很好:通货膨胀;通货紧缩;经济增长;经济下滑。

根据 Money Master The Game 一书里提供了1984—2013年这30年时间里全天候策略的历史回测数据:① 年化收益率9.72%;② 86%的时间里是正收益;只有4年是负收益,这4年的平均亏损是1.9%;③ 最大的一年回撤是在2008年,回撤3.93%,而同期标普500回撤达37%;④ 标准差只有7.63%,这意味着低风险和低波动率。

自1996年以来,All Weather 对冲基金经历了股票市场的牛熊市,两次大的经济衰退,一次房地产泡沫,两次扩张和紧缩时期,一次全球金融危机以及这之间市场无数次的波动起伏。自发行以来,All Weather 基金获得了9.5%的年化收益率,比大部分机构投资组合收益率的高将近50%。另外,它通过风险平价策略,把风险有效地降低了25%。在各种不同的经济环境下,All Weather 对冲基金的投资组合的夏普比率超过了0.6的期望值,在名义目标风险10%下,它表现明显好于股票、债券以及传统的资产组合。

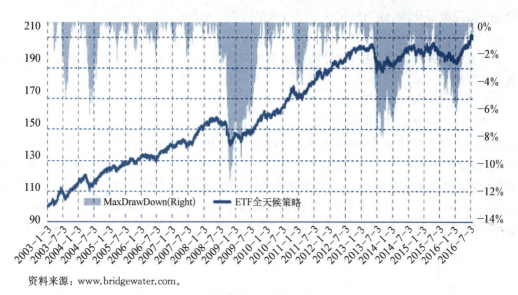

资料来源：www.bridgewater.com。

图 10-9 桥水基金全天候策略历史收益与回撤

二、量化对冲交易策略

"量化对冲"是"量化"和"对冲"两个概念的结合。"量化"借助统计方法数学模型来指导投资，其本质是定性投资的数量化实践。"对冲"指通过管理并降低组合系统风险以应对金融市场变化，获取相对稳定的收益。

其实，定量投资和传统的定性投资本质上是相同的，两者都是基于市场非有效或是弱有效的理论基础，而投资经理可以通过对个股估值，成长等基本面的分析研究，建立战胜市场，产生超额收益的组合。不同的是，定性投资管理较依赖对上市公司的调研，以及基金经理个人的经验及主观的判断，而定量投资管理则是"定性思想的量化应用"，更加强调数据。

在我国，2010 年自沪深 300 股指期货的诞生将 A 股带入量化对冲元年，量化对冲便成为投资者追逐股票绝对收益的又一利器。2015 年上证 50 及中证 500 期指携手上市进一步丰富了风险对冲的工具，也加大了量化对冲投资者的选股覆盖范围。其中量化选股常用的策略包含风格选股和事件驱动等，而对冲工具除了股指期货之外，也有少数机构采用融券做空或运用期权进行灵活对冲。但 2015 年股灾以来，期指受限并长期处于贴水状态，这给量化对冲带来巨大困扰，许多量化对冲策略收到重击。

传统的量化对冲策略中，大部分资金用于配置股票头寸，而另外一小部分资金投向股指期货端作为保证金。股票端最主流的方法是多因子选股，通过量化因子打分的方式能够筛选出符合投资者风格偏好及风险规避需求的股票组合，期货端则通过做空股指期货合约进行市场对冲，两者结合起来获得选股的超额收益，称之为 Alpha 收益。通过量化对冲获取绝对收益的策略优势在于风险的可控度较高，期货空头寸能够将现货大部分风险有效对冲，量化多因子选股产生的超额收益及期指上市以来长时间的基差升水使得量化对冲一度风靡量化圈,成为量化绝对收益策略的不二选择。

(一)量化对冲策略介绍

在我国对冲基金市场中,常见的量化对冲策略有股票多空、市场中性、套利及管理期货等子策略。

1. 市场中性策略

市场中性策略又称 Alpha 策略,是当前国内私募证券投资基金最常用的策略之一。它从消除市场系统性风险(Beta)的维度出发,通过同时构建多头和空头头寸对冲市场风险,使得组合与市场之间相关系数为0,以期获得较稳定的绝对收益。国内通常的操作方式为:买入股票同时卖空与股票等市值的股指期货,盈利模式为所买股票超越大盘的涨跌幅。此类策略的主要技术点为,通过各种角度选择一定时间内涨幅超过大盘的股票组合,如果股票组合收益率超越大盘的能力越强,说明该对冲基金获取 alpha 能力也越强。

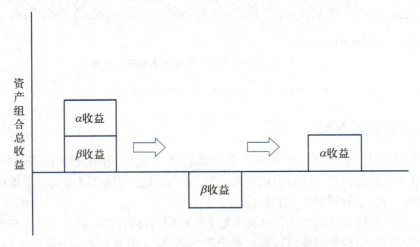

图 10-10 市场中性策略原理

2. 股票多空策略

股票多空策略是指在持有股票多头的同时采用股票空头进行风险对冲的投资策略,也就是说在其资产配置中做多低估的股票,做空被高估的股票。股票多空策略其实和 alpha 策略有点类似,但是不同的地方在于股票多空策略有多头敞口或空头敞口。由于需要对大盘多空进行判断,对"择机"能力有较高要求,因此操作难度是比较大的。

1949 年,对冲基金之父——Alfred Winslow Jones 设立了第一支对冲基金,首次将"卖空"应用到投资中。从那时开始,股票多空策略已经有近 70 年的发展历程,至今依然是对冲基金主流策略。2010 年中国证券市场正式开通了融资融券业务,这意味着股票做空策略在内地开始生效。但因种种原因,融券业务一直未能真正发展,个股做空存在诸多障碍。

在操作中,多头组合是优质股,一般从沪深 300 指数成分股中选取构造长期跑赢指数的股票,空头构建时有两个角度,一种是通过融券或是股票期权的方式卖空个股,期待股票下跌后获得收益,但风险较高;另一种是卖空股指期货,与多头头寸形成风险对冲,此种方式较简易可行。

3. 相对价值策略

相对价值策略也称套利策略,指在价格具有很强相关性的产品之间寻找价差,或利用同一资产标的在不同市场或不同时间的双重定价,当价差达到一定程度时对产品进行反向操作,以获取价差部分的收益。相对价值策略基金不做市场的方向性交易,不去预测市场或者证券的涨跌,而专注于分析相关联证券之间的价差变化,因此在持仓上同时持有多头和空头,与市场的关联程度较低。

当前的量化套利策略主要有期限套利、跨期套利、ETF 套利、分级基金套利等。跨期套利是利用同一期货品种不同月份合约价格之间价差的波动套利的行为。理论上,远月合约与近月合约之间的价差应为远月减去近月之间的持有成本。一旦价差超出合理的范围,即出现套利机会。分级基金套利和 ETF 套利都是利用基金套利。分级基金套利是利用母基金净值与 A、B 级交易价格之间的价差获利的策略。ETF 基金套利是利用 ETF 基金净值即成分股一篮子股票价格与其场内交易价格之间价差获利的策略。但套利机会的本质是市场失效导致的,这样的机会转瞬即逝。

例如历史上中国银行与工商银行的合理价差维持在－0.9～－1.1 波动,当两者价差明显超越合理范围后,可以买入低估股票、卖出高估股票套利,实际应用中还需考虑手续费、冲击成本等费用。

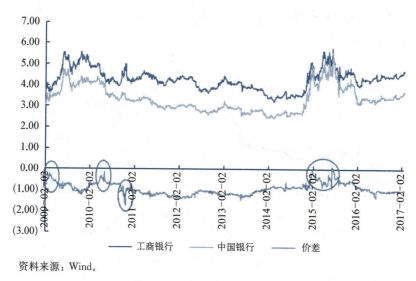

资料来源:Wind。

图 10-11 相对价值策略原理

不过相对价值策略某种程度上利用的是大概率下相关联证券趋于收敛来获利,如果方向发生偏差,出现了小概率事件,资产价格无法收敛,则会出现损失。所以通常需要利用程序化交易来实时监测全市场的套利机会并以最快的时间开仓交易。历史上最著名的相对价值策略对冲基金——美国长期资本管理公司就因为小概率事件和高杠杆而走向错误的方向,最终破产而被收购。

4. CTA 策略

CTA 即管理期货策略,与传统的股票、债券投资不同,管理期货策略侧重于期货市场的投资,即商品交易顾问策略(commodity trading advisor strategy,CTA)。从历史发展看,管理期货基金的投资品种原局限于商品期货,但随着金融期货的快速发展,管理期货基金已逐渐将投资范围扩展到股指期货、外汇期货、国债期货等期货、期权品种及相应的现货品种。量化对冲类的管理期货产品,就是用量化手段判断买卖时点、用计算机程序化实现期货的投资策略。期货领域的量化对冲策略可分为套利和非套利两大类,非套利类策略又可进一步分为高频和趋势两类。期货高频策略有较大部分以做短期投机的策略,以弥补套利策略容量不大及机会不多的缺点。趋势跟踪策略也是利用量化模型对期货历史数据进行统计分析,得到趋势性指标判断标的资产的趋势,一旦发现趋势性信号,立即开仓交易。

CTA策略独立于股市,和大多数资产可以形成互补。尤其是市场低迷、后市不确定的时候,配置CTA策略的产品是睿智之选。以富善致远CTA1期为例,该产品主要采用量化趋势跟踪策略,利用数量化方法研究价格变动的趋势,并以程序化实现算法和交易。同时采用多策略复合,多品种多周期,获取组合收益,有效管理风险。投资中国期货市场4个交易所,包括股指期货、工业品、农产品、贵金属、基本金属、能源等近20个品种。

图10-10是富善致远1期的历史业绩表现,从图中可以看出该基金与股市整体走势低相关、收益平稳且回撤可控,此外还有一个显著的特性就是收益非线性。CTA基金的收益方式体现在低胜率、高盈亏比上,即一年的2—3波行情就能将全年的收益实现,其他时间是处于横盘或者回撤的状态。

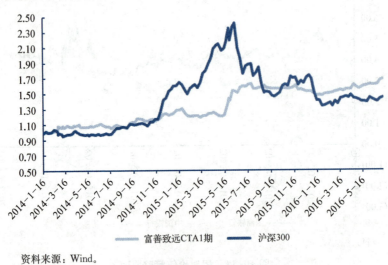

资料来源:Wind。

图10-12 富善致远1期累计净值走势

(二) 量化对冲的特点

量化对冲产品有以下几方面特点。

1. 投资范围广、投资策略灵活

普通公募产品由于投资范围受限,参与衍生品投资的比例较低,例如我国《证券投资基金参与股指期货交易指引》规定,基金持有的买入股指期货合约价值不得超过基金净资产的10%,基金持有的卖出期货合约价值不得超过基金持有的股票总市值20%。且必须以套期保值为主,严格限制投机。

而对于部分私募量化对冲产品(如私募基金、公募专户)而言,不仅可以在现金、银行存款、股票、债券、证券投资基金、央行票据、短期融资券、资产支持证券、金融衍生品、商品期货等各类资产间灵活配置,而且没有投资比例上的限制,极大地提高了投资的灵活性。

2. 以追求绝对收益为目标

由于公募基金有投资范围和仓位限制,如股票型基金不得低于60%的规定(部分基金更高),只能靠买入持有或者降低仓位管理资产,使得在下跌行情中无法避免系统性风险,因此公募产品业绩的考核一直更加注重相对收益排名。而对冲基金投资策略灵活,可以通过做多/做空、股指期货对冲等方法降低投资组合的系统风险,无论市场上涨还是下跌,均能获取一定风险下的绝对收益,以追求绝对收益为目标。

3. 更好的风险调整收益

通过比较海外对冲基金和主要市场指数的业绩表现可以看到,长期中各类策略对冲基金的累计收益均超于了主要市场指数,均实现了正的年化收益率。在市场下跌时,对冲基金也表现了一定的抗跌性,如2008年金融危机期间。整体来看,对冲基金在获取稳定收益的同时提供了更好的防御性。

4. 与主要市场指数相关性低、具备资产配置价值

对冲基金与主要市场指数间的相关性都比较低,因此将对冲基金加入投资组合后可以降低组合整体的收益波动并提高组合的风险调整后收益。另外,各类对冲基金指数间的相关性较高,因此在采用不同策略的对冲基金间配置不能有效降低组合的整体风险。

(三) 我国的量化对冲基金

我国量化基金分为主动型、被动型和对冲型量化基金,截至2017年2月14日,我国的公募量化基金共有143只,其中量化对冲基金23只。我们选取了八只公墓量化对冲基金:华泰柏瑞量化收益、嘉实绝对收益策略、海富通阿尔法对冲、工银瑞信绝对收益A、中金绝对收益策略、嘉实对冲套利、南方绝对收益策略和广发对冲套利,这些基金的贝塔值均在附近,有些甚至为负,大多基金有正的阿尔法。从历史净值图上来看这些量化对冲基金整波动性较小收益平稳。

表 10-5　量化对冲基金收益表现

名　称	近一年	成立以来	年化回报	最新规模(亿元)	阿尔法	贝　塔	夏普比率
华泰柏瑞量化收益	4.97%	5.80%	3.46%	2.45	4.121 8	0.001 9	2.208 2
嘉实绝对收益策略	1.12%	17.20%	5.05%	2.12	0.784 9	0.001	−0.862 8
海富通阿尔法对冲	2.67%	23.10%	9.62%	6.88	2.684 9	−0.001 5	2.060 2
工银瑞信绝对收益	−1.54%	8.50%	3.11%	3.18	−1.468	0.002 68	−1.574 7
中金绝对收益策略	−2.38%	2.50%	1.35%	1.14	−3.02 2	0.004 8	−1.814 5
嘉实对冲套利	1.52%	7.20%	2.53%	1.92	1.073 6	0.012 2	−0.200 3
南方绝对收益策略	0.18%	16.65%	7.14%	4.00	0.485 5	0.016 1	−1.034 3
广发对冲套利	0.71%	14.00%	6.66%	3.08	0.739 4	−0.000 5	−0.524 0

资料来源:Wind。

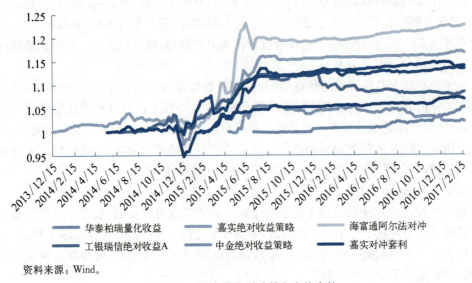

资料来源：Wind。

图 10-13　国内量化对冲基金净值走势

（四）国外知名量化对冲基金——大奖章基金

1989 年起，文艺复兴科技公司创始人詹姆斯·西蒙斯（James Simons）创立的大奖章基金（Medallion）的年回报率平均高达 35％，被誉为全球最成功的对冲基金。

大奖章基金主要采取相对价值套利，并且面对全球市场，它在美国国内的交易工具包括商品期货（能源、玉米、小麦、大豆等）和美国国债券。境外交易包括汇率期货、商品期货和外国债券。依据对冲基金观察家 Antonie Bernheim 的数据，在同时期的离岸基金中，仅次于此的是乔治索罗斯的量子基金，而其回报率在 1 710.1％。

大奖章基金的投资组合包含了全球上千种股市及其他市场的投资标的，模型对国债、期货、货币、股票等主要投资标的的价格进行不间断的监控，通过模型发现这些资产相对价值的差异来做出买入或卖出的指令。和流行的"买入并长期持有"的投资理念截然相反，西蒙斯认为市场的异常状态通常都是微小而且短暂的，大奖章基金会通过数千次快速的日内短线交易来捕捉稍纵即逝的机会，交易量之大甚至有时能占到整个纳斯达克市场交易量的 10％。

大奖章基金是一支完全按照量化投资理念设计，并完全遵从量化投资方法进行投资活动的交易型对冲基金，在成立以来除了 1989 年收益率下降显著，其余时间均取得了异常高的收益率。在大奖章基金进入运行的第三年，该基金净收益率接近 56％，而当年道琼斯工业指数下跌了 4.34％。其后四年里，大奖章基金分别录得 39％、34％、39％ 和 71％，同期道琼斯工业指数涨幅分别为 20％、4％、14％ 和 2％。即使 2007 年美国爆发金融危机，当年大奖章基金盈利高达 85％。从成立起至 2009 年的 21 年里，大奖章基金的平均年度净收益高达 41％，不仅远远跑赢了同期道指年均 8.81％ 的涨幅，就是同索罗斯、巴菲特同期的业绩比较，仍高出 24％。虽然大奖章基金的标准差和最大回撤稍高于巴菲特执掌的伯克希尔（Berkshire Hathaway），但其夏普比例接近伯克希尔的两倍。

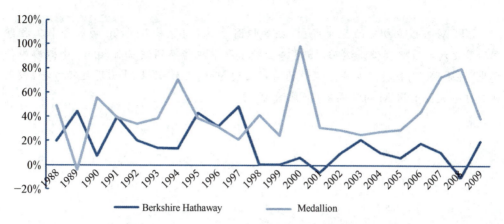

图 10-14　Medallion 与 Berkshire Hathaway 年度投资收益走势

表 10-6　Medallion 与 Berkshire Hathaway 投资绩效比较

	Berkshire Hathaway	Medallion
年化收益率	17%	41%
标准差	16%	23%
夏普比例	0.89%	1.67%
最大回测	58%	73%

案例分析

美国长期资本管理公司的对冲交易策略及其模型风险

LTCM 的辉煌与衰落

美国长期资本管理公司(Long-Term Capital Management,LTCM)是一家主要从事定息债务工具套利活动的对冲基金。该基金创立于 1994 年,主要活跃于国际债券和外汇市场,利用私人客户的巨额投资和金融机构的大量贷款,专门从事金融市场炒作。它与量子基金、老虎基金、欧米伽基金一起被称为国际四大"对冲基金"。

LTCM 掌门人 Meriwehter,被誉为能"点石成金"的华尔街债务套利之父。他聚集了华尔街一批证券交易的精英加盟:1997 年诺贝尔经济学奖得主 Robert Merton 和 Myron Scholes,他们因期权定价公式荣获桂冠;前财政部副部长及联储副主席 David Mulish 前所罗门兄弟债券交易部主管 Rosenfeld。

在 1994—1997 年间,LTCM 成立之初,业绩辉煌骄人。LTCM 净资产增加速度非常快速,成立之初资产净值为 12.5 亿美元,到 1997 年末,上升为 48 亿美元,净增长 2.84 倍;投资回报率分别为:1994 年 28.5%、1995 年 42.8%、1996 年 40.8%、1997 年 17%。但从 1998 年 5 月到 9 月,短短的 150 多天 LTCM 资产净值下降 90%,出现 43 亿美元巨额亏损,已走到破产边缘。9 月 23 日,美联储出面组织安排,以 Merrill Lynch、JP.Morgan 为首的 15 家国际性金融机构注资 37.25 亿美元购买了 LTCM 90% 的股权,共同接管了 LTCM,从而避免了它倒闭的厄运。

LTCM 在成立初期的巨大成功，主要归因于 Scholes 和 Merton 两位金融工程学家的量化对冲策略模型。然而，1998 年亚洲金融危机传染到俄罗斯，由于"小概率事件发生"，LTCM 高杠杆交易模型假设的前提出现逆转，导致 LTCM 出现巨额亏损，模型风直接导致了 LTCM 的瞬间破产（见图 10-15）。

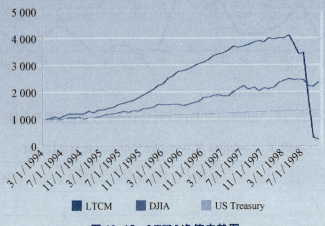

图 10-15　LTCM 净值走势图

2. LTCM 的对冲交易策略及模型风险

在此，我们重点应用案例说明 LTCM 的对冲套利策略及策略风险：

（1）收敛套利交易策略（convergence trades）。

套利原理：当两种金融工具接近完全替代品，但在流动性和税收安排上有所不同，会导致它们的市场价格有所差异。但对债券而言，在到期日的时点上，市场价格和票面价格会趋于一致。LTCM 最擅长的赌局就是价差收敛交易，这是因为债券总会在特定的时间内到期，意味着价差收敛几乎是百分之百会出现的事情。

在 LTCM 的第一批交易中，值得一提的是 30 年期美国国债。在国际资本市场，美国 30 年期联邦政府公债（T-Bonds）一直深受投资人欢迎，因为其风险小，收益又因为到期日拉长而增加。美国财政部每半年发行一次 30 年期公债，一个有趣的现象是当新的 30 期政府公债发行后，半年前发行，也就是还有 29 又 1/2 年到期的公债，流动性会变得很小，市场的流动性都集中在新发行的 30 年期政府公债。

1994 年，LTCM 成立时，他们就发现发行已经半年的 30 年期非当期政府公债收益率为 7.36%，新发行的 30 年期当期政府公债交易收益率为 7.24%。在 LTCM 的交易员看来，这样的收益率溢价不合理，因为二者在美国财政部眼中都是一样的，对投资者而言，二者的债信也是完全相同的。LTCM 认定这是市场的"不合理"现象，于是开展套利交易。

LTCM 的交易策略是：公司获得"非当期债券"，再把"非当期债券"借给金融机构取得现金，进行回购融资，随即 LTCM 把取得的现金转给上家。如此一来，通过加杠杆，LTCM 成功地把 12 个基点的价差放大为可观的获利。此外，这个交易不需要等到 30 年到期，只要半年，现在的当期债券也就成为非当期债券，价差自然收敛。不出所料，价差很快缩小，LTCM 几乎一分钱未动就魔术般地净赚了 1500 万美元。

模型风险：金融市场的获利都是伴随风险，其实LTCM是承担了流动性风险，才能换取获利。如果LTCM需要资金，那他们还是必须以折价卖出手中的非当期债券。在正常时期，这一交易策略可行，但当市场异常，这一策略模型将面临极大挑战。当俄罗斯发生信用危机时，国际游资涌向高质量的金融工具，首选的是最具流动性的美国国债和G7的政府债券。全球的投资狂潮导致了当期国债和非当期国债的利差不降反升，从而导致LTCM也因此损失惨重。

(2) 互换利差套利(swap-spread)。

策略原理：一般情况下利率互换走势应与相应期限的无风险债券走势基本一致，即互换与现券利差应保持稳定。根据历史经验数据，该价差通常会维持在[17 bp, 32 bp]的价格区间。当利差出现异常值，就存在套利机会。

在LTCM成立的时候，意大利的政治局势很不稳定，受此影响，意大利国债在市场乏人问津，这就导致意大利国债的收益率大幅上升，甚至比意大利衍生品市场的互换合约的固定利率还高。在LTCM的交易员看来，一个国家的国债利率竟然高于互换合约固定利率，这是极其怪异的。债券的收益率来自偿还风险，那么政府的债信应该高于民间。于是LTCM买进固定利率的政府债券卖空互换产品的固定利率。作为对冲手段，LTCM也建立了卖空头寸以平衡风险。一开始LTCM为对冲整个投资规模，购买了大量政府违约责任险。

这样的投资组合可以让LTCM在意大利政府不破产的情况下稳赚意大利国债固定利率和互换合约固定利率的利差。首先，买进固定利率互换合约的现金流是以固定利率付现，以浮动利率收现；而卖出浮动利率是以浮动利率付现。上述两个头寸相加，就留下以固定利率付出的净项。买进意大利国债是以固定利率收现。这样，刚好形成付现的利率低于收现的利率。最后意大利政府如期偿还国债，LTCM如期获利。LTCM在意大利市场的获利颇丰，1995年LTCM实现了惊人的59%的投资回报率，投入运营短短两年内，LTCM净赚了16亿美元，其中意大利市场贡献了6亿美元。LTCM的交易策略模型如图10-16所示：

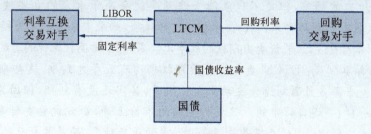

图10-16　互换利差套利示意图

模型风险：金融投资总是风险与收益并存，LTCM的获利不是单纯的来自市场错误，而是意大利国债的支付风险。若如市场预期，意大利政府无法偿还国债，那LTCM就会面临比获利高出几十倍的风险。1998年的俄罗斯金融风暴就是如此。在利率互换中，LTCM向拥有俄罗斯GKO的投资银行支付美元浮动利率，收取GKO卢布息票

(年利率超过40%);同时与别家投资银行签订远期合约,约定在数月后以今天的汇率将收到的卢布利息兑换成美元。如果俄罗斯违约那么卢比必然贬值,在外汇市场的收益可以冲抵债券投资的损失。实际情况是1998年的8月7日,俄罗斯政府宣布卢布贬值、对GKO违约而且禁止国内银行在一个月内履行外汇合约,LTCM因此损失惨重。

(3) 沽空隐含波动率(selling volatility)。

LTCM金融衍生品交易,规模最大的就是"沽空隐含波动率",交易策略很简单,就是卖出股票期权,无论是看涨期权还是看跌期权。

1997年的亚洲金融风暴,让标普500指数的隐含波动率从20%飙升到接近40%。10月30日,隐含波动率指数(Volatility Index, VIX)达到38.2%,这是该指数自1990年1月2日公布以来的最大值。3周以前的10月10日,VIX指数还只有19.75%,短短20天就飙升了2倍。LTCM认为40%只是市场的恐慌心理,过高的VIX指数就像过渡炒高的股价,不宜追高,反而是卖出的好时机。1998年初,LTCM决定卖出隐含波动率,他们的方法是同时卖出看涨期权和看跌期权,组合成卖出跨式或勒式组合,豪赌隐含波动率下降。

交易策略实施初期,市场基本符合LTCM预期。然而,1998年8月17日,俄罗斯政府宣布卢布贬值和延期偿付到期债务,投资者的信心受到严重打击。市场投资人纷纷转向持有优质资产,大举出空手中持股,转投美国国债,这一"黑天鹅"事件大幅推高标普500的隐含波动率。8月20日,VIX指数站上30%,相当于LTCM开仓价,8月31日飙到44.28%。整个8月和9月,VIX指数都在40%左右。在不停追加保证金的情况下,沽空隐含波动率成为LTCM亏损的交易之一。在LTCM总计45亿美元的亏损中,沽空隐含波动率就占1/3比重。

模型风险:

① IV>HV不等于IV>RV:LTCM沽空期权的动机是认为隐含波动率(Implied Volatilities, IV)相对于历史波动率(Historical Volatilities, HV)被"高估"。隐含波动率的确高出历史波动率,但是不代表隐含波动率就会高于未来的真实波动率(Real Volatilities, RV)。用历史来代表,要承担一定的风险,如果未来波动率大幅上扬,仍会亏损。当IV高于HV,只能说卖出期权的胜率比较高,并不是高枕无忧的套利。

② 每日结算制度:LTCM卖出的股票期权平均有5年才到期,这些期权是1998年初发行的。当年8月遇到隐含波动率大幅飙升,其实还没有到期,但因为股票期权和股指期货一样,是逐日盯市的。只要衍生品的市价上升,卖方就要支付多出来的浮动盈余给买方。所以,LTCM不是赌隐含波动率的最后结果,而是其每天的变化。

③ 头寸太大,杠杆过高:他们持有惊人的股票波动幅度交易合约,且财务杠杆已经被放大到30∶1的极高水平。根据测算,隐含波动率每上升1%,LTCM就要损失4亿美元。而隐含波动率在1997年到1998年这一段期间,一个月波动10%以上都很常见。一家公司如果同时具有极高的财务杠杆同时流动性又很差的话,对市场的判断必须是绝对准确的,否则市场的走势一旦违背她们的交易方向,就会产生很大的风险。

3. 简短总结

LTCM遵循"市场中性套利"原则，即不从事单向交易，仅以寻找市场或商品间效率落差而形成的套利空间为主，买入被低估的有价证券，卖出被高估的有价证券。具体而言，Scholes和Merton两位金融工程学家将金融市场的历史交易资料、已有的市场理论和市场信息有机结合在一起，形成了一套较完整的电脑数学自动投资模型。通过连续而精密的计算得到两个不同金融工具间的正常历史价格差和最新的价格差异。如果两者出现偏差，电脑立即建立起庞大的债券和衍生工具组合，大举入市投资；经过市场一段时间调节，放大的偏差会自动恢复到正常轨迹上，此时电脑指令平仓离场，获取偏差的差值。此外，LTCM为了追求高回报率进行高杠杆交易。LTCM借助电脑模型分析常人难于发现的利润机会，但这些交易的利润率都非常微小，如果只从事数量极少的衍生工具交易，则回报一般只能达到市场平均水平。所以需要很高的杠杆比率将其放大，进行大规模交易，才能提高权益资本回报率。

LTCM对冲模型存在致命错误，在于模型风险。由于LTCM投资模型假设前提和计算结果都是在历史统计基础上得出的，但历史统计永不可能完全涵盖未来现象；同时，LTCM投资策略是建立在投资组合中两种证券的价格波动的正相关的基础上。尽管它所持核心资产德国债券与意大利债券正相关性为大量历史统计数据所证明，但是历史数据的统计过程往往会忽略一些小概率事件，亦即上述两种债券的负相关性。由于俄罗斯金融危机的小概事件，导致LTCM对冲策略模型完全失效，并在短期内发生巨额亏损并破产。

本 章 小 结

基于风险管理的金融创新是金融工程发展的重要动因之一。在投资实务中，金融工程师根据客户的实际需要，构造出众多满足不同客户需要的金融产品。投资者可以通过金融衍生工具进行风险管理，将分散的市场风险、信用风险等集中到衍生品交易市场进行集中匹配，通过分割、组合和整合技术，重新包装并分配，通过一定方法规避大部分风险，不承担或只承担极少一部分风险。套保套利以及对冲交易就是人们在规避风险的情况下获取额外收益的交易策略。本章结构，我们先讨论套期保值和套利策略，然后对宏观对冲和量化对冲策略及其应用进行介绍；最后是案例解析，重点对美国长期资本管理公司（LTCM）的对冲交易策略及其模型风险进行分析与讨论。

重 要 概 念

套期保值　套期保值比率　股指期货套期保值　国债期货套期保值　期现套利　无套利区间　对冲交易策略　宏观对冲交易策略　自主发挥型宏观对冲策略　系统型宏观

对冲策略　量化交易对冲交易策略　市场中性策略　股票多空策略　相对价值策略　CTA策略

习题与思考题

1. 什么是套期保值？如何计算套期保值比率？
2. 套利策略有哪几种？如何计算无套利区间？
3. 股指期货的套利策略？如何实施股指期货套利？以沪深300股指期货进行说明。
4. 以我国的国债期货为例，讨论分析国债期货的风险对冲功能。
5. 宏观对冲策略的种类有哪些？分别有什么特点？
6. 量化对冲策略的种类有哪些？宏观对冲策略有何优势？
7. 如何理解对冲基金的投资模型风险？

参 考 文 献

[美]本杰明·格雷厄姆、贾森·兹威特、沃伦·巴菲特:《聪明的投资者》(第 4 版),人民邮电出版社,2010 年。

[美]本杰明·格雷厄姆、戴维·多德:《证券分析》(第 6 版),中国人民大学出版社,2009 年。

[美]伯顿·马尔基尔:《漫步华尔街》(第 9 版),机械工业出版社,2010 年。

[美]布鲁斯·I.贾可布斯:《价值管理——个股选择数量分析技法》,机械工业出版社,2006 年。

[美]威廉·F.夏普等:《投资学》(第 5 版),中国人民大学出版社,1998 年。

[美]滋维·博迪等:《投资学精要》,中国人民大学出版社,2007 年。

[美]戴维·G.卢恩伯格:《投资科学》,中国人民大学出版社,2005 年。

[美]大卫·史文森:《机构投资的创新之路》,中国人民大学出版社,2015 年。

[美]汉姆·列维:《投资学》,北京大学出版社,2004 年。

[美]劳伦·M.邓普敦、斯科特·菲利普斯:《邓普敦教你逆势投资》,中信出版社,2010 年。

[美]戈登·默里、丹尼尔·戈尔迪:《投资答案》,中信出版社,2011 年。

[美]小詹姆斯·法雷尔等:《投资组合管理理论及应用》(第 3 版),机械工业出版社,2000 年。

[美]弗兰克·K.赖利、基思·C.布朗:《投资分析与组合管理》(第五版),中信出版社,2004 年。

[美]罗伯特·豪根:《现代投资理论》(第 5 版),北京大学出版社,2005 年。

[美]鲍勃·李特曼、高盛资产管理公司定量资源小组:《现代投资管理:一种均衡方法》,中国人民大学出版社,2007 年。

[美]彼得·林奇:《战胜华尔街》,机械工业出版社,2011 年。

[美]罗伯特·哈格斯特朗:《巴菲特的投资组合》,机械工业出版社,2008 年。

[英]格伦·阿诺德:《价值投资:如何成为一个训练有素的投资者》(第 2 版),上海远东出版社,2010 年。

[美]约翰·坎贝尔等:《金融市场计量经济学》,上海财经大学出版社,2003 年。

[加]约翰·赫尔:《期权、期货和其他衍生品》,清华大学出版社,2006 年。

［德］朱健卫：《衍生金融：市场产品与模型》，南开大学出版社，2009年。

［美］乔治·达格尼诺：《聪明投资：如何利用经济枯荣循环获利》，山西人民出版社，2011年。

［美］乔治·索罗斯：《超越金融：索罗斯的哲学》，中信出版社，2010年。

［美］Clay J. Singleton：《基金组合投资管理》，中国人民大学出版社，2007年。

［美］James Montier：《价值投资：通往理性投资之路》，机械工业出版社，2011年。

［美］James J. Valentine：《证券分析师的最佳实践指南》，机械工业出版社，2012年。

［美］Mark Hirschey等：《投资学：分析与行为》，北京大学出版社，2011年。

［美］Marvin Appel：《如何利用ETF基金在股市中获利》，中国青年出版社，2008年。

［美］Michael Gray：《股票估值实用指南》（第2版），上海财经大学出版社，2008年。

［美］Philip A. Fisher：《怎样选择成长股》，地震出版社，2007年。

［美］Richard C. Grinold、Ronald N. Kahn：《积极性投资组合管理》（第2版），清华大学出版社，2008年。

蔡明超、杨朝军：《资产组合管理》，上海交通大学出版社，2009年。

曹廷求等：《中国上市公司的治理改进：2002—2006》，《财经研究》2010年第2期。

董铁牛等：《中国开放式基金投资风格分析》，《管理评论》2008年第7期。

邓留保等：《Matlab与金融建模分析》，合肥工业大学出版社，2007年。

丁鹏：《量化投资——策略与技术》，电子工业出版社，2013年。

何龙灿、顾岚：《证券投资基金业绩评价体系研究》，载《中国证券市场发展前沿问题研究》，中国金融出版社，2003年。

冯莎：《国债期货历史回顾与327事件》，华创期货研究报告，2012年2月。

姜近勇、潘冠中：《金融计量学》，中国财政经济出版社，2011年。

李学峰：《投资管理》，经济管理出版社，2010年。

李学峰、徐华：《基金投资风格漂移及其对基金绩效的影响研究》，《证券市场导报》2007年第8期。

刘建和、韦凯升：《封闭式基金的业绩持续性检验》，《商业研究》2007年第2期。

刘红忠：《投资学》，高等教育出版社，2003年。

骆品亮、陈连权：《会计盈余与非预期盈余宣告对股价冲击作用的一项实证研究》，《经济与管理研究》2007年第6期。

毛娟、王建华：《隐含波动率曲面的非参数拟合》，《武汉理工大学学报》2009年第2期。

倪苏云、肖辉、吴冲锋：《中国证券投资基金业绩持续性研究》，《预测》2002年第6期。

祈斌：《资本市场：中国经济的锋刃》，中信出版社，2010年。

史树中：《金融经济学十讲》，上海人民出版社，2004年。

宋军、张宗新：《金融计量学：基于SAS的金融实证研究》，北京大学出版社，2009年。

秦国文等：《开放式股票型基金仓位估算方法研究及应用》，国信证券基金研究报告，2010年1月。

王春峰：《金融市场风险管理》，天津大学出版社，2001年。

吴冲锋等：《金融工程学》，高等教育出版社，2005年。

吴启芳等:《中国证券投资基金业绩的持续性检验》,《管理评论》2003 年第 11 期。

杨义灿、茅宁:《我国证券投资基金业绩持续性实证研究》,《中国证券报》2003 年 8 月 14 日。

于欣、陈永谦:《巴菲特术与道》,《新财富》2011 年 6 月。

张化桥:《一个证券分析师的醒悟》,中信出版社,2010 年。

张宗新:《投资学》(第三版),复旦大学出版社,2013 年。

张宗新、宋军:《金融计量学》,高等教育出版社,2016 年。

张宗新、朱伟骅:《通胀幻觉、预期偏差和股市估值》,《金融研究》2010 年第 5 期。

张亦春等:《金融市场学》(第三版),高等教育出版社,2008 年。

赵昌文、俞乔:《投资学》,清华大学出版社,2007 年。

郑振龙、康朝锋:《中国利率衍生产品的定价和保值》,北京大学出版社,2006 年。

朱伟骅、张宗新:《投资者情绪、市场波动与股市泡沫》,《经济理论与经济管理》2008 年第 2 期。

朱世武、陈健恒:《利用均衡利率模型对浮动利率债券定价》,《世界经济》2005 年第 2 期。

鹏华基金:《鹏华基金投资总监在北京大学光华管理学院的演讲稿》,2010 年 11 月 14 日。

晨星(深圳)基金研究中心:《Morning Star 投资风格箱》,2004 年 10 月。

中国证券投资基金业协会:《证券投资基金》,高等教育出版社,2015 年。

Alexander, Sydney, 1961, Price Movements in Speculative Markets: Trends or Random Walks, *Industrial Management Review*, 2, pp.7-26.

Bachelier, Louis, 1900, Théorie de la spéculation, Annales de l'Ecole Normale Superieure, 17, pp.21-86.

Baker M., and J. Wurgler, 2006, Investor Sentiment and the Cross Section of Stock Return, *Journal of Finance*, 61(4), pp.1645-1680.

Black, F., 1986, Noise, *Journal of Finance*, 41, pp.529-543.

Black F., Jenson M.C., and Schols M., 1972, The Captical Asset Pricing Model: Some Empirical Tests, Studies in Theory of Capitial Markets, New York: Praeger.

Black, F., and Scholes M., 1973, The Pricing of Options and Corporate Liabilities, *Journal of Political Economy*, 81, pp.637-654.

Bollerslev, T., Engle, R.F., Wooldridge, J.M., 1988, A capital Asset Pricing Model with Time Varying Covariances, *Journal of Political Economy*, 96, pp.116-131.

Bollen, N.P.B., & Whaley, R.E., 1999, Do Expiration of Hang Seng Index Derivatives Affect Stock Market Volatility? *Pacific-Basin Finance Journal*, 7, pp.453-470.

Chen, N.F., Roll, R., and Ross, S, 1983, Economic Forces and the Stock Market, Unpublished Manuscript, Yale University, New Haven, Conn.

Cox, J., Ingersoll, J.E. and S.A. Ross, 1985, A Theory of the Term Structure of Interest Rates, *Econometrica*, 53, pp.385-407.

Engle, R., 2000, The Econometrics of Ultra-High-Frequency Data, *Econometrica*, 68(1), pp.1-22.

Engle, R., Kroner, F. K., 1995, Multivariate Simultaneous Generalized ARCH, *Econometric Theory*, 11, pp.122-150.

Engle, R., and Granger, C. W. J., 1987, Co-Integration and Error Correction: Representation, Estimation, and Testing, *Econometrica*, 55(2), pp.251-276.

Fama, E., 1965, The Behavior of Stock Market Prices, *Journal of Business*, 38, pp.34-105.

——, 1970, Efficient Capital Market: A Review of Theory and Empirical Work, *Journal of Finance*, pp.383-417.

Fama, E., M. E. Blume, 1966, Filter Rules and Stock Market Trading, *Journal of Business*, 39(1), pp.226-241.

Fama, L. Fisher, M. Jesen and R. Roll, February 1969, The Adjustment of Stock Prices to New Information, *International Economic Review*, 10(1), pp.1-21.

Fama, E., French, Kenneth R. 1992, The Cross-section of Expected Stock Returns, *Journal of Finance*, 47(2), pp.427-465.

Fama E., and J. D. MacBeth, 1974, Long-Term Growth in a Short-Term Market, *Journal of Finance*, 29(3), pp.857-885.

Fama, E., and MacBeth J., 1973, Risk, Return, and Equilibrium: Empirical Test, *Journal of Political Economy*, May~July.

Fuller R.J., and C.C. Hsia., 1984, A Simplified Model for Estimation Stock Pricing of Growth Firms, *Financial Analysts Journal*, 11, pp.49-56.

Gary P. Brinson, Brinsinger, and Gilbert L. Beebower, 1991, Determinants of Portfolio Performance II: An Update, *Financial Analysts Journals*, May/June, pp.40-48.

Ghosh, A., 1993, Cointegration and Error Correction Models: Intertemporal Causality Between Index and Future Prices, *Journal of Futures and Markets*, 13(2), pp.193-198.

Goldman Sachs, 2009, The Equity Cycle Part1: Identifying the Phases, *Europe Portfolio Strategy*, Oct.23.

Gordon M.J., 1962, *The Investment, Financing and Valuation of Corporation*, Irwin, Homewood, I11.

Hill, J. H., 1998, Derivatives in Equity Portfolios, in Derivatives in Portfolio Management, AIMR(CFA Institute).

Jegadeesh, N., and S. Titman, 1993, Returns to Buying Winners and Selling Losers: Implications for Stock Market Efficiency, *Journal of Finance*, 48(1), pp.65-91.

Jensen M. C., 1968, The Performance of Mutual Funds in the Period 1945-1964, *Journal of Finance*, 23, pp.389-416.

Kahneman, Daniel, and Amos Tverskey, 1979, Peospect Theory: An Analysis of Decision Under Risk, *Econometrics*, 47, No.2.

La Porta, Rafael, Florencio Lopez-de-Silanes, Andrei Shleifer, and Robert W. Vishny,

1998, Law and Finance, *Journal of Political Economy*, 106, pp.1113-1155.

Lee, C. M., A. Shleifer and R. Thaler, 1991, Investor Sentiment and the Close-end Fund Puzzle, *Journal of Finance*, 46, pp.75-100.

Lien, D., 1996, The Effect of the Cointegration Relationship on Futures Hedging: A Note, *Journal of Futures Markets*, 16, pp.773-780.

Lintner, J. 1965, The Valuation of Risky Assets and the Selection of Risky Investments in Stock Portfolios and Capital Budgets, *Review of Economics and Statistics* 47(1), pp.13-37.

Lo, A. and C. MacKinlay, 1988, Stock Market Prices Do Not Follow Random Walks: Evidence from a Simple Speciation Test, *Review of Financial Studies* 1, pp.41-66.

McCulloch J H., 1971, Measuring the Term Structure of Interest Rates, *Journal of Business*, pp.19-31.

Merrill Lynch, 2004, The Investment Clock, 2004.Nov.10, http://www.ml.com.

Milton, 1963, *A Monetary History of the United States, 1867-1960*, Princeton University Press.

Michael Porter, 1985, *Competitive Advantage: Creating and Sustaining Superior Performance*, New York, Free Press.

Michael Jensen, 1986, Agent Costs of Free Cash Flow, Corporate Finance, and Takeovers, *American Economic Review*, 76(2), pp.323-329.

Modigliani, Franco, and Richard Cohn, 1979, Inflation, Rational Valuation, and the Market, *Financial Analysts Journal*, 35(2), pp.24-44.

Molodovsky N., Catherine M., and S. Chottiner, 1965, Common Stock Valuation—Principle, Tables and Applications, *Financial Analysts Journal*, 21, pp.104-123.

Mossin, J. 1966, Equilibrium in a Capital Asset Market, *Econometrica*, 34(4), pp.768-783.

Nelson, C. R., and Siegel, A. F., 1987, Parsimonious Modeling of Yield Curves, *Journal of Business* 60(4), pp.473-489.

Okun A.M., 1962, Potental GNP: Its Measurement and Significances, Proceedings of the Business and Economics Session, *American Statistical Association*, pp.98-104.

Peter Stanyer, 2014, *The Economist Guide to Investment Strategy: How to understand markets, Risk rewards and Behavior*, Third Edition, Public Affairs, New York, pp.10-11.

Robert D. Arnott, and Clifford S. Asness, 2003, Surprise! Higher Dividends = Higher Earnings Growth, *Financial Analyst Journal*, 59(1), pp.70-87.

Robert D. Edwards and John Magee, *Technical Analysis of Stock Trends*, 1966.

Roberts, Harry, 1967, Statistical Versus Clinical Prediction of the Stock Market, Unpublished manuscript, CRSP, University of Chicago, May.

Robert Shiller, 2003, From Efficient Markets Theory to Behavioral Finance, *Journal of Economic Perspectives, 17(1), pp.83-104.

Roll, R., 1977, A Critique of the Asset Pricing Theory's Tests, *Journal of Financial Economics*, 4, pp.129-176.

Roll, R., 1978, Ambiguity When Performance is Measured by the Securities Market Line, *Journal of Finance*, 33(4), pp.1051-1069.

R. Roll, and S. Ross, 1980, Empirical Investigation of the Arbitrage Pricing Theory, *Journal of Finance*, pp.1073-1103.

Sharpe, W., 1964, Capital Asset Prices: A Theory of Market Equilibrium under Conditions of Risk, *Journal of Finance*, 19(3), pp.425-442.

Sharpe, W. F., 1992, Asset Allocation: Management Style and Performance Measurement, *Journal of Portfolio Management*, 18(2), pp.7-19.

Sharp, W. F., 1987, Integrated Asset Allocation, *Financial Analyst Journal*, 43(5), Sep./Oct., pp.25-32.

Samuelson, P., 1965, Proof that Properly Anticipated Prices Fluctuate Randomly, *Industrial Management Review*, 6, pp.41-49.

Seyhum, H. N., 1990, Overreaction or Fundamentals: Some Lessons from Insiders'Response to the Market Crash of 1987, *The Journal of Finance*, 5, pp.1363-1388.

Stoll, H. R., Whaley, R. E., 1987, Program Trading and Expiration Day Effects, *Financial Analysts Journal*, 43, pp.16-28.

Stoll, H.R., Whaley, R.E., 1997, Expiration-day Effects of the All Ordinaries Share Price index futures: Empirical evidence and alternative settlement procedures, *Australian Journal of Management*, 22, pp.139-174.

Svensson, L., 1994, Estimating and Interpreting Forward Interest Rates: Sweden 1992-1994, Discussion paper, Centre for Economic Policy Research, No.1051.

Tobin J., 1969, A General Equilibrium Approach to Monetary Theory, *Journal of Money, Credit, and Banking*, pp.15-29.

Tony Robbins, 2014, *Money Master the Game: 7 Simple Steps to Financial Freedom*, Simon & Schuster.

Tsay, 2010, *Analysis of Financial Time Series*, 3rd Edition, Wiley.

Vasicek O.A., Fong H.G., 1982, Term Structure Modeling Using Exponential Splines, *Journal of Finance*, pp.339-348.

Warren Buffett, Berkshire Hathaway Annual Meeting, 1993.

Wei Xiong and Jialin Yu, 2011, The Chinese Warrants Bubble, *American Economic Review*, 101(2), pp.2723-2753.

Williams J.B., and M.J. Gordon, 1938, *The Theory of Investment Value*, Harvard University Press, Cambridge, MA.

图书在版编目(CIP)数据

投资学/张宗新编著. —上海：复旦大学出版社,2017.9
经管类专业学位硕士核心课程系列教材
ISBN 978-7-309-13183-3

Ⅰ.投… Ⅱ.张… Ⅲ.投资经济学-研究生-教材 Ⅳ.F830.59

中国版本图书馆 CIP 数据核字(2017)第 193433 号

投资学
张宗新　编著
责任编辑/徐惠平　姜作达

复旦大学出版社有限公司出版发行
上海市国权路 579 号　邮编：200433
网址：fupnet@fudanpress.com　http://www.fudanpress.com
门市零售：86-21-65642857　团体订购：86-21-65118853
外埠邮购：86-21-65109143　出版部电话：86-21-65642845
上海复旦四维印刷有限公司

开本 787×1092　1/16　印张 22.5　字数 493 千
2017 年 9 月第 1 版第 1 次印刷

ISBN 978-7-309-13183-3/F·2395
定价：48.00 元

如有印装质量问题，请向复旦大学出版社有限公司出版部调换。
版权所有　侵权必究